ELIAS CANETTI

# A LÍNGUA
# ABSOLVIDA

*História de uma juventude*

*Tradução*
Kurt Jahn

COMPANHIA DE BOLSO

Copyright ©1977 by Carl Hanser Verlag München Wien

*Grafia atualizada segundo o Acordo Ortográfico da Língua Portuguesa de 1990, que entrou em vigor no Brasil em 2009.*

*Título original*
Die gerettete Zunge — Geschichte einer Jugend

*Indicação editorial*
Holle Brandt

*Capa*
Jeff Fisher

*Imagem da capa*
© Bruno Reiffenstein/ Austrian Archives/ Corbis (DC)/ LatinStock
Praterstern, Viena, *c.* 1900

*Preparação*
Newton T. L. Sodré

*Revisão*
Adriana Moretto de Oliveira
Renato Potenza Rodrigues

*Atualização ortográfica*
Verba Editorial

Dados Internacionais de Catalogação na Publicação (CIP)
(Câmara Brasileira do Livro, SP, Brasil)

Canetti, Elias, 1905-1994.
    A língua absolvida : história de uma juventude / Elias Canetti ;
tradução Kurt Jahn. — São Paulo : Companhia das Letras, 2010.

    Título original: Die gerettete Zunge: Geschichte einer Jugend
    ISBN 978-85-359-1766-6

    1. Autores austríacos — Século 20 — Biografia 2. Canetti,
Elias, 1905-1994 — Infância e juventude I. Título.

10-10507                                    CDD-833.912

Índice para catálogo sistemático:
1. Escritores austríacos : Literatura austríaca em alemão :
Biografia  833.912

2010

Todos os direitos desta edição reservados à
EDITORA SCHWARCZ LTDA.
Rua Bandeira Paulista, 702, cj. 32
04532-002 — São Paulo — SP
Telefone: (11) 3707-3500
Fax: (11) 3707-3501
www.companhiadasletras.com.br

*Para Georges Canetti*
*1911-1971*

# SUMÁRIO

# I. RUSCHUK — 1905-1911

## MINHAS PRIMEIRAS RECORDAÇÕES

Minhas primeiras recordações estão imersas no vermelho. Saio por uma porta nos braços de uma menina, o chão à minha frente é vermelho e à minha esquerda desce uma escada igualmente vermelha. À nossa frente, à mesma altura, abre-se uma porta e aparece um homem sorridente que, alegre, vem em minha direção. Ele se aproxima bem, para e me diz: "Mostre a língua!". Mostro a língua e ele leva a mão ao bolso, tira um canivete, abre-o e põe a lâmina bem perto de minha língua. Ele diz: "Agora lhe cortaremos a língua". Não ouso recolher a língua; ele se aproxima cada vez mais, até quase tocá-la com a lâmina. No último momento ele recolhe a faca e diz: "Hoje ainda não, amanhã". Ele dobra o canivete e o guarda no bolso.

Todas as manhãs saímos pela porta para o pátio vermelho, a porta se abre e o homem sorridente aparece. Sei o que ele dirá e aguardo sua ordem de mostrar a língua. Sei que ele a cortará, e cada vez tenho mais medo. Assim começa o dia e a história se repete muitas vezes.

Guardo-o para mim, e só muito mais tarde pergunto a minha mãe sobre isso. Ela reconhece, pela cor vermelha, a pensão em Karlsbad onde passou o verão de 1907 com meu pai e comigo. Ela havia trazido da Bulgária, para o menino de dois anos, uma ama que, ela própria, ainda não fizera quinze anos. De manhã cedo ela costumava sair com a criança nos braços, só falava búlgaro mas se orientava bem na movimentada Karlsbad, e sempre regressava pontualmente com a criança. Certa vez ela foi vista na rua com um homem jovem; nada sabe acerca dele, conhecera-o por acaso.

Após algumas semanas descobre-se que o jovem mora no quarto logo a nossa frente, do outro lado do corredor. A menina, à noite, às vezes lhe faz uma rápida visita. Os pais se sentem responsáveis e a mandam de volta para a Bulgária.

Ambos, a menina e o moço, costumavam sair muito cedo de casa, e assim deve ter acontecido o primeiro encontro, assim deve ter começado tudo. A ameaça com a faca produzira seu efeito, a criança silenciara sobre isso durante dez anos.

## ORGULHO DE FAMÍLIA

Ruschuk, no Danúbio inferior, de onde cheguei ao mundo, era uma cidade maravilhosa para uma criança, e se eu disser que fica na Bulgária darei uma imagem incompleta dela, pois lá viviam pessoas das mais diferentes origens, e num dia só podiam-se ouvir sete ou oito idiomas. Além dos búlgaros, frequentemente vindos do campo, havia muitos turcos, que viviam em seu próprio bairro, e limitando-se com este havia o bairro dos sefardins, o nosso. Havia gregos, albaneses, armênios, ciganos. Da outra margem do Danúbio vinham os romenos; minha ama, da qual não me lembro, era romena. Havia ainda alguns russos.

Quando criança eu não tinha uma visão geral dessa multiplicidade, mas constantemente sentia os seus efeitos. Algumas figuras só me ficaram na memória porque pertenciam a um grupo nacional diferente e se distinguiam por seus trajes. Entre os criados que, ao longo de seis anos, tivemos em nossa casa, houve certa vez um tcherquesse e, mais tarde, um armênio. A melhor amiga de minha mãe era Olga, uma russa. Uma vez por semana os ciganos invadiam nosso pátio; eram tantos que me parecia um povo inteiro, e ainda falarei do medo que me infundiam.

Ruschuk era um velho porto do Danúbio, e, como tal, tivera certa importância. O porto havia atraído gente de toda a parte, e o Danúbio sempre era tema de conversa. Havia histórias sobre aqueles anos em que o Danúbio congelou; sobre as viagens de trenó pelo gelo, até a Romênia; sobre os lobos famintos que assediavam os cavalos dos trenós.

Os lobos foram os primeiros animais selvagens de que ouvi falar. Nas histórias que as filhas dos camponeses búlgaros me contavam havia lobisomens, e certa noite meu pai me assustou com uma máscara de lobo no rosto.

Dificilmente conseguirei dar uma ideia do colorido daqueles primeiros anos em Ruschuk, de suas paixões e de seus terrores. Tudo o que me aconteceu mais tarde já havia acontecido alguma vez em Ruschuk. Lá, o resto do mundo se chamava Europa, e quando alguém viajava para Viena, subindo o Danúbio, dizia-se que viajava para a Europa; lá, a Europa começava onde outrora terminara o Império Otomano. Entre os sefardins, quase todos eram cidadãos turcos. Haviam sido mais bem tratados sob os turcos do que os eslavos cristãos dos Bálcãs. Mas como muitos sefardins eram prósperos negociantes, o novo regime búlgaro mantinha boas relações com eles, e Fernando, o rei que governou por muito tempo, era considerado amigo dos judeus.

A lealdade dos sefardins era um tanto complicada. Eram judeus praticantes, para os quais a vida comunitária tinha importância. Ocupava, sem arrebatamento exagerado, o centro de suas existências. Mas se consideravam judeus de uma espécie diferente, o que se relacionava com a sua origem hispânica. No decorrer dos séculos, desde a sua expulsão, o espanhol que falavam entre si se modificara muito pouco. Haviam sido incorporadas ao idioma algumas palavras turcas, mas eram reconhecidas como turcas, e quase sempre também havia para elas equivalentes em castelhano. As primeiras canções infantis que ouvi foram espanholas; também ouvi antigos "romances" espanhóis, mas o que se apresentava mais forte e irresistível para uma criança era a mentalidade hispânica. Com ingênua arrogância, olhavam com menosprezo para os outros judeus, e uma palavra sempre carregada de desprezo era "tudesco", utilizada para designar um judeu alemão ou asquenazim. Seria impensável casar-se com uma "tudesca", e, entre as muitas famílias das quais, em criança, eu ouvia falar ou que eu conhecia, em Ruschuk, não me lembro de um único caso de casamento misto. Eu ainda não tinha seis anos quando meu avô me advertiu contra esse tipo de aliança no futuro. Mas não se tratava apenas dessa discriminação generalizada. Entre os próprios sefardins havia as "boas famílias", com o que se queria designar aquelas que já estavam ricas havia muito tempo. O que de mais orgulhoso se podia ouvir dizer acerca de uma pessoa era *"es de buena familia"*. Inúmeras vezes, até a saciedade, ouvi essa expressão de minha mãe. Quando ela falava com entusiasmo do Burgtheater, o Teatro Imperial de Viena, e comigo lia Shakespeare, até mesmo muito mais tarde, quando falava de Strindberg, que se tornara seu autor favorito, ela se sentia à vontade ao dizer, de si própria, que era de boa família, que não havia outra melhor. Ela, para quem a literatura das línguas cultas, que ela dominava, se tornara o verdadeiro conteúdo de sua vida, não sentia qualquer contradição entre essa apaixonada universalidade e o arrogante orgulho de família, que alimentava.

Mesmo na época em que era totalmente apegado a ela — abria-me todas as portas do espírito e eu a seguia cegamente e com entusiasmo —, eu estranhava essa contradição, que me afligia e perturbava, e em inúmeras conversas naquele período de minha juventude falei-lhe sobre isso e a recriminei, sem lhe produzir a menor impressão. Seu orgulho encontrara seus próprios canais e os seguia imperturbável, mas essa estreiteza, que eu não entendia, desde cedo me preveniu contra todo orgulho de proveniência. De certa forma, não consigo levar a sério as pessoas com orgulho de casta; vejo-as como animais exóticos, mas um tanto ridículos. Surpreendo-me com preconceitos inversos contra aquelas pessoas que se atribuem algo especial devido a sua origem. Com os poucos aristocratas, com os quais fiz amizade, tive que ser indulgente por falarem nisso, e se eles suspeitassem quanto esforço isso me custava teriam desistido de minha amizade. Todo preconceito é condicionado por outro preconceito, e os mais frequentes são aqueles que provêm de suas contradições.

A casta em que minha mãe se incluía, além da procedência hispânica, era também endinheirada. Em minha família, e especialmente na dela, vi o que o dinheiro faz com as pessoas. As piores pessoas são aquelas que mais docilmente se entregam ao dinheiro. Cheguei a conhecer todas as transições, da ganância à mania de perseguição. Conheci irmãos que, movidos pela cobiça, se arruinaram mutuamente em processos intermináveis, e que continuaram mesmo quando o dinheiro havia terminado. Pertenciam às mesmas "boas" famílias de que minha mãe tanto se orgulhava. Ela própria acompanhava tudo, e frequentemente falávamos daquilo. Sua inteligência era penetrante; conhecia a humanidade através das grandes obras da literatura universal, mas também pela experiência de sua própria vida. Reconheceu os motivos da desvairada autodestruição em que sua família estava empenhada; ter-lhe-ia sido fácil transformá-la num romance, mas o seu orgulho por essa mesma família continuou inabalável. Se se tratasse de amor, talvez eu o tivesse compreendido. Mas ela nem sequer amava a muitos dos protagonistas: uns lhe produziam indignação, outros lhe inspiravam desprezo. Pela família, como um todo, só sentia orgulho.

Tarde compreendi que, transportado para o ambiente mais amplo da humanidade, sou igual a ela. Passei a melhor parte de minha vida tentando descobrir as artimanhas do homem, assim como aparecem nas civilizações históricas. Examinei e desmontei o poder com tanta impiedade quanto minha mãe o processo de sua família. Há poucos males que eu não possa atribuir ao homem e à humanidade. E, mesmo assim, meu orgulho por ambos é tão grande, que só sinto verdadeiro ódio de uma coisa: seu inimigo, a morte.


"KAKO LA GALLINICA." LOBOS E LOBISOMENS

Uma palavra veemente, e ao mesmo tempo suave, que muitas vezes ouvi foi "butica". Assim era chamada a loja, o negócio, em que meu avô e seus filhos passavam o dia. Raramente me levavam até lá, porque eu era pequeno demais. Ficava numa rua íngreme que conduzia dos bairros mais ricos de Ruschuk diretamente para o porto. Nessa rua estavam as lojas mais importantes: a do meu avô ficava num prédio de três andares, que me parecia alto e imponente, porque as moradias no alto da colina eram de um só andar. Lá se vendiam produtos coloniais por atacado; era uma loja espaçosa cujos odores eram maravilhosos. Sobre o assoalho, grandes sacos abertos continham diversas espécies de cereais, havia sacos com painço, com cevada, e outros com arroz. Eu podia meter minhas mãos, se estivessem limpas, e sentir os grãos. Era uma sensação agradável, enchia a mão com grãos, levantava-os, cheirava-os e deixava que escorressem devagar. Fazia isso muitas vezes e, embora houvesse outras coisas estranhas na loja, era o que eu mais gostava de fazer, e dificilmente deixava que me afastassem dos sacos. Havia chá, café e, especialmente, chocolate. Tudo em grandes quantidades e bem acondicionado; nada era vendido a granel, como nas mercearias comuns. Os sacos abertos no chão me davam mais prazer porque não eram altos demais para mim, e eu, ao meter a mão, podia sentir toda aquela profusão de grãos.

A maioria das coisas que lá havia era comestível, mas nem todas. Havia fósforos, sabões e velas. Também havia facas, tesouras, pedras de amolar, foices e gadanhas. Os camponeses, vindos das aldeias para fazer compras, ficavam muito tempo diante desses utensílios e examinavam-lhes o fio com os dedos. Eu os observava interessado e um pouco amedrontado; era-me proibido tocar nas lâminas. Certa vez um camponês, talvez divertido com minha cara, segurou meu polegar, colocou-o ao lado do seu e me mostrou como era dura a sua pele. Mas nunca me deram um chocolate; meu avô, sentado atrás de uma escrivaninha, mantinha um regime severo, e tudo era por atacado. Em casa me demonstrava seu amor porque eu tinha o nome dele. Mas não gostava de me ver no armazém, e nunca me deixava permanecer por muito tempo. Quando dava uma ordem, o empregado que a recebia saía correndo, às vezes carregando pacotes. Meu preferido era um homem magro e envelhecido, pobremente vestido, que sempre sorria distraído. Ele tinha os movimentos inseguros e se sobressaltava quando meu avô dizia alguma coisa. Ele parecia sonhar e era bem diferente das outras pessoas que eu via na loja. Para mim ele sempre tinha uma pala-vra amável; falava tão indistintamente que eu não o entendia, mas sentia que ele me queria bem. Seu nome era Tschelebon, e o empregaram por compaixão, como parente pobre e irreme-diavelmente inapto. Eu sempre ouvia chamarem Tschelebon como se fosse um criado e assim o conservei na memória. Só muito mais tarde vim a saber que ele era um irmão de meu avô.

A rua diante do portão de nosso pátio era coberta de pó e sonolenta. Quando chovia muito, ela se transformava num lama-çal em que as carruagens deixavam sulcos profundos. Não me era permitido brincar na rua; em nosso grande pátio havia espaço mais que suficiente, e era lugar seguro. Mas, às vezes, eu ouvia vindo de fora um cacarejar impetuoso, que logo se tornava mais forte e veemente. Então, não demorava muito, e se precipitava pelo portão adentro um homem de roupa preta e maltrapilha, cacarejando e tremendo de medo, fugindo dos meninos da rua. Todos corriam atrás dele, gritando "Kako! Kako!" e cacarejando como galinhas. Ele tinha medo das galinhas, e por isso o perse-guiam. Estava alguns passos à frente deles, e aos meus olhos ele próprio se transformava numa galinha. Cacarejava violentamen-te, mas desesperado de medo, e fazia movimentos esvoaçantes com os braços. Corria escada acima, sem fôlego, à casa do meu avô, mas não ousava entrar. Do outro lado do patamar pulava para baixo e ficava deitado, imóvel. Os meninos ficavam parados no portão, cacarejando, pois não tinham permissão de entrar no pátio. Quando ficava estendido como um morto, os garotos se atemorizavam um pouco e se retiravam. Mas logo entoavam, lá fora, seu canto triunfal: "Kako la gallinica! Kako la gallinica!". Enquanto cantavam, Kako permanecia imóvel. Logo que não os ouvia mais, ele se levantava, se apalpava, olhava ao redor cautelo-so, escutava temeroso ainda por alguns momentos, e finalmente se esgueirava do pátio, curvado, mas em completo silêncio. Agora já não era mais uma galinha, não cacarejava nem esvoaçava, e se convertia novamente no maltratado idiota do bairro.

Às vezes, quando as crianças o espreitavam da rua, próximo dali, o terrível jogo recomeçava. Mas, então, ele geralmente se refugiava em outra rua, e eu nada mais via daquilo. Talvez eu tivesse compaixão por Kako, pois sempre levava um susto quando ele saltava; mas do que eu nunca me fartava, o que eu sempre acompanhava com o mesmo fascínio, era a sua transformação numa enorme galinha preta. Eu não entendia por que as crianças o perseguiam, e quando, após o pulo, ele se estendia completamente imóvel no chão, eu temia que nunca mais se levantasse e jamais tornasse a se transformar numa galinha.

O Danúbio, em seu curso inferior, onde banha a Bulgária, é muito largo. Giurgiu, a cidade na outra margem, pertencia à Romênia. De lá, assim me contavam, viera a ama que me alimentou com seu leite. Fora uma camponesa forte e sadia que ao mesmo tempo amamentava seu próprio filho, que trouxera consigo. Sempre ouvi elogios a seu respeito, e embora não consiga lembrar-me dela, por sua causa a palavra "romeno", para mim, sempre teve um som doce.

Houve anos, bastante raros, em que o Danúbio congelou no inverno, o que deu origem a histórias excitantes. Minha mãe, em sua juventude, várias vezes viajara à Romênia de trenó, e me mostrou as peles quentes com que se agasalhava. Quando o frio se tornava muito intenso, os lobos, famintos, desciam da montanha e atacavam os cavalos que puxavam os trenós. O cocheiro tentava afugentá-los com o relho, mas isso de nada adiantava e era necessário atirar neles. Numa dessas viagens, verificou-se que não se havia trazido nenhuma arma de fogo. Deveria ter-lhes acompanhado um tcherquesse armado, que vivia em casa como criado, mas se atrasara e o cocheiro partira sem ele. Foi difícil defenderem-se dos lobos, e o perigo foi grande. Se, por acaso, não tivesse vindo a seu encontro um trenó com dois homens, que mataram um lobo a tiros e afugentaram os demais, o fim poderia ter sido triste. Minha mãe ficara aterrorizada, e descrevia as línguas vermelhas dos lobos, que haviam chegado tão perto; após muitos anos ela ainda sonhava com eles.

Muitas vezes lhe pedi essa história, e ela gostava de contá-la. Assim, os lobos foram os primeiros animais selvagens que povoaram a minha fantasia. O terror que eles me infundiam era alimentado pelos contos que ouvia das camponesas búlgaras. Sempre havia cinco ou seis delas vivendo em nossa casa. Eram muito jovens, talvez com dez ou doze anos, e suas famílias as haviam trazido das aldeias à cidade para empregá-las como domésticas nas casas dos burgueses. Andavam descalças pela casa e sempre bem-dispostas; pouco tinham que fazer e faziam tudo em conjunto; foram meus primeiros companheiros de infância.

À noite, quando meus pais saíam, eu ficava em casa com elas. Ao longo das paredes da grande sala de estar, em todo o seu comprimento, havia otomanas baixinhas. Além dos tapetes, que havia por toda parte, e de algumas mesinhas, eram os únicos móveis de que me lembro daquela sala. Quando escurecia, as meninas ficavam com medo. Nos aconchegávamos todos juntos numa das otomanas, logo abaixo da janela; eu ficava no meio, e então elas começavam com suas histórias de lobisomens e vampiros. Assim que uma terminava, começava a outra; era aterrorizante, contudo me sentia bem, comprimido de todos os lados pelas meninas. Ficávamos tão aterrorizados que ninguém ousava levantar-se, e quando meus pais voltavam para casa, nos encontravam aglomerados num monte trêmulo.

Dos contos que ouvi então, só conservei na memória os de lobisomens e vampiros. Talvez não me contassem outros. Não posso tomar nas mãos um livro de contos balcânicos sem logo reconhecer vários deles. Eu os tenho presentes em todos os seus detalhes, mas não na língua em que os ouvi. Eu os ouvi em búlgaro, mas os conheço em alemão, e essa misteriosa tradução talvez seja o fato mais estranho de minha juventude que tenho para relatar, e já que o destino linguístico da maioria das crianças transcorre diferente, talvez eu deva falar um pouco sobre isso.

Entre si, meus pais falavam alemão, do que eu nada devia entender. Conosco, os filhos, e com todos os parentes e amigos, falavam em ladino. Essa era, afinal, a língua corrente, aliás um castelhano antigo, que também mais tarde ouvi com frequência e jamais esqueci. As meninas camponesas que ficavam em nossa casa só falavam búlgaro, e com certeza foi com elas, principalmente, que eu o aprendi. Mas como jamais frequentei uma escola búlgara, e abandonei Ruschuk com seis anos, em breve o esqueci completamente. Todos os acontecimentos daqueles primeiros anos se desenrolaram em ladino ou búlgaro. Mais tarde se traduziram, em grande parte, para o alemão. Apenas as ocorrências mais dramáticas, mortes e assassinatos, por assim dizer, e os meus maiores sustos, conservaram-se para mim em ladino, mas nesse caso de forma muito precisa e indelével. Todo o resto, portanto a maior parte, e principalmente tudo quanto era búlgaro, como os contos, trago na cabeça em língua alemã.

Não sei exatamente como isso aconteceu. Não sei em que época e em que circunstâncias se traduziu isto ou aquilo dentro de mim. Nunca cheguei a investigar esse tema, talvez porque receasse que uma análise metódica, e conduzida por princípios rígidos, pudesse destruir as lembranças mais preciosas que trago comigo. Só estou certo de uma coisa: tenho presentes os acontecimentos daqueles anos com toda força e todo vigor — há mais de sessenta anos eles me alimentam —, mas, em sua maior parte, estão ligados a palavras que, naquela época, eu não conhecia. Parece-me perfeitamente natural que eu agora as escreva e não tenha a impressão de estar alterando ou adulterando alguma coisa. Não é como a tradução literária de um livro, de um idioma para outro; é antes uma tradução espontânea que se produziu no inconsciente, e como costumo evitar como a peste essa palavra, cujo uso indiscriminado tornou inócua, espero que me seja relevado o seu uso neste só e único caso.

## O MACHADO DO ARMÊNIO. OS CIGANOS

O gosto pelo desenho topográfico, a que Stendhal se entregou com mão leve em seu *Henry Brulard*, não me foi concedido, e, para meu pesar, sempre fui mau desenhista. Por isso devo fazer uma breve descrição da disposição dos prédios residenciais ao redor de nosso jardim em Ruschuk.

Quando, vindo da rua, se entrava no pátio pelo grande portão, logo à direita ficava a casa do avô Canetti. Era mais vistosa do que as outras, era também a mais alta. Eu não saberia dizer, entretanto se ela tinha mais de um andar, ao contrário das outras, que só tinham o térreo. Parecia mais alta, em todo o caso, porque era maior o número de degraus que conduziam a ela. Era também mais clara do que as outras casas, talvez fosse pintada de cor clara.

À sua frente, à esquerda do portão, ficava a casa onde morava a irmã mais velha de meu pai, tia Sophie, com seu marido, tio Nathan. Seu sobrenome era Eljakim, do qual nunca gostei; talvez o estranhasse porque não tinha timbre espanhol como todos os outros sobrenomes. Eles tinham três filhos, Régine, Jacques e Laurica. Esta, a menor, tinha quatro anos mais do que eu, diferença que desempenhou um papel desastroso.

Ao lado dessa casa, também no lado esquerdo do pátio, ficava a nossa, que tinha o mesmo aspecto da do tio. Ambas tinham alguns degraus à frente, que terminavam numa plataforma que acompanhava a fachada das duas casas.

O pátio entre as três casas era muito grande; defronte à nossa casa, não no meio mas um pouco afastado para o lado, ficava o poço que fornecia água. Não era suficientemente produtivo, e a maior parte da água vinha do Danúbio em enormes pipas puxadas por jumentos. A água do Danúbio não podia ser usada sem que fosse fervida, e depois ficava em grandes caldeiras sobre a plataforma diante da casa para esfriar.

Atrás do poço, separado do pátio por uma sebe, ficava o pomar. Não tinha beleza especial, era demasiado regular, talvez também fosse novo demais; os parentes maternos tinham pomares bem mais bonitos.

O lado de entrada da casa, que dava para o pátio, era o mais estreito. Dali se estendia para os fundos e, embora só tivesse o andar térreo, tenho-a na lembrança como muito espaçosa. Pelo lado mais distante do pátio podia-se circundar toda a casa, lateralmente, e se chegava a um pequeno quintal para onde se abria a cozinha. Lá havia lenha para ser rachada e galinhas e gansos corriam soltos. Na cozinha de porta aberta, sempre havia movimento, a cozinheira levava coisas para fora e para dentro, e aquela meia dúzia de meninas andava ocupada de um lado para outro.

Nesse quintal frequentemente havia um criado que rachava lenha, e é de quem melhor me lembro, o armênio triste que era meu amigo. Enquanto partia a lenha, ele cantava uma canção que, embora eu não a entendesse, me cortava o coração. Quando perguntei a minha mãe por que ele era tão triste, ela me disse que em Istambul homens maus quiseram assassinar todos os armênios, e ele lá perdera toda a sua família. De um esconderijo ele vira sua irmã ser assassinada. Ele então fugira para a Bulgária, e meu pai, por compaixão, o abrigara em casa. Agora, quando partia lenha, ele devia pensar em sua irmãzinha, e por isso cantava aquelas canções tão tristes.

Fui tomado de profundo afeto por ele. Quando ele partia a lenha, eu ficava de pé sobre o sofá no fundo da comprida sala de estar, junto à janela que dava para o quintal da cozinha. Eu me debruçava na janela e o observava, e quando ele cantava eu pensava em sua irmã — então eu sempre desejava uma irmãzinha. Ele tinha um longo bigode preto e cabelos cor de piche, e me parecia excepcionalmente alto, talvez porque eu o visse levantando o braço com o machado. Eu gostava dele mais ainda do que de Tschelebon, o servente do armazém, o qual, aliás, eu raramente via. Trocávamos algumas palavras, poucas apenas, não sei em que língua. Mas ele esperava por mim antes que começasse a partir a lenha. Logo que me via, sorria um pouco e levantava o machado, e era terrível o ódio com que golpeava a lenha. Quando descansava o machado, ele novamente me sorria, e eu esperava seu sorriso como ele esperava por mim, esse primeiro exilado que conheci na vida.

Todas as sextas-feiras vinham os ciganos. Nas sextas-feiras faziam-se os preparativos, nas casas judaicas, para o sabá. Fazia--se a limpeza da casa de cima a baixo, as meninas búlgaras corriam atarefadas de um lado para outro, na cozinha havia grande atividade, ninguém tinha tempo para mim. Eu ficava completamente só e, com o rosto colado na vidraça da janela na imensa sala de estar, esperava pelos ciganos. Eu vivia em pânico por causa deles. Suponho que foram as meninas, nas longas e escuras noites que passávamos sobre o sofá, que me falaram dos ciganos. Estava convencido de que eles roubavam crianças, e era a mim que eles queriam.

Mas, apesar de todo esse temor, por nada eu perderia o es-petáculo que eles ofereciam, pois era um espetáculo maravilho-so. O portão havia sido aberto de par em par, precisavam de espaço. Parecia que vinha toda uma tribo; no meio, ereto, um patriarca cego, o bisavô, como me diziam, um homem belo e idoso, de cabelo encanecido, que caminhava muito devagar e se apoiava em duas netas adultas, à direita e à esquerda, vestidas de panos coloridos. A seu redor, bem aglomerados, havia ciganos de todas as idades, pouquíssimos homens, quase só mulheres, e inúmeras crianças, as bem pequenas nos braços das mães, as outras saltitando por ali, mas sem se afastarem muito do majes-toso velho, que permanecia sempre no centro. Todo o cortejo tinha algo de soturnamente compacto, nunca mais tornei a ver tanta gente se movendo tão unida e em conjunto; era também, nessa cidade tão cheia de cor, o que havia de mais colorido. Os panos, de que eram feitas as suas vestes, brilhavam em todas as cores, mas a que mais se sobressaía em toda a parte era o ver-melho. Dos ombros de muitos deles pendiam sacos, e eu não podia contemplá-los sem imaginar que contivessem crianças roubadas.

A mim parecia que esses ciganos eram inumeráveis, mas agora, quando faço uma avaliação numérica da imagem que deles guardo, creio que não eram mais de trinta ou quarenta pessoas. Afinal, eu nunca vira tanta gente no grande pátio, e como, por causa do velho, se movessem muito devagar, eles enchiam o pátio, como me parecia, por um tempo interminável. Mas não ficavam ali, seguiam em torno da casa até o pequeno quintal diante da cozinha, onde estava empilhada a lenha, e aí se acomodavam.

Eu costumava aguardar o momento em que surgissem diante do portão e, assim que avistava o velho cego, corria através da comprida sala de estar, e do corredor ainda mais comprido, até a cozinha, aos brados estridentes de "zínganas! zínganas!". Lá estava minha mãe dando as ordens para as iguarias do sabá — algumas guloseimas especiais ela mesma preparava. Eu não dava importância às meninas que encontrava pelo caminho; continuava gritando com voz estridente até que topava com minha mãe, que dizia algo para me acalmar. Mas em vez de ficar com ela, corria de volta todo o longo caminho, através da janela espiava o avanço dos ciganos, que já se haviam adiantado mais um pouco, e corria de volta à cozinha para dar notícias. Eu queria vê-los, estava fascinado por eles, mas, assim que os via, era tomado pelo medo de que me houvessem descoberto, e saía correndo aos berros. Isso se repetia durante algum tempo, e creio que por esse motivo fiquei com uma impressão tão viva da extensão da casa entre o pátio e o quintal.

Logo que todos chegavam a seu destino, na porta da cozinha, o velho se sentava e os outros se agrupavam ao seu redor; os sacos eram abertos e as mulheres aceitavam, sem brigar por elas, todas as dádivas. Recebiam grandes achas de lenha, que pareciam ser especialmente apreciadas, e muitos mantimentos. De tudo aquilo que já havia sido preparado, eles recebiam um pouco; não era com restos que eles eram alimentados. Eu ficava aliviado ao ver que não levavam crianças nos sacos, e, sob a proteção de minha mãe, eu andava entre eles; olhava-os com atenção, mas tinha o cuidado de não me aproximar demais das mulheres que queriam me acariciar. O velho cego comia devagar de uma bacia, descansava, não tinha pressa. Os outros não tocavam nos alimentos, tudo desaparecia dentro dos sacos, e só as crianças podiam mordiscar os doces que lhes haviam sido dados. Eu me admirava que fossem tão bondosos com os filhos; não pareciam malvados raptores de crianças. Mas o medo que eu sentia deles continuava o mesmo. Após algum tempo, que me parecia muito longo, eles partiam, dando a volta ao redor da casa e pelo pátio; agora o séquito se movia um pouco mais rápido. Eu os acompanhava da mesma janela, até desaparecerem pelo portão. Então eu corria à cozinha pela última vez e anunciava: "Os ciganos foram embora". Nosso criado me tomava pela mão, levava-me até o portão, cerrava-o e dizia: "Agora eles não voltarão". Em outros dias o portão costumava ficar aberto, mas nas sextas-feiras ele era cerrado, e assim, se porventura passasse outro bando de ciganos, saberiam que sua gente já tinha estado lá, e seguiriam seu caminho.

## O NASCIMENTO DO MEU IRMÃO

Nos primeiros tempos, quando me colocavam numa cadeira alta para crianças, a distância até o solo me parecia muito grande e eu tinha medo de cair. Quando vinha nos visitar, tio Bucco, o irmão mais velho de meu pai, tirava-me da cadeira e me colocava no chão. Então, com expressão solene, colocava a mão aberta sobre a minha cabeça e dizia: "Yo ti bendigo, Eliachicu, Amén!". Dizia isso com muita ênfase, e eu gostava do tom solene; creio que me sentia mais alto quando ele me abençoava. Mas era brincalhão, e logo se punha a rir; eu desconfiava que ele se divertia comigo, e o grande momento da bênção, com que toda vez ele conseguia me enganar, acabava me envergonhando.

Esse tio costumava repetir inúmeras vezes tudo o que fazia. Ensinou-me muitas cantigas, e não descansava enquanto eu não soubesse cantá-las sozinho. Quando tornava a nos visitar, fazia com que eu as repetisse, e me preparava pacientemente para me exibir perante os adultos. Eu esperava por sua bênção, embora ele logo a destruísse, e se ele tivesse sido mais contido, teria sido meu tio predileto. Morava em Varna, onde dirigia uma filial do negócio do avô, e só vinha a Ruschuk em dias festivos e ocasiões especiais. Falava-se dele com respeito, pois era o "Bucco", isto é, o primogênito da família. Cedo aprendi quanto era importante ser o primogênito, e se eu tivesse ficado em Ruschuk, também teria me tornado "Bucco".

Durante quatro anos fui o filho único, e todo esse tempo usei vestidos, como uma menina. Queria andar de calças, como um menino, mas sempre deixavam para depois. Então veio ao mundo meu irmão Nissim, o que deu motivo para que eu pudesse usar minha primeira calça. Vivi todos os acontecimentos daquele tempo usando calças com muito orgulho, o que talvez explique o motivo de conservá-las na memória em todos os detalhes.

Havia muita gente em nossa casa, e vi rostos receosos. Não me era permitido ir ao quarto de minha mãe, onde costumava estar meu berço; vagueava diante da porta para dar uma olhada quando alguém entrava. Mas fechavam a porta com tanta rapidez que não consegui vê-la uma única vez. Ouvia uma voz lamurienta que eu não reconhecia, e quando perguntava de quem era, respondiam: "Vá embora!". Eu jamais vira os adultos tão receosos; ninguém se importava comigo, e a isso eu não estava acostumado. (Foi um parto longo e difícil, como eu soube mais tarde, e todos receavam pela vida de minha mãe.) Lá estava o dr. Menachemoff, o médico de longas barbas negras, e também ele, que em outras ocasiões fora tão amistoso, pedindo-me que cantasse alguma canção e depois me elogiando, agora não reparava em mim nem falava comigo, e só me lançava olhares zangados quando eu não saía da porta. Os lamentos se tornaram mais fortes, e eu pude ouvir: "Madre mia querida! Madre mia querida!". Encostei a cabeça na porta; quando ela se abriu, os gritos foram tão fortes que fui tomado pelo terror. De repente compreendi que eles vinham de minha mãe, o que me deixou tão apavorado que não quis mais vê-la.

Finalmente permitiram que eu entrasse no quarto; todos sorriam, meu pai ria, e me mostraram o irmãozinho. Minha mãe estava na cama, pálida e imóvel. O dr. Menachemoff disse: "Ela precisa descansar!". Mas não havia descanso. Mulheres estranhas andavam pelo quarto, eu novamente era notado por todos, e o avô Arditti, que raramente vinha a nossa casa, disse:

"Ela já está melhor". Minha mãe nada dizia. Ela me infundia medo, saí correndo e não mais me aproximei da porta. Ainda muito tempo depois, minha mãe me era estranha, e levou meses até que eu de novo tivesse confiança nela.

Só me vejo, depois, na festa da circuncisão. Veio muito mais gente a nossa casa. Permitiram que eu assistisse à circuncisão. Tenho a impressão de que me convidaram de propósito. Todas as portas estavam abertas, inclusive a da casa; na grande sala de estar, uma longa mesa havia sido posta para os hóspedes, e em outro cômodo, defronte do quarto de dormir, era feita a circuncisão. Lá só havia homens, todos de pé. Seguraram o minúsculo irmãozinho sobre uma bacia, vi a faca e principalmente muito sangue, gotejando na bacia.

Meu irmão recebeu o nome do pai de minha mãe, Nissim, e explicaram-me que eu era o mais velho, e por isso recebera o nome do avô paterno. Tanto ressaltaram a minha posição como filho mais velho, que dela fiquei consciente desde o momento da circuncisão, e nunca mais me livrei do orgulho que isso me causava.

Na mesa, depois, houve muita alegria, e eu desfilava as minhas calças. Não descansei enquanto os hóspedes não a notaram. Quando chegavam novos convidados, corria à porta ao seu encontro e ficava parado à sua frente, esperançoso. Era um intenso ir e vir, e quando todos haviam chegado, notou-se a falta do primo Jacques, da casa vizinha. "Ele saiu em sua bicicleta", disse alguém, e sua conduta foi reprovada. Após a refeição ele chegou, coberto de pó. Vi quando saltou da bicicleta defronte de casa; era oito anos mais velho do que eu e usava o uniforme do ginásio. Mostrou-me a nova maravilha, a bicicleta que acabara de ganhar. Tentou imiscuir-se entre os hóspedes sem ser notado, mas eu berrei que também queria uma bicicleta. Tia Sophie, sua mãe, precipitou-se sobre ele e lhe passou um sermão. Ele me ameaçou com o dedo e sumiu de novo.

Foi nesse dia também que aprendi que se deve comer de boca fechada. Régine, a irmã do dono da bicicleta, metia nozes na boca, e eu, parado na sua frente com os olhos erguidos para ela, observava extasiado como ela mastigava de boca fechada. Isso levou muito tempo, e quando ela terminou, explicou-me que agora eu também deveria fazer assim, pois do contrário teria que voltar a usar vestidinhos. Creio que aprendi logo, pois por nada no mundo queria abrir mão de minhas calças.

## A CASA DO TURCO. OS DOIS AVÔS

Às vezes, quando o avô Canetti estava na loja, me levavam à sua casa para cumprimentar minha avó. Ela, sentada na otomana, fumava e tomava café. Sempre estava em casa, jamais saía, não me lembro de tê-la visto fora de casa. Chamava-se Laura e, como o avô, vinha de Adrianópolis. Ele a chamava de *Oro*, ouro, mas nunca entendi a razão do apelido. De todos os parentes, foi ela quem mais conservara as características turcas. Nunca se levantava da otomana, não sei mesmo como chegava até lá, pois jamais a vi caminhar, e lá ela suspirava de vez em quando, tomava mais uma xícara de café e fumava. Ela me recebia com um tom lamentoso, e queixosa era também a despedida, sem que tivesse me dito qualquer coisa. Com a pessoa que me acompanhava, sempre se lamuriava com uma ou outra frase. Talvez se considerasse doente, talvez até mesmo o fosse, mas certamente era muito preguiçosa à maneira oriental, e sem dúvida sofreu muito com o caráter diabolicamente ativo do meu avô.

Na época eu ainda não sabia que ele era o centro das atenções onde quer que aparecesse, era temido pela família, um tirano que podia chorar copiosas lágrimas se lhe aprouvesse, e que se sentia melhor na companhia dos netos que levavam o seu nome. Entre amigos e conhecidos, assim como em toda a comunidade, ele era apreciado por sua bela voz, que conquistava principalmente as mulheres. Quando convidado, nunca levava a avó, pois a ignorância dela e suas constantes lamúrias lhe eram incômodas. Logo era cercado por um grupo, ao qual contava histórias nas quais desempenhava muitos papéis, e, em ocasiões especiais, cedia aos rogos e cantava.

Havia em Ruschuk, além da avó Canetti, muitas coisas de origem turca. A primeira cantiga infantil que aprendi, "Manzanicas coloradas, las que vienen de Stambol" [Maçãzinhas vermelhas que vêm de Istambul], terminava justamente com o nome da cidade de Istambul, da qual eu ouvia dizer que era grande, e logo a liguei aos turcos que se viam em nossa cidade. "Edirne" — assim se chamava em turco a cidade de Adrianópolis, de onde provinham ambos os avós Canetti — era mencionada com frequência. O avô cantava intermináveis canções turcas, nas quais alguns agudos eram sustentados prolongadamente; eu gostava muito mais das impetuosas e apaixonadas canções espanholas.

Não muito longe de onde morávamos ficavam as casas dos turcos abastados, marcadas pelas estreitas grades nas janelas, que serviam para guardar as mulheres. O primeiro assassinato de que ouvi falar foi cometido por um turco, movido pelo ciúme. Ao passarmos por uma dessas moradias, a caminho da casa do avô Arditti, minha mãe me mostrou uma grade ao alto, e disse que lá de cima uma mulher turca olhara para um homem búlgaro que passava. Então viera seu marido turco e a apunhalara. Não creio que, antes, realmente tivesse compreendido o que era um morto. Mas naquele passeio, conduzido por minha mãe, eu o soube. Perguntei se a mulher turca, que fora encontrada no solo, numa poça de sangue, não tornara a se levantar. "Nunca mais!", disse ela. "Nunca mais! Estava morta, entende?" Ouvi, mas não entendi, e tornei a perguntar. Dessa maneira, obriguei-a a repetir a resposta algumas vezes, até que se impacientou e mudou de assunto. Não foi só a morta na poça de sangue o que me impressionou nessa história, mas também o ciúme do marido, que o levou ao crime. Algo havia nisso que me agradava, e, por mais que eu me cerrasse contra a ideia de que a mulher estava definitivamente morta, o ciúme me penetrou sem resistência.

Experimentei-o, eu mesmo, ao final daquele passeio, quando chegamos à casa do avô Arditti. Nós o visitávamos uma vez por semana, todos os sábados. Vivia numa ampla casa avermelhada. Por um pequeno portão lateral entrava-se no velho jardim, muito mais bonito do que o nosso. Lá havia uma grande amoreira com galhos baixos, em que era fácil trepar. Ainda não me era permitido subir, mas minha mãe nunca passava por ela sem me mostrar um galho ao alto, seu esconderijo, onde ela, quando menina, ficava sentada quando queria ler sem ser perturbada. Lá ela se escondia com seu livro, silenciosa, e o fazia com tanta habilidade que não podia ser vista de baixo, nem ouvia quando a chamavam, tanto lhe agradava a leitura: lá em cima lera todos os seus livros. Perto da amoreira havia degraus que conduziam à casa, cujas salas estavam em nível mais alto do que na nossa; os corredores ficavam na penumbra. Assim, atravessávamos muitas peças, até chegar à última, que era o quarto onde o avô, um homem pequeno e pálido, ficava sentado numa poltrona, sempre bem agasalhado com mantas e xales, pois era um homem doentio.

"*Li beso las manos, Señor Padre!*", dizia minha mãe. Então ela me empurrava à frente e, embora eu não gostasse dele, tinha que lhe beijar a mão. Ele nunca era alegre ou zangado ou afetivo ou severo como o outro avô, cujo nome eu usava. Este era sempre indiferente, sentado em sua poltrona, não se movia, não falava comigo, não me dava presentes, só trocava algumas palavras com minha mãe. Então, ao fim da visita, que eu odiava, acontecia sempre a mesma coisa. Ele me olhava com um sorriso astuto e perguntava em voz baixa: "De quem você gosta mais, do avô Arditti ou do avô Canetti?". Ele conhecia a resposta; todos, grandes e pequenos, adoravam o avô Canetti, e dele ninguém gostava. Mas queria obrigar-me a dizer a verdade e me causava o maior embaraço, de que ele gozava, pois todos os sábados isso se repetia. Primeiro eu nada dizia, olhava para ele encabulado, ele repetia a pergunta até que eu encontrasse força para a mentira e dissesse: "Ambos!". Então ele levantava o dedo, ameaçador, e gritava — era a única palavra em voz alta que eu ouvia dele — "*Falsu!*", prolongando o som forte do "a", de modo que a palavra soava ameaçadora e lamentosa ao mesmo tempo; ela ainda me soa no ouvido como se eu o tivesse visitado ontem.

A caminho da saída, regressando através das muitas salas e corredores, eu me sentia culpado por ter mentido, e ficava muito deprimido; minha mãe, embora inabalavelmente apegada à sua família, e que jamais teria desistido dessa visita ritual ao pai, talvez também se sentisse um pouco culpada por sempre tornar a me expor a essa acusação, que aliás cabia ao outro avô, mas que só atingia a mim. Ela, para me consolar, levava-me ao *bagtsché*, o pomar e roseiral atrás da casa. Lá ela me mostrava suas flores prediletas do tempo de menina, aspirava-lhes o perfume; ela tinha narinas amplas que tremiam. Levantava-me para que eu também cheirasse as rosas e, se houvesse frutas maduras, ela colhia algumas para mim, o que o avô não deveria saber, pois era sábado. Era o jardim mais maravilhoso que guardo na lembrança, embora não perfeitamente conservado, e até mesmo um pouco emaranhado. O fato de o avô nada dever saber dessas frutas aos sábados e de minha própria mãe fazer, por minha causa, algo que não era permitido, deve ter arrefecido meu sentimento de culpa, e no caminho para casa eu já estava bastante animado e tornava a fazer perguntas.

Em casa, soube pela prima Laurica que o avô era ciumento, que todos os netos gostavam mais do outro avô, e o maior segredo que ela me confiou foi o motivo disso: ele era *mizquin*, mesquinho, mas isso eu não deveria contar a minha mãe.


## PURIM. O COMETA

A festa que mais nos impressionava, as crianças, embora não pudéssemos participar efetivamente dela por sermos muito pequenos, era o Purim. Era uma festa alegre, em comemoração à salvação dos judeus das mãos de Hamán, o malvado perseguidor. Hamán era uma figura muito conhecida, e seu nome passara a integrar a linguagem coloquial. Antes de eu saber que ele realmente existira e fizera coisas terríveis, seu nome me era conhecido como um insulto. Quando eu importunava demais os adultos com perguntas, ou não queria ir dormir, ou não fazia algo que esperavam de mim, lá vinha o suspiro aflito: "Hamán!". Então eu sabia que a brincadeira havia acabado, que eu havia perdido a parada. "Hamán" era a última palavra, um suspiro, mas também uma injúria. Fiquei muito surpreso quando, mais tarde, me explicaram que Hamán fora um homem mau que queria matar todos os judeus. Mas, graças a Mordechai e à rainha Ester, ele fracassara, e em regozijo os judeus festejavam o Purim.

Os adultos se fantasiavam e saíam, ouvia-se alarido na rua, em casa apareciam mascarados e eu não sabia quem eram; era como um conto de fadas. À noite os pais permaneciam fora e só voltavam tarde; a excitação geral contagiava a criançada, eu ficava acordado na caminha e escutava. Às vezes os pais apareciam mascarados e então tiravam as máscaras, o que era especialmente divertido, mas eu gostava mais ainda quando não sabia que eram eles.

Uma noite em que, apesar de tudo, eu havia conseguido adormecer, fui acordado por um enorme lobo se inclinando sobre a minha cama. Pendia-lhe da boca uma imensa língua vermelha, e ele bufava horrivelmente. Gritei com todas as minhas forças: "Um lobo! Um lobo!". Ninguém me ouviu, ninguém acudiu; eu gritava e chorava cada vez mais desesperado. Então surgiu uma mão que agarrou as orelhas do lobo e puxou-lhe a cabeça. Por trás, apareceu meu pai, rindo. Continuei a gritar: "Um lobo! Um lobo!". Queria que meu pai o espantasse. Ele me mostrou a máscara do lobo em sua mão, não acreditei nele, por mais que ele dissesse: "Você não vê, era eu, não era um lobo de verdade"; não havia meio de me acalmar e eu continuava a soluçar e a berrar.

Assim se tornara real a história do lobisomem. Meu pai certamente não sabia o que me contavam as menininhas quando nos amontoávamos no escuro. Minha mãe se sentia culpada por causa da história do trenó, mas o repreendia pelo seu irrefreável gosto pelas máscaras. Nada havia que ele mais gostasse de fazer do que representar. Quando frequentava a escola em Viena, só tinha um desejo, o de tornar-se ator. Mas em Ruschuk o forçaram, sem dó,

a entrar no negócio do pai. Na verdade, havia um teatro de ama-
dores onde ele representava junto com a minha mãe, mas era algo
modesto em comparação com seus antigos sonhos de Viena. Ele
realmente se soltara, dizia minha mãe, durante a festa do Purim.
Trocara de máscara várias vezes, e surpreendera e assustara todos
os conhecidos com os mais estranhos disfarces.

O susto do lobo durou muito tempo. Noite após noite tive
pesadelos, e frequentemente acordava meus pais, em cujo quarto eu dormia. Meu pai tentava acalmar-me até que eu tornasse
a dormir, mas então o lobo voltava em sonho, e não consegui-
mos nos livrar dele tão cedo. Desde então, fui considerado uma
criança problemática, cuja fantasia não devia ser superexcitada,
por isso só me contavam histórias aborrecidas, as quais esqueci
completamente.

O próximo grande acontecimento foi o cometa, e como desde então nunca pensei numa coisa sem a outra, deve haver entre
elas uma relação. Creio que o aparecimento do cometa me li-
vrou do lobo, pois o susto da criança se dissolveu no terror geral
que presidiu aquele dia. Jamais vi as pessoas tão excitadas como
no tempo do cometa. Além do mais, ambos os acontecimentos,
o lobo e o cometa, ocorreram à noite, mais um motivo para que
em minha memória os dois estejam fundidos.

Todos falavam do cometa antes que eu o tivesse visto, e
diziam que o fim do mundo estava próximo. Isso nada representava para mim, mas notei que as pessoas estavam mudadas, que
começavam a sussurrar quando eu me aproximava, e me olhavam com compaixão. As meninas búlgaras não sussurravam,
diziam tudo abertamente, e por elas eu soube, à sua maneira
rude, que o fim do mundo havia chegado. Era crença generalizada na cidade, e deve ter predominado por muito tempo,
para que causasse em mim impressão tão profunda, sem que eu
temesse algo definido. Não sei dizer até que ponto meus pais,
pessoas cultas, estavam contaminados por essa crença. Mas
tenho certeza de que não se opunham à corrente geral, pois
do contrário teriam feito alguma coisa, em vista da experiência
anterior, para me esclarecer.

Certa noite se dizia que o cometa fizera sua aparição, e que agora ele cairia sobre a Terra. Não me mandaram para a cama, ouvi alguém dizer que isso agora não fazia sentido, que as crianças também viessem para o jardim. No grande pátio havia muita gente, eu jamais vira tantas pessoas reunidas lá, todas as crianças de nossas casas e das casas vizinhas estavam entre elas, e todos, adultos e crianças, fitavam o firmamento, onde estava o cometa, gigantesco e luminoso. Vejo-o estendendo-se pela metade do céu. Sinto na nuca a tensão com que procurei abarcar toda a sua extensão. Talvez ele tenha crescido em minha memória, talvez ele não tomasse a metade, mas uma parte menor do céu. Devo deixar a decisão dessa questão a outros, que na época eram adultos e não estavam amedrontados. Mas havia muita claridade, quase como de dia, embora eu soubesse muito bem que devia ser noite, pois era a primeira vez que a essa hora eu não estava metido na cama, e este era para mim o verdadeiro acontecimento. Todos estavam parados no pátio, olhavam para o céu e esperavam. Os adultos quase não se moviam, havia uma estranha calma, só se falava em voz baixa, e quem mais se movimentava eram as crianças, com quem ninguém se importava. Nessa expectativa eu devo ter sentido algo do medo que tomara conta de todos, pois alguém, para me acalmar, me dera um ramo com cerejas. Eu tinha uma cereja na boca e levantara a cabeça para acompanhar o gigantesco cometa com os olhos, e este esforço, e talvez também a maravilhosa beleza do cometa, fizeram com que eu esquecesse a cereja e acabasse engolindo o caroço.

A espera durou muito tempo, ninguém se cansava, e todos continuavam parados, bem juntos. Entre eles não vejo nem meu pai nem minha mãe, não vejo individualmente nenhuma das pessoas que compunham meu cotidiano. Só as vejo todas juntas, e se mais tarde eu não tivesse usado essa palavra com tanta frequência, diria que os vejo como massa: uma massa paralisada pela expectativa.

# A LÍNGUA MÁGICA. O INCÊNDIO

A grande limpeza da casa era feita antes do Pessach, a Páscoa. Nada permanecia em seu lugar, tudo ficava de pernas para cima numa grande confusão, e como a limpeza começava muito cedo, creio que durava duas semanas, aquela era a época da maior desordem. Ninguém tinha tempo para ninguém, sempre se estava no caminho de alguém e se era empurrado para o lado ou mandado embora; inclusive na cozinha, onde aconteciam as coisas mais interessantes, podia-se no máximo dar uma olhadela. O que mais me agradava eram os ovos marrons, cozidos no café durante dias.

Para a noite de Seder era armada e preparada uma comprida mesa na sala de estar, e talvez a sala tivesse sido construída tão extensa para essa ocasião, pois havia lugar para muitos hóspedes à mesa. Toda a família se reunia para a noite de Seder, que era festejada em nossa casa. Era costume fazer entrar, da rua, duas ou três pessoas estranhas, que eram convidadas à mesa e participavam de tudo.

À cabeceira sentava-se o avô, que lia a Haggadah, a história do êxodo dos judeus do Egito. Era seu momento mais solene: não só presidia sobre seus filhos e genros, que lhe prestavam homenagem e cumpriam suas determinações, mas porque ele, o mais idoso, com sua incisiva cabeça de ave de rapina, era também o mais fervoroso de todos. Nada lhe escapava, e, enquanto lia a cantilena, ele notava o menor movimento, o mínimo acontecimento à mesa, e com um olhar ou um leve gesto mantinha a ordem. Tudo era muito caloroso e acolhedor, a atmosfera da antiga narrativa, em que tudo era simbólico e tinha seu devido lugar. Nas noites de Seder eu sentia uma enorme admiração pelo meu avô. Também seus filhos, para os quais a vida com o velho não era fácil, pareciam exaltados e alegres.

Eu, por ser o menor, tinha uma função que não era nada insignificante; tinha a meu cargo declamar o "Ma-nischtanah". O relato do êxodo se fazia a partir de uma pergunta inicial sobre o motivo da festa. O mais jovem dos presentes pergunta o que significam todos aqueles preparativos: o pão ázimo, as ervas amargas e todas as demais coisas inusitadas sobre a mesa. O narrador, nesse caso o avô, responde a essa pergunta do mais jovem com a pormenorizada história do êxodo do Egito. Sem essa pergunta, que eu recitava de memória enquanto segurava o livro na mão, como se estivesse lendo, a narração não podia começar. Eu conhecia todos os detalhes da história, que me haviam sido explicados muitas vezes, mas durante toda a leitura não me abandonava a sensação de que meu avô estava respondendo à minha pergunta. Assim, aquela era também para mim uma grande noite, em que eu me julgava importante, até mesmo indispensável, e por sorte não havia um primo menor que me tomasse o lugar.

Mas, embora eu acompanhasse cada palavra e cada movimento do avô, durante todo o tempo da leitura, eu me alegrava com a expectativa de seu fim. Então vinha o melhor: os homens de repente se levantavam e dançavam um pouco ao redor, e cantavam juntos, dançando, "Had gadja, had gadja" [Um cordeiro, um cordeiro]. Era uma divertida canção em hebraico e eu já a conhecia muito bem, mas gostava que, assim que ela terminasse, um dos tios me chamasse com um aceno e me traduzisse cada um de seus versos para o ladino.


Quando meu pai voltava para casa, do trabalho, logo se punha a conversar com a minha mãe. Naquela época eles se amavam muito e usavam, entre si, uma língua que eu não compreendia. Falavam alemão, o idioma de seu feliz tempo de estudos em Viena. Gostavam de falar do Burgtheater, onde, ainda antes de se conhecerem, haviam visto as mesmas peças e os mesmos atores, que nunca se cansavam de rememorar. Mais tarde, soube que se haviam apaixonado durante tais conversações, e embora nenhum deles tenha conseguido realizar o sonho da carreira teatral — teriam dado tudo para se tornarem atores —, juntos conseguiram impor seu casamento, contra o qual houvera muita oposição.

O avô Arditti, de uma das mais antigas e abastadas famílias sefardins da Bulgária, se opunha ao casamento da filha mais jovem, sua predileta, com o filho de um novo-rico de Adrianópolis. O avô Canetti havia prosperado por seu próprio esforço, pois fora um órfão espoliado. Bem jovem fora relegado ao seu próprio destino, mas, embora tivesse feito fortuna, aos olhos do outro avô não passava de um comediante e um embusteiro. *"Es mentiroso"*, eu próprio cheguei a ouvi-lo dizer, sem que ele soubesse que eu estava escutando. Mas o avô Canetti se impôs contra o orgulho dos Arditti, que o olhavam de cima. Seu filho tinha condições para casar-se com qualquer moça, e que tivesse de se casar justamente com a filha desse Arditti lhe parecia uma humilhação desnecessária. Assim, meus pais de início mantiveram sua ligação em segredo, e só aos poucos, com grande pertinácia e a ajuda ativa de seus irmãos mais velhos e de parentes benévolos, conseguiram realizar seus desejos. Finalmente, os dois velhos cederam, mas a tensão entre eles continuou, e não se suportavam. Durante o período de clandestinidade, os jovens apaixonados alimentaram seu amor com conversas em alemão, e pode-se imaginar quantos amantes da ribalta nisso desempenharam um certo papel.

Portanto eu tinha bons motivos para me sentir excluído quando meus pais começavam a conversar em sua língua. Ficavam muito animados e alegres, e eu ligava essa transformação, que eu bem percebia, ao som do alemão. Eu os escutava com a maior atenção, e logo perguntava o que significava isso ou aquilo. Eles riam, e diziam que era cedo demais para que eu entendesse certas coisas. Já faziam muito em me revelar a palavra "Viena", a única. Eu acreditava que se tratava de coisas maravilhosas, que só podiam ser ditas naquela língua. Depois de muitas súplicas inúteis, saía correndo zangado e me refugiava em outro cômodo, que raramente era usado, e aí repetia as frases que deles tinha ouvido, no mesmo tom de voz, como se fossem fórmulas mágicas. Ensaiava-as com frequência, e, assim que me encontrava só, soltava todas as frases e palavras isoladas que havia aprendido, com tanta rapidez que certamente ninguém as teria entendido. Mas cuidava para que meus pais jamais o notassem, pois ao segredo deles eu opunha o meu.

Descobri que meu pai tinha para minha mãe um nome que só usava quando falavam alemão. Seu nome era Mathilde, e ele a chamava de Madi. Certa vez em que eu estava no jardim, disfarcei minha voz o quanto pude, e gritei alto para dentro da casa: "Madi! Madi!". Era assim que meu pai a chamava do jardim, ao chegar em casa. Depois corri dando a volta à casa, e só reapareci após algum tempo, com ar inocente. Lá estava minha mãe, perplexa, me perguntando se eu tinha visto meu pai. Para mim foi uma vitória ela ter confundido minha voz com a de meu pai, e fui forte o bastante para guardar o segredo quando ela, assim que ele voltou, lhe contou aquilo como algo incompreensível.

Não lhes ocorreu suspeitarem de mim, mas entre meus muitos desejos ardentes daquele tempo, o mais intenso de todos era entender sua linguagem secreta. Não sei explicar como não guardei rancor ao meu pai por causa disso. Mas contra minha mãe alimentei um profundo ressentimento, que só desapareceu quando, anos depois, após a morte de meu pai, ela própria me ensinou alemão.


Um dia nosso pátio encheu-se de fumaça; algumas das meninas correram à rua e logo voltaram nervosas, com a notícia de que uma das casas da vizinhança estava em chamas. Estava toda ardendo, estava sendo completamente destruída. As três casas ao redor de nosso pátio logo se esvaziaram e todos os moradores correram em direção ao incêndio, com exceção de minha avó, que jamais se levantava da otomana. Isso aconteceu tão rápido que se esqueceram de mim. Senti-me um pouco amedrontado ao ver-me completamente só, e me abalei — talvez me sentisse atraído pelo incêndio, talvez também quisesse correr para onde corriam todos os outros. Portanto, corri pelo portão aberto à rua, que me era proibida, e me vi envolvido pelo fluxo de pessoas apressadas. Por sorte logo vi duas de nossas meninas maiores, que por nada no mundo teriam mudado de direção; me seguraram pelas mãos e rapidamente me arrastaram consigo. A alguma distância do fogo elas se detiveram, talvez para não me exporem ao perigo, e pela primeira vez vi uma casa em chamas. Já estava em grande parte destruída, as traves ruíam e centelhas se espalhavam. Estava anoitecendo, logo escureceu e o fogo parecia cada vez mais intenso. Mas o que me impressionou muito mais do que a casa ardendo foram as pessoas que se moviam em torno dela. De onde eu estava, pareciam pequenas e negras, eram muitíssimas e corriam em grande confusão. Algumas permaneciam na proximidade da casa, outras se afastavam carregando algo sobre os ombros. "Ladrões!", disseram as meninas, "são ladrões! Levam as coisas da casa, antes que se possa pegá-los!" Isso as excitava tanto quanto o fogo, e como não paravam de gritar "ladrões!", seu nervosismo me contagiou. As figurinhas negras eram incansáveis, moviam-se completamente encurvadas em todas as direções. Algumas carregavam trouxas sobre os ombros, outras corriam curvadas sob o peso de objetos angulares que eu não conseguia distinguir, e quando eu perguntava o que carregavam, as meninas só sabiam repetir: "Ladrões! São ladrões!".

Esse espetáculo, que me ficou gravado, indelével, voltei a encontrá-lo, tempos depois, na obra de um pintor, de forma que já não poderia dizer o que pertence ao fato original e o que lhe foi acrescentado. Tinha dezenove anos quando, em Viena, contemplei os quadros de Brueghel. Reconheci, de imediato, os numerosos homenzinhos negros do incêndio da infância. Aquelas imagens me foram tão familiares como se eu sempre me tivesse movido ao redor delas. A atração que exerciam sobre mim era tão imensa, que voltei a vê-las frequentemente. A parte de minha vida que começara com aquele incêndio continuava diretamente naqueles quadros, como se de permeio não tivessem passado quinze anos. Brueghel tornou-se para mim o pintor mais importante, mas não cheguei a ele, como a muitos outros, mais tarde, pela contemplação ou pela reflexão. Eu o achei dentro de mim, como se há muito tempo ele me esperasse, certo de que eu viria a encontrá-lo.

## SERPENTES E LETRAS

Uma recordação remota se desenrola junto a um lago. Vejo o lago, que é extenso, através de lágrimas. Estamos junto a um barco, na margem, meus pais e uma menina que me segura pela mão. Meus pais dizem que querem passear pelo lago naquele barco. Tento me soltar para entrar no barco, quero ir com eles, mas meus pais dizem que não posso, devo ficar com a menina que segura a minha mão. Choro, eles tentam me convencer, continuo chorando. Isso demora muito, eles são implacáveis, mordo a mão da menina, que não me solta. Meus pais estão zangados e me deixam com ela, agora por castigo. Eles se afastam no barco, berro com todas as minhas forças, mas agora estão longe, o lago se torna cada vez maior e tudo se dilui em lágrimas.

Era o lago Wörther, na Áustria; eu tinha três anos, foi o que me disseram muito tempo depois. De Kronstadt, em Siebenbürgen, onde passamos o verão seguinte, vejo florestas e um monte, sobre o qual se ergue um castelo; muitas casas ladeiam a colina. Eu próprio não apareço nessa cena, mas ficaram-me na lembrança histórias sobre serpentes, que meu pai contou naquela ocasião. Antes de vir para Viena, ele morou num pensionato em Kronstadt. Naquela região havia muitas serpentes, e os camponeses queriam se ver livres delas. Os rapazes aprenderam a caçá-las, e recebiam dois kreutzer por cada saco de víboras mortas. Meu pai me mostrou como se segura uma serpente, logo atrás da cabeça, para que fiquem inofensivas, e como matá-las então. É fácil, dizia, desde que se tenha aprendido, e não há qualquer perigo. Senti grande admiração por ele e quis saber se, mesmo dentro do saco, estavam realmente mortas. Temia que se fingissem de mortas e, de repente, saltassem fora, atacando. Mas o saco está bem amarrado, dizia ele, e as serpentes têm que estar mortas, do contrário não se recebe os dois kreutzer. Eu não acreditava que alguma coisa pudesse estar completamente morta.

Assim passamos as férias de verão, durante três anos seguidos, em diferentes lugares do antigo império austro-húngaro:

Karlsbad, lago Wörther e Kronstadt. Se esses três pontos, bastante distantes um do outro, fossem ligados formando um triângulo, este conteria uma boa parte da velha monarquia.

Muito poderia ser dito acerca da influência que a Áustria exerceu sobre nós, já ao tempo em que morávamos em Ruschuk. Não só meus pais haviam frequentado a escola em Viena, não só falavam alemão entre si, mas meu pai lia diariamente o *Neue Freie Presse*, e era um grande momento quando ele o desdobrava lentamente. Assim que ele se punha a lê-lo, já não tinha olhos para mim, e eu sabia que de forma alguma me responderia; minha mãe também nada lhe perguntava, nem mesmo em alemão. Eu tentava descobrir o que tanto o prendia ao jornal; no começo eu pensava que fosse o cheiro, e quando ficava só e ninguém me via, trepava na cadeira e avidamente cheirava o periódico. Mas depois notei como ele movia a cabeça ao longo da folha, e o imitei sem ter diante dos olhos o jornal que ele segurava sobre a mesa com ambas as mãos, enquanto eu brincava no chão, às suas costas. Certa vez um visitante que entrara o chamou; ele se voltou e me flagrou em meus imaginários movimentos de leitura. Então se dirigiu a mim, ainda antes de atender o visitante, e me explicou que o que importava eram as letras, muitas pequenas letras, nas quais ele bateu com o dedo. Em breve eu também saberia ler, disse ele, e despertou em mim um insaciável anseio pelas letras.

Eu sabia que o jornal vinha de Viena, que ficava longe, viajando quatro dias pelo Danúbio. Com frequência falava-se de parentes que viajavam para Viena a fim de consultar médicos afamados. Os nomes dos grandes especialistas da época foram as primeiras celebridades de quem eu, em criança, ouvi falar. Mais tarde, quando fui a Viena, admirei-me que todos aqueles nomes: Lorenz, Schlesinger, Schnitzler, Neumann, Hajek, Halban, realmente existissem como pessoas. Eu nunca tentara imaginá-los fisicamente; suas existências consistiam em pronunciamentos, e estes tinham tal peso, a viagem até eles era tão longa, as mudanças que suas receitas provocavam nas pessoas de nossas relações eram tão profundas, que os nomes tinham a natureza dos espíritos, aos quais se teme e se invoca ao mesmo tempo. Após visitá-los, só se podia comer certas coisas e outras eram proibidas. Eu imaginava que eles usassem uma linguagem própria, que ninguém entendia, e que era preciso decifrar. Não me ocorreu que pudesse tratar-se da mesma língua que meus pais falavam, e que eu ensaiava em segredo.

Muitas vezes se conversava sobre idiomas; só em nossa cidade eram faladas sete ou oito línguas, e todos entendiam um pouco de cada uma. Apenas as meninas que vinham das aldeias só conheciam o búlgaro, e por isso eram consideradas tolas. Cada um enumerava as línguas que conhecia, e era importante que se dominasse muitas, pois poderia acontecer que com o seu conhecimento se viesse a salvar a própria vida ou a de outros.

Antigamente os comerciantes, quando viajavam, levavam todo o seu dinheiro em cinturões envoltos no corpo. Assim também eles viajavam nos vapores do Danúbio, o que era perigoso. Uma vez, o avô de minha mãe, fingindo que estava dormindo no convés, ouviu quando dois homens, falando grego, planejavam um assassinato. Eles pretendiam, assim que o navio se aproximasse da cidade mais próxima, assaltar um comerciante em seu camarote, matá-lo, roubar seu polpudo cinturão de dinheiro, jogar o corpo no Danúbio pela vigia, e depois, quando o navio atracasse, abandoná-lo imediatamente. Meu bisavô procurou o comandante e lhe contou o que tinha ouvido em grego. O comerciante foi advertido, um tripulante se escondeu no camarote, outros se postaram do lado de fora, e quando quiseram executar seu plano, os dois malfeitores foram agarrados, e no porto, onde pretendiam fugir com o produto do roubo, foram entregues acorrentados à polícia. É o que pode acontecer quando se entende grego, e se contavam muitas outras histórias edificantes relacionadas ao conhecimento dos idiomas.

O ASSALTO

Minha prima Laurica e eu éramos inseparáveis companheiros de jogos. Ela era a filha menor de tia Sophie, que morava na casa ao lado, mas tinha quatro anos mais do que eu. O pátio era nosso território. Laurica cuidava para que eu não corresse à rua, mas o pátio era grande e podíamos percorrê-lo todo, só me sendo proibido escalar a beira do poço, no qual uma vez uma criança caíra e se afogara. Sabíamos muitos jogos e nos entendíamos bem, como se entre nós não houvesse diferença de idade. Tínhamos esconderijos que não revelávamos a ninguém e onde guardávamos pequenos tesouros em comum, e o que era de um era de ambos. Quando eu ganhava um presente, corria imediatamente com ele, dizendo: "Vou mostrá-lo a Laurica!". Então decidíamos em que esconderijo o guardaríamos, e nunca brigávamos. Eu fazia o que ela queria, ela fazia o que eu queria, nos entendíamos tão bem que sempre queríamos a mesma coisa. Eu não deixava que se apercebesse de que era apenas uma menina, e além do mais a filha menor. Desde o nascimento de meu irmão, e desde que usava calças, eu era consciente de minha dignidade de primogênito. Talvez isso influísse para compensar a diferença de idade entre nós.

Depois Laurica passou a frequentar a escola, e ficava fora toda a manhã. Senti muito a sua falta. Brincava sozinho, esperando por ela, e quando ela voltava para casa eu a interceptava já no portão, e a interrogava sobre sua atividade na escola. Ela me contava, e eu ansiava por ir à escola para ficarmos juntos. Um dia, pouco tempo depois, ela voltou com um caderno, estava aprendendo a ler e a escrever. Ela o abriu solenemente diante dos meus olhos, continha letras em tinta azul, que me fascinaram mais do que tudo o que eu já tinha visto até então. Mas quando quis tocá-lo, ela de repente ficou séria. Disse que eu não deveria fazê-lo, só ela, era-lhe proibido entregar o caderno a outros. Essa primeira recusa me feriu profundamente. Mas tudo o que consegui dela, com minhas ternas súplicas, foi poder apontar com o dedo as letras, sem tocá-las, enquanto lhe perguntava o que significavam. Apenas essa vez ela respondeu e me deu informações, mas notei que estava insegura e se contradizia, e como estava ofendido pela recusa do caderno, eu lhe disse: "Você não sabe nada! Você é má aluna!".

Desde então, manteve sempre os cadernos longe de mim. Logo teve vários, eu a invejava por cada um daqueles cadernos; ela bem o sabia, e assim começou o terrível jogo. Sua atitude para comigo mudou completamente, e ela fez com que eu sentisse minha insignificância. Dia após dia deixou que eu implorasse pelos cadernos, dia após dia ela os recusava. Sabia como atormentar-me e como prolongar o suplício. Não me admira que isso levasse a uma catástrofe, embora ninguém pudesse prever como seria.

Um dia, que ninguém da família jamais esqueceu, estava eu, como sempre, junto ao portão esperando por ela. "Deixa-me ver a escrita", implorei-lhe logo que apareceu. Ela nada disse, e eu soube que a partir de agora tudo recomeçaria, e ninguém nesse momento seria capaz de nos separar. Lentamente pôs no chão a mochila, lentamente tirou os cadernos, lentamente os folheou, e então, como um raio, passou-os diante de meu nariz. Eu quis agarrá-los, mas ela os recolheu e saiu correndo. De longe ela me mostrou um caderno aberto e gritou: "Você é muito pequeno! Você é muito pequeno! Você ainda não pode ler!".

Tentei pegá-la, a persegui por toda a parte, roguei, implorei pelos cadernos. Às vezes permitia que eu chegasse perto, os cadernos quase ao alcance da minha mão, mas no último momento ela os afastava e fugia. Com uma hábil manobra consegui encurralá-la junto a um muro não muito alto, de onde ela não poderia me escapar. Lá estava ela ao meu alcance, e berrei na maior agitação: "Eu quero! Eu quero! Dá para mim!", pedindo tanto os cadernos como a escritura que ele continha, que para mim era o mesmo. Ela ergueu os braços com os cadernos acima de sua cabeça, era bem mais alta do que eu, e colocou-os em cima do muro. Eu não os alcançava, era pequeno demais, pulava e pulava e ofegava, tudo era inútil; ela, parada junto ao muro, ria desdenhosamente. De repente a deixei, percorri o longo caminho ao redor da casa até o quintal da cozinha, para apanhar o machado do armênio e matá-la.

Lá estava a lenha partida e empilhada e o machado pousado ao lado; o armênio não estava. Ergui o machado e, segurando--o reto à minha frente, marchei o longo caminho de volta com uma canção homicida nos lábios: *"Agora vo matar a Laurica! Agora vo matar a Laurica!"*.

Quando me viu segurando o machado firmemente com ambas as mãos, ela saiu correndo aos berros. Berrava tão alto, como se eu já a tivesse golpeado. Não parava de berrar, abafando, desse modo, meu brado de guerra, que eu continuava a repetir, decidido, mas não muito alto: *"Agora vo matar a Laurica!"*.

Meu avô precipitou-se para fora de casa armado de bengala, correu em minha direção, arrancou-me o machado das mãos e me repreendeu zangado. Então as três casas ao redor do pátio puseram-se em movimento, e de cada uma delas saía gente; meu pai estava viajando, mas minha mãe estava em casa; a família reuniu-se em conselho para decidir sobre a criança homicida. Foi inútil asseverar que Laurica me havia torturado ao extremo. Que eu, aos cinco anos, houvesse apanhado o machado para matá-la era inconcebível a todos, assim como resultava inimaginável que tivesse conseguido carregar o pesado machado daquela maneira. Creio que compreenderam o que a escritura significava para mim; eram judeus, e para todos eles a "escritura" tinha muita importância, mas dentro de mim devia haver algo de muito ruim para que fosse levado a querer assassinar minha companheira de jogos.

Fui severamente castigado, mas minha mãe, que também estava muito assustada, me consolou dizendo: "Em breve você também saberá ler e escrever. Não é preciso esperar que vá à escola. Poderá aprendê-lo antes".

Ninguém percebeu a relação entre minha tentativa de assassinato e o destino do armênio. Eu o amava, assim como suas tristes canções e palavras. Amava o machado com o qual cortava lenha.

# UMA MALDIÇÃO PARA A VIAGEM

As relações com Laurica não foram cortadas de todo. Ela desconfiava de mim e me evitava quando voltava da escola, e não se atrevia a abrir sua mochila na minha frente. Perdi todo o interesse por sua escritura. Após a tentativa de assassinato fiquei firmemente convencido de que ela era má aluna e se envergonhava de me mostrar suas letras erradas. Talvez eu só dissesse isso a mim mesmo para salvar meu orgulho.

Sua vingança foi terrível, embora depois ela o negasse obstinadamente. A única coisa que posso dizer a seu favor é que ela talvez não soubesse o que estava fazendo.

A água usada nas casas, em sua maior parte, era trazida do Danúbio em pipas enormes. Um jumento puxava a pipa, adaptada a um rodado especial, e um "carregador de água", que na realidade não carregava nada, caminhava ao lado com um relho. A água, vendida no portão por pouco dinheiro, era descarregada e ia para grandes caldeirões, onde era fervida. Os caldeirões com a água fervente eram conduzidos a um comprido terraço diante da casa, onde ficavam por bastante tempo, até que esfriassem.

Laurica e eu novamente nos dávamos, pelo menos o suficiente para de vez em quando brincarmos de pegar. Certa ocasião, corríamos de um lado para outro, próximos demais dos caldeirões, quando ela me alcançou bem ao lado de um deles, deu-me um empurrão e caí dentro da água quente. Escaldei todo o corpo, exceto a cabeça. Tia Sophie, que havia escutado o horrível berreiro, me puxou para fora, me tirou a roupa e toda a pele com ela. Temeram pela minha vida e fiquei várias semanas de cama, com dores lancinantes.

Meu pai na época estava na Inglaterra, o que para mim foi péssimo. Estava convencido de que morreria; chamava por ele em altos brados e lamentava que não tornaria a vê-lo, o que, para mim, foi pior do que todas as dores físicas. Destas não me lembro, já não as sinto, mas ainda sinto a desesperada saudade de meu pai. Pensava que ele não soubesse o que me havia acontecido, e berrava quando me afirmavam o contrário: "Por que ele não vem? Por que ele não vem? Quero vê-lo!". Talvez realmente protelassem a notícia, pois fazia poucos dias ele havia chegado em Manchester, onde prepararia a nossa mudança; talvez pensassem que meu estado melhoraria e ele não precisasse voltar imediatamente. Mas, ainda que o tivessem avisado logo, e ele tratasse de voltar imediatamente, a viagem era longa, e não lhe seria possível estar de volta rapidamente. Consolavam-me dia após dia, e meu estado piorava hora após hora. Certa noite em que pensavam que eu finalmente tinha adormecido, saltei da cama e arranquei tudo do corpo. Em vez de berrar de dor, chamei por ele: *"Cuándo viene? Cuándo viene?"*. Minha mãe, o médico, todos os que cuidavam de mim eram-me indiferentes, já não os vejo, não sei o que fizeram por mim, devem ter tomado muitas providências cautelosas, mas não as apreendi; eu só tinha um pensamento que, mais do que um pensamento, era a ferida que englobava tudo: meu pai.

Então ouvi sua voz; ele se aproximou por trás, pois eu estava deitado de bruços; pronunciou baixo o meu nome, deu a volta à cama e eu o vi; pôs sua mão de leve sobre minha cabeça, lá estava ele e eu já não sentia mais dor.

Só sei de tudo o que aconteceu a partir desse momento pelo que me contaram. A ferida se transformou num milagre e comecei a sarar; ele prometeu que não mais se afastaria e ficou comigo durante as semanas seguintes. O médico estava convencido de que, se ele não aparecesse e ficasse comigo, eu teria morrido. Já me considerara perdido, mas insistira na volta do pai, que era a sua única e tênue esperança. Foi esse o médico que trouxe ao mundo a nós três, e que mais tarde costumava dizer que, de todos os partos, esse renascimento havia sido o mais difícil.


Alguns meses antes, em janeiro de 1911, viera ao mundo meu irmão caçula. O parto fora difícil, mas minha mãe se sentira suficientemente forte para amamentá-lo. Foi bem diferente da vez anterior e, talvez porque o nascimento transcorrera com tanta facilidade, houve pouco alarde, e só por pouco tempo foi ele o centro de nossas atenções.

Mas eu sentia que grandes acontecimentos estavam por vir. As conversas entre meus pais mudaram de tom, grave e decidido, nem sempre falavam alemão em minha presença, e muitas vezes suas falas giravam em torno da Inglaterra. Fui informado de que meu irmãozinho se chamaria Georg, como o novo rei da Inglaterra. O nome me agradou de imediato, mas não ao meu avô, que exigia um nome bíblico e nisso insistia; ouvi meus pais dizerem que não cederiam, que o filho era deles e teria o nome que eles queriam.

A rebelião contra o avô já estava em curso havia algum tempo, mas a escolha do nome foi uma explícita declaração de guerra. Dois irmãos de minha mãe haviam montado, em Manchester, um negócio que prosperava rapidamente; um deles morrera de repente, e o outro convidou meu pai para vir à Inglaterra como seu sócio. Para meus pais esta era a esperada oportunidade para se libertarem de Ruschuk, que se lhes tornara demasiado restrita e demasiado oriental, e da ainda mais constrangedora tirania de meu avô. Aceitaram na mesma hora, mas era mais fácil dizer do que fazer, pois começou uma exasperada luta entre eles e meu avô, que de forma alguma queria perder um de seus filhos. Eu não conhecia os detalhes dessa luta, que durou meio ano, mas sentia que a atmosfera havia mudado dentro de casa, e em especial no pátio, onde os familiares necessariamente se encontravam.

Meu avô não perdia oportunidade de me abraçar e beijar, e, quando alguém o observava, derramava copiosas lágrimas. Eu não gostava que me molhasse o rosto, embora ele não cansasse de afirmar que eu era o seu neto mais querido, e que sem mim não poderia viver. Meus pais perceberam que ele tentava me predispor contra a Inglaterra, e, em contrapartida, me asseguravam que viver lá seria maravilhoso. "Lá todas as pessoas são confiáveis", dizia meu pai. "Aquilo que um homem diz ele faz, não é preciso nem mesmo um aperto de mãos." Eu estava do lado dele, não poderia ser de outra forma, nem era necessário que ele me prometesse que, na Inglaterra, eu iria logo à escola e aprenderia a ler e a escrever.

Com ele, e especialmente com a minha mãe, meu avô tinha um comportamento diferente do que tinha comigo. Ele a considerava a causadora do plano de mudança, e quando ela certa vez lhe disse: "Sim! Já não suportamos a vida em Ruschuk! Ambos queremos sair daqui!", ele lhe deu as costas e nunca mais se dirigiu a ela; durante os meses que ainda permanecemos em Ruschuk ela deixou de existir para ele. Ao meu pai, que ainda tinha de comparecer à loja, ele atacava com sua ira, que se tornava mais terrível e aumentava a cada semana que passava. Quando percebeu que nada mais lhe restava a fazer, poucos dias antes da partida, ele, no pátio, solenemente amaldiçoou seu filho, diante dos outros parentes que lá estavam e que o ouviram horrorizados. Ouvi quando comentaram entre si: nada havia de mais terrível do que um pai que amaldiçoa o próprio filho.

# II. MANCHESTER — 1911-1913

## PAPEL DE PAREDE E LIVROS.
## PASSEIO À MARGEM DO MERSEY

Durante alguns meses após seu falecimento, dormi na cama de meu pai. Era perigoso deixar minha mãe só. Não sei quem teve a ideia de fazer de mim o guardião de sua vida. Ela chorava muito, e eu a escutava chorar. Eu não podia consolá-la porque ela era inconsolável. Mas quando ela se levantava e se dirigia à janela, eu saltava da cama e me colocava a seu lado. Eu me abraçava a ela e não a soltava. Não falávamos; essas cenas não tinham palavras. Eu a segurava com força de modo que, se ela saltasse pela janela, teria de me arrastar consigo. Ela não tinha coragem de sacrificar minha vida com a dela. Ela apertava minha cabeça contra seu corpo e soluçava intensamente. Pensava que eu estivesse dormindo, e se esforçava para chorar baixinho, a fim de não me acordar. Não percebia que eu a vigiava dissimuladamente, tão preocupado com sua dor quanto ela, e quando se levantava em silêncio e se esgueirava para a janela, acreditava que eu dormia profundamente. Anos depois, quando falamos sobre essa época, admitiu sua surpresa cada vez que de um salto eu me colocava a seu lado e a cingia com os meus braços. Eu não lhe permitia escapar de mim. Deixava-se custodiar, mas senti que minha vigilância a incomodava. Em noite alguma ela o tentou mais de uma vez. Após a excitação, ambos adormecíamos exaustos. Aos poucos ela foi sentindo um certo respeito por mim, e em muitos casos começou a me tratar como adulto.

Após alguns meses nos mudamos de Burton Road, onde meu pai morrera, para a casa de seu irmão mais velho, em Palatine Road. Era uma casa grande cheia de gente; o pior momento havia passado.

Mas a época anterior, em Burton Road, não consistia só das dramáticas cenas noturnas. Durante o dia tudo se passava em surdina, com calma. Ao anoitecer, minha mãe e eu jantávamos sobre uma pequena mesa de jogo, no salão amarelo. A mesinha, expressamente posta para nós dois, não pertencia ao salão. Havia um lanche frio, só de petiscos, quase sempre igual: queijo branco de leite de ovelha, pepinos e azeitonas, como na Bulgária. Eu tinha sete anos e minha mãe, vinte e sete. Mantínhamos uma conversação tranquila e grave; reinava o silêncio, sem o barulho do quarto das crianças; minha mãe dizia: "Você é meu filho mais velho", e imbuía-me da responsabilidade que, durante a noite, eu sentia por ela. Durante todo o dia eu ansiava por essa ceia. Eu mesmo me servia, pondo em meu prato tão pouco quanto ela; os movimentos eram suaves e compassados, mas, embora eu me lembre dos movimentos de minhas mãos, já não sei de que falávamos, a não ser da frase muitas vezes repetida: "Você é meu filho mais velho". Esqueci tudo mais. Vejo o tênue sorriso de minha mãe, como se inclinava sobre mim, os movimentos de seus lábios quando falava, não com o entusiasmo habitual, mas comedida. Creio que durante aquelas refeições não percebi nela qualquer dor, talvez porque minha compreensiva presença a dissolvesse. Certa vez me contou algo sobre as azeitonas.

Minha mãe, anteriormente, não significava muito para mim. Eu nunca a via sozinho. Estávamos sob a tutela de uma governanta, e sempre brincávamos no andar de cima, no quarto das crianças. Meus irmãos tinham quatro e cinco anos e meio menos do que eu. Georg, o menor, tinha uma pequena grade para si. Nissim, o do meio, tinha fama de arteiro. Logo que ficava só, aprontava uma travessura. Abria as torneiras do quarto de banhos, e quando se descobria a água já escorria ao andar térreo pela escada; ou desenrolava o papel higiênico até que o corredor de cima estivesse todo coberto de papel. Ele sempre inventava novas traquinagens, cada vez piores, e como era impossível dissuadi-lo, todos acabaram chamando-o de "the naughty boy".

Eu era o único que frequentava a escola, a de miss Lanca-shire em Barlowmore Road, da qual falarei mais adiante.

Em casa, eu costumava brincar sozinho no quarto das crianças. Na verdade, brincava pouco, pois me dedicava a falar com o papel de parede. O padrão do papel de parede, com mui-tos círculos escuros, me parecia gente. Inventava histórias em que eles intervinham, ou lhes contava histórias, ou brincava com eles; nunca me cansava das pessoas do papel de parede, e podia me distrair com elas durante horas. Quando a gover-nanta saía com meus dois irmãozinhos, me agradava ficar só com aquelas figuras. Preferia sua companhia a qualquer ou-tra, em todo caso mais do que a dos irmãozinhos, que sempre provocavam tolas complicações, como as traquinices de Nissim. Quando os pequenos estavam por perto, eu só sussurrava com as pessoas do papel de parede; se a governanta estava presente, contava minhas histórias a mim mesmo, sequer movendo os lábios. Mas quando saíam do quarto, eu esperava um pouco e então me abandonava. Logo começava a anima-ção, que era grande pois tentava persuadir os personagens do papel de parede a empreenderem feitos heroicos, manifestan-do-lhes meu desprezo quando se recusavam. Eu os incitava, os insultava; sentia um certo medo de estar a sós com eles, mas tudo eu atribuía a eles, de maneira que eram *eles* os co-vardes. Mas eles também me acompanhavam nos jogos e ti-nham oportunidade de se manifestar. Havia um círculo, num lugar especialmente vistoso, que me retrucava com eloquên-cia própria, e não era uma vitória nada desprezível quando conseguia convencê-lo. Estava no meio de uma dessas alter-cações quando a governanta inesperadamente voltou e ouviu vozes no quarto das crianças. Entrou de improviso e me apa-nhou em flagrante, descobrindo o meu segredo; desde então, tive de acompanhá-los nos passeios, pois concluíram que a solidão não me fazia bem. Foi o fim da era de esplendor do papel de parede, mas, persistente, acostumei-me a construir minhas histórias em silêncio, ainda com meus irmãozinhos presentes no quarto. Eu conseguia brincar com eles e ao mesmo tempo com os personagens do papel de parede. Apenas a governanta, que assumira a missão de curar-me dessa tendência maníaca, conseguia paralisar-me, e em sua presença as figuras emudeciam.

Mas as mais belas conversas daquele tempo eram as que eu mantive com meu pai. Pela manhã, antes de ir para o escritório, ele vinha ao quarto das crianças e tinha palavras adequadas a cada um de nós. Ele era inteligente e divertido, e sempre inventava novas brincadeiras. Essa curta aparição era feita antes do café da manhã, que ele tomava na sala de refeições com a minha mãe, quando ainda não havia lido o jornal. Ao anoitecer, voltava com presentes para cada um de nós, e não houve um único dia em que ele voltou para casa sem nos trazer algo. Então ficava mais tempo e fazia ginástica conosco. Do que ele mais gostava era nos sustentar, os três, de pé sobre seu braço estendido. Ele segurava os dois pequenos, mas eu tinha de aprender a me equilibrar, e embora eu o amasse mais do que a qualquer outra pessoa, sempre tinha um pouco de medo dessa parte do exercício.

Alguns meses depois de meu ingresso na escola, aconteceu algo solene e excitante que determinou toda a minha vida futura. Meu pai me trouxe um livro. Levou-me para um quarto dos fundos, onde as crianças costumavam dormir, e o explicou para mim. Tratava-se de *The Arabian nights* [As mil e uma noites], numa edição para crianças. Na capa havia uma ilustração colorida, creio que de Aladim com a lâmpada maravilhosa. Falou--me, de forma animadora e séria, de como era lindo ler. Leu-me uma das histórias; tão bela como essa seriam também as outras histórias do livro. Agora eu deveria tentar lê-las, e à noite eu lhe contaria o que havia lido. Quando eu acabasse de ler esse livro, ele me traria outro. Não precisou dizê-lo duas vezes, e, embora na escola começasse a aprender a ler, logo me atirei sobre o maravilhoso livro, e todas as noites tinha algo para contar. Ele cumpriu sua promessa, sempre havia um novo livro e não tive que interromper minha leitura um dia sequer.

Era uma série para crianças e todos os livros tinham o mesmo formato; se diferenciavam pela ilustração colorida na capa. As letras tinham o mesmo tamanho em todos os volumes e era como se continuasse a ler sempre o mesmo livro. Como série, nunca houve outra igual. Lembro-me de todos os títulos. Depois das *Mil e uma noites* vieram os *Contos de Grimm, Robinson Crusoé, As viagens de Gulliver, Contos de Shakespeare, Dom Quixote, Dante, Guilherme Tell.* Pergunto-me, agora, como foi possível adaptar Dante para crianças. Em todos os volumes havia diversas figuras coloridas, mas eu não gostava delas, pois as histórias me pareciam muito mais bonitas; nem sei mesmo se hoje eu reconheceria as figuras. Seria fácil demonstrar que quase tudo aquilo a que devo minha formação estava nos livros que, por amor ao meu pai, li aos sete anos de idade. De todos os personagens que depois me acompanharam para sempre, só faltava Ulisses.

Comentava com meu pai cada um dos livros que lia. Às vezes ficava tão excitado, que ele tinha de me acalmar. Mas nunca me disse, à maneira dos adultos, que os contos eram mentira; sou-lhe especialmente grato por isso; talvez ainda hoje eu os considere verdadeiros. Logo percebi que Robinson Crusoé era diferente de Simbad, o Marujo, mas nunca me ocorreu que uma dessas histórias pudesse ser considerada inferior à outra. Sobre o Inferno de Dante, aliás, tive pesadelos. Quando ouvi minha mãe lhe dizer: "Jacques, você não deveria ter lhe dado este, é cedo demais para ele", receei que ele deixasse de me trazer livros, e aprendi a manter meus sonhos em segredo. Creio, também — mas não posso ter certeza —, que minha mãe estabeleceu uma relação entre minhas frequentes conversas com as figuras do papel de parede e os livros. Foi a época em que eu tive menos afeto por minha mãe. Fui suficientemente esperto para farejar o perigo, e talvez não tivesse abandonado tão pronta e fingidamente as minhas conversas com as figuras do papel de parede, se os livros e as conversas com meu pai sobre eles não se tivessem tornado a coisa mais importante do mundo, para mim.

Mas ele, de modo algum, se deixou influenciar, e após Dante tentou *Guilherme Tell.* Foi nessa ocasião que, pela primeira vez, ouvi a palavra "liberdade". Ele fez algum comentário a respeito, que esqueci. Mas acrescentou que a razão pela qual havíamos vindo para a Inglaterra era porque aqui seríamos livres. Eu sabia o quanto ele amava a Inglaterra, enquanto o coração de minha mãe estava em Viena. Meu pai se esforçava por aperfeiçoar seu inglês, e uma vez por semana uma professora vinha lhe dar aulas em casa. Eu notava que suas frases em inglês lhe saíam diferentes das frases em alemão, a língua que lhe era fluente desde a juventude e que ele costumava falar com minha mãe. Ouvia-o dizer e repetir certas frases soltas. Ele as pronunciava devagar, como se fossem algo belo que lhe causava prazer e que ele repetia várias vezes. Conosco, as crianças, ele agora só falava inglês; o ladino, que até então fora a minha língua, ficou relegado a segundo plano e eu só o ouvia de outras pessoas, especialmente parentes mais idosos.

Os comentários sobre os livros que eu lia, ele só queria ouvi-los em inglês. Creio que, com essa leitura apaixonada, meu progresso foi muito rápido. Ficava contente quando eu fazia meu relato com fluência. Mas o que *ele* dizia tinha importância especial, pois ele o ponderava para não errar, falava quase como se estivesse recitando. Tenho na lembrança aquelas horas como algo solene, diferente de quando ele brincava conosco no quarto das crianças, sempre inventando novas brincadeiras.

O último livro que ele me entregou pessoalmente foi sobre Napoleão. Escrito do ponto de vista inglês, Napoleão aparecia como o tirano malvado que queria dominar todos os países, especialmente a Inglaterra. Era o livro que eu estava lendo quando meu pai morreu. Minha antipatia por Napoleão desde então se manteve inabalável. Eu já havia começado a lhe fazer o relato do livro, mas ainda não estava muito adiantado. Ele o dera logo após o *Guilherme Tell* e, depois da conversa sobre a liberdade, era uma pequena experiência que ele fazia. Logo que comecei a falar, muito excitado, sobre Napoleão, ele disse: "É melhor que você espere, ainda é cedo. Primeiro você terá que ler mais. Tudo ficará bem diferente". Tenho certeza de que Napoleão, então, ainda não era imperador. Talvez fosse uma prova, talvez ele quisesse verificar se eu seria capaz de resistir à magnificência imperial. Terminei de lê-lo após a sua morte, e tornei a lê-lo inúmeras vezes, assim como a todos os livros que ele me deu. Até então eu quase não sentira o efeito do poder. Minha primeira impressão do poder deriva desse livro, e jamais pude ouvir o nome de Napoleão sem ligá-lo à morte súbita de meu pai. De todas as vítimas de Napoleão, para mim a maior e mais terrível foi meu pai.

Aos domingos ele às vezes me levava, só a mim, a passear. Não longe de nossa casa corria o pequeno rio Mersey. A margem esquerda era ladeada por um muro avermelhado; pela direita serpenteava uma vereda em meio a uma viçosa campina cheia de flores e erva alta. Ele me tinha ensinado a palavra para campina, era "meadow", e a cada passeio me perguntava se eu me lembrava dela. Ele a achava especialmente bonita, e para mim ficou sendo a mais bela palavra da língua inglesa. Outra de suas palavras prediletas era "island". Deve ter tido significado especial, para ele, que a Inglaterra fosse uma ilha; talvez ela lhe produzisse a sensação de ser a ilha dos bem-aventurados. Era o que sempre me dizia, mesmo depois de que eu já sabia, e, para minha surpresa, tornava a repeti-lo. Em nosso último passeio pela campina ao longo do rio Mersey sua conversa comigo foi diferente da habitual. Perguntou-me com insistência o que eu queria ser, e eu, sem pensar, disse: "Doutor!". "Você será aquilo que quiser ser", ele me disse, com uma ternura tão grande que ambos ficamos parados por um momento. "Você não precisará ser comerciante, como eu e os tios. Você estudará, e escolherá aquilo que mais lhe agradar."

Sempre considerei que esta conversa encerrava sua última vontade. Mas naquela ocasião eu não sabia por que ele se expressava de maneira tão inabitual. Só quando fiquei mais bem informado sobre sua vida, entendi que ele estava pensando em si próprio. Durante o tempo de seus estudos em Viena, ele fora um apaixonado frequentador do Burgtheater, e seu maior desejo fora tornar-se ator. Sonnenthal era seu ídolo e, apesar de sua juventude, conseguiu ser recebido por ele para lhe falar de sua aspiração. Sonnenthal lhe disse que sua estatura era pequena demais para o palco, um ator não deveria ser tão baixo. Ele havia herdado o talento do meu avô, um comediante em todas as atitudes de sua vida, mas a opinião de Sonnenthal o aniquilou e meu pai enterrou seus sonhos. Era uma pessoa com dons musicais, com boa voz e que amava seu violino acima de tudo. Meu avô, que dominava seus filhos como patriarca inflexível, desde cedo os colocou no negócio; em toda cidade importante da Bulgária onde pretendia abrir uma filial, a direção era entregue a cada um deles. Como meu pai passava muitas horas com seu violino, este lhe foi tirado, e ele, contra sua vontade, teve que ingressar no negócio. Ele nem sequer queria ter parte no mesmo, nada o interessava menos do que o lucro. Mas era bem mais fraco do que meu avô, e acabou por se submeter. Tinha vinte e nove anos quando finalmente conseguiu, com a ajuda de minha mãe, deixar a Bulgária e se estabelecer em Manchester. Então já tinha uma família com três filhos, aos quais tinha de sustentar, portanto continuou sendo negociante. Conseguir livrar-se da tirania paterna e abandonar a Bulgária já havia sido uma vitória para ele. Embora tivesse partido em discórdia e amaldiçoado pelo pai, na Inglaterra ele era livre, e estava resolvido a agir de forma diferente com seus próprios filhos.

Não creio que meu pai tenha lido muito. A música e o teatro eram para ele mais importantes do que a leitura. Na sala de jantar, no térreo, havia um piano, e todos os sábados e domingos, quando meu pai não ia ao escritório, ele e minha mãe costumavam fazer música. Ele cantava e minha mãe o acompanhava ao piano. Eram sempre canções alemãs, em geral de Schubert e Loewe. Havia uma canção — "A tumba na campina", não sei de que autor — pela qual eu estava fascinado. Quando a ouvia, abria a porta do quarto das crianças, esgueirava-me escada abaixo e ficava atrás da porta da sala de jantar. Eu ainda não entendia o alemão, mas a canção me cortava o coração. Um dia me descobriram atrás da porta, e desde então me foi permitido ficar na sala escutando o recital. Iam buscar-me no quarto, e não mais precisei descer a escada às escondidas especialmente para ouvir essa canção. Explicaram-me a letra e, embora na Bulgária eu frequentemente tivesse ouvido falar alemão e secretamente a tivesse repetido para mim sem a entender, era esta a primeira vez que me traduziam as palavras; as primeiras palavras alemãs que aprendi são as de "A tumba na campina". Tratava-se de um desertor que, capturado, está diante de seus camaradas, que devem fuzilá-lo. Ele canta o motivo que o induzira à fuga; parece-me que era uma canção de sua terra que ele ouvira. Terminava com as seguintes palavras: "Adeus, meus irmãos, eis aqui o meu peito!". Então ouve-se um tiro e, finalmente, as rosas sobre a tumba na campina.

Eu esperava, tremendo, por esse final, com uma sensação que nunca diminuía. Sempre queria tornar a ouvir a canção, e insistia com meu pai, que a cantava para mim duas ou três vezes seguidas. Todos os sábados, quando ele chegava em casa, eu lhe perguntava, ainda antes de ele desembrulhar os presentes, se ele cantaria "A tumba na campina". Ele respondia "talvez", mas estava indeciso, pois minha obsessão pela canção começara a inquietá-lo. Eu não queria acreditar que o desertor realmente estivesse morto, esperava por uma salvação, e depois de havê-la cantado algumas vezes sem que a salvação viesse, eu ficava aniquilado e confuso. À noite, na cama, eu me lembrava do desertor e ficava meditando. Não podia entender que seus camaradas tivessem atirado contra ele. Pois ele explicara tudo com tanta clareza; eu certamente não teria disparado. Sua morte me foi incompreensível; foi o primeiro morto pelo qual chorei.

## LITTLE MARY. O NAUFRÁGIO DO *TITANIC*. CAPITÃO SCOTT

Logo após a nossa chegada em Manchester ingressei na escola. Ficava em Barlowmore Road, a uns dez minutos de nossa casa. A diretora se chamava miss Lancashire, que era o nome do condado em que se situava a cidade de Manchester, o que me causou surpresa. Era uma escola mista, e eu estava rodeado somente de meninos e meninas ingleses. Miss Lancashire era uma pessoa justa e tratava todas as crianças com a mesma amabilidade. Ela me elogiava quando dizia alguma coisa em inglês fluente, pois esta de início era a minha desvantagem com relação às outras crianças. Mas logo aprendi a ler e a escrever e, quando em casa comecei a ler os livros que meu pai me trazia, me dei conta de que ela nada queria saber disso. O que lhe importava era que todas as crianças se sentissem bem; os progressos rápidos nunca lhe interessavam. Jamais a vi nervosa ou zangada, e era tão competente que nunca tinha dificuldades com as crianças. Seus movimentos eram seguros, mas não esportivos; sua voz era uniforme, nunca penetrante demais. Não me lembro de qualquer ordem sua. Certas coisas não eram permitidas; mas, como não se insistia nisso, nos submetíamos de boa vontade. Adorei a escola desde o primeiro dia. Miss Lancashire não era mordaz como nossa governanta e, sobretudo, não tinha o nariz pontudo. Era baixinha e miúda, com um belo rosto oval. Sua saia ia até o solo e, como eu não via seus sapatos, perguntei aos meus pais se ela andava descalça. Eu era muito sensível à zombaria, e como minha mãe riu alto de minha pergunta, resolvi encontrar os sapatos invisíveis de miss Lancashire. Eu a observava com atenção até que, finalmente, os descobri, fato que, um tanto ofendido, contei em casa.

Tudo o que eu, naquele tempo, via na Inglaterra, me conquistava pela organização. A vida em Ruschuk havia sido impetuosa e agitada, cheia de acidentes dolorosos. Mas havia algo na escola que despertava em mim uma sensação de familiaridade. As salas ficavam no rés do chão, como em nossa casa na Bulgária; não havia andar superior, como em nossa nova casa em Manchester; e nos fundos a escola abria-se para um grande pátio. As portas e janelas da sala de aula estavam sempre abertas, e aproveitávamos todas as oportunidades para sair ao pátio. O esporte era, de longe, a matéria mais importante, e desde o primeiro dia os outros meninos conheciam as regras do jogo, como se tivessem nascido jogando críquete. Donald, meu amigo, admitiu após algum tempo que, de início, me julgara tolo, porque tiveram que me explicar e repetir as regras até que finalmente eu as entendesse. A princípio, só falava comigo por compaixão, pois se sentava a meu lado; mas quando, certa vez, me mostrou selos e eu soube imediatamente de que país era cada um deles, e, além disso, tirei do bolso selos da Bulgária, que ele ainda não conhecia, e em vez de trocá-los eu lhos dei de presente, "porque tenho muitos", começou a se interessar por mim e nos tornamos amigos. Não creio que quisesse suborná--lo — eu era um menino muito orgulhoso —, mas certamente quis impressioná-lo, pois notava seu desprezo.

Nossa filatélica camaradagem se desenvolveu tão rapidamente, que durante as aulas jogávamos clandestinamente com os selos, debaixo da carteira. Nada nos disseram, mas fomos separados de maneira muito amigável, e nossas brincadeiras então ficaram restritas ao caminho de casa.

Em seu lugar, sentou-se uma pequena menina, Mary Handsome. Logo me afeiçoei a ela de todo o coração, como aos selos. Seu sobrenome, que significava "formosa", causou-me admiração, pois eu não sabia que os nomes pudessem ter significado. Era menor do que eu, tinha cabelos louros, mas o mais lindo nela eram as faces vermelhas, "como maçãs". Logo conversamos, e ela respondia a todas as minhas perguntas; mas mesmo quando não conversávamos, durante as aulas, eu sempre tinha que olhá-la. Estava tão enfeitiçado por suas faces vermelhas, que já não prestava atenção a miss Lancashire, não ouvia suas perguntas e respondia confuso. Queria beijar aquelas faces vermelhas e tinha que conter-me para não fazê-lo. Após a aula eu a acompanhava; ela morava em direção oposta à minha, e Donald, que sempre me acompanhava até perto de minha casa, ficava me esperando sem que eu lhe desse qualquer explicação. Acompanhava Little Mary, como eu a chamava, até a esquina da rua onde morava, dava-lhe um rápido beijo na face e corria para casa, sem dizer uma palavra disso a ninguém.

Isso se repetiu várias vezes e, enquanto me limitei a dar-lhe um beijo de despedida na esquina, nada aconteceu; talvez ela também não falasse sobre isso em sua casa. Mas minha afeição aumentava, a escola já não me interessava e eu só esperava pela hora de acompanhá-la; logo o caminho até a esquina se tornou longo demais, e eu tentei beijar antes sua face vermelha. Ela se defendeu e disse: "Você só pode beijar-me na esquina, de despedida, do contrário contarei a minha mãe". A expressão "good-bye kiss", que ela usou enquanto se defendia zangada, causou-me forte impressão; então andei mais rápido até a esquina, ela ficou parada como se nada tivesse acontecido e eu a beijei como antes. No dia seguinte perdi a paciência e a beijei logo que estávamos na rua. Para me antecipar à sua fúria, eu próprio me fiz de zangado e disse ameaçadoramente: "Eu a beijarei sempre que eu quiser, e não esperarei até chegar à esquina". Ela tentou fugir, eu a segurei, andamos alguns passos, eu a beijei de novo e tornei a beijá-la até que chegamos à sua esquina. Quando finalmente a larguei, ela não disse "good-bye", apenas: "Agora vou contar a minha mãe!".

Eu não tinha medo de sua mãe, minha paixão por suas faces vermelhas era tão grande que, em casa, para surpresa de nossa governanta, cantei em voz alta: "Little Mary is my sweetheart! Little Mary is my sweetheart! Little Mary is my sweetheart!".

A palavra "sweetheart" eu aprendera da própria governanta. Ela a usava quando beijava meu irmãozinho Georg, de um ano de idade, quando o levava a passear no carrinho. "You are my sweetheart", dizia aquela mulher de rosto ossudo e nariz afilado, enquanto o beijava várias vezes seguidas. Perguntei-lhe o que significava "sweetheart", e só o que me respondeu foi que nossa camareira Edith tinha um "sweetheart", um namorado. E o que se fazia com isso? Beijava-se, assim como ela beijava o pequeno Georg. Isso me encorajara, por isso não senti nenhuma culpa quando entoei meu canto triunfal diante da governanta.

No dia seguinte, Mrs. Handsome veio à escola. De repente ela estava lá, uma mulher imponente que me agradou ainda mais do que a filha, o que foi minha sorte. Falou com miss Lancashire e depois, se dirigindo a mim, disse decidida: "Você não mais acompanhará a pequena Mary para casa. Seu caminho é outro. Também não mais se sentarão lado a lado, e você deixará de falar com ela". O tom não era zangado e ela não parecia aborrecida, porém aquilo era dito de forma muito decidida, mas bem diferente da que minha mãe utilizaria. Não levei a mal Mrs. Handsome, pois ela era como sua filha, que se escondia atrás; nela tudo me agradou, não só as faces, mas especialmente sua maneira de falar inglês. A língua inglesa, naquele tempo em que aprendia a ler, tinha sobre mim um efeito irresistível, e ninguém ainda havia me dirigido uma fala em inglês na qual eu desempenhava um papel tão importante.

Foi o fim daquela história, mas, conforme me contaram mais tarde, ela não transcorrera de forma tão simples. Miss Lancashire havia solicitado o comparecimento de meus pais e deliberado com eles a conveniência de eu permanecer na escola. Nunca havia presenciado uma paixão tão violenta em sua escola, estava um pouco confusa, e perguntava-se se isso teria a ver com o fato de as crianças "orientais" amadurecerem muito mais cedo do que as inglesas. Meu pai a tranquilizou, afiançando-lhe que era um caso completamente inocente. Talvez houvesse relação com as faces extraordinariamente vermelhas da menina. Pediu a miss Lancashire que experimentasse mais uma semana, e teve razão. Não creio que Little Mary merecesse de novo um único olhar. Escondida atrás de sua mãe, diluiu-se nela. Em casa ainda falei várias vezes com admiração de Mrs. Handsome. Mas não sei o que se passou com Mary na escola, quanto tempo lá ficou, se foi transferida para outra escola; minha lembrança está restrita à época em que eu a beijava.

Talvez meu próprio pai não suspeitasse quanta razão tinha quando relacionou meu comportamento com as faces vermelhas da menina. Mais tarde meditei sobre esse amor infantil, que jamais esqueci, e um dia me veio à memória a primeira canção infantil em ladino que ouvi na Bulgária. Ainda me levavam no colo quando uma figura feminina se aproximou de mim e cantou: *"Manzanicas coloradas, las que vienen de Stambol"*; então, aproximando cada vez mais seu dedo indicador, de repente ela o afundou com firmeza em minha face. Eu guinchei de prazer, ela me tomou nos seus braços e me cobriu de beijos. Isso se repetiu com tanta frequência que eu próprio aprendi a canção. Desde então passei a cantar com ela, e todos os que queriam que eu cantasse faziam essa brincadeira comigo. Quatro anos mais tarde tornei a encontrar minhas próprias maçãzinhas em Mary, que era menor do que eu, e a quem eu sempre chamava de "pequena", e só me admiro de que eu não espetasse meu dedo em sua face antes de beijá-la.

Georg, meu irmãozinho caçula, era uma criança bonita, de olhos escuros e cabelos negros. Meu pai lhe ensinou as primeiras palavras. De manhã, quando ele vinha ao nosso quarto, sempre se repetia o mesmo diálogo entre eles, que eu acompanhava com atenção. "Georgie?", dizia meu pai num tom insistente e interrogativo, ao que o pequeno respondia: "Canetti". "Two?", dizia meu pai; "three", respondia a criança; "four?", meu pai; "Burton", a criança; "Road", meu pai. A princípio ficavam nisso. Aos poucos nosso endereço foi se completando, acrescentando-lhe "West", "Didsbury", "Manchester", "England", em vozes alternadas. Eu tinha a última palavra, e não podia evitar de acrescentar "Europe".

A geografia se tornara muito importante para mim, e meus conhecimentos foram estimulados de duas maneiras. Presentearam-me um quebra-cabeça de madeira, com o mapa colorido da Europa, em que estavam recortados os diversos países. Misturavam-se todas as peças num monte, e com toda a rapidez se reconstituía o mapa da Europa. Assim, cada país tinha seu próprio formato, aos quais meus dedos logo se familiarizaram, e um dia surpreendi meu pai com a afirmação: "Posso fazê-lo de olhos fechados!". "Você não pode", disse ele. Fechei bem os olhos e armei o mapa da Europa às cegas. "Você tapeou", disse ele, "você espiou entre os dedos." Fiquei ofendido e insisti para que ele me tapasse os olhos. "Com força! Com força!", exclamei excitado, e num instante o mapa estava armado. "Você realmente o consegue", disse ele e me elogiou, e nenhum elogio jamais me foi tão caro.

O outro caminho para aprender geografia foi através da coleção de selos. Aí não se tratava só da Europa, mas do mundo todo, e o papel mais importante cabia às colônias inglesas. Também o álbum para os selos foi presente de meu pai, e quando o recebi já havia um selo colado no alto, à esquerda de cada página.

Falávamos muito de navios e de outros países. Minhas histórias prediletas eram *Robinson Crusoé*, *Simbad, o Marujo*, *As viagens de Gulliver*, e além disso havia os selos com suas belas ilustrações. O selo das ilhas Maurício, tão valioso que escapava à minha compreensão, estava ilustrado no álbum, e a primeira pergunta que me faziam os outros meninos quando trocávamos selos era: "Você tem algum selo das ilhas Maurício para trocar?". A pergunta era sempre séria, e eu próprio a fiz muitas vezes.

As duas catástrofes que ocorreram naquela época, e que hoje reconheço como o primeiro luto público coletivo de minha vida, tiveram relação com navios e geografia. A primeira foi o naufrágio do *Titanic* e a segunda, o desaparecimento do capitão Scott no Polo Sul.

Não consigo me lembrar quem foi o primeiro a me falar do naufrágio do *Titanic*. Mas nossa governanta chorou durante o café da manhã, e eu nunca a tinha visto chorar assim, e Edith, a camareira, veio à sala de brinquedos, onde nunca a vi em outras ocasiões, e as duas choraram juntas. Falaram-me do iceberg, da enorme quantidade de pessoas que morreram afogadas, mas o que mais me impressionou foi a orquestra que continuou tocando enquanto o navio afundava. Quis saber o que eles tocavam e recebi uma resposta rude. Compreendi que havia feito uma pergunta impertinente e também comecei a chorar. Estávamos assim chorando os três, quando minha mãe, lá de baixo, chamou Edith; talvez ela própria acabasse de saber da notícia. Então descemos, a governanta e eu, e encontramos minha mãe e Edith chorando juntas.

Mesmo assim, devemos ter saído, pois vejo à minha frente as pessoas na rua, bastante alteradas. Estavam reunidas em grupos e falavam com excitação, outras se juntavam a elas e tinham algo para contar; meu irmão, que ia no carrinho e que costumava receber dos transeuntes uma palavra de admiração por sua beleza, dessa vez passou despercebido. Nós, as crianças, fomos esquecidas, ainda que as pessoas falassem das crianças que estavam a bordo e que, com as mulheres, foram salvas em primeiro lugar. Insistia-se em falar do comandante, que se recusara a abandonar o navio. Mas a palavra que ouvi com mais frequência foi "iceberg". Ela me ficou gravada, assim como "meadow" e "island", e, embora não viesse do meu pai, foi a terceira palavra inglesa que me impressionou; a quarta foi "captain".

Não sei exatamente quando o *Titanic* afundou. Mas na excitação daqueles dias, que não arrefeceu tão cedo, não consigo encontrar meu pai. Ele certamente teria me explicado tudo e encontrado palavras que me acalmassem. Teria me protegido daquela catástrofe, que me atingiu com toda a força. Lembro com afeto cada um de seus gestos mas, quando penso no *Titanic*, não o vejo, não o ouço e sinto-me desprotegido em meio ao temor que me causou a imagem do navio chocando-se contra o iceberg no meio da noite e afundando nas águas frias enquanto a orquestra continuava tocando.

Ele não estava na Inglaterra? Às vezes saía em viagem. Também não fui à escola durante esses dias. Talvez fosse época de férias, talvez as aulas tivessem sido suspensas, talvez ninguém se lembrasse de mandar as crianças à escola. Minha mãe certamente não me consolou naquela ocasião, pois ela não sentiu o desastre com tanta intensidade, enquanto as duas inglesas que se ocupavam dos serviços em nossa casa, Edith e miss Bray, não me eram tão íntimas que as considerasse como membros de minha família. Creio que meu sentimento pela Inglaterra, com o qual atravessei a Primeira Guerra Mundial, formou-se durante o luto e a emoção daqueles dias.

O outro acontecimento público daquele tempo foi de natureza muito diferente, embora também nesse caso a palavra "captain" desempenhasse papel importante. Dessa vez não se tratava do comandante de um navio, mas de um explorador do Polo Sul, e o desastre não ocorreu pelo choque contra um iceberg, mas num deserto de neve e gelo, e o iceberg tomou as dimensões de um continente. Foi, também, o contrário de uma situação de pânico; não havia uma multidão desesperada jogando-se ao mar, pois o capitão Scott e três companheiros morreram congelados no deserto de gelo. Pode-se dizer que foi um acontecimento ritualístico inglês; aqueles homens haviam alcançado o Polo Sul, mas não foram os primeiros. Quando lá chegaram, após inauditas e estafantes dificuldades, encontraram plantada a bandeira norueguesa. Amundsen os havia precedido. No caminho de volta se perderam, e durante algum tempo não houve notícias deles. Agora haviam sido encontrados, e em seus diários estavam registradas suas últimas palavras.

Miss Lancashire nos reuniu na escola. Sabíamos que algo terrível havia acontecido, e nenhuma das crianças se atrevia a rir. Ela nos fez um discurso, no qual relatou o empreendimento do capitão Scott. Não se refreou em nos pintar um quadro do sofrimento daqueles homens no deserto de gelo. Guardei muitos pormenores daquele discurso, mas, como mais tarde li um relato minucioso, já não ouso separar aquilo que ouvi daquilo que li depois. Ela não lamentou seus destinos, mas falou com firmeza e orgulho, como eu jamais a tinha ouvido falar. Se seu propósito foi nos apresentar os exploradores do Polo Sul como modelo e exemplo, ela certamente o conseguiu, pelo menos no meu caso. Na mesma hora decidi tornar-me explorador e persisti nesse propósito durante alguns anos. Concluiu dizendo que Scott e seus companheiros haviam morrido como verdadeiros ingleses, e esta foi a única vez, durante os meus anos em Manchester, em que ouvi ser pronunciado tão aberta e inequivocamente o orgulho de ser inglês. Em épocas vindouras ouvi esse tipo de manifestação em outros países, e com muito maior frequência e uma espécie de impudência que sempre me exasperava, ao recordar a calma e a dignidade de miss Lancashire.


## NAPOLEÃO. HÓSPEDES ANTROPÓFAGOS. AS ALEGRIAS DE DOMINGO

A vida na casa em Burton Road era sociável e alegre. Nos fins de semana sempre havia hóspedes. Às vezes me chamavam, pois os convidados queriam conhecer-me, e sempre havia muitas coisas com que eu podia me exibir. Assim fiquei conhecendo todos, os parentes e os amigos. A colônia sefardim em Manchester havia crescido com bastante rapidez, e todos haviam se instalado próximos uns dos outros, nos bairros residenciais mais distantes, em West Didsbury e Withington. A exportação de artigos de algodão de Lancashire para os Bálcãs era um negócio rendoso. Alguns anos antes de nós, haviam vindo a Manchester os irmãos de minha mãe, Bucco e Salomon, e ali haviam fundado um negócio. Bucco, considerado um homem atilado, morreu ainda jovem, e Salomon, o homem duro de olhos glaciais, ficou sozinho. Procurou um sócio, e essa foi a oportunidade para meu pai, que tinha grande estima pela Inglaterra. Ingressou na sociedade e — simpático e conciliador, sempre compreensivo com o ponto de vista dos outros — tornou-se um útil contrapeso para o cunhado. Não consigo ver esse meu tio com amizade ou com justiça. Converteu-se no odiado inimigo de minha juventude, o homem que representava tudo aquilo que eu mais detestava. É provável que ele pouco se importasse comigo, mas para a família era a imagem do sucesso, e sucesso significava dinheiro. Em Manchester eu mal chegava a vê-lo; fazia frequentes viagens de negócios, mas precisamente por isso mais eu ouvia falar dele. Havia se adaptado bem à Inglaterra e gozava de grande prestígio entre os comerciantes. Seu inglês perfeito era admirado pelos parentes recém-chegados a Manchester, mas não só por eles. Miss Lancashire às vezes mencionava seu nome na escola. "Mr. Arditti é um cavalheiro", dizia ela. Suponho que com isso ela queria dizer que ele era abastado e que seu comportamento nada tinha de estrangeiro. Morava numa casa grande, muito mais alta e espaçosa do que a nossa, em Palatine Road, uma rua paralela à nossa. Como, contrariamente às demais casas avermelhadas da zona, a dele era branca e resplandecente, e talvez também por causa do nome da rua, a mim parecia um palácio. Mas a ele próprio, desde o princípio, considerei um bicho-papão, embora não fosse esse o seu aspecto. Era mr. Arditti para cá, mr. Arditti para lá, nossa governanta assumia uma expressão reverente quando falava nele, as máximas proibições eram atribuídas a ele, e quando descobriram minhas conversas com as figuras do papel de parede, e eu procurei defender-me referindo-me ao pai, que era muito condescendente, disseram-me que mr. Arditti saberia disso, o que teria consequências terríveis. Essa ameaça fez com que eu cedesse imediatamente, e prometi romper minhas relações com as figuras do papel de parede. Ele era a autoridade suprema entre todos os adultos de meu círculo de relações, e quando comecei a ler sobre Napoleão, eu imaginava que ele fosse exatamente como meu tio, e as malvadezas que eu atribuía a este eram por conta de Napoleão. Nas manhãs de domingo podíamos visitar nossos pais em seu dormitório, e certa vez, ao entrar, ouvi meu pai dizer em seu inglês cerimonioso: "Ele caminha por cima de cadáveres". Minha mãe percebeu minha presença e rapidamente respondeu algo em alemão, parecia zangada, e continuaram a conversar por algum tempo sem que eu os entendesse.

Se a observação de meu pai se referia ao meu tio, então deve ter se tratado de cadáveres comerciais; no caso do meu tio, dificilmente podiam ser outros. Mas isso, na época, fugia ao meu entendimento, e embora eu não estivesse muito adiantado na leitura da vida de Napoleão, sabia o bastante de sua atuação para levar o conceito de cadáveres, que, aliás, eu só conhecia através dos livros, ao pé da letra.

Vieram a Manchester três primos da minha mãe, três irmãos. Sam, o mais velho, parecia um autêntico inglês, e também era o que vivia na Inglaterra havia mais tempo. Com os cantos da boca voltados para baixo, ele me animava a pronunciar corretamente palavras difíceis, e achava graça quando eu retorcia a boca para imitá-lo, e ria com gosto, sem zombar de mim. Nunca compartilhei da opinião de miss Lancashire sobre meu outro tio, o bicho-papão, e, para demonstrá-lo, parei diante de tio Sam e disse: "*Você* é um cavalheiro, tio Sam!". Talvez ele gostasse de ouvir isso, em todo o caso ele me entendeu, e *todos* me entenderam, pois todos os que estavam reunidos na sala de jantar se calaram de imediato.

Todos os parentes de minha mãe, com uma única exceção,

haviam constituído família em Manchester, e frequentemente vinham nos visitar com suas mulheres. Apenas faltava o tio Salomon, seu tempo era precioso demais e ele não gostava de conversar na presença de mulheres e muito menos de música. A isso ele chamava de "frivolidades", tinha a cabeça cheia de novas estratégias comerciais e era admirado por esse tipo de "atividade mental".

Nessas noites, vinham também outras famílias amigas. Havia mr. Florentin, de quem eu gostava por causa de seu belo nome; mr. Calderon, que possuía os bigodes mais compridos e que sempre ria. O mais misterioso, para mim, era mr. Innie. Tinha a tez mais morena do que os outros e dizia-se que era árabe, com o que queriam dizer que era judeu árabe, e acabara de chegar de Bagdá. Eu estava com as *Mil e uma noites* na cabeça, e quando ouvi falar em Bagdá, esperava ver o califa Harun disfarçado. Mas o disfarce era exagerado, mr. Innie usava sapatos enormes. Isso não condizia com minha expectativa, assim lhe perguntei por que usava sapatos tão grandes. "Porque tenho os pés muito grandes", disse ele, "você quer que lhe mostre?" Pensei que ele realmente fosse tirar os sapatos e me assustei, pois uma das figuras do papel de parede, meu inimigo especial que nunca me acompanhava em minhas aventuras, se distinguia por seus pés imensos. Não quis ver os pés de mr. Innie e me retirei para a sala de brinquedos, sem me despedir. Desde então, não acreditei que tivesse vindo de Bagdá, com pés daquele tamanho, contestei-o ante meus pais, e declarei-o impostor.

Havia muita animação entre os hóspedes de meus pais: conversavam e riam muito, faziam música, jogavam cartas. Em geral as reuniões eram feitas na sala de jantar, talvez por causa do piano. Raramente havia convidados no salão amarelo, separado da sala de jantar por um corredor e uma passagem. Mas foi aqui que eu sofri minhas humilhações, relacionadas com a língua francesa. Deve ter sido ideia de minha mãe que eu, em contrapartida à língua inglesa, tão cara ao meu pai, aprendesse logo o francês. Veio uma professora, francesa, que me dava aulas no salão amarelo. Era morena e magra, parecia um tanto invejosa, mas seu rosto agora está encoberto pelo de outras francesas que conheci mais tarde, e já não consigo encontrá-lo na memória. Chegava e se retirava pontualmente, mas não era muito esforçada, e só conseguiu me ensinar a história de um menino que ficava sozinho em casa para roubar doces. "Paul était seul à la maison", era assim que começava. Eu logo sabia a história de cor, e a recitei para meus pais. O menino, ao querer furtar os doces, sofria uma série de infortúnios, e eu dei à história o tom mais dramático possível — meus pais pareciam divertir-se muito e logo começaram a rir às gargalhadas. Senti-me perplexo, nunca os vira rir tanto e tão unânimes; quando terminei, senti que seus elogios eram simulados. Retirei-me ofendido para o quarto e repeti a história sozinho, para adquirir fluência e não cometer faltas.

Na outra vez que vieram convidados, acomodaram-se no salão amarelo como para assistirem a um espetáculo, chamaram-me e pediram-me que recitasse a história em francês. Mal comecei: "Paul était seul à la maison", e já vi o riso estampado em todos os rostos. Mas eu quis lhes mostrar e continuei imperturbável até o fim. Quando terminei, todos se dobravam de rir. Mr. Calderon, sempre o mais ruidoso, bateu palmas e gritou: "Bravo! Bravo!". Tio Sam, o cavalheiro, não conseguia fechar a boca, exibindo todos os seus dentes ingleses. Mr. Innie estendia seus gigantescos sapatos para a frente, inclinava a cabeça para trás e urrava. Até mesmo as damas, que costumavam ser amistosas comigo e gostavam de me beijar a cabeça, riam com as bocas escancaradas, como se quisessem me engolir. Era um pandemônio, fiquei com medo e finalmente comecei a chorar.

Essa cena se repetiu outras vezes; quando havia convidados, pediam-me, com muita adulação, que eu recitasse a história de Paul, e eu, em vez de recusar, acabava cedendo, na esperança de vencer minha fraqueza. Mas sempre acabava da mesma maneira, a não ser por aqueles que se acostumaram a declamar em coro comigo, o que me obrigava a seguir até o fim, mesmo quando a vontade de chorar vinha cedo demais e eu queria parar. Nunca me explicaram o que havia de tão engraçado; desde então, o riso se tornou um enigma para mim, sobre o qual meditei, mas que até hoje continua insolúvel.

Só mais tarde, quando ouvi falar francês em Lausanne, entendi o efeito de meu "Paul" sobre os hóspedes reunidos. A professora não se dera ao trabalho de me ensinar a pronúncia francesa correta. Ela se contentava com que eu decorasse as frases que me dizia, e depois as repetisse à maneira inglesa. Aquela gente de Ruschuk, que havia aprendido um francês impecável na "Alliance" e agora encontrava dificuldades com o inglês, achava irresistivelmente cômico meu francês com pronúncia inglesa e desfrutava, como uma matilha descarada, a aparição de sua própria fraqueza numa criança que ainda não completara sete anos.

Naquela época, eu relacionava tudo o que me acontecia com os livros que lia. E não errei muito ao relacionar aquela matilha de adultos, que ria despudoradamente, com os canibais que eu conhecia e temia das *Mil e uma noites* e dos *Contos de Grimm*. O sentimento mais estimulante é o medo, é impensável o pouco que seríamos se não tivéssemos sentido medo. É peculiar ao homem a tendência de sempre se expor ao medo. Nenhum sentimento de medo se perde, mas seus esconderijos são misteriosos. De todos os sentimentos, talvez seja esse o que menos se transforma. Quando penso nos meus primeiros anos, reconheço em primeiro lugar os temores, de uma riqueza inesgotável. Muitos deles só descubro agora; outros, que jamais encontrarei, devem constituir o mistério que me provoca o desejo de uma vida eterna.


O que havia de melhor eram as manhãs de domingo, quando nós, as crianças, podíamos ir à alcova dos meus pais, ambos ainda na cama, meu pai para o lado da porta, minha mãe junto à janela. Eu podia pular em cima da cama, junto ao meu pai; os irmãozinhos se juntavam a minha mãe. Ele fazia farra comigo, perguntava sobre a escola, contava histórias. Isso durava bastante, o que me agradava muito, e eu sempre esperava que não terminasse mais. Afora isso, em casa, tudo o mais era ordenado, havia regras e mais regras que a governanta se encarregava de fazer cumprir. Mas não posso dizer que essas regras me incomodassem, pois o dia sempre terminava com meu pai trazendo presentes, que nos entregava na sala de brinquedos; e a semana sempre terminava com a manhã de domingo e nossas brincadeiras e conversas na cama. Eu só prestava atenção nele e não me importava com o que minha mãe e meus irmãozinhos faziam — o que eu talvez até mesmo achasse um tanto desprezível. Desde que passei a ler os livros que meu pai me trazia, meus irmãos me aborreciam ou me importunavam; e agora, quando minha mãe se encarregava deles e meu pai ficava só para mim, minha felicidade era grande. Ele era especialmente divertido quando, ainda na cama, fazia caretas e cantava canções engraçadas. Imitava animais que eu tinha de adivinhar, e quando eu acertava, ele prometia, como recompensa, levar-me novamente ao zoológico. Debaixo de sua cama havia um urinol com tanto líquido amarelo, que eu ficava admirado. Mas isso não foi nada, comparado à vez em que se levantou e eu o vi urinar. Contemplei aquele enorme jato e era-me incompreensível que dele saísse tanta água; minha admiração por ele subiu ao máximo. "Agora você é um cavalo", disse-lhe eu, pois vira os cavalos urinarem na rua, e tanto o jato quanto o membro dos animais me pareceram enormes. Ele concordou: "Agora sou um cavalo", e entre todos os animais que ele imitava, este foi o que mais me impressionou.

Era minha mãe quem sempre punha fim àquela festa. "Jacques, está na hora, as crianças estão ficando muito excitadas." Ele nunca interrompia de imediato nem me mandava embora sem que, como despedida, contasse uma outra história que eu ainda não conhecia. "Medita sobre isso!", dizia ele quando eu já estava junto à porta; minha mãe havia tocado a campainha e a governanta viera nos buscar. Eu me punha sério porque devia meditar sobre alguma coisa, e ele nunca se esquecia, mesmo depois de passados alguns dias, de me fazer perguntas sobre aquilo. Então me ouvia com uma gravidade toda especial, e acabava concordando comigo. Talvez fosse sincero, talvez só quisesse me encorajar; só posso designar o que eu sentia quando ele me encarregava de meditar sobre alguma coisa como um precoce sentimento de responsabilidade.

Muitas vezes me perguntei se nosso relacionamento teria continuado assim, se ele tivesse vivido mais tempo. Acabaria me rebelando contra ele, como me rebelei contra minha mãe? Não consigo imaginá-lo, sua imagem para mim é límpida, e quero que continue intacta. Creio que sofreu tanto sob a tirania do pai, sob cuja maldição viveu durante a curta permanência na Inglaterra, que tudo o que se referia a mim ele tratou com cautela, amor e sabedoria. Não se sentia amargo por ter se libertado; se tivesse permanecido na Bulgária, no negócio do pai, que o oprimia, ele teria se tornado um homem diferente.

A MORTE DE MEU PAI. A ÚLTIMA VERSÃO

Fazia talvez um ano que estávamos na Inglaterra quando minha mãe adoeceu. Dizia-se que o ar da Inglaterra não lhe convinha. Prescreveram-lhe um tratamento num balneário em Bad Reichenhall, e no verão, por volta de agosto de 1912, ela viajou para lá. Não dei muita importância, não sentia falta dela, mas meu pai me fazia perguntas a seu respeito e tive que dizer alguma coisa. Talvez ele temesse que a ausência da mãe não fizesse bem às crianças e quisesse perceber os primeiros sinais de uma alteração em nosso comportamento. Após algumas semanas, me perguntou se eu me importaria que ela ficasse por mais algum tempo. Se tivéssemos paciência, ela se recuperaria cada vez mais e voltaria completamente restabelecida. A princípio, simulei sentir saudades, pois notei que era o que ele esperava de mim. Mais honesto fui dessa vez, ao admitir um tratamento mais prolongado. Às vezes ele vinha ao nosso quarto com uma carta dela, mostrava-a para nós e dizia-nos o que ela havia escrito. Mas, durante esse período, ele já não era a mesma pessoa; seus pensamentos estavam com ela, e ele estava preocupado. Na última semana de sua ausência, falava pouco e não a mencionava quando eu estava presente. Não me ouvia com tanta paciência quanto antes, não ria e não inventava brincadeiras. Quando quis fazer-lhe um relato sobre o último livro que me dera, *A vida de Napoleão*, ele estava distraído e impaciente e cortou-me a palavra, o que me envergonhou, pois pensei que tivesse dito uma bobagem. No dia seguinte, apareceu tão alegre e divertido como sempre, e nos anunciou que minha mãe chegaria no outro dia. Fiquei contente, porque ele estava contente, e miss Bray disse algo a Edith que não entendi: que era *o certo* a senhora voltar para casa. "Por que é o certo?", perguntei, mas ela sacudiu a cabeça: "Isto você não entende. Mas é o correto!". Mais tarde, quando perguntei a minha mãe todos os detalhes — havia tantos pontos obscuros que eu não entendia —, soube que ela estivera fora seis semanas e quisera ficar mais tempo. Meu pai perdeu a paciência e lhe telegrafou exigindo que ela voltasse imediatamente.

No dia de sua chegada não vi meu pai; à noite ele não veio nos ver no nosso quarto. Mas, na manhã seguinte, ele tornou a aparecer, e fez com que meu irmãozinho menor falasse. "Georgie", disse ele, "Canetti", respondeu o pequeno, "two", meu pai, "three", o pequeno, "four", meu pai, "Burton", o pequeno, "Road", meu pai, "West", o pequeno, "Didsbury", meu pai, "Manchester", o pequeno, "England", meu pai, e eu finalizei, redundante e bem alto, "Europe". Assim o nosso endereço estava novamente completo. Guardei essas palavras mais do que quaisquer outras: foram as últimas que ouvi de meu pai.

Desceu para o café da manhã, como sempre. Não demorou muito, ouvimos gritos lancinantes. A governanta se precipitou escada abaixo e eu a segui. Pela porta aberta da sala de jantar vi meu pai estendido no chão. Estava estirado entre a mesa e a lareira, bem próximo da lareira. Seu rosto estava branco e havia espuma ao redor da boca; minha mãe, ajoelhada a seu lado, gritava: "Jacques, fale comigo, fale comigo Jacques, Jacques, fale comigo!". Como não parasse de gritar, começou a entrar gente em casa, os vizinhos Brockbank, um casal de adventistas, pessoas estranhas da rua. Fiquei parado junto à porta, minha mãe segurava a cabeça com as mãos, arrancava os cabelos e continuava a gritar. Dei um passo hesitante para a sala, em direção a meu pai, não entendia o que se passava e queria perguntar a ele, quando ouvi alguém dizer: "A criança precisa sair". Os Brockbank seguraram-me ternamente pelo braço e conduziram-me até o seu jardim.

Lá fui recebido pelo seu filho Alan, muito mais velho do que eu, que falava comigo como se nada tivesse acontecido. Perguntou-me sobre o último jogo de críquete na escola; eu lhe respondi, mas ele queria saber todos os detalhes e continuou perguntando até que eu não tinha mais respostas para dar. Depois quis saber se eu conseguia trepar em árvores, eu disse que sim, ele apontou para uma árvore dali, que se inclinava sobre o nosso próprio jardim. "Duvido que você consiga trepar nesta árvore", disse ele, "garanto que não. É difícil demais para você. Faltaria-lhe a coragem." Aceitei o desafio, examinei a árvore, fiquei em dúvida mas não o demonstrei, e disse: "Posso. Sim. Sei trepar!". Aproximei-me da árvore, apalpei-lhe a casca, me abracei ao seu tronco e ia começar a escalada quando se abriu a janela de nossa sala de jantar. Minha mãe se debruçou bem para fora e, ao me ver com Alan junto à árvore, gritou estridentemente: "Meu filho, você está brincando e seu pai está morto! Você brincando, brincando, e seu pai está morto! Seu pai está morto! Seu pai está morto! Você está brincando e seu pai está morto!".

Gritava e seus gritos eram ouvidos em toda a rua: gritava cada vez mais alto, até que a puxaram com força para dentro da sala; ela resistia e continuei ouvindo-a gritar quando já não a via, por um bom tempo. Com seus gritos, a morte de meu pai penetrou em mim e nunca mais me abandonou.

Não permitiram que eu voltasse para junto de minha mãe. Levaram-me à casa dos Florentin, que moravam a meio caminho da escola, em Barlowmore Road. Eu já tinha alguma amizade pelo seu filho Arthur, e os próximos dias nos tornaram inseparáveis. Mr. Florentin e Nelly, sua mulher, duas pessoas de coração bondoso, não deixaram de me vigiar por um minuto, pois temiam que eu fugisse para junto de minha mãe. Disseram-me que ela estava muito doente e que ninguém podia vê-la; em breve estaria completamente restabelecida e então eu poderia voltar para ela. Mas eles estavam enganados, eu não queria ver minha mãe; o que eu queria era voltar para o meu pai. Dele falavam pouco. Não me esconderam o dia do enterro; muito decidido declarei que queria acompanhá-lo ao cemitério. Arthur tinha livros com gravuras de países estranhos, tinha selos e muitos brinquedos. Ocupava-se de mim dia e noite, dormíamos no mesmo quarto, e era tão cordial, tão inventivo, tão sério e alegre ao mesmo tempo, que ainda hoje me lembro dele com gratidão. Mas no dia do funeral, quando notei que ele queria me reter, em cólera caí de pancadas sobre ele. Toda a família se lançou sobre mim e por razões de segurança todas as portas foram trancadas. Enfurecido, eu ameaçava arrombá-las, o que naquele dia talvez não estivesse além de minhas forças. Finalmente, tiveram uma ideia que aos poucos me acalmou. Prometeram-me que eu poderia *ver* o funeral. Debruçando-me na janela do quarto das crianças, poderia ver a comitiva, embora só de longe.

Acreditei neles e não levei em conta qual seria a distância. Quando chegou a hora, debrucei-me tanto na janela, que tiveram de me segurar por trás. Explicaram-me que o cortejo estava dobrando a esquina de Burton Road e Barlowmore Road, e depois se dirigiria ao cemitério, afastando-se de onde estávamos. Esforcei-me ao máximo, mas não vi nada. No entanto, relataram-me tudo o que eu tinha que ver com tantos detalhes que finalmente vislumbrei uma leve névoa na direção indicada. Era aquilo, diziam eles, era aquilo. Eu estava tão exausto da longa batalha, que me dei por satisfeito.

Eu tinha sete anos quando meu pai morreu, e ele ainda não completara trinta e um. Falava-se muito do caso, dizia-se que ele tinha uma saúde perfeita, talvez fumasse muito, mas esta era a única coisa a que se podia atribuir o súbito ataque cardíaco. O médico inglês que o examinou após a morte nada encontrou. A família, entretanto, não tinha em alto conceito os médicos ingleses. Era a época dos grandes médicos vienenses, e costumava-se, em todas as oportunidades, consultar um professor de Viena. Essas conversas pouco me tocavam, pois *não podia* reconhecer motivo algum para a sua morte, e para mim era melhor que não o encontrassem.

Mas, no decorrer dos anos, nunca deixei de interrogar minha mãe a respeito. A versão dela mudava a cada ano e, à medida que eu crescia, eram-me revelados novos fatos, e então se dizia que a versão anterior fora dada para me "poupar" por causa de minha pouca idade. Como nada me importava mais do que a morte de meu pai, vivi acreditando por etapas. Eu me apegava à última versão de minha mãe, me conformava a cada detalhe, como se fosse a palavra da Bíblia, relacionava a ela tudo o que acontecia ao meu redor, assim como tudo o que eu lia e pensava. O mundo em que eu vivia tinha por centro a morte de meu pai. Quando, após alguns anos, me inteirava de mais alguma coisa, o mundo anterior ruía como se fosse um cenário, nada mais voltava a se encaixar, todas as conclusões pareciam falsas, como se alguém me afastasse violentamente de minha fé; mas as mentiras, que esse alguém agora desvendava e destruía, ele próprio as havia inventado com a melhor das intenções, para proteger a minha juventude. Minha mãe sempre sorria, quando de repente me dizia: "Isto eu só lhe disse naquela ocasião porque você era muito jovem. Você não teria entendido". Eu temia esse sorriso, diferente do habitual, que eu amava por sua altivez e transparência. Ela sabia que me despedaçava contando algo novo sobre a morte de meu pai. Ela era cruel e o fazia de propósito, vingando-se assim dos ciúmes com que eu lhe amarguei a vida.

Guardo na memória todas as versões desse relato, e não me lembro de outra coisa que retive com maior fidelidade. Talvez algum dia eu escreva tudo. Daria um livro, um livro inteiro, ainda que as pegadas que sigo agora são outras.

Mas quero registrar aquilo que me contaram na ocasião, e também a última versão, na qual acredito até hoje.

Na casa dos Florentin, comentava-se que havia rebentado a guerra dos Bálcãs. Para os ingleses isso talvez carecesse de importância; mas eu vivia entre pessoas originárias dos países balcânicos, para os quais a guerra era em sua terra. Mr. Florentin, um homem sério e ponderado, evitava falar comigo sobre o meu pai, mas me disse algo uma vez em que estive só com ele. Ele o disse como se fosse algo muito importante, e tive a impressão de que confiava em mim, porque as mulheres não estavam presentes — e havia várias em sua casa. Meu pai, naquele último desjejum, lera no jornal uma matéria dizendo que Montenegro declarara guerra à Turquia; ele sabia que isso significava a eclosão da guerra dos Bálcãs e a morte de muitas pessoas; e essa notícia poderia ter-lhe provocado a morte. Lembrei-me de que vira o *Manchester Guardian* no chão, ao seu lado. Ele costumava permitir-me que eu lhe lesse as manchetes dos jornais que encontrava pela casa e, desde que não fossem demasiado difíceis, me explicava o que significavam.

Mr. Florentin disse que não havia nada pior do que a guerra e que meu pai também fora dessa opinião; eles muitas vezes haviam falado sobre isso. Na Inglaterra todas as pessoas eram contra a guerra, e ali nunca mais haveria guerra.

Gravei suas palavras como se meu próprio pai as tivesse pronunciado. Guardei-as para mim, ditas que foram só entre nós dois, como se tratasse de um perigoso segredo. Depois, durante anos, quando se tornava a comentar que meu pai morrera muito jovem, com perfeita saúde, sem sofrer de qualquer doença, como se subitamente tivesse sido atingido por um raio, então eu sabia, e ninguém me convenceria do contrário, que esse raio foi justamente aquela terrível notícia, a notícia da eclosão da guerra. Desde então houve guerras no mundo, e cada uma delas, onde quer que tivesse lugar e mesmo que passasse quase despercebida no círculo onde eu vivia, me atingia com a força daquela prematura perda e me preocupava como se fosse algo muito *pessoal* que me acontecia.

Para minha mãe, entretanto, tudo era bem diferente, e através de sua última e definitiva versão, que ela me confiou vinte e três anos depois, sob o impacto de meu primeiro livro, eu soube que desde a véspera meu pai não trocara com ela uma única palavra. Em Reichenhall, ela se sentira muito bem, circulara entre pessoas de sua própria classe e com os mesmos interesses intelectuais. Seu médico conversava com ela sobre Strindberg, lá ela começou a lê-lo, e nunca mais o abandonou. O médico a interrogava sobre suas leituras, mantinha com ela um diálogo cada vez mais animado, e ela começou a compreender que a vida em Manchester, rodeada de sefardins semi-instruídos, não lhe bastava. Talvez fosse essa a sua doença. Ela o confessara ao médico e este lhe confessara seu amor, propondo-lhe que se separasse de meu pai para se tornar sua mulher. Nada acontecera entre eles, além de palavras, de que ela pudesse ser censurada, e sequer por um instante ela considerara seriamente separar-se de meu pai. Mas as conversas com o médico haviam se tornado cada vez mais significativas para ela, e assim, procurara prolongar a estadia em Reichenhall. Sentira que seu estado de saúde melhorava rapidamente e assim tinha um motivo plausível para suplicar de meu pai o prolongamento de seu tratamento. Mas como era muito orgulhosa e não quisera lhe mentir, mencionara em suas cartas as fascinantes palestras com o médico. No entanto sentira-se grata ao meu pai quando este lhe telegrafara obrigando-a a voltar imediatamente. Por si só, ela talvez já não tivesse a força para se afastar de Reichenhall. Chegou a Manchester radiante e feliz, e, para reconciliar-se com meu pai, talvez também um pouco por vaidade, contou-lhe toda a história, e como ela havia recusado a proposta do médico de ficar com ele. Meu pai não entendia como o médico chegara a fazer tal proposta, interrogava-a e, a cada resposta dela, ia-lhe crescendo seu ciúme: insistia que ela se tornara culpada, não acreditava nela e achava que suas réplicas eram mentirosas. Finalmente, se pôs tão encolerizado, que ameaçou não falar mais com ela até que lhe confessasse toda a verdade. Passou a tarde e a noite inteira em silêncio e sem dormir. Embora ele a torturasse, ela sentia muita pena dele, mas estava convencida, contrariamente ao que ele pensava, que com seu regresso ela lhe dera provas de seu amor, e não admitia qualquer culpa. Não permitira ao médico nem mesmo um beijo de despedida. Fez todo o possível para que meu pai falasse com ela, mas como, ao fim de algumas horas, o seu empenho resultara inútil, acabou se zangando, desistiu e também ela se calou.

Pela manhã, quando desceu para o café, ele se sentou à mesa sem falar e pegou o jornal. Quando caiu, fulminado pelo ataque, não havia pronunciado sequer uma palavra. A princípio ela pensou que ele a quisesse assustar para castigá-la ainda mais. Ajoelhou-se a seu lado e implorou-lhe, cada vez mais insistente e desesperada, que falasse com ela. Quando compreendeu que ele estava morto, concluiu que a decepção com ela o matara.

Sei que minha mãe nessa última vez disse a verdade, tal como ela a sentia. Entre nós houvera longas e duras batalhas, e muitas vezes ela esteve próxima de me repudiar para sempre. Mas agora ela havia entendido, assim o disse, a luta que eu travara para alcançar minha liberdade, agora reconhecia meu direito a essa liberdade, apesar dos desgostos que essa luta lhe trouxera. O livro, que ela havia lido, era parte sua, ela se realizava em mim, sempre tinha visto as pessoas tal e como eu as descrevia, exatamente assim ela sempre desejara escrever. Seu perdão não era suficiente, ela se curvava ante mim, ela me reconhecia duplamente seu filho, aquilo que eu me tornara era o que ela mais tinha desejado que eu fosse. Naquele tempo ela vivia em Paris, e antes de eu ir visitá-la, havia me escrito uma carta a Viena dizendo-me tudo isso. Fiquei muito assustado com essa carta, pois, mesmo no tempo de nossa mais amarga inimizade, eu a havia admirado por seu orgulho. Era-me insuportável a ideia de que ela se curvasse ante mim por causa daquele romance, por mais importante que ele fosse para mim (a imagem que eu tinha dela era de alguém que não se curva ante coisa alguma). Quando voltei a vê-la, talvez tenha notado o embaraço, a vergonha e a desilusão que isso me causara, e, para convencer-me de sua sinceridade, ela se deixou levar até me contar toda a verdade sobre a morte de meu pai.

Apesar de suas versões anteriores, eu às vezes suspeitava

dessa última, mas então sempre me convencia de que a desconfiança, herdada dela, me induzia ao erro. Para me tranquilizar, repetia as últimas palavras de meu pai no nosso quarto. Não eram as palavras de um homem furioso ou desesperado. Talvez delas se possa concluir que, após uma má noite de insônia, ele estivesse prestes a ceder e, quem sabe, prestes a falar com ela à mesa do café, se o choque que recebeu com a notícia da eclosão da guerra não o tivesse abatido.

## A CELESTIAL JERUSALÉM

Após algumas semanas voltei da casa dos Florentin para junto de minha mãe, em Burton Road. À noite, dormia na cama de meu pai, junto à dela, e velava por sua vida. Enquanto ouvia seu choro brando, eu não adormecia; quando, depois de ter dormido um pouco, ela tornava a acordar, seus soluços me despertavam. Nessa época, aproximei-me muito dela, nossas relações mudaram e me tornei o filho mais velho, mais do que meramente pelo nome. Era assim que ela me chamava e me tratava, e eu tinha a impressão de ser a pessoa em quem ela mais confiava. Com ninguém mais ela falava da forma como falava comigo, e, embora nunca o mencionasse, eu sentia o desespero e o perigo em que ela se encontrava. Tendo me incumbido de fazê-la atravessar a noite, eu era o peso que se agarrava a ela quando seu sofrimento se tornava insuportável e ela queria libertar-se da vida. É muito estranho que eu assim tivesse enfrentado, logo após a experiência da morte, a do temor por uma vida ameaçada.

Durante o dia ela se dominava; tinha muitas coisas a fazer e, embora não estivesse acostumada, fazia-as todas. À noite observávamos o nosso pequeno ritual da ceia, durante a qual nos tratávamos mutuamente com uma espécie de suave cortesia. Eu seguia cada um de seus movimentos, imitava-os, e ela me indicava com tato a ordem de precedência durante a refeição. Eu sempre a havia visto, antes, como uma mulher impaciente, autoritária, arrogante e impulsiva; o gesto que mais gravei era a sua maneira de tocar a campainha para que a governanta viesse livrá-la das crianças. Sempre a havia deixado notar, de todas as maneiras, que eu preferia meu pai, e quando me faziam aquela pergunta cruel, que causa tanto embaraço às crianças: "De quem você gosta mais, do papai ou da mamãe?", eu não tentava safar-me respondendo "de ambos", mas apontava resolutamente e sem vacilar para meu pai. Mas agora éramos, um para o outro, o que restara de meu pai, e, sem o sabermos, desempenhávamos o seu papel, e era com a ternura dele que fazíamos bem um ao outro.

Naquelas horas aprendi a conhecer aquele silêncio em que se reúnem todas as forças da alma. Precisava delas, então, mais do que em qualquer outra ocasião de minha vida, pois a longa noite que se seguia àqueles jantares estava prenhe de um horrível perigo. Poderia dar-me por satisfeito se sempre tivesse desempenhado o papel que me cabia como o fiz naquela ocasião.

Um mês depois de nossa desgraça, houve em nossa casa uma reunião para celebrar a morte de meu pai. Os parentes e amigos varões se perfilaram ao longo da parede da sala de jantar, com os chapéus na cabeça e os livros de reza nas mãos. Sentados num sofá, junto à parede mais estreita e de frente para a janela, estavam o avô e a avó Canetti, que haviam vindo da Bulgária. Eu ainda não imaginava o quanto meu avô se sentia culpado. Ele havia solenemente amaldiçoado meu pai, quando este o abandonou, a ele e à Bulgária; é um acontecimento muito raro que um judeu praticante amaldiçoe seu filho, pois nenhuma maldição é mais perigosa, nenhuma é mais temida. Meu pai não se deixara deter por causa disso, e pouco mais de um ano após sua chegada à Inglaterra ele estava morto. Escutei meu avô soluçar ruidosamente durante suas orações; não parava de chorar e não podia me ver sem me abraçar com toda a força, me banhando com suas lágrimas. Pensei que fosse seu luto, e só muito mais tarde soube que, mais do que a dor, era seu sentimento de culpa, pois estava convencido de que, com sua maldição, havia matado meu pai. Os acontecimentos durante aquela solenidade de luto me encheram de pavor, porque meu pai não estava presente. Todo o tempo esperei por ele, que se apresentasse de repente e rezasse suas orações como os demais. Sabia muito bem que ele não havia se escondido, mas, onde quer que estivesse, eu não podia compreender que ele não viesse agora, quando todos os homens oravam em sua memória. Entre os presentes estava mr. Calderon, o homem dos longos bigodes, também conhecido por estar sempre rindo. Dele esperei o pior. Quando chegou, se pôs a conversar, desembaraçado, com os homens que estavam parados à sua direita e à sua esquerda, e de repente fez o que eu mais temia, pôs-se a rir. Dirigi-me a ele, furioso, e perguntei: "De que você está rindo?". Ele não se deu por achado e sorriu para mim. Odiei-o por causa disso, queria que ele fosse embora, queria bater nele. Mas não teria alcançado aquele rosto sorridente, eu era pequeno demais, teria que trepar numa cadeira; assim não cheguei a lhe bater. Quando tudo terminou e os homens abandonaram a sala, ele tentou afagar minha cabeça mas eu retirei sua mão e dei-lhe as costas chorando de raiva.

Meu avô me explicou que eu, como filho mais velho, deveria dizer o Kaddisch, a oração fúnebre pelo meu pai. Todos os anos, no aniversário de sua morte, eu deveria recitar o Kaddisch. Se eu não o fizesse, meu pai se sentiria abandonado, como se não tivesse filhos. Não rezar o Kaddisch pelo seu pai era o maior pecado que um judeu podia cometer. Isso ele me explicou entre soluços e gemidos, e assim esteve durante os dias em que durou sua estadia em nossa casa. Contudo, minha mãe lhe beijava a mão, como era costume entre nós, e respeitosamente o chamava de "Señor Padre". Mas, durante as nossas contidas conversas noturnas, ela não o mencionava, e eu sentia que seria incorreto que eu lhe fizesse perguntas a respeito dele. Sua aflição incessante me impressionou profundamente. Mas eu tinha presenciado o horrível acesso de minha mãe, e agora testemunhava, noite após noite, o seu choro. Por ela eu temia; a ele eu apenas contemplava. Ele falava com todas as pessoas e se queixava de sua desgraça. Também se queixava por nossa causa e nos chamava de "órfãos". Mas soava como se ele se envergonhasse de ter netos órfãos, e eu resistia contra esse sentimento de vergonha. Eu não era órfão, eu tinha minha mãe e ela me confiara a responsabilidade pelos meus irmãozinhos.

Não permanecemos em Burton Road por muito tempo. Naquele mesmo inverno nos mudamos para a casa de seu irmão, em Palatine Road. Aí as peças eram maiores e havia muito mais gente. Miss Bray, a governanta, e a camareira Edith nos acompanharam. Por alguns meses as duas famílias ficaram reunidas, tudo era dobrado, vinha muita visita. Eu já não ceava com minha mãe, e durante a noite eu não dormia com ela. Talvez ela já se sentisse melhor, talvez achassem mais sensato que a vigilância não ficasse a meu cargo. Procuravam distraí-la, pessoas amigas a visitavam ou lhe faziam convites. Ela havia decidido mudar-se para Viena com os filhos; a casa em Burton Road foi vendida e havia muitas providências a tomar para a mudança. Seu eficiente irmão, que ela tinha em alta conta, a aconselhava. Dessas conversas sobre assuntos práticos, eu, sendo criança, fora excluído. Voltei à escola de miss Lancashire, que não me tratou como órfão. Deixava transparecer um certo respeito, e chegou a dizer que agora eu era o homem da casa e que isso era a melhor coisa que podia ocorrer a uma pessoa.

Em casa, em Palatine Road, voltei a dormir no quarto das crianças, muito maior do que o anterior, que tinha as figuras falantes. Não senti sua falta; sob a impressão dos últimos acontecimentos eu havia perdido todo o interesse por elas. Ali voltei a ficar com meus irmãozinhos e a governanta; Edith, que pouco tinha para fazer, em geral estava conosco. O quarto era grande demais, como se faltasse algo nele; de certa forma parecia vazio e talvez devesse acomodar mais gente. Miss Bray, a governanta, oriunda do País de Gales, o povoou com uma paróquia. Cantávamos hinos religiosos ingleses e Edith nos acompanhava. Começou para nós uma nova época, e assim que estávamos reunidos no quarto das crianças começava a cantoria. Miss Bray rapidamente nos acostumou a isso; quando cantava ela era outra pessoa, deixava de ser magra e mordaz, e nos contagiava com seu entusiasmo. Cantávamos a plenos pulmões, e

Georg, que estava com dois anos, tentava nos acompanhar com seus guinchos. Havia especialmente *um* hino do qual nunca nos cansávamos. Era sobre a celestial Jerusalém. Miss Bray havia nos convencido de que nosso pai agora estava na celestial Jerusalém, e se cantássemos bem o hino, ele reconheceria nossas vozes e ficaria contente. Havia um verso maravilhoso: "Jerusalem, Jerusalem, hark how the angels sing!". Quando chegávamos nessa estrofe, eu acreditava estar vendo meu pai lá, e então cantava com tanto fervor que me parecia que ia rebentar. Miss Bray, contudo, parecia ter certos escrúpulos, talvez pudéssemos incomodar as outras pessoas da casa, e, para que ninguém nos interrompesse durante o canto, ela trancava o quarto. Em muitos desses hinos aparecia o Senhor Jesus; ela nos contou sua história, que eu quisera conhecer, sempre mais, pois eu não entendia que os judeus o tivessem crucificado. Logo identifiquei a figura de Judas: ele usava um bigode comprido e ria, em vez de se envergonhar de sua malvadeza.

Miss Bray, com toda a sua ingenuidade, deve ter escolhido bem as horas para a sua obra missioneira. Nunca éramos interrompidos e, se prestássemos atenção à história do Senhor Jesus, podíamos tornar a cantar "Jerusalem", o que sempre exigíamos. Tudo era tão maravilhoso e deslumbrante, que não contávamos uma palavra a ninguém. A atividade não foi descoberta por muito tempo, devendo ter durado semanas e semanas, pois eu me acostumara tanto a ela, que até na escola eu ficava impaciente, pensando nela. Nada havia que me desse maior prazer, até mesmo a leitura já não me era tão importante; novamente me afastei de minha mãe, porque ela sempre tinha conversas com o tio-Napoleão, e, para castigá-la pela admiração com que falava dele, ocultei-lhe o segredo das horas que passávamos com Jesus.

Certo dia golpearam de repente a porta. Minha mãe inesperadamente havia voltado para casa e escutara do lado de fora. Soara tão bonito, contou ela mais tarde, que não pôde deixar de escutar; admirou-se que outras pessoas tivessem entrado no quarto das crianças, pois não podia tratar-se de nós. Finalmente, quis saber quem estava cantando "Jerusalem" e tentou abrir a porta. Percebendo que estava trancada, começou a se irritar com os insolentes estranhos em nosso quarto e sacudiu com violência cada vez maior. Miss Bray, que regia o canto com as mãos, não se deixou perturbar, e continuamos cantando o hino até o fim. Então, calmamente abriu a porta e enfrentou "Madame". Explicou que o canto fazia bem às crianças, e se "Madame" não tinha notado como elas ultimamente estavam felizes. Aquele terrível acontecimento finalmente era coisa do passado, e agora nós sabíamos onde reencontraríamos nosso pai; ela se sentia tão realizada com o trabalho que fizera conosco que agora, ousadamente e sem qualquer receio, procurava influenciar também minha mãe. Falou a ela de Jesus e que ele morrera por nós. Eu me intrometi, completamente convencido por ela, e minha mãe foi tomada por uma fúria terrível e perguntou a miss Bray, ameaçadoramente, se ela não sabia que éramos judeus e como ela ousava nos desencaminhar às suas costas. Ficou particularmente irritada com Edith, de quem gostava, que diariamente a ajudava em sua toalete, com quem ela conversava muito, também sobre seu "sweetheart", mas que silenciara propositadamente sobre aquilo que fazíamos juntos durante aquelas horas. Elas foram despedidas na hora. Ambas choraram, nós choramos, finalmente minha mãe também chorou, mas de raiva.

Miss Bray acabou ficando; Georg, o caçula, era muito afeiçoado a ela, e por essa razão havia se planejado levá-la conosco a Viena. Mas teve que prometer nunca mais cantar hinos religiosos conosco e silenciar sobre o Senhor Jesus. Edith, de qualquer forma, teria sido dispensada em breve, por causa de nossa iminente partida para Viena; sua despedida não foi revogada, e minha mãe, cujo orgulho não admitia a traição por parte de uma pessoa de quem gostava, jamais a perdoou.

De minha parte, ela, naquela ocasião, percebeu pela primeira vez aquilo que marcaria para sempre o nosso relacionamento. Levou-me com ela, do quarto das crianças, e quando ficamos sós ela me perguntou, no tom de nossas quase esquecidas ceias a dois, porque eu a enganara por tanto tempo. "Não quis lhe contar coisa alguma", foi minha resposta. "Mas por que não? Por que não? Você é o meu filho maior. Sempre confiei em você." "Você também não me conta coisa alguma", disse eu, teimoso. "Você fala com tio Salomon e não me conta coisa alguma." "Mas ele é meu irmão mais velho, e preciso me aconselhar com ele." "Por que você não se aconselha comigo?" "Existem coisas que você ainda não entende, mais tarde você as compreenderá." Era como se ela falasse para o ar. Eu tinha ciúme de seu irmão porque não gostava dele. Se eu o apreciasse, não teria sentido ciúme. Mas era um homem "que passava por cima de cadáveres", como Napoleão, um homem que começa guerras, um assassino.

Hoje, quando penso em tudo isso, acho possível que eu próprio, com meu entusiasmo pelos hinos que cantávamos juntos, tenha inflamado miss Bray. Na casa do meu tio rico, no "Palácio do Bicho-Papão", como eu a chamava para mim, tivemos um lugar secreto que ninguém conhecia. Seguramente, meu maior desejo fora que minha mãe ficasse excluída dele, porque era dedicada ao Bicho-Papão. Qualquer elogio que ela lhe fizesse para mim era um sinal dessa dedicação. Aquela época foi fundamental para a minha decisão de tornar-me diferente dele, em todos os sentidos; e só quando deixamos sua casa e finalmente partimos, reconquistei minha mãe e passei a vigiar a sua fidelidade com os olhos incorruptíveis de uma criança.


O IDIOMA ALEMÃO NO LAGO DE GENEBRA

Em maio de 1913 estava tudo preparado para a nossa mudança a Viena, e deixamos Manchester. A viagem foi feita em duas etapas. Pela primeira vez tomei contato com cidades que depois se constituiriam em importantíssimos centros de minha vida. Em Londres, ao que me parece, ficamos apenas algumas horas. Mas atravessamos a cidade de uma estação a outra, e vi, encantado, os altos ônibus vermelhos. Pedi insistentemente a minha mãe que viajássemos no andar de cima de um deles. Não havia tempo para isso, mas a agitação das ruas apinhadas, que conservei na memória como negros redemoinhos de gente, culminou na Victoria Station, onde inúmeras pessoas corriam para todos os lados, sem esbarrarem umas nas outras.

Não guardei lembrança da viagem de navio através do canal, mas tanto mais impressionante foi a chegada a Paris. Na estação fomos recebidos por um jovem par recém-casado. David, o irmão caçula e mais modesto de minha mãe, um sujeito suave, e a seu lado uma jovem mulher deslumbrante, de cabelos cor de piche e faces pintadas. Lá estavam novamente as faces vermelhas, mas de um vermelho tão carregado que minha mãe me preveniu de sua artificialidade, quando eu quis beijar a nova tia só naquele lugar. Seu nome era Esther, e ela havia sido recentemente importada de Salonica, onde vivia a maior colônia sefardim e onde os jovens casadoiros iam buscar as suas noivas. Em sua residência as peças eram tão pequenas que eu, atrevido, as chamei de quartos de bonecas. Tio David não se sentiu ofendido, sorria sempre e nada dizia, o oposto exato de seu poderoso irmão de Manchester, que desdenhosamente o recusara como sócio. Estava no auge de sua felicidade, pois tinha casado havia uma semana apenas. Ficou orgulhoso de que eu me afeiçoasse à deslumbrante tia na mesma hora, e me animava para que eu tornasse a beijá-la. Meu pobre tio não sabia o que o esperava, pois ela logo revelou uma fúria sagaz e insaciável.

Ficamos hospedados algum tempo naquela casa de peças miúdas, que muito me agradava. Eu era curioso e podia contemplar minha tia quando se pintava. Ela me explicou que em Paris todas as mulheres se maquiavam, do contrário não agradariam os homens. "Mas você agrada ao tio", disse-lhe eu, e ela não respondeu. Ela se perfumava muito e queria saber se seu perfume era bom. Para mim os perfumes eram malignos. Miss Bray, nossa governanta, dizia que eram "wicked". Assim, desviando-me da pergunta de tia Esther, disse-lhe: "O melhor cheiro é o de seus cabelos!". Então ela se sentou e soltou os cabelos, mais pretos ainda do que os tão admirados cachos de meu irmão, e, enquanto ela se ocupava de sua toalete, pude ficar sentado a seu lado e admirá-la. Tudo se passava abertamente, diante dos olhos de miss Bray, que sofria por isso; ouvi-a dizer a minha mãe que Paris era ruim para as crianças.

Nossa viagem prosseguiu até a Suíça, Lausanne, onde minha mãe quis veranear durante alguns meses. Alugou uma casa na parte alta da cidade, com uma esplêndida vista para o lago e os veleiros que o singravam. Muitas vezes descíamos a Ouchy, passeávamos nas margens do lago e escutávamos a banda que tocava no parque. Tudo era muito luminoso e sempre havia uma leve brisa; eu gostava da água, do vento e das velas e quando a banda tocava eu ficava tão feliz que perguntava a minha mãe: "Por que não ficamos aqui? Não há lugar mais bonito". "Você agora precisa aprender alemão", dizia ela, "você irá à escola em Viena." E, embora ela nunca dissesse "Viena" sem uma certa paixão, eu não me senti atraído enquanto estávamos em Lausanne. Pois quando lhe perguntava se lá havia um lago, ela dizia: "Não, mas há o Danúbio". E em vez das montanhas da Savoia, do outro lado do lago, em Viena havia bosques e outeiros. Eu já conhecia o Danúbio muito bem e como foi em suas águas que me escaldei quando pequeno, eu não guardava dele a melhor das impressões. Mas ali havia aquele lago maravilhoso, e as montanhas eram uma novidade para mim. Resisti obstinadamente a ir para Viena, e isso talvez tenha contribuído para que ficássemos em Lausanne mais tempo do que havíamos previsto.

Mas o verdadeiro motivo foi que eu primeiro tinha de aprender alemão. Eu tinha oito anos e deveria frequentar a escola em Viena; minha idade correspondia à terceira classe da escola primária. Para minha mãe era insuportável a ideia de que, por desconhecer a língua, eu talvez não fosse admitido nessa classe, por isso ela estava resolvida a me ensinar o alemão dentro do menor prazo.

Não fazia muito tempo que havíamos chegado a Lausanne, e fomos a uma livraria, onde ela pediu uma gramática anglo-alemã. Comprou o primeiro livro que lhe ofereceram e levou-me para casa para começar rapidamente com suas lições. Como relatar essas aulas para que me acreditem? Sei como foram, não poderia esquecê-las, mas eu mesmo mal consigo acreditar.

Sentávamo-nos à mesa grande da sala de jantar, eu à cabeceira, com vista para o lago e os veleiros. Ela ficava ao lado da mesa, à minha esquerda, segurando o manual de forma que eu não pudesse lê-lo. Sempre o mantinha longe dos meus olhos. "Você não precisa dele", dizia ela, "de qualquer modo você ainda não o entende." Apesar dessa justificativa, eu tinha a impressão de que me ocultava o livro como se se tratasse de um segredo. Lia-me uma frase em alemão e mandava-me repetir. Se não lhe agradasse minha pronúncia, fazia-me repeti-la várias vezes, até que lhe parecesse aceitável. Mas isso não era frequente, pois como ela zombava de minha pronúncia, e seu escárnio era o que eu menos suportava no mundo, eu me esforçava e logo pronunciava corretamente. Só então ela me dizia o significado da frase em inglês. Mas isso ela jamais repetia, o que me obrigava a gravá-lo de uma vez por todas. Então passava logo para a frase seguinte, e o procedimento era o mesmo; assim que minha pronúncia estava correta, ela traduzia a frase, lançava-me um olhar imperioso para que não a esquecesse, e já vinha a próxima. Não sei quantas frases ela me exigiu na primeira lição, digamos modestamente algumas; no entanto, receio que foram muitas. Ela me dispensou, dizendo: "Repita-as para si. Você não deve esquecer nenhuma frase. Nem uma única. Amanhã continuaremos". Ela ficou com o livro e eu, perplexo, tinha que me arranjar sozinho.

Ninguém me ajudou. Miss Bray só falava inglês e, durante o resto do dia, minha mãe se recusou a me repetir as frases. No dia seguinte eu me sentei no mesmo lugar, à minha frente a janela aberta, o lago e os veleiros. Ela retomou as frases do dia anterior, mandou que eu repetisse a primeira e me perguntou o que significava. Para minha desgraça eu tinha guardado o significado, e ela ficou satisfeita: "Estou vendo que assim vai bem!". Mas então veio a catástrofe e eu já não sabia coisa alguma; com exceção da primeira eu não tinha gravado nenhuma outra frase. Eu as repetia em alemão, ela me olhava esperançosa, eu gaguejava e ficava calado. Quando isso se repetiu algumas vezes, ela ficou furiosa e disse: "Você se lembrou da primeira, portanto pode fazê-lo. Você não quer. O que você quer é ficar em Lausanne. Eu vou a Viena e levo miss Bray e os pequenos comigo. Você pode ficar sozinho em Lausanne!".

Creio que isso me atemorizou menos do que o seu escárnio. Quando se impacientava demais, levava as mãos por cima da cabeça e exclamava: "Tenho um filho que é idiota! Eu não sabia que um de meus filhos é idiota!", ou então: "Seu pai sabia falar alemão, o que diria seu pai, se ouvisse isto!".

Caí num desespero horrível e, para ocultá-lo, olhava para os veleiros e esperava ajuda de quem não podia me ajudar. Então, aconteceu uma coisa que não entendo até hoje. Passei a prestar uma atenção dos diabos e aprendi a gravar no ato o sentido das frases. Quando eu dava três ou quatro respostas certas, ela não me elogiava, mas exigia as outras, pois queria que eu não esquecesse nenhuma das frases. Como isso nunca acontecia, não recebi dela um só elogio, e durante essas semanas ela me dispensava com uma expressão soturna e insatisfeita.

Eu vivia atemorizado por seu escárnio e durante o dia ficava repetindo as frases, onde quer que eu estivesse. Nos passeios com a governanta eu andava calado e ausente; já não sentia o vento, não ouvia a música, só tinha cabeça para as frases em alemão e seu significado em inglês. Sempre que podia, eu me afastava dos outros e ensaiava as frases em voz alta, e acontecia de repetir obsessivamente um erro, crente de estar dizendo a frase certa. Não tinha livro pelo qual pudesse me guiar, ela mo recusava obstinada e impiedosamente, pois sabia o quanto eu gostava de livros e quanto mais fácil teria sido para mim se eu pudesse consultá-los. Mas ela achava que não se devia facilitar as coisas; que os livros eram prejudiciais para o aprendizado de uma língua; que se devia aprendê-la falando, e um livro só não prejudica quando já se conhece um pouco o idioma. Não a preocupava o fato de eu, tão preocupado que estava, quase não comer. Considerava pedagógico o terror em que eu vivia.

Havia dias em que eu conseguia me lembrar de todas as frases e de seu significado, salvo uma ou duas exceções. Então eu perscrutava em seu rosto um sinal de aprovação. Mas nunca o encontrava, e o máximo que eu conseguia era que ela não zombasse de mim. Noutros dias as coisas não iam tão bem, e então eu tremia à espera do "idiota que ela trouxera ao mundo", que tão profundamente me feria. Assim que o recitava, eu ficava aniquilado, e ela só errava seu alvo com aquilo que dizia de meu pai. O afeto dele me consolava; nunca ouvira dele uma palavra desagradável e, qualquer coisa que eu lhe dissesse, ele ficava contente e me incentivava.

Eu quase não falava mais com meus irmãozinhos e os repelia bruscamente, como minha mãe. Miss Bray, cujo predileto era o menor, gostava muito de nós três e logo sentiu em que estado perigoso eu me encontrava; quando me surpreendeu ensaiando minhas frases em alemão, aborreceu-se e disse que já chegava, que agora eu parasse, que já sabia demais para um menino de minha idade, que ela nunca aprendera outra língua e mesmo assim sabia se defender muito bem. Em toda a parte do mundo havia gente que entendia inglês. Sua compaixão me fez bem, mas a essência de suas palavras nada significava para mim; só mesmo minha mãe poderia me libertar da terrível hipnose em que me aprisionara.

Ouvi quando miss Bray disse a minha mãe: "O menino se sente infeliz. Ele diz que Madame o considera um idiota". "Pois é isto que ele é!", foi a resposta, "do contrário eu não diria a ele!" Isso foi muito amargo de ouvir, pois aparecia novamente a palavra da qual, para mim, tudo dependia. Pensei em minha prima Elsie, em Palatine Road, que era retardada e não podia falar direito. Dela os adultos diziam penalizados: "Será idiota pelo resto da vida".

Miss Bray certamente tinha um coração bom e tenaz, pois finalmente foi ela quem me salvou. Certa tarde em que havíamos acabado de nos sentar para a lição, minha mãe falou de repente: "Miss Bray disse que você gostaria de aprender a caligrafia gótica. É verdade?". Talvez eu o tenha dito alguma vez, talvez a ideia tenha sido dela. Mas como minha mãe, enquanto o dizia, olhava para o livro que tinha entre as mãos, aproveitei a oportunidade e disse: "Sim, eu gostaria. Precisarei disso na escola em Viena". Assim finalmente recebi o livro, para nele estudar as letras angulosas. Minha mãe já não tinha paciência para me ensinar as letras; e foi assim que ela desistiu de seus princípios e eu fiquei com o livro.

Meu maior sofrimento, que durara um mês, ficou para trás. "Mas só para aprender a escrita", dissera-me minha mãe ao me entregar o livro. "Afora isso, continuaremos a repassar as frases oralmente." Mas ela não podia me impedir de consultar as frases no livro. Eu já havia aprendido muito com ela, e *algo* havia ficado da forma insistente e enérgica com que ela me lia as frases. Ela continuou a me dar suas lições, como antes. Mas agora eu podia reforçar pela leitura aquilo que havia ouvido dela, e por isso meu desempenho, a seus olhos, melhorou bastante. Já não tinha oportunidade de me chamar de "idiota", e ela própria se sentiu aliviada por isso. Mais tarde me contou que havia se preocupado seriamente comigo, talvez eu fosse o único membro da extensa família que não tinha facilidade para línguas. Agora estava convencida do contrário, e nossas aulas das tardes se transformaram em puro prazer. Agora podia acontecer até mesmo eu lhe causar admiração, e às vezes, contra a sua vontade, lhe escapava um elogio: "Vê-se que é meu filho".

Foi um tempo sublime que então começou. Minha mãe passou a falar comigo em alemão, também fora das horas de aula. Sentia que novamente me aproximava dela, como naquelas semanas após a morte de meu pai. Só mais tarde entendi que não foi só por minha causa que ela me ensinava alemão entre zombarias e torturas. Ela própria sentia uma profunda necessidade de falar alemão comigo, pois era o idioma de sua ternura. O golpe mais profundo que sofrera em sua vida, a perda de meu pai, seu interlocutor, se manifestou com mais sensibilidade no fato de que suas conversações prediletas, em alemão, silenciaram com ele. Foi nesse idioma que se desenrolou seu verdadeiro matrimônio. Sentia-se desamparada sem ele e tratou de colocar-me em seu lugar o mais rápido possível. Esta era a sua maior esperança e suportou muito mal quando eu, no início de seu empreendimento, ameaçara fracassar. Assim ela me obrigou a um desempenho, a curtíssimo prazo, que ia além das possibilidades de qualquer criança, e seu êxito determinou a natureza mais profunda de meu alemão, uma língua-mãe implantada tardiamente e sob verdadeira tortura. Mas essa tortura não perdurou, pois logo se seguiu um período de felicidade que me uniu indissoluvelmente a essa língua. Também deve ter favorecido, desde cedo, a minha tendência a escrever, pois foi para aprender a escrever que conquistei o livro, e a súbita melhora começou justamente quando aprendi a escrever as letras góticas.

Não admitiu de forma alguma que eu desaprendesse as outras línguas, pois para ela a cultura consistia na literatura de todas as línguas que conhecia, mas a língua de nosso amor — e como foi grande este amor! — seria o alemão.

Agora só eu a acompanhava nas visitas que fazia a amigos e parentes em Lausanne, e não é de admirar que as duas visitas que me ficaram na lembrança estivessem relacionadas com sua situação de jovem viúva. Um de seus irmãos havia morrido em Manchester antes que nos mudássemos para lá, e sua viúva, Linda, agora vivia em Lausanne, com os dois filhos. Talvez por causa dela, minha mãe resolveu passar lá aquela temporada. Fora convidada para o almoço e levou-me sob o pretexto de que tia Linda nascera e se criara em Viena, e por isso falava um alemão excepcionalmente perfeito. Eu já estava bastante adiantado para mostrar o que sabia. Fiquei entusiasmado, pois estava ansioso para apagar para sempre todos os vestígios do escárnio de que até havia pouco eu fora vítima. Eu estava tão excitado que na noite anterior não pude pregar os olhos, e mantive comigo mesmo longas conversas em alemão, que sempre terminavam de forma triunfal. Quando chegou a hora da visita, minha mãe me informou que também estaria presente um senhor que diariamente almoçava com tia Linda. Chamava-se *monsieur* Cottier, um senhor já não muito jovem, funcionário altamente conceituado. Perguntei se era o marido da tia, e minha mãe respondeu hesitante e um pouco alheia: "Talvez algum dia o seja. No momento a tia está mais preocupada com seus dois filhos. Não quer magoá-los casando-se com tanta rapidez, embora fosse um grande arrimo para ela". Logo pressenti o perigo e contestei: "Você tem três filhos, mas seu arrimo sou eu". Ela riu: "Que ideia é esta", disse ela com seu modo altivo. "Não sou como tia Linda. Não tenho nenhum sr. Cottier."

Assim o alemão perdeu um pouco sua importância, e tive que assumir duplo papel. *Monsieur* Cottier era um homem volumoso e lento, com barba em ponta, barrigudo, e para quem a comida na casa da tia agradava muito. Falava pausadamente, pensando antes de cada frase, e observava minha mãe com agrado. Já era idoso e pareceu-me que a tratava como a uma criança. Ele só se dirigia a minha mãe, nada dizia a tia Linda, que entretanto tornava a encher-lhe o prato; ele fazia de conta que não o notava e continuava a comer calmamente.

"Como a tia é bela!", disse eu entusiasmado, a caminho de casa. Sua pele era morena, e os olhos eram maravilhosos, grandes e negros. "Ela tem um cheiro bom", acrescentei, pois ela me havia beijado, e seu cheiro era melhor ainda do que o da tia de Paris. "Ora", disse a minha mãe, "ela tem um nariz enorme e pernas de elefante. Mas o amor passa pelo estômago." Isso ela já havia dito durante o almoço, enquanto olhava para *monsieur* Cottier com ironia. Admirei-me que ela o repetisse e perguntei-lhe o que significava. Ela me explicou, com dureza, que *monsieur* Cottier gostava de comer bem, e a tia conhecia a boa cozinha. Era por isso que ele voltava diariamente. Perguntei-lhe se era por isso que ela tinha um cheiro tão bom. "É o perfume que ela usa, sempre se perfumou demais." Senti que minha mãe a reprovava e, embora tivesse sido muito amável com *monsieur* Cottier e o tivesse feito rir, parecia não ter dele a melhor das opiniões.

"Em nossa casa ninguém virá almoçar", disse eu de repente, como se já fosse adulto, e minha mãe sorriu e me encorajou: "Você não o permitirá, não é mesmo? Você certamente cuidará de que isso não ocorra!".

A segunda visita, a *monsieur* Aftalion, foi bem diferente. Era o mais rico entre todos os sefardins que minha mãe conhecia. "É milionário", disse ela, "e ainda é jovem."

Quando, respondendo à minha pergunta, me assegurou que ele era muito mais rico do que tio Salomon, ele logo me foi simpático. Seu aspecto também era muito diferente, disse ela, pois era um bom dançarino e um cavalheiro. Todos disputavam sua companhia, era tão distinto que poderia viver na corte de um rei. "Já não há pessoas como ele entre nós", disse minha mãe, "antigamente éramos todos assim, quando vivíamos na Espanha." Então me confessou que *monsieur* Aftalion certa vez quisera casar-se com ela, mas ela já estava secretamente comprometida com meu pai. "Do contrário eu talvez tivesse me casado com ele", disse. Ele então ficou muito triste e durante muitos anos não quis outra mulher. Só agora, havia bem pouco tempo, ele se casara, e estava em Lausanne em viagem de núpcias com Frieda, uma beldade famosa. Ele estava hospedado no hotel mais elegante, onde o visitaríamos.

Interessei-me por ele, porque minha mãe o colocou acima de meu tio. A este eu detestava tanto, que o pedido de casamento de *monsieur* Aftalion não me causou nenhuma impressão. Eu estava ansioso por vê-lo, só para verificar como, ao lado dele, aquele Napoleão ficava reduzido a menos que nada. "É uma lástima", disse eu, "que o tio não nos acompanhe!" "Ele está na Inglaterra", disse ela, "não poderia nos acompanhar." "Mas seria maravilhoso que ele nos acompanhasse, para que visse como deve ser um verdadeiro sefardim!" Minha mãe não levou a mal meu ódio contra seu irmão. Embora ela admirasse a sua habilidade, não se opôs a que eu me defendesse dele. Talvez compreendesse o quanto era importante não tomá-lo como paradigma em lugar de meu pai; talvez considerasse esse ódio, precoce e tenaz, como um traço de "caráter", e para ela o "caráter" estava acima de tudo.

Chegamos a um hotel que era um verdadeiro palácio; eu nunca vira algo semelhante, creio mesmo que se chamava Lausanne Palace. *Monsieur* Aftalion ocupava uma suíte luxuosamente decorada, que me lembrou um cenário das *Mil e uma noites*. Pensei com desprezo na casa de meu tio em Palatine Road, a qual, havia apenas um ano, me causara tão forte impressão.

Abriu-se uma porta dupla e *monsieur* Aftalion apareceu, em traje azul-marinho e polainas brancas; dirigiu-se a minha mãe sorridente e beijou-lhe a mão. "Você está cada vez mais bela, Mathilde." Ela estava vestida de preto. "E você tem a esposa mais bela", disse minha mãe, que nunca ficava devendo uma resposta. "Onde está ela? Frieda não está? Não a vejo desde a época do Instituto em Viena. Tanto falei dela a meu filho, que ele acabou querendo conhecê-la de qualquer maneira." "Ela virá em seguida. Ainda não terminou a toalete. Enquanto isso vocês terão de se contentar com algo menos belo." Tudo se passou de modo muito cortês e formal, em concordância com os magníficos aposentos. Informou-se sobre os projetos de minha mãe, escutando com muita atenção, mas sem deixar de sorrir; finalmente, aprovou a mudança para Viena com palavras fabulosas. "Seu lugar é em Viena, Mathilde", disse ele, "a cidade a ama. Em Viena você sempre foi mais vivaz e mais bonita." Não senti o menor ciúme, nem dele nem de Viena, e aprendi algo que ignorava, pois não aparecia em nenhum de meus livros: que uma cidade pode amar uma pessoa, uma ideia que me agradava. Então apareceu Frieda, a maior surpresa de todas. Jamais havia visto uma mulher tão bela; ela era luminosa como o lago, usava roupas magníficas e tratava minha mãe como se fosse uma princesa. Escolheu em um dos vasos a mais linda rosa, entregou-a a *monsieur* Aftalion, e este a deu a minha mãe com uma reverência. A visita não foi longa nem entendi tudo o que diziam; a conversa alternava entre o alemão e o francês, e eu ainda não dominava bem qualquer das duas línguas, especialmente o francês. Pareceu-me, também, que falavam em francês quando não queriam que eu os entendesse, e embora em outras ocasiões eu reagisse com rancor à linguagem secreta dos adultos, com alegria teria suportado muito mais do vencedor de Napoleão e de sua maravilhosamente bela esposa.

Ao sairmos do palácio, minha mãe me pareceu um pouco confusa. "Quase me casei com ele", disse ela, e acrescentou uma frase que me assustou: "Então você não teria vindo ao mundo!". Eu não conseguia entender como podia não ter vindo ao mundo, eu que estava caminhando ao lado dela. "Mas eu *sou* seu filho", disse, teimoso. Talvez ela se arrependesse daquilo que dissera, pois se deteve e me abraçou impetuosamente — junto à rosa que levava; acabou elogiando Frieda. "Foi um gesto nobre dela. Ela tem personalidade!" Era muito raro que ela dissesse isso, ainda mais de uma mulher. Fiquei contente que Frieda tivesse agradado também a ela. Anos depois, quando conversamos sobre essa visita, ela me disse que saíra de lá com o sentimento de que tudo aquilo que havíamos visto, toda aquela magnificência, na realidade pertencia a ela, e se admirara por não sentir qualquer rancor contra Frieda, concedendo-lhe sem inveja o que ela não concederia a nenhuma outra mulher.

Passamos três meses em Lausanne, e às vezes penso que nenhuma época de minha vida foi mais marcante do que aquela. Mas muitas vezes pensamos assim quando analisamos seriamente uma época, e é bem possível que cada época seja a mais importante e que cada uma delas englobe todas as demais. Em todo o caso, em Lausanne, onde por toda a parte ao meu redor eu ouvia falar francês, que aprendi espontaneamente e sem complicações domésticas, renasci, sob a influência materna, para a língua alemã, e sob a dor desse parto surgiu em mim a paixão que me uniu a ambas, a essa língua e a minha mãe. Sem as duas, que eram uma e a mesma coisa, o decurso posterior de minha vida teria sido incompreensível e sem sentido.

Em agosto viajamos para Viena, interrompendo a viagem por algumas horas em Zurique. Minha mãe deixou os pequenos na sala de espera sob os cuidados de miss Bray e me levou por um teleférico a um monte, o Züricherberg. O lugar onde desembarcamos chamava-se Rigiblick. Era um dia luminoso, e a cidade estendida diante dos meus olhos pareceu-me imensa, e eu não compreendia como uma cidade podia ser tão grande. Isso era para mim algo inteiramente novo e inquietante. Perguntei-lhe se Viena era tão grande, e quando me disse: "é muito maior", não acreditei e achei que minha mãe estava troçando de mim. O lago e a montanha ficavam afastados, não como em Lausanne, onde sempre estavam diante dos olhos e constituíam o centro, o verdadeiro conteúdo de qualquer panorama. Em Lausanne não se viam tantas casas; aqui, eu admirava a quantidade imensa de casas, estendidas até a encosta do Züricherberg, onde estávamos; nem sequer tentei contar o incontável, o que em outras ocasiões gostava de fazer. Senti-me estranho e talvez um pouco assustado, e repreendi minha mãe: "Nunca mais conseguiremos encontrá-los", e pareceu-me que não deveríamos ter deixado as "crianças", como as chamávamos entre nós, sozinhas com a governanta, que não entendia uma só palavra de outra língua. Assim, a primeira vista panorâmica que tive de uma cidade ficou tingida por um sentimento de perda, e a lembrança dessa primeira visão de Zurique, que depois se tornaria o paraíso de minha juventude, nunca me abandonou.

Certamente tornamos a encontrar as crianças e miss Bray, pois recordo havê-los visto no dia seguinte, 18 de agosto, viajando através da Áustria. Todos os lugares por onde passávamos estavam embandeirados, e como as bandeiras não acabavam, minha mãe se permitiu uma brincadeira, e disse que era uma homenagem à nossa chegada. Mas ela própria não sabia o motivo, e miss Bray, acostumada a seu "Union Jack", ficou cada vez mais nervosa, e não sossegou até que minha mãe pediu informações a outros viajantes. Era o aniversário do imperador. Francisco José, que minha mãe conhecera durante sua juventude em Viena como o velho Imperador, ainda vivia, e todas as aldeias e cidades pareciam contentes com isso. "Como a rainha Vitória", disse miss Bray, e durante as muitas horas de nossa viagem até Viena ouvi dela histórias sobre a rainha havia muito falecida, histórias que me entediavam um pouco, enquanto, para variar, minha mãe contava histórias sobre o imperador Francisco José, que ainda vivia.

# III. VIENA — 1913-1916

## O TERREMOTO DE MESSINA.
## O BURGTHEATER EM CASA

Fora da gruta do trem e antes de sua partida, podia-se ver a boca do inferno. Ela se abria vermelha e gigantesca, mostrando os dentes. Pequenos diabos introduziam nessa boca pessoas espetadas em seus garfos, e ela se fechava lenta e inexoravelmente. Mas logo tornava a se abrir, pois era uma boca insaciável, não se cansava jamais, nunca se fartava; como dizia Fanny, a ama, ali havia lugar para ser tragada a cidade de Viena com toda a sua gente. Não o dizia como uma ameaça, pois sabia que eu não acreditava; a boca do inferno era válida, antes, para meus irmãos pequenos. Ela os segurava firmemente pela mão e, por mais que confiasse que a visão do inferno lhes melhoraria o comportamento, não os teria soltado por um instante sequer.

Eu me sentava no vagão, bem junto a ela, para que houvesse lugar também para os pequenos. Havia muito a ser visto naquela gruta, ainda que uma só coisa contava realmente. Eu contemplava cenas coloridas, antes de chegar a ela, que me chamavam a atenção: Branca de Neve, Chapeuzinho Vermelho, o Gato de Botas; todos esses contos eram mais bonitos quando lidos; representados, eles não me impressionavam. Quando Fanny não tomava logo o caminho do Wurstelprater, eu a arrastava, puxava, empurrava, importunava-a com mil perguntas, até que, cedendo, ela me dissesse: "Você já está me aborrecendo de novo, está bem, vamos à gruta". Então eu a soltava, pulando ao seu redor, e saía correndo à sua frente para esperá-la adiante com impaciência, querendo que ela me mostrasse o dinheiro da entrada, pois já havia acontecido de, ao chegarmos junto ao trenzinho, ela ter esquecido o dinheiro em casa.

Mas agora estávamos acomodados e passeávamos por entre aqueles quadros, diante dos quais o trem se detinha um pouco. Eu ficava tão zangado com essa demora inútil, que fazia gracejos bobos sobre os contos de fadas, estragando a alegria dos pequenos. Em compensação, eles ficavam completamente indiferentes quando vinha o principal: o terremoto de Messina. Lá estava a cidade junto ao mar azul, com suas inumeráveis casas brancas na encosta de um morro, tudo firme e sereno, fortemente iluminado pelo sol; o trem parava, e agora a cidade junto ao mar estava ao alcance da mão. Nesse momento eu me levantava de um salto; Fanny, contagiada pelo meu medo, me segurava por trás. Trovejava horrivelmente, escurecia, ouviam-se terríveis assobios e gemidos, o chão tremia, éramos sacudidos, tornava a trovejar, caíam raios; todas as casas de Messina estavam envoltas em chamas.

O trem se punha em movimento, abandonávamos a cidade em ruínas. Eu nem via o que vinha depois. Desembarcava cambaleante, pensando que agora tudo estaria destruído, todo o parque, as barracas e, mais além, os gigantescos castanheiros. Agarrava-me ao tronco de uma árvore e procurava me acalmar. Empurrava-o e sentia sua resistência. Ele não se movia, a árvore solidamente firme ao solo, nada havia mudado, sentia-me feliz. Deve ter sido então que depositei minha esperança nas árvores.

Nossa casa ficava de esquina, na Josef-Gall-Gasse número 5. Morávamos no segundo andar, e à nossa esquerda um terreno baldio, não muito grande, separava nossa casa da Prinzenallee, que pertencia ao parque. Algumas janelas davam para a Josef-Gall-Gasse, outras, a oeste, para o terreno baldio e para as árvores do parque. Na esquina havia um balcão redondo que unia as duas faces. De lá víamos o pôr do sol, vermelho e grande, ao qual nos familiarizamos, e que atraía de modo especial ao meu irmão caçula Georg. Assim que a cor vermelha aparecia no balcão, ele corria para fora, e certa vez, quando por um instante ficou sozinho, ele fez xixi, porque, como explicou, tinha de apagar o sol.

Dali se via, na esquina oposta ao terreno baldio, uma pequena porta que conduzia ao estúdio do escultor Josef Hegenbarth. Ao lado dela, havia toda a espécie de entulho, pedras e madeira do ateliê. Sempre rondava por ali uma menininha morena que nos olhava com curiosidade toda vez que Fanny nos levava ao parque e que gostaria de brincar conosco. Ela se punha em nosso caminho, com um dedo na boca e contraía o rosto num sorriso. Fanny, sempre impecavelmente limpa e que não suportava a sujeira também em nós, nunca deixava de repeli-la: "Vá embora, menininha suja!", dizia sem compaixão, e nos proibia de falar, quanto mais de brincar com ela. Para meus irmãos este ficou sendo o nome da criança, e em suas conversas a "menininha suja" passou a desempenhar um papel importante, pois para eles simbolizava tudo aquilo que não deviam ser. Às vezes a chamavam do balcão: "Menininha suja!". Faziam-no por afeição, mas a pequena chorava. Quando minha mãe se inteirou disso, repreendeu-os severamente. De todo modo, concordou com a separação, e é bem possível que para ela esses gritos e seu efeito já representassem demasiada ligação com a criança.

O bairro residencial sobre o canal do Danúbio chamava-se Schüttel; margeando o canal, chegava-se à ponte de Santa Sofia, onde ficava a escola. Cheguei a Viena falando a nova língua, que eu aprendera de forma tão violenta. Minha mãe me entregou ao professor Tegel, da terceira classe da escola primária. Ele tinha uma cara gorda e vermelha, na qual pouco se podia ler, quase como uma máscara. A classe era grande, com mais de quarenta alunos, e eu não conhecia ninguém. No mesmo dia que eu, entrou para a escola um menino americano; fomos examinados ao mesmo tempo, mas antes disso ainda trocamos algumas rápidas palavras em inglês. O professor me perguntou onde eu havia aprendido o alemão. Eu disse que com minha mãe. Quanto tempo eu havia estudado? Três meses. Senti que isso lhe pareceu estranho: sem professor, só com a mãe, e em apenas três meses! Sacudiu a cabeça e disse: "Neste caso você não saberá o suficiente para ficar conosco". Ditou-me algumas poucas frases. Mas a verdadeira prova, da qual tudo dependia foi: "Die Glocken läuten", e logo depois "Alle Leute". Ele pretendia me apanhar com a semelhança de som entre "lauten" e "Leute". Mas eu conhecia a diferença, e escrevi tudo certo, sem hesitar. Tomou o caderno na mão e de novo sacudiu a cabeça — o que poderia ele saber das terríveis lições de Lausanne! Como eu havia respondido fluentemente às suas perguntas anteriores, ele disse com o mesmo rosto inexpressivo de antes: "Vamos fazer uma experiência".

Quando contei a minha mãe, ela não se admirou. Para ela era natural que o alemão de "seu filho" não fosse apenas igual, mas superior ao das crianças vienenses. A escola primária tinha cinco classes; ela logo descobriu que se podia saltar a quinta, desde que se tivessem boas notas. "Depois da quarta classe, portanto daqui a dois anos, você entrará para o ginásio, onde se aprende latim, e não mais será tão enfadonho para você."

Eu quase não guardo lembranças do primeiro ano em Viena, no que diz respeito à escola. Só houve um acontecimento no fim daquele ano, quando foi assassinado o príncipe herdeiro. O professor Tegel tinha sobre sua mesa uma edição extra, tarjada de preto. Tivemos que nos levantar, e ele nos comunicou a notícia. Depois cantamos o Hino do Imperador, e ele nos mandou para casa. Pode-se imaginar a nossa alegria.

Paul Kornfeld era o menino com o qual eu costumava ir para casa, pois ele também morava no Schüttel. Era alto, magro e um pouco desengonçado; suas pernas pareciam querer mover-se em direções opostas; em seu rosto comprido havia sempre um amável sorriso. "É com este que você anda?", disse-me o professor Tegel quando nos viu juntos diante da escola. "Você ofende seu professor." Paul Kornfeld era péssimo aluno, respondendo errado a todas as perguntas, quando chegava a responder, e como ele nunca deixava de sorrir, pois era o jeito dele, o professor o perseguia. Certa vez, no caminho de volta para casa, um companheiro nos chamou com desprezo: "Jüdelach!". Eu não sabia o que significava. "Você não sabe?", disse Kornfeld; ele sabia, talvez porque estivesse relacionado à sua maneira esquisita de andar. Eu jamais havia sido insultado chamando-me de judeu; não costumavam fazê--lo, nem na Bulgária nem na Inglaterra. Contei a minha mãe, que o ignorou à sua maneira orgulhosa: "Isto foi dirigido a Kornfeld. Não a você". Não que ela quisesse me consolar. Ela simplesmente não aceitava a ofensa. Para ela nós éramos melhores, éramos sefardins. Não queria separar-me de Kornfeld, como o professor, pelo contrário. "Você deve sempre andar com ele", disse ela, "para que ninguém o maltrate." Para ela era inimaginável que alguém se atrevesse a bater em *mim*. Não éramos fortes, mas eu era muito menor. Sobre a observação do professor ela nada disse. Talvez achasse justa a distinção que ele fazia entre nós. Tampouco pretendia provocar em mim qualquer sentimento de comunhão com Kornfeld, mas, como não era eu o atingido, segundo ela pensava, cabia-me protegê-lo cavalheirescamente.

Isso me agradou, pois concordava com minhas leituras. Eu lia os livros ingleses que trouxera de Manchester, e me orgulhava de sempre os reler. Eu sabia exatamente quantas vezes tinha lido cada um deles, alguns mais de quarenta vezes, e como estes eu já conhecia de cor, a releitura só servia para bater o recorde. Minha mãe o notou e deu-me outros livros, pois percebeu que eu já era grande demais para ler livros infantis, e se esforçou para que eu me interessasse por outras coisas. Como *Robinson Crusoé* era um de meus favoritos, ela me deu *De polo a polo*, de Sven Hedin. Eram três volumes, que eu recebi um após o outro, em ocasiões especiais. Desde o primeiro volume, foi uma revelação. Havia viagens de exploração aos mais diferentes países, Livingstone e Stanley na África, Marco Polo na China. Através das aventurosas viagens de descoberta fiquei conhecendo a terra e seus habitantes. Assim, minha mãe deu continuidade àquilo que meu pai começara. Quando se deu conta de que as viagens de exploração reprimiam todos os meus outros interesses, voltou à literatura e, para torná-la mais atraente e para que eu não a lesse sem entender, passou a ler para mim Schiller em alemão e Shakespeare em inglês.

Assim ela retornou ao seu velho amor, o teatro, e manteve viva a memória de meu pai, com quem ela antigamente costumava conversar sobre essas coisas. Ela se esforçava por não me influenciar. Após cada cena ela queria saber minha opinião, e antes que ela própria falasse, eu sempre tinha a palavra. Às vezes ficava tarde e ela se esquecia da hora, enquanto continuávamos a ler; me dava conta de que ela se entusiasmava tanto que não podia parar. Também dependia um pouco de mim que chegássemos a esse ponto. Com quanto mais compreensão eu reagia, quanto mais eu tinha a dizer, tanto mais ressurgiam seus antigos entusiasmos. Tão logo ela começava a falar de um daqueles acontecimentos que outrora a haviam apaixonado e que se haviam tornado o conteúdo mais íntimo de sua vida, eu sabia que isso duraria muito tempo; já não era importante que eu fosse dormir, ela própria não podia se separar de mim, assim como eu não podia me separar dela. Então ela falava comigo como a um adulto, elogiava efusivamente algum ator em determinado papel ou criticava outro que a tinha decepcionado — mas isto era mais raro. Acima de tudo, gostava de falar daquilo que havia absorvido sem resistência e em completa abnegação. As asas de suas grandes narinas então se agitavam violentamente, seus grandes olhos cinzentos já não me viam e suas palavras já não eram dirigidas a mim. Quando era tomada de tal comoção, eu sentia que ela falava com meu pai, e talvez eu próprio, sem suspeitá-lo, me transformava em meu pai. Eu não rompia o encanto nem refreava seu entusiasmo com perguntas infantis; sabia como incentivá-lo.

Quando se calava, ficava tão séria que eu não ousava dizer uma única palavra. Ela passava a mão por sua larga testa, reinava o silêncio, eu mal respirava. Não fechava o livro, mas deixava-o aberto pelo resto da noite, quando íamos dormir. Não dizia nenhuma de suas frases usuais, que já era tarde, que eu já deveria estar na cama, que amanhã eu teria de me levantar cedo para ir à escola, ou outra de suas frases maternais, as quais agora estavam abolidas. Parecia natural que ela continuasse encarnando o personagem sobre o qual tinha falado. De todos os personagens de Shakespeare, o que ela mais amava era Coriolano.

Não creio que naquela época eu entendesse as peças que líamos juntos. É certo que muito daquilo penetrou em mim, mas em minha lembrança ela ficou sendo o único personagem; aliás, tudo era uma só peça que ambos representávamos continuamente. Os mais terríveis acontecimentos e entrechoques, de que ela de forma alguma me poupava, se traduziam em suas palavras, que começavam como explicações e desembocavam num fulgurante arrebatamento.

Cinco ou seis anos depois, quando li Shakespeare sozinho, desta vez em tradução alemã, tudo me era novo, e eu me admirava que o tivesse na lembrança de forma diferente, isto é, como uma torrente luminosa. Isso talvez se relacionasse com o fato de que, entrementes, o alemão tivesse se tornado, para mim, minha língua fundamental. Mas nada ficou traduzido de forma tão misteriosa como aqueles antigos contos búlgaros, que eu reconhecia imediatamente quando os encontrava num livro alemão e que eu sabia contar até o fim, sem vacilar.

O INCANSÁVEL

O dr. Weinstock, nosso médico de família, era um homem de estatura pequena e cara de macaco, cujos olhos piscavam incessantemente. Parecia velho, embora não o fosse, talvez por causa das rugas simiescas em seu rosto. Nós, as crianças, não o temíamos, embora nos visitasse com frequência e nos tratasse durante todas as nossas doenças infantis. Não era severo, suas constantes piscadelas e o permanente sorriso anulavam todo o temor. Gostava de conversar com minha mãe, aproximando-se muito. Quando ela se afastava um pouco, ele logo lhe punha a mão sobre o braço ou sobre o ombro, como para tranquilizá-la ou cortejá-la. Chamava-a de "Kinderl", o que me repugnava e me fazia não querer separar-me dela; seus olhos pegajosos grudavam-se nela como se a tocassem. Não me agradava que ele viesse a nossa casa, mas era bom médico e não nos havia feito nenhum mal, de maneira que eu me encontrava desarmado. Eu contava quantas vezes ele a chamava de "Kinderl", e assim que ele saía, comunicava a minha mãe o resultado. "Hoje ele disse 'Kinderl' a você nove vezes", eu dizia, ou então "Hoje foram quinze vezes". Ela se admirava dessa contagem, mas não a proibia, pois como ele lhe era indiferente, minha "vigilância" não a incomodava. Embora eu ainda não tivesse ideia dessas coisas, devo ter desconfiado de que esse tratamento era uma tentativa de aproximação — e sem dúvida o era —, por isso sua figura me ficou indelével. Quinze anos depois, quando fazia muito tempo havia desaparecido de nossas vidas, o converti em um homem muito mais velho, o dr. Bock, médico de família, com oitenta anos.

Quem era realmente velho naquela época era o meu avô Canetti. Vinha muitas vezes a Viena para nos visitar. Então minha mãe cozinhava para ele, o que em outras ocasiões não era frequente. Ele sempre desejava o mesmo prato, "Kalbsbraten". As consoantes acumuladas eram difíceis para sua pronúncia espanhola, e em vez de "Kalb" dizia "Kalib". Ele aparecia para o almoço e nos beijava a todos, sempre molhando minha face com suas cálidas lágrimas, que derramava desde a primeira saudação, pois eu tinha o nome dele, era "órfão" e ele nunca me via sem pensar em meu pai. Disfarçadamente, eu secava meu rosto e, embora ele me fascinasse, eu desejava que ele nunca mais me beijasse. A refeição começava com alegria; ambos, o velho e sua nora, eram pessoas animadas e tinham muito o que contar-se. Mas eu sabia o que se ocultava atrás daquela alegria e que a refeição terminaria mal. Logo que acabávamos de comer, vinha a velha discussão. Ele suspirava e dizia: "Vocês nunca deveriam ter saído da Bulgária, então ele hoje ainda estaria vivo! Mas para você Ruschuk não bastava. Tinha que ser a Inglaterra. E onde está ele agora? O clima da Inglaterra o matou".

Minha mãe se sentia gravemente atingida, pois ela realmente quisera sair da Bulgária e havia animado meu pai a se afirmar frente ao *seu* pai. "O senhor tornou tudo difícil para ele, *Señor Padre*", era assim que ela sempre o tratava, como se fosse seu próprio pai. "Se o senhor tivesse permitido que ele saísse tranquilamente, ele teria se acostumado ao clima da Inglaterra. Mas o senhor o amaldiçoou! O senhor o amaldiçoou! Onde já se ouviu que um pai amaldiçoasse o filho, *seu próprio filho!*" Agora o diabo estava solto, ele se levantava de um salto, raivoso, trocavam-se palavras dolorosas, que cada vez agravavam mais as coisas, ele se lançava para fora da sala, tomava sua bengala e saía para a rua, sem agradecer pelo "Kalibsbraten", que antes, durante a refeição, ele elogiara efusivamente, sem se despedir sequer das crianças. E ela ficava chorando, desconsoladamente. Sofria tanto ele, por aquela maldição da qual não podia se livrar, como ela, que tinha diante de si as últimas horas de meu pai, pelas quais ela sentia remorso.

Meu avô se hospedava no Hotel Austria, em Praterstrasse; às vezes ele trazia minha avó, que em sua casa, em Ruschuk, nunca se levantava do divã; para mim será sempre um enigma a forma como ele conseguia convencê-la a tomar um navio e viajar pelo Danúbio. Viesse sozinho ou com ela, sempre ocupava o mesmo aposento; além das duas camas, havia um sofá, no qual eu dormia na noite de sábado para domingo. Havia estabelecido que, sempre que estivesse em Viena, eu lhe pertenceria por uma noite até a manhã seguinte. Eu nem mesmo gostava muito do hotel, que era escuro e cheirava a mofo, enquanto nossa casa junto ao parque era luminosa e arejada. Em compensação, o desjejum de domingo era um grande acontecimento, pois me levava à confeitaria, onde me serviam um café com leite e chantili e, o mais importante, um croissant saído do forno.

Às onze horas começava a aula na escola Talmud-Thora, no Beco de Novara 27, onde se aprendia a ler em hebraico. Ele fazia questão de que eu frequentasse a escola religiosa e não confiava que minha mãe fosse muito severa nesse sentido. O pernoite com ele, no hotel, servia para me controlar, pois poderia certificar-se de que eu compareceria à escola todas as manhãs de domingo. O café da manhã, o croissant e tudo o mais tornando-me aquilo mais apetecível. Eu tinha um pouco mais de liberdade do que com minha mãe, pois ele queria me conquistar, desejava meu amor e minha admiração, além do que, não havia ninguém no mundo, por insignificante que fosse, a quem ele não quisesse impressionar.

A situação daquela escola era deplorável, o que se devia ao fato de o professor ser ridículo, um pobre homem que gemia e parecia estar sempre sentindo frio, parado sobre uma perna só; não exercia qualquer influência sobre os alunos, que faziam o que bem entendiam. É certo que aprendíamos a ler em hebraico e que íamos repetindo as orações do livro. Mas não sabíamos o que significavam as palavras que recitávamos, pois a ninguém ocorreu explicá-las. Também ninguém nos instruía sobre as histórias da Bíblia. O único propósito da escola era nos ensinar a leitura fluente dos livros de orações, para que, no templo, os pais ou avós se sentissem orgulhosos de nós. Queixei-me a minha mãe da estupidez daquelas aulas, e ela compartilhou minha opinião — como eram diferentes nossas leituras em comum! —, mas me explicou que só permitia minha frequência para que eu aprendesse a recitar corretamente o Kaddisch, a oração fúnebre pelo meu pai. Isso era o mais importante de toda a religião, à exceção, talvez, do Dia do Perdão. Como mulher, tendo que sentar-se à parte, ela era indiferente ao culto; rezar nada significava para ela e a leitura só lhe importava quando entendia o que estava lendo. Ela dedicava a Shakespeare o fervor que nunca pôde sentir por sua religião.

Ela já havia se afastado de sua comunidade religiosa na época da escola em Viena quando, em criança, se deixou cortar em pedaços pelo teatro. Talvez tivesse me poupado de todas as obrigações externas de uma religião que para ela não tinha sentido, livrando-me mesmo da escola dominical, na qual não se aprendia coisa alguma, se a forte tensão que havia entre ela e meu avô não a obrigasse a ceder nessa questão tocante a coisas dos homens. Nunca se interessou em saber o que acontecia naquela escola religiosa; assim que eu voltava para o almoço, aos domingos, púnhamo-nos a conversar sobre a obra que leríamos juntos naquela noite. Quando Fanny me abria a porta da casa, desapareciam o escuro Hotel Austria, o escuro Beco de Novara, e a única coisa que minha mãe, hesitante, me perguntava, contrariando o seu estilo, era o que havia dito meu avô, o que significava se ele havia falado dela. Nunca o fazia, mas ela temia que ele pudesse tentar antipatizar-me contra ela. Era um temor infundado, pois se ele alguma vez o tentasse (e ele bem o sabia), eu nunca mais o visitaria no hotel.

Um dos atributos mais extraordinários de meu avô era a sua incansabilidade; ele, que sob outros aspectos tinha um caráter tão oriental, sempre estava em movimento. Apenas tínhamos notícias de que ele chegara à Bulgária, já estava de volta a Viena, para prosseguir viagem até Nuremberg, que ele pronunciava Nur*i*mberg. Mas também viajava para muitas outras cidades, das quais já não me lembro, porque não pronunciava tão mal seus nomes para que me ficassem gravadas. Com frequência eu o encontrava por acaso na Praterstrasse, ou em qualquer outra rua de Leopoldstadt, a toda marcha, sempre com sua bengala com castão de prata, sem a qual ele não ia a parte alguma, e, por mais apressado que estivesse, nada escapava aos seus olhos de águia, que voavam de um lado para outro. Todos os sefardins que o encontravam — e não eram poucos os que havia nessa parte de Viena, onde, em Zirkusgasse, estava seu templo — o cumprimentavam respeitosamente. Era rico, mas não era arrogante, e falava com todos os que conhecia, sempre tendo algo de surpreendente e novo para contar. Suas histórias iam de boca em boca; como viajava muito e observava tudo o que o interessava, especialmente pessoas, e como nunca contava as mesmas histórias às mesmas pessoas — mesmo com idade avançada sabia exatamente o que havia dito a cada uma —, sempre as divertia muito. Tinha fama de terrível entre as mulheres, pois não esquecia nenhuma das que alguma vez tivessem atraído seu olhar, e as gentilezas que sabia lhes fazer — para cada tipo de beleza ele achava novas e especiais gentilezas — eram eficazes e de ação prolongada. Por mais que avançasse em anos, não se lhe notava a idade; sua paixão por tudo quanto era novo e estranho, suas reações rápidas, seus modos autoritários e ao mesmo tempo sedutores, seu apreço pelas mulheres, tudo permanecia inalterado.

Com todas as pessoas ele procurava falar na língua delas, mas como havia aprendido tais línguas apenas de passagem, em suas viagens, seus conhecimentos, excetuadas as línguas balcânicas (entre as quais se contava o ladino), eram bastante limitados. Gostava de contar nos dedos os idiomas que falava, e a graciosa certeza com que, nesta contagem — sabe Deus como —, chegava às vezes a dezessete, às vezes a dezenove línguas, apesar de sua pronúncia engraçada, era irresistível para a maioria das pessoas. Eu me sentia envergonhado se essas cenas se desenrolavam na minha frente, pois sua fala era tão imperfeita, que ele teria sido reprovado até mesmo pelo professor Tegel, quanto mais em nossa casa, onde minha mãe nos censurava com impiedoso escárnio o menor erro. Em casa nos limitávamos a apenas quatro idiomas, e quando perguntava a minha mãe se era possível falar dezessete línguas, ela respondia, sem mencionar meu avô: "Não! Assim não se fala nenhuma!".

Embora lhe fosse completamente estranha a esfera em que se movia o espírito de minha mãe, ele tinha grande respeito por sua cultura, especialmente por sua severidade conosco, de quem ela exigia o máximo. Por mais profundo que fosse o rancor que lhe guardava por ter influenciado, valendo-se dessa cultura, meu pai para que abandonasse a Bulgária, ele tinha o maior interesse que ela a transmitisse a nós. Creio que não era só a ideia de utilidade e sucesso na vida que o movia, mas também o ímpeto de seu próprio e inesgotável talento, jamais plenamente realizado. Conseguira ir longe, dentro do estreito círculo em que se movia, e não cederia uma pontinha de seu poder sobre a extensa família, mas era consciente de que havia muito fora do seu alcance. Ele dominava apenas a escrita aramaica, na qual se escrevia o ladino, e só lia jornais nessa língua. Tinham todos nomes hispânicos, como *El Tiempo* ou *La Boz de la Verdad*, e eram impressos com caracteres hebraicos e apareciam, segundo creio, apenas uma vez por semana. Lia com dificuldade o alfabeto latino, e em toda a sua longa vida (morreu com mais de noventa anos) jamais leu coisa alguma muito menos um livro — em uma das línguas dos muitos países que visitou. Seus conhecimentos, afora seu negócio, que ele dominava com soberania, se limitavam exclusivamente às suas próprias observações das pessoas. Podia imitá-las como um autêntico ator, e algumas delas, que ele havia tornado tão interessantes, me desapontaram amargamente na realidade, enquanto, em sua imitação, elas me fascinavam cada vez mais. Comigo, no entanto, ele se continha um pouco, e só na companhia de adultos, onde era o foco das atenções, podia representar durante horas e horas, com toda a sua soltura, suas cenas satíricas. (Ele já estava morto havia muito tempo, quando encontrei seus semelhantes entre os contadores de histórias de Marrakesh, e embora eu não entendesse uma palavra de sua língua, eles me eram mais familiares, pela lembrança de meu avô, do que as inúmeras outras pessoas que lá encontrei.)

Sua curiosidade estava sempre alerta, jamais, nem uma única vez, o vi fatigado, e quando eu estava só com ele, sentia que me observava incessantemente, sem um momento de interrupção. Nas noites que passávamos juntos no Hotel Austria, meu último pensamento antes de adormecer era que ele não dormia realmente, e, por incrível que pareça, jamais o vi dormir. De manhã, antes de eu acordar, ele já havia se levantado, se lavado e se vestido, e em geral já fizera as suas orações matutinas, que duravam bastante tempo. Mas se por algum motivo eu despertasse durante a noite, eu o encontrava sentado ereto em sua cama, como se, tendo adivinhado que eu acordaria, estivesse esperando que eu lhe dissesse o que queria. No entanto, não era daquelas pessoas que se queixam de insônia. Pelo contrário, ele sempre parecia descansado e disposto a tudo, um demônio sempre em lúcida prontidão; para muitos, por causa desse excesso de vitalidade — apesar de todo o respeito que lhe tinham —, ele era um personagem inquietante.

Uma de suas atividades favoritas era a coleta de dinheiro para moças pobres que queriam casar e não tinham dote. Muitas vezes o vi em Praterstrasse, detendo alguém e pedindo dinheiro com essa finalidade. De imediato, sacava sua caderneta de couro vermelho, onde anotava as doações e o nome do doador; logo recolhia as cédulas e as guardava em sua carteira. Nunca aceitava uma recusa; teria sido uma ignomínia dizer não ao *señor* Canetti. A reputação dentro da comunidade dependia disso; as próprias pessoas levavam dinheiro consigo para as doações, que não eram pequenas; um "não" significaria que o próprio estava empobrecendo, e pessoa alguma queria que se dissesse isso dela. Creio, no entanto, que entre aqueles comerciantes havia autêntica generosidade. Muitas vezes ouvi dizerem, com reprimido orgulho, que este ou aquele eram pessoas bondosas, com que queriam dizer que eram generosos com os pobres. Meu avô era conhecido pelo bom grado com que lhe entregavam contribuições, já que seu próprio nome, em redondos caracteres aramaicos, encabeçava a lista no livro de bolso. Já que *ele* dera tão bom início, ninguém queria ficar atrás, e em pouco tempo ele tinha reunido uma boa soma para um honroso dote.

Nesta descrição de meu avô reuni muitas coisas que só percebi ou de que só fiquei sabendo mais tarde. É por isso que ele, nesse primeiro período em Viena, ocupa mais espaço do que de direito lhe cabe.

Pois o fato incomparavelmente mais importante, mais excitante e mais especial daquele período foram os serões de leitura com minha mãe e as conversas que se seguiam. Já não consigo reproduzir essas conversas em detalhes, pois fazem parte de mim. Se existe uma substância espiritual que se recebe nos primeiros anos de vida, a que se refere constantemente e da qual nunca nos libertamos, então a minha foi aquela motivada pelas leituras com minha mãe. Eu estava imbuído de confiança cega em minha mãe; os personagens sobre os quais ela me fazia perguntas e depois me falava tornaram-se o meu mundo de tal forma que deles nunca mais consegui me separar. Pude tomar distância de qualquer influência posterior que recebi. Mas aqueles personagens formam comigo uma unidade compacta e indissolúvel. Desde aquela época, portanto desde os meus dez anos, é para mim uma espécie de dogma o fato de que eu consisto de muitas pessoas, das quais de forma alguma estou consciente. Creio que são elas que determinam o que me atrai ou me repugna nas pessoas que encontro. Foram o pão e o sal de meus primeiros anos. São eles a verdadeira e secreta vida de meu intelecto.

## A ECLOSÃO DA GUERRA

Passamos o verão de 1914 em Baden, próximo a Viena. Morávamos num sobrado amarelo, não sei em que rua, que compartilhávamos com um alto oficial reformado, um general de infantaria que, com sua mulher, habitava o térreo. Era uma época em que não se podia deixar de encontrar oficiais.

Boa parte do dia passávamos no Kurpark, levados pela minha mãe. Num coreto redondo, no meio do parque, tocava a banda de música. O maestro, um homem magro, chamava-se Konrath, mas nós, os meninos, o chamávamos, entre nós, de "Carrot", cenoura em inglês. Com meus irmãozinhos eu continuava falando despreocupadamente em inglês, pois o alemão deles era pouco sólido. Miss Bray tinha regressado à Inglaterra havia apenas poucos meses. Teria sido um tanto forçado se entre nós falássemos outra língua que não o inglês, e até no parque éramos conhecidos como os meninos ingleses.

A música atraía muita gente, mas em fins de julho, quando a eclosão da guerra era iminente, a massa que se reunia em Kurpark foi se adensando. As pessoas estavam mais excitadas, sem que eu entendesse por que, e quando minha mãe me disse que, ao brincarmos, não devíamos gritar em inglês, não lhe dei muita atenção, e os pequenos, naturalmente, muito menos.

Certo dia, creio que em 1º de agosto, começaram a chegar as declarações de guerra. Carrot regia, a banda tocava, quando alguém estendeu-lhe um bilhete. Ele o abriu, interrompeu a música, bateu com força com a batuta e leu em voz alta: "A Alemanha declarou guerra à Rússia". A banda entoou o hino do imperador da Áustria, todos ficaram de pé, inclusive aqueles que estavam sentados nos bancos, e cantaram: "Deus guarde, Deus proteja nosso Imperador, nossa Pátria". Eu aprendera o hino na escola e, um pouco hesitante, acompanhei o canto. Logo que terminou, seguiu-se o hino alemão: "Salve, ó tu que usas a coroa triunfal". Para mim, era o equivalente do "God save the King" inglês, a que eu estava acostumado. Senti que aquilo era contra a Inglaterra. Não sei se devido ao antigo costume, ou simplesmente por teimosia, cantei a plenos pulmões o hino inglês, acompanhado de meus pequenos irmãos que, em sua inocência, me imitaram com suas débeis vozinhas. Como estávamos em meio a uma multidão compacta, isso não podia passar despercebido. De repente vi ao meu redor rostos contorcidos pela ira, mãos e braços que me atacavam. Também meus irmãos, até mesmo o caçula, Georg, receberam algumas das pancadas destinadas a mim, o menino de nove anos. Antes que minha mãe, empurrada e afastada de nós pela multidão, pudesse dar-se conta, todo mundo começou a nos bater. Mas o que mais me impressionou foram aqueles rostos contorcidos pela ira. Alguém deve ter avisado a minha mãe, pois ela gritou muito alto: "Mas são crianças!". Abriu caminho até onde estávamos, nos agarrou os três juntos, invectivou zangada contra aquela gente, que nada lhe fez, pois ela falava como uma vienense, e finalmente nos pôs a salvo daquele terrível aperto.

Não compreendia bem o que eu havia feito, mas essa primeira experiência com uma multidão hostil me ficou gravada para sempre. Como consequência, eu, durante toda a guerra, em Viena até 1916 e depois em Zurique, continuei simpatizando com os ingleses. Mas com aquela surra aprendi uma lição: enquanto estive em Viena, não deixei que percebessem de que lado estava a minha simpatia. Era-nos rigorosamente proibido falar inglês fora de casa. Não transgredi a ordem. Em compensação, dediquei-me com maior afinco às minhas leituras inglesas.


A quarta classe da escola primária, meu segundo ano em Viena, coincidiu com a guerra, e tudo de que me lembro está relacionado com ela. Recebemos um livrinho amarelo que continha canções que, de uma forma ou de outra, se referiam à guerra. O primeiro era o Hino do Imperador, que cantávamos todos os dias, na entrada e na saída da aula. Havia duas canções no livrinho amarelo que me tocavam de perto: "Ó aurora, ó aurora, iluminas minha prematura morte", mas minha canção predileta começava com as palavras: "Lá na orla da campina, pousaram duas gralhas", e creio que continuava assim: "Se eu morrer em terra inimiga, se eu morrer na Polônia". Naquela época, cantávamos demasiadas canções daquele tipo, mas eram bem mais suportáveis do que os detestáveis estribilhos carregados de ódio, concisos, que se difundiam até mesmo entre as nossas mentes infantis. "Com apenas um tapa, a Sérvia desaparece do mapa!" "Cada tiro ouvido, um russo abatido!" "Baioneta na mão, francês no chão!" "Cada passo dado, um inglês derrubado!" Quando, pela primeira e última vez, levei uma rima dessas para casa, e disse a Fanny: "Cada tiro ouvido, um russo abatido!", ela fez queixa a minha mãe. Talvez fosse por causa de sua sensibilidade tcheca, pois de forma alguma era patriota e nunca cantava conosco as canções de guerra que eu aprendia na escola. Provavelmente, era uma pessoa sensata que se chocava com a brutalidade daquela frase na boca de um menino de nove anos. Sentiu-se duramente atingida, pois não me repreendeu diretamente, mas ficou calada, e foi a minha mãe e disse que não poderia ficar conosco se tivesse que ouvir tais coisas da boca das crianças. Minha mãe falou comigo a sós e perguntou com muita severidade o que eu queria dizer com aquela frase. Eu disse que nada. Os meninos na escola repetiam tais frases a toda hora, e eu não gostava disso. Eu não estava mentindo, pois, como já disse, era simpático aos ingleses. "Então, por que você os papagueia? Fanny não quer ouvir isso. Ela fica ofendida quando você diz coisas tão odiosas. Um russo é uma pessoa como você e eu. Minha melhor amiga em Ruschuk é russa. Você já não se lembra de Olga?" Eu a havia esquecido, mas agora me lembrava dela. Em nossa casa, se mencionava muito o seu nome. Essa única repreensão foi suficiente. Nunca mais

repeti aquelas frases, e como minha mãe demonstrara tão nitidamente sua repulsa a elas, comecei a odiar cada um dos cruéis
ditos de guerra que continuei a ouvir na escola; e os ouvia diariamente. Certamente, não eram todos os alunos que falavam
assim, mas só alguns, que os repetiam sem cessar. Talvez por se
sentirem minoria, quisessem se fazer notar.

Fanny viera de uma aldeia da Morávia; era uma pessoa robusta, em que tudo era sólido, inclusive suas opiniões. No Dia
do Perdão, judeus devotos jogavam seus pecados nas águas do
Danúbio. Fanny, que passeava conosco pelo local, comentou o
caso. Ela sempre formava suas próprias opiniões e as comentava
com toda a franqueza. "Melhor seria que eles não cometessem
pecados", achou ela, "jogá-los fora, isto eu também posso." Re-
pugnava-lhe a palavra "pecado", e não aturava os grandes gestos. Tinha a maior aversão por mendigos e ciganos. Mendigos
e ladrões, para ela, eram a mesma coisa. Não se deixava iludir e
se aborrecia com cenas. Atrás de conversas exaltadas ela sempre
farejava más intenções. Para ela, nada pior que o teatro, e disso
em nossa casa havia demais. Uma única vez ela se deixou arrastar, a si própria, a fazer uma cena, e foi tão cruel que jamais o
esqueci.

Tocaram a campainha da porta; eu estava a seu lado quando
ela a abriu. Lá estava um mendigo, nem velho nem aleijado, que
se jogou de joelhos diante de Fanny e juntou as mãos em gesto
de súplica. Sua mulher estava no leito da morte, tinha oito filhos, oito bocas famintas, pobres inocentes. "Tenha compaixão,
senhora! Que culpa têm os pobres inocentes!" Permanecia de
joelhos e repetia fervorosamente seu discurso, como uma ladainha, enquanto chamava Fanny de "senhora". Isso a deixou sem
fala, pois não era uma senhora, nem queria sê-lo, e quando ela
chamava minha mãe de "minha senhora", não havia nisso qualquer tom de submissão. Por algum tempo ela olhou silenciosa
para o homem ajoelhado, cuja ladainha ecoava alto e candente
pelo corredor. De repente, ela própria se jogou de joelhos e o
imitou. Repetia cada uma das frases do mendigo com sotaque
da Morávia, e o dueto foi tão impressionante que eu também

uni minha voz às suas. Nenhum dos dois se deixava perturbar pelo outro, até que finalmente ela se levantou e bateu-lhe com a porta no nariz. Ele permaneceu ajoelhado e continuou com a ladainha através da porta fechada: "Tenha compaixão, senhora! Que culpa têm as pobres criaturas!".

"Charlatão!", disse Fanny, "ele não tem mulher, e tampouco ela está à morte. Não tem filho nenhum e come tudo sozinho. É vadio e quer tudo para si. Um homem jovem! Quando é que ele fez oito filhos!" Estava tão indignada com o mentiroso que repetiu toda a cena para minha mãe, que chegou em casa logo em seguida; eu cooperava, de joelhos. Representamos a cena juntos mais algumas vezes. Eu representava seu papel porque queria mostrar-lhe sua crueldade, mas porque também queria superar sua representação. Assim, às vezes parodiava o mendigo e sua ladainha, e logo em seguida as mesmas palavras em seu próprio sotaque. Ela se punha furiosa quando eu começava com "Tenha compaixão, senhora!", e se continha para não cair de joelhos, embora minha própria genuflexão a tentasse a isso. Para ela era um tormento sentir-se ridicularizada em seu próprio modo de falar, e de repente aquela mulher robusta e compacta se sentia completamente desamparada. Uma vez perdeu as estribeiras e me deu a bofetada que gostaria de ter dado no mendigo.

Fanny começou a sentir verdadeiro pavor do teatro. As leituras vespertinas com minha mãe, que ela ouvia da cozinha, começaram a enervá-la. Se, no dia seguinte, eu fizesse algum comentário ou apenas recitasse algo para mim, ela sacudia a cabeça e dizia: "Tanta excitação! Como pode o menino dormir?". Com o progresso da vida dramática em casa, Fanny foi se pondo irritada, e um dia ameaçou ir embora. Minha mãe me disse: "Fanny pensa que somos loucos. Ela não entende isso. Talvez desta vez ela ainda fique. Mas creio que em breve a perderemos"·. Eu era muito apegado a ela, assim como meus irmãos pequenos. Minha mãe conseguiu, depois de muito esforço, persuadi-la a ficar. Mas certa vez ela perdeu a cabeça e, com sua franqueza, deu um *ultimatum*: o menino não dormia o suficiente, e se não cessasse aquela encenação de todas as noites, ela teria que sair. Assim ela foi embora e todos nós ficamos tristes com sua partida. Recebemos dela vários cartões-postais. Por haver sido eu o motivo de sua partida, foi-me permitido guardá-los.

## MEDEIA E ULISSES

Só em Viena vim a conhecer Ulisses; por obra do acaso, a *Odisseia* não estava entre os livros que meu pai me deu na Inglaterra. Aquela série de livros da literatura universal, adaptados para crianças, deveria conter também a *Odisseia*, mas, seja porque meu pai não o percebera, seja porque ele pretendia deixá-la para mais tarde, naquele tempo não cheguei a conhecê-la. Quando comecei a praticar o alemão, aos dez anos, minha mãe me presenteou com as *Lendas da Antiguidade clássica*, de Schwab.

Em nossos serões literários, com frequência deparávamos com nomes de deuses e personagens gregos, sobre os quais minha mãe tinha que me dar explicações, pois não admitia que eu ficasse em dúvida, o que às vezes nos tomava muito tempo. Também é possível que eu perguntasse mais do que ela sabia responder, pois só conhecia esses temas de segunda mão, através de obras de teatro inglesas e francesas, mas principalmente da literatura alemã. A obra de Schwab se destinava à minha ilustração, e deveria ser lida por mim sozinho, para que o fluxo daqueles serões, que eram o essencial, não fosse interrompido por constantes digressões.

Prometeu, o primeiro personagem sobre o qual fiquei assim informado, produziu em mim uma profunda impressão: ser um benfeitor da humanidade — nada poderia ser mais atraente —; e depois aquele castigo, a terrível vingança de Zeus. Mas no fim aparecia Héracles como salvador, antes ainda que eu conhecesse seus outros feitos. Depois Perseu e Górgona, cujo olhar petrificava; Hélio, ardendo no carro do sol; Dédalo e Ícaro — estávamos em guerra, e muito se falava nos aviadores que nela desempenharam um papel tão importante —; Cadmo e os dentes do dragão, que também relacionei com a guerra.

Eu silenciava sobre todas essas coisas maravilhosas, absorvendo-as sem comentá-las. À noite, podia deixar perceber que estava a par de alguma coisa, mas só quando surgia a oportunidade. Era como se eu pudesse contribuir com minha parte para explicar aquilo que havíamos lido, e no fundo era essa a tarefa que eu havia recebido. Sentia a alegria de minha mãe quando fazia um rápido comentário, sem me perder em novas perguntas. Guardei para mim muitas de minhas dúvidas. Talvez também eu me sentisse fortalecido num diálogo em que, apesar de a outra parte ter a preponderância, eu podia despertar seu interesse; quando ela não se sentia muito segura, eu mencionava uma ou outra particularidade, o que me enchia de orgulho.

Em pouco tempo cheguei ao mito dos Argonautas. Medeia comoveu-me com uma força que não consigo entender, e menos ainda que eu a equiparasse a minha mãe. Seria por causa da paixão, que eu percebia nela, quando falava das grandes heroínas do Burgtheater? Seria por causa do horror à morte, que eu obscuramente sentia como se fosse um assassinato? As ferozes discussões em que terminava cada uma das visitas de meu avô a deixavam fraca e chorosa. Embora ele saísse correndo, como se estivesse vencido, sua ira era impotente e não a de um vencedor; mas também ela não conseguia resistir a essa luta e, ao final, caía numa desesperada agonia, que eu não podia suportar. Assim, é bem possível que eu lhe desejasse as forças sobrenaturais de uma feiticeira. Esta é uma suposição que só agora se me impõe: eu queria vê-la como a mais forte, com uma força invencível e inflexível.

Sobre Medeia não silenciei, não o consegui, e quando falei nela, perdemos com isso toda uma noite. Não me deixou perceber o quanto a assustara a comparação, o que eu só vim a saber muitos anos depois. Falou-me do *Tosão de ouro* de Grillparzer, da *Medeia* no Burgtheater, e, com essa dupla reflexão, por assim dizer, conseguiu atenuar o forte impacto que a lenda original tivera sobre mim. Obriguei-a a confessar que também ela se teria vingado de Jasão por sua traição, dele e de sua jovem mulher, mas não dos filhos. Estes ela teria levado consigo no carro mágico, não sabia dizer para onde. E mesmo que eles se parecessem com o pai, ela teria sido mais forte do que Medeia e teria suportado olhá-los. Assim, ela afinal ficou valendo como a mais forte, de todas, superando Medeia dentro de mim.

Ulisses contribuiu também para isso, pois, quando logo depois conheci suas aventuras, ele deslocou tudo o que o precedera, e se tornou a verdadeira figura de minha juventude. Recebi a *Ilíada* com desconfiança, pois começa com o sacrifício humano de Ifigênia; por ter Agamenon cedido, fui tomado de profunda aversão por ele; assim, desde o início, não estive do lado dos gregos. Duvidei da beleza de Helena, e os nomes de Menelau e Páris me pareceram ridículos. Aliás, eu dependia muito dos nomes, havia personagens que detestava só por causa dos nomes, e outros que amava pelo mesmo motivo, ainda antes de conhecer suas histórias: entre estes estavam Ajax e Cassandra. Não sei dizer quando surgiu essa dependência dos nomes. Tornou-se inflexível com os gregos. Seus deuses para mim se dividiam em dois grupos, de acordo com seus nomes, e mais raramente de acordo com seu caráter. Eu gostava de Perséfone, Afrodite e Hera, nada daquilo que Hera fazia lhe maculava o nome; eu gostava de Poseidon e Hefesto. Mas não gostava de Zeus, nem de Ares ou Hades. Atena me seduziu com seu nascimento, mas a Apolo nunca perdoei que esfolasse Marsias; sua crueldade obscurecia seu nome, ainda que, contra a minha convicção, me atraísse. O conflito entre nomes e feitos produziu em mim uma tensão substancial, e nunca me livrei da compulsão de harmonizá-los. Tanto pessoas como figuras lendárias têm me atraído por causa de seus nomes, e a decepção ante suas condutas tem me levado aos mais complicados esforços para modificá-las a fim de ficarem em harmonia com seus nomes. Em outros casos, tive que tramar as histórias mais repelentes, que justificassem seus nomes detestáveis. Eu não saberia dizer em que sentido fui mais injusto; para alguém que admirava a justiça acima de tudo, essa dependência dos nomes, insensível a qualquer influência, tinha algo de verdadeiramente fatal, pois isso, e só isso, sinto como um destino.

Naquela época eu não conhecia ninguém que tivesse nomes gregos; assim, todos me eram novos e me assaltaram com força redobrada. Pude fazer-lhes frente com uma liberdade que raiava o maravilhoso; não evocavam nada que me fosse familiar, com nada se misturavam, apareceram como puros personagens e assim ficaram; com exceção de Medeia, que me deixou confuso, me decidi a favor ou contra cada um deles, e sempre conservaram uma eficácia inesgotável. Com eles comecei uma vida, da qual pessoal e conscientemente eu me prestava contas — e só nisso eu não dependia de quem quer que fosse.

Ulisses, que então era para mim o símbolo de todo o espírito grego, se converteu em um modelo singular, o primeiro que eu conseguia apreender de forma pura, o personagem de quem aprendi mais do que qualquer outro, um paradigma completo e plenamente realizado, que se apresentava em muitas transmutações, cada uma das quais com seu sentido e sua razão. Assimilei todas as suas particularidades, e com o decorrer do tempo nada havia nele que não se tornasse importante para mim. À duração de suas viagens correspondeu sua influência sobre mim. Por fim, sem que ninguém o reconhecesse, ele se desfez em *Auto de Fé* [*Blendung*], cujo significado implica uma extremada dependência interior minha, a ele. Por mais completa que essa dependência tenha sido, e por mais fácil que me seja hoje descrevê-la em todos os seus detalhes, posso recordar perfeitamente o que *provocou* essa influência sobre o menino de dez anos, qual foi a novidade que este percebeu e que lhe produziu inquietação. Foi aquele momento junto aos feacos, quando Ulisses, ainda sem ser reconhecido, ouviu da boca do cantor cego Demódoco sua própria história e chorou, em segredo, por ela; a astúcia com que salvou sua vida e a de seus companheiros, chamando-se, diante de Polifemo, a si mesmo de Ninguém; o canto das sereias, ao qual não se deixou sucumbir; e a paciência com que, como mendigo, suportou os insultos dos pretendentes; todas as metamorfoses através das quais ele se *rebaixa* e, no caso das sereias, sua indomável curiosidade.

## VIAGEM À BULGÁRIA

No verão de 1915 visitamos a Bulgária. Minha mãe tinha lá muitos de seus parentes e quis rever sua pátria e o lugar onde durante sete anos vivera feliz com meu pai. Semanas antes da viagem ela já se achava num estado de excitação que eu não entendia, diferente de todos os outros estados em que eu a conhecera até então. Falava muito de sua infância em Ruschuk, e a cidade, na qual eu nunca havia pensado, de repente adquiriu importância através de suas histórias. Os sefardins que eu conhecera na Inglaterra e em Viena só mencionavam Ruschuk com desprezo, como um vilarejo provinciano sem cultura, onde as pessoas nem sequer sabiam o que se passava na "Europa". Todos pareciam contentes por terem escapado, e agora se consideravam pessoas melhores e mais esclarecidas só por viverem noutro lugar. Apenas meu avô, que jamais se envergonhava de coisa alguma, pronunciava o nome da cidade com inflamada ênfase; lá estava o seu negócio, o centro de sua existência; lá estavam as casas que ele adquirira com sua crescente prosperidade. No entanto, eu já havia percebido que ele ignorava o que a mim mais interessava vivamente — certa vez, quando lhe falei de Marco Polo e da China, me respondeu que tudo isso eram histórias da carochinha em que eu não deveria acreditar, que eu só acreditasse naquilo que via com meus próprios olhos, pois ele conhecia aquele tipo de mentirosos. Dei-me conta de que ele jamais havia lido um livro, e como fazia erros risíveis nos idiomas de cujo conhecimento se vangloriava, sua fidelidade a Ruschuk não constituía recomendação, tampouco suas viagens a países onde já nada havia para ser descoberto, e que me enchiam de desprezo. Contudo, tinha uma memória infalível, e certa vez, quando veio almoçar conosco, surpreendeu-me com uma série de perguntas que fez a minha mãe sobre Marco Polo. Não só perguntou quem era e se tal pessoa realmente existira, mas informou-se sobre cada um dos maravilhosos pormenores que eu lhe relatara, sem omitir um único. Quase se enfureceu quando minha mãe lhe explicou qual o papel que o relato de Marco Polo desempenhara na posterior descoberta da América. Mas quando ela mencionou o erro de Colombo, ao confundir a América com a Índia, ele se acalmou e disse, vitorioso: "É o que acontece quando se acredita num mentiroso desses! Descobrem a América e pensam que é a Índia!".

Se ele não conseguiu despertar meu interesse pelo lugar de meu nascimento, minha mãe o conseguiu brincando. Em uma de nossas sessões noturnas, ao comentar um livro que lhe era particularmente caro, me disse de repente: "Este eu li pela primeira vez em cima da amoreira no jardim de meu pai". Em outra ocasião, me mostrou um velho exemplar de *Les Misérables*, de Victor Hugo, que ainda tinha manchas das amoras que ela comera durante a leitura. "Já estavam muito maduras", disse ela, "e eu havia trepado mais alto na árvore para ficar bem escondida. Lá não me achariam quando me chamassem para comer. Eu lia a tarde toda, e de repente ficava tão faminta que me enchia de amoras. Para você é mais fácil. Eu sempre permito que você leia." "Mas eu também tenho que ir comer", disse eu, e comecei a me interessar pela amoreira.

Ela me mostraria, prometeu então. Todas as nossas conversas agora convergiam para os planos de viagem. Eu não era a favor da viagem, pois ela nos obrigaria a interromper por algum tempo nossas leituras vespertinas. Mas, dado que eu ainda estava sob a impressão da lenda dos Argonautas e da figura de Medeia, ela me disse: "Iremos também a Varna, no mar Negro". Isso quebrou minha resistência. Cólquida ficava do outro lado do mar Negro, contudo era o mesmo mar, e por essa visita eu estava disposto a pagar até mesmo o alto preço da interrupção de nossas leituras.

Viajamos de trem, passando por Kronstadt e atravessando a Romênia. Eu sentia ternura por esse país, de onde provinha a ama que me amamentara e da qual só ouvira elogios. Dizia-se que me amara como se eu fosse seu próprio filho, e que, mais tarde, não vacilara em vir de Giurgiu, através do Danúbio, só para me ver. Depois, soube-se que ela sofrera um acidente, afogando-se num poço profundo, e meu pai, como era seu jeito, descobrira o paradeiro da família, fazendo por ela o que lhe era possível, em segredo, sem o conhecimento de meu avô.

Em Ruschuk não nos instalamos em nossa antiga casa; era próxima demais da casa do avô Canetti. Hospedamo-nos em casa de tia Bellina, a irmã mais velha de minha mãe. Era a mais bela das três irmãs, e só por esse motivo gozava de alguma fama. Ainda não a atingira a desgraça que mais tarde a perseguiu, a ela e a sua família, embora já houvesse prenúncios. Conservei-a na memória como era então, na flor de sua beleza; reencontrei-a depois em *La Bella* e em *Vênus de Urbino*, de Ticiano, e assim a imagem que tenho dela já não se pode alterar.

Vivia numa espaçosa casa amarela em estilo otomano, bem na frente da casa de seu pai, meu avô Arditti, que tinha morrido havia dois anos, durante uma viagem a Viena. Sua bondade fazia par com sua beleza; tinha poucos conhecimentos e era considerada tola, porque nunca queria algo para si e dava tudo em presentes. Como todos ainda tinham a lembrança de seu pai, avarento e apegado ao dinheiro, ela parecia sua antítese, um milagre de generosidade, incapaz de ver uma pessoa sem que procurasse dar-lhe uma alegria especial. Afora isso, não meditava sobre coisa alguma. Quando ficava silenciosa, de olhar vago, sem responder às perguntas que lhe faziam, um pouco ausente e com uma expressão preocupada no rosto — que no entanto não prejudicava sua beleza —, já se sabia que ela refletia acerca de algum presente, sem ainda ter se lembrado de algum que a satisfizesse. Ela dava tantos presentes, que desarmava as pessoas; nunca se contentava plenamente, pois seus presentes sempre lhe pareciam insignificantes, tratando de remediá-los com sinceras palavras de desculpa. Não era aquele modo orgulhoso de dar presentes, que tão bem conheço nos sefardins, acompanhado de uma certa pretensão de nobreza; fazia-o de maneira simples e natural, como a respiração.

Havia se casado com seu primo Josef, um homem colérico que lhe amargurava a vida, sem que ela jamais deixasse perceber o sofrimento que ele lhe causava. O pomar detrás da casa, cujas árvores estavam então carregadas das mais maravilhosas frutas, nos encantava quase tanto quanto os presentes da tia. As peças de sua casa eram luminosas e frescas, com espaço muito maior do que nossa casa de Viena e com muita coisa por descobrir. Eu havia esquecido o conforto das otomanas, e tudo me parecia novo e estranho, quase como se eu agora estivesse realmente em viagem de exploração a um país exótico, o que havia se tornado o desejo mais forte de minha vida. A amoreira no jardim de meu avô, na frente da casa, me decepcionou, pois não era tão alta quanto eu a imaginara. Como minha mãe, em minha imaginação, era do tamanho que tinha agora, não entendi que não a descobrissem em seu esconderijo. Mas me sentia tão bem na casa amarela, junto a minha tia, que não insistia na partida para o mar Negro, que fora a verdadeira atração da viagem.

Tio Josef Arditti, com seu rosto gordo e vermelho e seus olhos semicerrados, sabia de tudo; inquiria-me constantemente e ficava tão satisfeito com minhas respostas que me afagava as faces e dizia: "Marquem minhas palavras! Este menino vai longe. Será um grande advogado, como seu tio!". Ele era comerciante, não advogado, mas entendia das leis de muitos países, as quais ele citava de cor e por extenso, nas mais diversas línguas, que ele então traduzia ao alemão para mim. Procurava confundir-me, repetindo, após uns dez minutos, o mesmo texto de lei, mas com uma pequena variação. Então olhava para mim com uma certa malícia e esperava. "Mas isto na primeira vez foi diferente", dizia eu, "na primeira vez foi *assim!*" Eu detestava essa linguagem que me enchia de profunda aversão por tudo o que se relacionava com o "direito", mas eu também era o clássico respondão e, acima de tudo, queria conquistar seu louvor. "Vejo que você prestou atenção", dizia ele então, "não é imbecil como todos os outros que estão aqui", e apontava na direção da sala onde estavam sentados os outros, entre os quais sua mulher. Mas não era só a estes que ele considerava imbecis, mas a cidade inteira, o país, os Bálcãs, a Europa, o mundo todo, com exceção de uns poucos advogados famosos, que talvez chegassem a se igualar a ele.

Comentavam-se seus acessos de fúria, prevenindo-me que ele era terrível quando ficava furioso. Mas que eu não me assustasse, pois ele logo se acalmaria, devendo-se apenas ficar sentado muito quieto, sem dizer uma única palavra e de cabeça abaixada. Minha mãe me preveniu de que também ela e minha tia se calariam se isso acontecesse, pois era o jeito dele e nada se podia fazer. O alvo principal de sua ira eram o falecido avô e sua viúva, que ainda vivia, e todos os irmãos vivos de minha mãe, inclusive ela própria e tia Bellina.

Tantas vezes ouvi essa advertência, que aguardei sua ira com curiosidade. Quando realmente aconteceu, enquanto jantávamos, foi tão terrível que se tornou a verdadeira lembrança daquela viagem. "*Ladrones!*", gritou de repente. "*Ladrones!* Vocês pensam que eu não sei que vocês todos são *ladrones*!" Em ladino, "*ladrones*" soa muito mais violento do que "ladrões", algo como "ladrões" e "bandidos" juntos. Acusava de roubo cada um dos membros da família, a começar pelos ausentes, meu falecido avô, seu sogro, que o teria excluído de parte da herança em favor de minha avó. Depois chegou a vez de minha avó, ainda viva; do poderoso tio Salomon em Manchester, que se cuidasse! Ele o aniquilaria, pois entendia melhor de leis, e lhe moveria processos em todos os países do mundo, não lhe sobrando um esconderijo onde pudesse se salvar!

*Desse* tio eu não sentia dó e — não posso negá-lo — fiquei entusiasmado que alguém tivesse a coragem de enfrentar aquele a quem todos temiam. Mas a coisa continuou; então chegou a vez das três irmãs, incluída a minha mãe, até mesmo a bondosa tia Bellina, sua própria mulher, que conspiravam em segredo com sua família, contra ele. Esses patifes! Esses criminosos! Essa gentalha! Esmagaria a todos. Ele lhes arrancaria o falso coração do corpo e o jogaria aos cães! Lembrariam-se dele, choramingando por seu perdão! Mas ele não conhecia o perdão; só conhecia as leis. E estas ele conhecia bem! Que alguém o desafiasse!

Esses loucos! Esses imbecis! "Você pensa que é muito esperta? Pensa?", dirigiu-se de repente a minha mãe. "Mas o seu filhinho a põe no bolso. Ele sim é como eu! Um dia a processará! Você terá que lhe entregar o último centavo! Ela tem cultura, dizem; pois seu Schiller de nada lhe adiantará! O que importa é a lei", e batia com o nó dos dedos, violentamente na própria testa, "e a lei está aqui! aqui! aqui! Isto você não sabia", e agora se dirigia a mim, "que sua mãe é uma ladra! É melhor que você o saiba desde já, antes que ela roube você, seu próprio filho!"

Captei o olhar suplicante de minha mãe, mas já era tarde, porque me levantei de um salto e gritei: "Minha mãe não é ladra! A tia também não!", e comecei a chorar de raiva, mas isso não o abalou. Contraiu o rosto, horrivelmente inchado e sulcado de rugas deploráveis. Inclinando-se em minha direção, disse: "Cale-se! Não perguntei nada a você, garoto estúpido! Você verá. Aqui estou eu, não esqueça, seu tio Josef, para dizer--lhe na cara. Sinto pena de você, com seus dez anos, e por isso o previno a tempo: sua mãe é uma ladra! Todos, todos são *ladrones*! A família toda! A cidade inteira! Nada mais que *ladrones*!".

E com esse último "*ladrones*" ele sossegou. Não me bateu, mas perdi todo o prestígio. "Você não merece", disse ele mais tarde, quando se tinha acalmado, "que eu lhe ensine a lei. Você terá que aprender pela experiência. Você não merece coisa melhor."

Quem me causou mais admiração foi minha tia. Como se nada tivesse acontecido, na mesma tarde voltou a se ocupar com seus presentes. Numa conversa entre as irmãs, que escutei sem que percebessem, ela disse a minha mãe: "Ele é meu marido. Antigamente ele não era assim. Mudou desde a morte do *Señor Padre*. Não suporta injustiças. É uma pessoa de bom coração. Vocês não devem ir embora. Isso poderia ofendê-lo. Ele é muito sensível. Por que será que todas as boas pessoas são tão sensíveis?". Minha mãe achou que não era possível ficar, por causa do menino, que não deveria ouvir tais coisas sobre a família. Ela sempre tivera orgulho da família. Era a melhor família da cidade. Josef, aliás, também fazia parte dela, pois seu próprio pai fora o irmão mais velho do *Señor Padre*. "Mas jamais disse alguma coisa contra seu próprio pai! Isto ele nunca faria, jamais! Ele preferiria cortar a própria língua, a dizer alguma coisa contra seu pai." "Mas por que ele quer esse dinheiro? Ele próprio é muito mais rico do que nós!" "Ele não suporta injustiças. Desde a morte do *Señor Padre* ele ficou assim. Antigamente ele era diferente."

Em breve, no entanto, viajamos a Varna. O mar — não me lembro de ter visto outro mar antes — não era bravio nem tormentoso. Eu o esperava perigoso, em honra de Medeia, mas naquelas águas não havia sequer sombra dela; creio que os emocionantes acontecimentos em Ruschuk sufocaram toda a sua recordação. Sempre que acontecia algo realmente terrível às pessoas que me eram próximas, as figuras clássicas — que costumavam me ocupar tão intensamente — perdiam muito de seu colorido. Desde que eu tivera de defender minha mãe das abomináveis acusações de seu cunhado, ela deixara de ser Medeia para mim. Parecia importante, ao contrário, cuidar de sua segurança, ficar perto dela e vigiar com meus próprios olhos para que nada de desagradável a atingisse.

Passamos muito tempo na praia; no porto, era o farol o que mais me ocupava. Um contratorpedeiro entrou no porto; corriam rumores de que a Bulgária entraria na guerra ao lado das potências centrais. Nas conversas de minha mãe com seus conhecidos, ouvi muitas vezes as pessoas comentarem que isso seria impossível. Jamais a Bulgária entraria em guerra contra a Rússia, a quem devia a libertação dos turcos; mil vezes os russos haviam lutado contra os turcos, e sempre que enfrentava dificuldades, a Bulgária podia contar com os russos. O general Dimitriev, a serviço dos russos, era uma das figuras mais populares do país, e no casamento de meus pais ele fora o convidado de honra.

Olga, a mais antiga amiga de minha mãe, era russa. Havíamos visitado ela e seu marido em Ruschuk, e me pareceram as pessoas mais cordiais e sinceras de todas as que eu conhecia. As duas amigas conversavam como adolescentes; falavam francês num tom rápido e jubiloso, elevando e baixando a voz constantemente. Não silenciaram por um momento sequer; era como um gorjeio, mas de pássaros enormes. O marido de Olga calava respeitosamente; tinha um ar militar com sua jaqueta abotoada até o pescoço, enquanto nos servia chá russo acompanhado de doces; na maior parte do tempo, observava a fluida conversação das duas amigas, que não perdiam um minuto de seu precioso tempo — pois havia muito elas não se encontravam, e quem sabe quando haveriam de se rever novamente? Ouvi pronunciarem o nome Tolstói, que falecera havia poucos anos, com tanto respeito que mais tarde perguntei à minha mãe se Tolstói era um escritor maior do que Shakespeare, o que ela negou hesitante e de má vontade.

"Agora você poderá entender por que não permito que falem mal dos russos", disse ela, "são as pessoas mais maravilhosas. Olga aproveita todos os momentos livres para ler. Com ela se pode conversar." "E com seu marido?" "Com ele também. Mas ela é mais inteligente. Conhece melhor a literatura. E isto ele respeita. Ele gosta mais de ouvir o que ela diz."

Não fiz qualquer comentário, mas tinha as minhas dúvidas. Sabia que meu pai considerava minha mãe mais inteligente e a colocava muito acima dele, e sabia também que ela o aceitava. Partilhava de sua opinião com naturalidade, e quando falava nele — sempre dizia as coisas mais belas —, mencionava também, com ingenuidade, o quanto ele havia admirado a sua cultura. "Em contrapartida, ele era mais dotado musicalmente do que você", eu costumava interpor. "Pode ser", dizia ela. "Ele também era melhor ator do que você, é o que todos dizem. Ele era melhor ator." "Pois bem, pois bem, ele tinha dom natural para isso, herdado do avô." "Ele também era mais divertido do que você, muito, muito mais divertido." Isso ela não gostava de ouvir, pois dava muito valor à dignidade e à seriedade, e os tons patéticos do Burgtheater haviam-lhe penetrado até os ossos. Depois vinha meu trunfo. "Ele também tinha o coração mais bondoso. Ele era o melhor homem do mundo." Aqui não havia nem dúvidas, nem hesitações, ela concordava com entusiasmo.

"Jamais encontrarei no mundo um homem que seja tão bondoso quanto ele foi, jamais! Nunca!" "E o marido de Olga?" "Ele também é bondoso, não há dúvida, mas não pode ser comparado com seu pai." Nesse ponto, vinham as numerosas histórias sobre sua bondade, que eu havia ouvido centenas de vezes e sempre queria tornar a ouvir: a quantas pessoas ele havia ajudado, às escondidas dela, sem que ninguém o soubesse. Quando ela o descobria e lhe perguntava com severidade: "Jacques, você realmente fez isto? Você não acha que foi demais?" "Não sei", era sua resposta, "não consigo me lembrar."

"Sabe de uma coisa?", assim terminava sempre seu relato, "ele realmente tinha esquecido. Era tão bondoso, que esquecia o bem que fazia. Não pense que ele tinha má memória. Os papéis das peças teatrais que ele representara, não os esquecia após meses. Também não esquecia o que seu pai lhe havia feito, ao tirar-lhe o violino e ao obrigá-lo a ingressar no negócio. Não se esquecia do que eu gostava, e era capaz de, após anos, me surpreender com algo que eu havia desejado em algum momento. Mas, todo o bem que ele fazia, ele ocultava, e o ocultava tão bem que ele próprio o esquecia."

"Eu jamais serei capaz disso", eu dizia, entusiasmado com meu pai e triste por mim. "Eu sempre me lembrarei." "Acontece que você se parece mais comigo", dizia ela, "e esta não é a verdadeira bondade." Depois me explicava que era demasiado desconfiada para ser boa; que logo percebia o que as pessoas pensavam; que conhecia suas intenções na hora, que adivinhava suas motivações mais secretas. Numa dessas ocasiões, mencionou o nome de um escritor que fora exatamente como ela, e que, assim como Tolstói, morrera havia pouco tempo: Strindberg. Este era um nome que não lhe escapava facilmente, pois ela começara a lê-lo poucas semanas antes da morte de meu pai. O médico de Reichenhall, que lhe recomendara Strindberg com tanta insistência, fora o motivo daquele último e, como ela às vezes temia, mortal ciúme de meu pai. Enquanto vivemos em Viena, vinham-lhe lágrimas nos olhos sempre que pronunciava o nome de Strindberg, e somente em Zurique se acostumou suficientemente a ele e seus livros para poder pronunciar seu nome sem demasiada emoção.

De Varna empreendemos excursões a Monastir, próximo a Euxinogrado, onde ficava o palácio real. Só vimos o palácio de longe. Desde havia pouco, desde o término da Segunda Guerra Balcânica, já não pertencia à Bulgária, mas à Romênia. Nos Bálcãs, onde haviam sido travadas encarniçadas batalhas, a passagem das fronteiras já não era uma diversão, e em muitos lugares era considerada impossível e sequer era tentada. Mas, durante a viagem de carruagem, e depois, quando desembarcamos, vimos as mais exuberantes hortas e os mais esplêndidos pomares, berinjelas cor de violeta, pimentões vermelhos, tomates, pepinos, abóboras gigantescas e melancias. O meu espanto não tinha fim ante tudo quanto ali crescia. "Aqui é assim", disse minha mãe, "uma terra abençoada. Isto também é cultura, ninguém precisa se envergonhar por ter nascido aqui."

Mas quando chegavam as chuvas torrenciais, em Varna, a íngreme rua principal, que conduzia ao porto, se enchia de buracos. Nossa carruagem se atolou e tivemos que descer. Algumas pessoas se acercaram para prestar ajuda ao cocheiro; todos puxaram com todas as suas forças até que o carro ficou livre. Minha mãe suspirou: "As mesmas ruas de antigamente! Coisa de orientais. Esta gente não aprenderá nunca!".

Suas opiniões, assim, oscilavam; finalmente, de boa vontade resolveu voltar a Viena. Mas, como os mantimentos já escasseavam em Viena após o primeiro inverno de guerra, antes da partida se abasteceu de legumes secos. As mais diferentes espécies foram suspensas em cordões, e com isso ela encheu um baú. Ficou muito furiosa quando os funcionários da alfândega romena, em Predeal, a estação fronteiriça com a Hungria, esvaziaram todo o conteúdo da mala na plataforma da estação. O trem se pôs em movimento e minha mãe o tomou às pressas; mas seu tesouro ficou espalhado pela plataforma — sob o riso de mofa dos funcionários —, assim como a sua mala. A mim pareceu pouco digno que ela se afligisse com essas coisas, que só diziam respeito à alimentação, e, para sua mágoa, em vez de consolo, foi isso o que ela ouviu de mim.

Atribuiu o comportamento dos funcionários romenos aos nossos passaportes turcos. Por uma espécie de fidelidade hereditária à Turquia, onde sempre haviam sido bem tratados, a maioria dos sefardins conservava a cidadania turca. A família de minha mãe, contudo, originária de Livorno, estava sob proteção italiana, e viajava com passaporte italiano. Se ela tivesse viajado com seu passaporte de solteira, com o nome Arditti, disse minha mãe, os romenos certamente teriam se comportado de outra maneira. Gostavam dos italianos, disse ela, porque sua língua provinha da Itália. Mas de quem eles gostavam mais era dos franceses.

Eu me via em meio a uma guerra que eu não queria reconhecer, mas só com essa viagem comecei a entender, de forma direta, algo acerca da progressiva e contínua difusão do ódio entre nações.


A DESCOBERTA DO MAL. A FORTIFICAÇÃO DE VIENA

No outono de 1915, após aquela viagem de verão à Bulgária, ingressei na primeira classe do *Realgymnasium*. Ficava no mesmo edifício da escola primária, junto à ponte de Santa Sofia. Essa escola me agradou muito mais; aprendíamos latim — algo novo para mim —, tínhamos vários (e melhores) professores, em lugar do enfadonho *Herr* Tegel, que sempre repetia a mesma coisa e que, desde o começo, me parecera um tonto. Nosso professor-coordenador era *Herr* Twrdy, um anão gordo e barbudo. Quando se sentava na cátedra, sua barba se estendia sobre a mesa, e de nossas carteiras só víamos sua cabeça. Ninguém o desprezava, por mais cômico que ele de início nos parecesse — tinha um modo de passar a mão em sua longa barba, que infundia respeito. Desse gesto talvez ele haurisse paciência; era justo e raramente se irritava. Ensinava-nos as declinações latinas, e como a maioria dos alunos tinha pouco êxito, para eles repetia incansavelmente *silva silvae*.

Nessa classe havia mais colegas que me pareciam interessantes, e dos quais ainda me lembro. Havia Stegmar, um garoto que desenhava e pintava maravilhosamente; eu era mau desenhista e não me cansava de admirar as suas obras. Diante dos meus olhos, lançava sobre o papel pássaros, flores, cavalos e outros animais, que ele me presenteava assim que acabavam de ser criados. O que mais me impressionava, era vê-lo rasgar uma lâmina, que a mim me parecia admirável, mas que para ele não resultara suficientemente boa, e fazê-la de novo. Isso acontecia algumas vezes, até que finalmente o desenho o satisfazia; então ele o examinava de todos os lados, e o entregava a mim com um gesto humilde e, no entanto, solene. Eu admirava sua habilidade e generosidade, mas me preocupava porque não conseguia ver a diferença; todas as lâminas me pareciam igualmente bem feitas. Mais do que seu talento, eu admirava a rapidíssima execução de suas sentenças. Eu lastimava cada lâmina rasgada, pois nada me levaria a destruir uma folha escrita ou impressa. Era arrebatador ver com que rapidez e sem qualquer hesitação, até com prazer, ele o fazia. Em casa, soube que os artistas frequentemente agem assim.

Outro companheiro, atarracado, gordo e moreno, era Deutschberger. Sua mãe tinha uma tenda onde servia *gulash*, em Wurstelprater, e como ele morava próximo da gruta do trenzinho, de onde até havia pouco tempo eu fora uma espécie de freguês assíduo, tive de início grande simpatia por ele. Eu estava convencido de que alguém que morasse lá tinha que ser uma pessoa diferente, muito mais interessante do que todos nós. Contudo, o fato de ele realmente ser diferente, mas de uma maneira que eu não poderia ter imaginado — com seus onze anos já era um cínico acabado —, levou a uma ferrenha inimizade.

Com outro colega que realmente era meu amigo, Max Schiebl, o filho de um general, regressávamos os três da escola para casa através de Prinzenallee. Deutschberger dominava a conversa e parecia conhecer tudo sobre a vida dos adultos, e não se privava de nos contar tudo sem meias palavras. Para ele o parque tinha um aspecto diferente daquele que Schiebl e eu conhecíamos. Ele escutava as conversas entre os frequentadores da tenda de sua mãe, e tinha um modo especial de estalar a língua quando as repetia para nós. Sempre acrescentava os comentários de sua mãe, que nada ocultava dele. Parece que não tinha pai e que era o único filho dela. Schiebl e eu aguardávamos ansiosos o regresso para casa; Deutschberger, no entanto, não desembuchava logo; só depois de ultrapassado o estádio do WAC, o Wiener Athletik Club, ele se sentia livre para dar rédeas ao seu tema preferido. Creio que precisava de tempo para preparar o relato com que nos chocaria. Sempre terminava com o mesmo estribilho: "Nunca é cedo demais para aprender como é a vida, diz minha mãe". Tinha o senso do efeito e suas histórias se tornavam cada vez mais violentas. Enquanto se tratava de brigas, facadas, assaltos e assassinatos, deixamos que ele prosseguisse à vontade com seus relatos. Ele era contra a guerra, o que era de meu agrado, mas Schiebl não gostava de ouvi-lo e, com perguntas, procurava desviá-lo do assunto. Eu sentia vergonha de relatar essas conversas em casa, e por algum tempo as calei como a um segredo bem guardado, até que os triunfos de Deutschberger lhe subiram à cabeça e ele ousou o pior, o que provocou um grande rebuliço.

"Eu sei de onde vêm os nenês", disse ele de repente, certo dia, "minha mãe me disse." Schiebl tinha um ano mais do que eu e já havia começado a se preocupar com essa questão; eu, com relutância, partilhei sua curiosidade. "É muito simples", disse Deutschberger, "assim como o galo trepa na galinha, assim o homem trepa na mulher." Eu, imbuído dos serões com minha mãe, de Shakespeare e de Schiller, fiquei furioso e gritei: "É mentira! Não é verdade! Você está mentindo!". Era a primeira vez que me voltava contra ele. Mas ele, muito irônico, repetiu suas palavras. Schiebl ficou calado, e Deutschberger descarregou em mim todo o seu desprezo. "Sua mãe não lhe conta coisa alguma. Ela o trata como a uma criancinha. Você nunca observou o galo? Assim como o galo... etc. Nunca é cedo demais para aprender como é a vida, diz minha mãe."

Não faltou muito para que eu me pegasse com ele. Deixei os dois e corri para casa através do terreno baldio. Sempre comíamos juntos ao redor de uma mesa redonda. Contive-me diante de meus irmãos pequenos e nada disse, mas não pude comer e estava quase chorando. Assim que foi possível, puxei minha mãe para a sacada, onde durante o dia mantínhamos nossas conversas sérias, e lhe contei tudo. Ela, naturalmente, já havia percebido meu nervosismo; quando soube a causa, ficou sem fala. Ela, que sempre sabia dar uma resposta clara e nítida, que sempre me fazia sentir que também eu tinha responsabilidade na educação dos pequenos, ela se calou; silenciou pela primeira vez, e por tanto tempo que fiquei com medo. Mas então me olhou nos olhos e, com o tom grave de nossos grandes momentos, disse solenemente: "Meu filho, você confia em sua mãe?". "Sim! Sim!" "Não é verdade. Ele mente. Sua mãe nunca disse isto a ele. Os nenês vêm de outra maneira, de uma maneira linda. Mais tarde eu lhe direi. Por enquanto, nem mesmo você quer sabê-lo!" Suas palavras no mesmo instante me tiraram a vontade de saber. Eu realmente ainda não queria saber nada. Apenas se aquilo era mesmo uma mentira. Agora eu *sabia* que era — e além do mais uma mentira horrível, pois ele havia inventado algo que sua mãe jamais lhe dissera!

Desde aquele instante passei a odiar Deutschberger e a tratá-lo como a escória da humanidade. Na escola, onde ele era mau aluno, nunca mais lhe dei ajuda. No intervalo, quando ele vinha ter comigo, eu lhe dava as costas. Nunca mais lhe dirigi uma única palavra. Já não regressávamos para casa juntos, e obriguei Schiebl a escolher entre ele e mim. Fiz coisas piores. Quando o professor de geografia lhe disse que mostrasse Roma no mapa, ele apontou Nápoles; como o professor não notou o erro, eu me levantei e disse: "Ele mostrou Nápoles, isto não é Roma", e ele recebeu uma nota baixa. Essa era uma atitude que, em outra situação, eu teria desprezado, pois sempre estava do lado de meus colegas e os ajudava quando podia, mesmo contra professores pelos quais eu tinha apreço. Mas as palavras de minha mãe haviam me enchido de tanto ódio contra ele, que todos os atos me pareciam permitidos. Foi a primeira vez que soube o que é dedicação cega, apesar de nunca mais ter trocado uma palavra sobre ele com minha mãe. Eu me sentia instigado contra ele, e via nele um malfeitor; numa conversa com Schiebl, em que lhe falei de Ricardo III, o convenci de que Deutschberger não era senão ele, ainda que mais jovem. Era necessário tolher-lhe o ofício desde logo.

Assim, a irrupção do mal se fez muito cedo. Essa tendência me perseguiu por muito tempo, até que, mais tarde, me tornei um afeiçoado de Karl Kraus, e acreditei nele acerca dos inúmeros malfeitores contra os quais vociferava. Para Deutschberger, a vida na escola se tornou insuportável. Perdeu a segurança, seus olhares me perseguiam suplicantes por toda a parte, e seria capaz de qualquer coisa para fazer as pazes; mas eu era implacável. Era estranho como meu ódio, em vez de arrefecer-se, crescia em proporção direta ao efeito visível que provocava em minha vítima. Finalmente, sua mãe veio à escola e, durante um intervalo, me interpelou. "Por que você persegue meu filho?", disse ela. "Ele nada lhe fez. Vocês sempre foram amigos." Era uma mulher enérgica, de fala rápida e vigorosa. Contrariamente a seu filho, tinha pescoço e não estalava a língua ao falar. Gostei que ela me fizesse um pedido — que eu poupasse seu filho —, e assim eu lhe expus com a mesma franqueza o motivo de minha hostilidade. Repeti, sem me acanhar, a detestada frase sobre o galo e a galinha. Ela se voltou violentamente para ele que, medroso, estava parado atrás dela: "Você disse isto?". Ele lamentavelmente fez que sim com a cabeça, não o negou, e com isso para mim o caso estava encerrado. Talvez me fosse impossível recusar alguma coisa a uma mãe que me tratava com a mesma seriedade com que minha própria mãe me tratava, mas eu também senti o quanto ele era importante para ela, por isso, depois de ter sido Ricardo III, ele voltou a ser um escolar como Schiebl e eu. A controvertida frase voltara à sua pretensa fonte e com isso perdera a sua força. A perseguição acabou. Não tornamos a ser amigos, mas o deixei em paz, tanto que não guardo dele outras lembranças. Quando penso no restante do curso escolar em Viena, que se prolongou mais meio ano, sua figura está apagada em minha memória.

A amizade com Schiebl, entretanto, tornou-se cada vez mais estreita. Desde o início nos déramos bem, e então ele se tornou o meu melhor amigo. Morava no Schüttel, numa casa parecida com a nossa. Por causa dele eu também brincava com soldados. Ele tinha muitos soldados, exércitos inteiros completamente armados, com cavalaria e artilharia. Eu ia muitas vezes a sua casa, onde travávamos nossas batalhas. Ele fazia muita questão de vencer, suportando mal as derrotas. Se isso ocorria, ele mordia os lábios e torcia a cara mal-humorado, às vezes tentava negar, e então eu ficava zangado. Mas isso nunca durava muito, pois ele era um menino educado, alto e orgulhoso, e, embora fosse o retrato da mãe, o que sempre me surpreendia, ele absolutamente não era um filhinho mimado. Sua mãe era a mulher mais bela que eu conhecia e também a mais alta. Eu sempre a via ereta, muito acima de mim. Quando nos trazia a merenda, colocava a bandeja na mesa com uma leve inclinação do tronco, mas logo se erguia, antes de convidar-nos a nos servir. Seus olhos negros me perseguiam, e em casa eu sonhava com eles, coisa que eu nunca disse a seu filho Max. Não obstante, perguntei a ele se todas as tirolesas tinham olhos tão bonitos, e ele me respondeu com um decidido "sim!", acrescentando: "Todos os tiroleses também". Porém, na próxima visita, notei que ele havia contado a ela, pois parecia divertida quando nos trouxe a merenda. Ficou por algum tempo nos observando jogar, o que ela não costumava fazer, e perguntou por minha mãe. Quando saiu, perguntei a Max com severidade: "Você conta tudo a sua mãe?". Ele enrubesceu, mas me assegurou o contrário. Nada lhe contava — qual era a ideia que eu fazia dele? —, nem sequer a seu pai ele contava tudo.

O pai, homem pequeno e franzino, não me causou qualquer impressão. Não só era mais baixo mas parecia também mais velho do que a mãe. Era um general reformado que durante a guerra fora convocado para uma missão especial. Era inspetor--geral das fortificações ao redor de Viena. No outono de 1915, os russos haviam investido através dos Cárpatos, e corriam boatos de que Viena estava ameaçada. O pai de Schiebl, nos dias em que não tínhamos aula, nos levava com ele em suas inspeções. Íamos a Neuwaldegg e caminhávamos pela floresta, até os pequenos fortes cravados no solo. Não havia soldados e podíamos olhar tudo. Entrávamos e, enquanto o pai de Schiebl batia com seu bastão aqui e ali nas grossas paredes, olhávamos através das fendas a floresta deserta, onde nada se movia. O general falava pouco e tinha uma expressão de aborrecimento, mas quando se dirigia a nós para nos dar alguma explicação, mesmo durante a caminhada pela floresta, ele nos sorria como se fôssemos pessoas especiais. Nunca me senti embaraçado diante dele. Talvez visse em nós futuros soldados; foi ele quem dera a seu filho aquele grande exército de chumbo, que aumentava a cada dia. Segundo Max, ele se informava sobre os nossos jogos e queria saber quem havia vencido. Mas eu não estava acostumado a pessoas tão calmas e sequer conseguia imaginá-lo general. A mãe de Schiebl, sim, teria sido um general maravilhoso, e por ela eu teria até mesmo ido para a guerra. Mas eu não conseguia levar a sério as excursões de inspeção com seu pai, e a guerra, da qual tanto se falava, me parecia mais distante ainda quando ele batia com seu bastão nas paredes das casamatas.

Em todo o meu tempo de escola, e também depois, os pais pouco me impressionaram. Era como se lhes faltasse vitalidade, ou me pareciam velhos. Todavia, eu ainda levava em mim meu próprio pai, que comigo falara sobre tantas coisas e quem eu ouvira cantar. Jovem como ele era, assim me ficou sua imagem; ele era o único pai. Às mães eu era receptivo, e é surpreendente o número de mães de quem eu cheguei a gostar.

No inverno de 1915-6 os efeitos da guerra já se faziam sentir na vida cotidiana. O tempo dos recrutas cantando com entusiasmo na Prinzenallee havia passado. Agora, quando, no caminho da escola para casa, os encontrávamos em pequenos grupos, eles já não pareciam tão alegres como antigamente. Ainda cantavam "In der Heimat, in der Heimat, da gibt's ein Wiedersehen!" [Na Pátria, na Pátria, teremos um reencontro!], mas o reencontro não parecia tão próximo. Já não tinham tanta certeza de que voltariam. Também cantavam "Ich hatt' einen Kameraden" [Eu tive um camarada], porém como se fossem eles próprios o camarada morto de quem a canção falava. Senti essa mudança e a comentei com Schiebl. "Eles não são tiroleses", disse ele "você deve ver os tiroleses." Não sei onde ele, naquela época, via tiroleses em marcha; talvez visitasse, com os pais, conhecidos de sua terra, e deles ouvisse comentários otimistas. Sua fé na vitória era inabalável e jamais lhe ocorreria duvidar disso. Essa esperança não lhe vinha de seu pai, um homem calado que não usava palavras grandiloquentes. Nas excursões que fazíamos com ele, nunca o ouvi dizer: "Venceremos!". Se ele fosse meu pai, eu havia muito tempo teria perdido toda a esperança de vencer. Devia ter sido a mãe quem mantinha nele a fé. Talvez ela também não fizesse comentários, mas seu orgulho, sua firmeza, seu olhar, como se sob sua proteção nenhum mal pudesse acontecer — com uma mãe assim, eu tampouco poderia duvidar.

Certa vez, no Schüttel, nos aproximamos da ponte ferroviária sobre o canal do Danúbio. Havia um trem parado em cima da ponte, apinhado de gente. Vagões de passageiros estavam acoplados aos vagões de carga, todos eles repletos de pessoas em pé, que lá de cima nos olhavam silenciosas, com ar indagador. "São fugitivos da Galícia", disse Schiebl, suprimindo a palavra "judeus" e substituindo-a por "fugitivos". Leopoldstadt estava cheia de judeus da Galícia, que haviam fugido dos russos. Com suas túnicas pretas, madeixas nas têmporas e chapéus típicos, eles se destacavam das outras pessoas, chamando a atenção. Agora eles estavam em Viena; não tinham para onde ir e tinham que se alimentar, mas os próprios vienenses estavam mal providos de mantimentos.

Eu nunca tinha visto tantos deles apinhados em vagões. Era um quadro horrível, porque o trem estava parado. Enquanto o contemplávamos, ele não se moveu. "Como gado", disse eu, "apertados uns aos outros; aliás, alguns dos vagões são para gado." "Acontece que são demais", disse Schiebl, temperando sua repugnância em atenção a mim; jamais teria pronunciado uma palavra que pudesse me ofender. Fiquei parado perplexo, e ele, enquanto esteve parado comigo, percebeu o meu horror. Ninguém acenava para nós, ninguém nos dirigia uma palavra; sabiam com que má vontade eram recebidos e não esperavam uma palavra de saudação. Eram todos homens, entre eles muitos velhos com barbas. "Você sabe", disse Schiebl, "nossos soldados são mandados para a frente de combate em vagões como estes. Guerra é guerra, diz meu pai." Foi a única frase de seu pai que ele repetiu na minha frente, e eu sabia que ele o fazia para me livrar do meu espanto. Mas não adiantou, eu continuava de olhos pregados, e nada acontecia. Eu queria que o trem se pusesse em marcha. O mais terrível era que o trem continuava parado sobre a ponte. "Você não vem?", disse Schiebl, me puxando pela manga. "Você não quer mais jogar?" Estávamos a caminho de sua casa para novamente brincar com os soldados. Acabei indo, mas me sentia mal e essa sensação se fez mais forte quando sua mãe nos serviu a merenda. "Por que demoraram tanto?", perguntou ela. Schiebl apontou para mim e disse: "Vimos um trem de refugiados da Galícia. Estava parado sobre a ponte de São Francisco." "Então foi isto", disse ela e nos serviu a merenda. "Mas com certeza vocês agora estão com fome." Por sorte ela saiu, pois eu não provei nada, e Schiebl, compreensivo como era, tampouco tinha fome. Deixou os soldados em seu canto e não jogamos. Quando eu saí, apertou minha mão fortemente e disse: "Amanhã, quando você vier, lhe mostrarei algo. Recebi uma artilharia nova".

## ALICE ASRIEL

A amiga mais interessante de minha mãe era Alice Asriel, cuja família vinha de Belgrado. No entanto, ela se tornara uma vienense típica, por seu modo de falar, seu estilo, por tudo com que a ocupava, por todas e cada uma de suas reações. Era uma mulher miúda, a mais baixa das amigas de minha mãe, das quais nenhuma era muito alta. Tinha interesses culturais e uma maneira irônica de falar com minha mãe sobre coisas de que eu nada entendia. Estava imersa na literatura vienense da época e não tinha o interesse universal de minha mãe. Falava de Bahr e de Schnitzler, de forma leve, um pouco frívola, nunca insistente. Aberta a toda influência, quem quer que falasse com ela conseguia impressioná-la, desde que tratasse de assuntos relacionados a sua esfera. Quase não atentava àquilo que não pertencesse à literatura atual. Tinha que se referir a homens sobre os quais ela ficava sabendo o que contava: tinha admiração por homens que falavam bem — a conversação, a discussão e as diferenças de opinião eram a sua vida. Do que mais gostava era ouvir intelectuais com diferentes opiniões discutirem. Se não por outros motivos, era vienense porque sempre sabia, sem muito esforço, o que acontecia no mundo intelectual. Mas com o mesmo prazer falava das pessoas, de seus casos amorosos, de suas complicações e separações; considerava permitido tudo aquilo que se relacionasse com o amor e não condenava ninguém, como minha mãe, e protestava quando esta o fazia. Sempre tinha à mão uma explicação para as maiores complicações. Tudo o que as pessoas faziam parecia-lhe natural. Tal como ela via a vida, assim acontecia a ela, como se um espírito maligno tivesse decidido que ela própria experimentaria tudo aquilo que aceitava nos outros. Ela gostava de reunir pessoas, principalmente de sexos diferentes, para observar a influência de umas sobre as outras, pois para ela a felicidade máxima parecia basear-se principalmente na troca de parceiros, e o que desejava para si mesma ela concedia também aos outros, parecendo até mesmo que estes lhe serviam de experiência.

Ela teve um papel em minha vida, e o que acabo de dizer sobre ela está baseado em fatos que eu soube mais tarde. Em 1915, quando a conheci, achei estranho que ela estivesse tão alheia à guerra. Em minha presença nunca a mencionou, mas não como minha mãe, que era apaixonadamente contra a guerra e não a mencionava em minha presença para não me criar dificuldades na escola. Alice não sabia onde colocar a guerra; como ela não conhecia o ódio e como para ela tudo era admissível, não conseguia se entusiasmar por ela e a excluía de seus pensamentos.

Naquela ocasião, quando nos visitava em Josef-Gall-Gasse, estava casada com um primo seu, também originário de Belgrado, e que, como ela, se tornara vienense. *Herr* Asriel era um homem pequeno de olhos remelosos, conhecido por sua falta de habilidade nas coisas práticas da vida. De negócios ele entendia apenas o suficiente para ter perdido todo o seu dinheiro, inclusive o dote de sua mulher. Viviam com os três filhos num apartamento burguês quando ele fez a última tentativa de se aprumar. Apaixonou-se pela criada, uma pessoa simples e complacente, que se sentia honrada com a atenção de seu patrão. Eles se entendiam bem e tinham o mesmo gênio, mas ela, ao contrário dele, era atraente e perseverante; aquilo que sua mulher, com suas maneiras frívolas e volúveis, não lhe podia dar, ele encontrava na moça: segurança e inquestionável fidelidade. Foi sua amante por muito tempo, antes de ele abandonar a família.

Alice, para quem tudo era permitido, não o censurava, e de bom grado teria continuado a vida a três; ouvi quando ela disse a minha mãe que a ele permitiria tudo, tudo. Apenas queria que ele encontrasse a felicidade; ele não a encontrava com ela, não havia nada entre eles. Ele era incapaz de conversar sobre literatura; quando falava de livros ele ficava com enxaqueca. Para ele tudo estava bem, desde que não estivesse diante dos participantes dessas conversas nem precisasse participar delas. Alice havia desistido de mantê-lo informado, cheia de compaixão por suas enxaquecas; tampouco lhe guardava rancor por seu rápido e progressivo empobrecimento. "Ele não é homem de negócios", dizia ela a minha mãe, "será que todos os homens têm que entender de negócios?" Quando se falava da criada, a quem minha mãe criticava acerbamente, Alice sempre tinha palavras compreensivas para ambos: "Veja, ela é tão boa para ele, e junto dela ele não se envergonha de ter perdido sua fortuna. Na minha frente ele sempre se sente culpado". "Mas ele *é* culpado", dizia minha mãe. "Como se pode ser tão fraco? Nem é homem, nem é nada.

Não deveria ter se casado." "Pois ele *não queria* casar. Nossos pais nos casaram, para que o dinheiro ficasse na família. Eu era jovem demais, ele era acanhado. Era tímido demais para encarar uma mulher na cara. Sabe de uma coisa? Eu tive que obrigá--lo a me fitar nos olhos, e isto quando já estávamos casados há algum tempo." "E o que ele fez com o dinheiro?" "Coisa algu-ma. Apenas o perdeu. Então o dinheiro é tão importante? Por que não se perderia dinheiro? Por acaso você gosta mais de seus parentes ricos? São monstros, comparados a ele!" "Você sempre o defende. Eu acho que você ainda gosta dele." "Sinto pena dele e creio que finalmente ele encontrou a felicidade. Ela o tem por um grande senhor. Ajoelha-se à sua frente. Já estão juntos há tanto tempo, e, você sabia?, ela ainda lhe beija a mão e diz 'caro senhor'. Todos os dias ela limpa a casa; sequer há o que limpar, tudo está luzindo, mas ela limpa e limpa, e me pergunta se desejo mais alguma coisa. 'Agora você descanse um pouco, Marie, digo eu, 'agora já chega'. Para ela nunca é suficiente, e quando não estão juntos, ela faz limpeza." "Mas é uma vergonha! Como é que você não a pôs no olho da rua? Comigo ela teria voado no primeiro minuto." "Mas, e ele? Não posso fazer-lhe isso. Não tenho direito a destruir-lhes a felicidade."

Na realidade, eu não deveria ter ouvido essas conversas. Quando Alice nos visitava, ela trazia seus três filhos. Enquanto nós brincávamos juntos, minha mãe e ela tomavam chá. Então Alice começava a contar as novidades; minha mãe tinha curio-sidade em saber como as coisas iam, e nenhuma das duas, vendo-me brincar com as outras crianças, podia imaginar que eu escutava atentamente tudo o que diziam. Depois, quando minha mãe fez discretas alusões a que nem tudo ia bem na casa dos Asriel, eu fui bastante esperto para não deixar transpare-cer que nenhum detalhe me havia escapado. Mas eu não tinha ideia do que *Herr* Asriel realmente fazia com a empregada. Eu interpretava literalmente tudo o que escutava, e pensava que eles gostavam de estar juntos, e nada mais imaginava além dis-so. No entanto, eu sabia perfeitamente que todos os detalhes que eu havia captado não eram destinados aos meus ouvidos, e nenhuma vez sequer dei mostras do que sabia. Creio que, além disso, se tratava para mim de usufruir minha mãe também de outra maneira; cada conversa dela me sendo preciosa, eu não queria perder nada.

Alice não tinha dó de seus filhos viverem nessa atmosfera inusitada. O mais velho, Walter, era retardado; tinha os mesmos olhos remelentos de seu pai, seu mesmo nariz pontiagudo, e caminhava um pouco inclinado para o lado. Articulava frases curtas, e nunca mais de uma de cada vez. Não esperava resposta a suas frases, mas entendia o que se lhe dizia e obedecia com relutância. Fazia o que lhe mandavam, mas esperava um pouco antes de fazê-lo, com o que se pensava que ele não tivesse entendido. Então, de supetão, ele o fazia; havia compreendido. Não dava maior trabalho, mas dizia-se que às vezes tinha acessos de fúria, os quais nunca se sabia quando surgiriam. Mas logo se acalmava, apesar de não se poder arriscar a deixá-lo sozinho.

Hans, seu irmão, era um menino inteligente, com quem era um prazer jogar o "jogo das citações". Nuni, a caçula, nos acompanhava, embora aquelas citações ainda não pudessem ter significação para ela; Hans e eu nos divertíamos a valer. As citações voavam de um para o outro, nós as conhecíamos de cor, e quando um de nós dizia a primeira palavra, o outro a completava com a velocidade de um raio. Nenhum de nós conseguia terminar uma citação, pois era ponto de honra para o outro intervir e recitá-la até o fim.

"Die Stätte, die..." "ein guter Mensch betrat, ist eingeweiht." [O sítio que... foi frequentado por um homem bom, está consagrado.] "Gott hilft..." "jedem, der sich von Gott will helfen lassen." [Deus ajuda... a todo aquele que quer que Deus lhe ajude.] "Ein edler..." "Mensch zieht edle Menschen an." [Uma pessoa... nobre, atrai pessoas nobres.] Esse era nosso verdadeiro jogo. Como nunca houve vencedor, surgiu uma amizade baseada no respeito, e só depois de completado o quarteto dos poetas, podíamos nos dedicar a outros jogos. Hans costumava estar presente quando sua mãe falava com admiração dos ditos em literatura, e aprendera a falar tão rápido quanto ela. Ele sabia lidar com seu irmão; era o único que pressentia quando se aproximava um acesso de fúria e o tratava com tanta solicitude e prudência, que às vezes conseguia evitar a tempo um acesso. "Ele é mais inteligente do que eu", dizia *Frau* Asriel em sua presença. Não tinha segredos para com seus filhos — isso fazia parte de seus princípios de tolerância —, e quando minha mãe a prevenia: "O menino vai ficar presunçoso, não o elogie tanto", ela dizia: "Por que eu não haveria de elogiá-lo? Desgostos não lhe faltam, com o pai que tem e tudo o mais", com que se referia ao irmão retardado. O que pensava desse filho ela não dizia, sua franqueza não chegava até aí; sua dedicação a Walter se alimentava do orgulho que tinha de Hans.

A cabeça de Hans era estreita e comprida; mantinha-se excepcionalmente ereto, talvez em contraste com o irmão. Apontava com o dedo sempre que dava uma explicação, ou então quando me contradizia, o que eu temia um pouco, pois sempre que levantava o dedo ele estava com a razão. Era tão precoce, que não se relacionava bem com as outras crianças de sua idade. Mas não era atrevido, e quando seu pai dizia algo particularmente tolo (o que poucas vezes presenciei, pois raramente o via), ele se calava e se retraía, como se de repente tivesse desaparecido. Então eu soube que ele tinha vergonha de seu pai; eu o soube sem que ele jamais falasse uma palavra a respeito, talvez justamente por causa disso.

Sua irmãzinha Nuni era completamente diferente; adorava o pai e repetia tudo o que ele dizia. "'É vulgar, está bem', diz meu pai", dizia ela de repente quando se zangava durante nosso jogo, "mas *tão* vulgar!" Eram *suas* citações, e se valia delas especialmente quando fazíamos o "jogo das citações", pois ela se sentia provocada a usá-las. Eram as únicas citações nas quais Hans e eu jamais intervínhamos, embora também as conhecêssemos de cor, tão bem quanto as dos poetas. Nuni podia proferi-las até o fim, e, se alguém nos escutasse, as sentenças de *Herr* Asriel deveriam contrastar estranhamente com as frases mutiladas dos poetas. Nuni era reservada na frente de sua mãe, e em certas ocasiões era difícil arrancá-la de sua reserva;

evidentemente, estava acostumada a condenar muitas coisas, uma criança crítica, porém reprimida, levada apenas por sua adoração pelo pai.

O dia em que *Frau* Asriel e seus filhos vinham a nossa casa, era para mim de dupla festa. Eu ficava contente em ver Hans e me agradava sua atitude de sabichão, pois me obrigava a prestar maior atenção ao jogo; na aparência, eu estava completamente entretido para que ele não me ridicularizasse com a ponta de seu dedo em riste. Quando eu conseguia deixá-lo em apuros, por exemplo com questões de geografia, ele lutava com obstinação até o fim e nunca cedia; nossa discussão sobre a maior ilha do globo nunca foi resolvida. A Groenlândia, para ele, era "hors concours", pois como se poderia saber, com todo aquele gelo, qual era o tamanho da ilha? Seu dedo, em vez de apontar para mim, apontava para o mapa, e ele dizia vitorioso: "Onde termina a Groenlândia?". Para mim, a dificuldade era maior porque eu tinha que inventar desculpas para entrar na sala de jantar, onde minha mãe e *Frau* Asriel tomavam chá. Lá eu vasculhava a estante de livros à procura de algo de que precisávamos para decidir nossa contenda, e buscava fazer hora a fim de ouvir o máximo possível da conversa entre as duas amigas. Minha mãe conhecia a intensidade de nossas disputas, e eu corria para a estante tão decididamente, folheava ora um livro ora outro, usava expressões de desânimo quando não encontrava alguma coisa, emitia um longo assobio quando descobria o que desejava, que ela não me reprimia jamais. Como ela poderia imaginar que eu era receptivo a algo mais, e escutava sua conversa?

Assim tomei conhecimento de todas as fases do matrimônio, até chegar à última. "Ele quer me deixar", dizia *Frau* Asriel, "quer viver com ela." "Isto ele já vem fazendo há muito tempo", dizia minha mãe, "e agora ele ainda quer abandoná-los." "Ele diz que assim não pode continuar, por causa das crianças. Ele tem razão. Walter notou alguma coisa, pois os espreitou. Os outros dois ainda não desconfiam." "É o que você pensa. As crianças observam tudo", dizia minha mãe, enquanto eu escutava sem que percebessem. "De que ele quer viver?" "Ele vai abrir com ela um negócio de bicicletas. Sempre gostou de bicicletas. Foi seu sonho de infância, viver numa loja de bicicletas. Você sabe, ela o entende tão bem. Convenceu-o a realizar seu sonho de infância. Ela terá de fazer tudo sozinha, pois todo o trabalho recairá sobre os seus ombros. Eu não seria capaz disto. É o que eu chamo de verdadeiro amor." "E você ainda admira aquela criatura." Eu sumi, e quando voltei a meus amigos, Nuni estava recitando uma de suas frases: "'Pessoas malvadas não sabem cantar', diz meu pai".

Eu estava aturdido com aquilo que acabara de ouvir e não consegui dizer nada, pois dessa vez me dei conta do quanto aquilo dizia respeito a ambos, com quem eu não podia falar. Mantive fechado o livro que fora buscar para obter uma vitória sobre Hans e deixei que ele ficasse com a razão.


O PRADO DE NEUWALDEGG

Paula veio logo depois que Fanny foi embora, e era o seu oposto: alta e esguia, uma criatura graciosa, muito discreta para uma vienense, e no entanto sempre alegre. Se fosse por ela, estaria sempre rindo, mas como isso não condizia com seu trabalho, ela se limitava a um sorriso. Sorria quando falava, sorria quando se calava, e suponho que sorria quando dormia e quando sonhava.

Não fazia diferença se ela falava com minha mãe ou conosco, as crianças, se na rua dava informações a um estranho ou se saudava um conhecido; até mesmo a menininha suja, que sempre estava presente, com ela teve melhor sorte. Paula se detinha sem receios ante ela e lhe dizia uma palavra amável; às vezes lhe oferecia um caramelo, mas a pequena ficava tão surpreendida que não ousava aceitá-lo. Então ela lhe falava com doçura e suavemente lhe punha o caramelo na boca.

O Wurstelprater não lhe entusiasmava, pois achava o ambiente de lá muito vulgar; embora jamais o dissesse, eu o sentia quando estávamos lá. Sacudia a cabeça, aborrecida, sempre que ouvia algo rude, e me observava de soslaio, para ver se eu tinha entendido. Eu sempre fingia que nada havia notado, e ela tornava a sorrir. Eu estava tão acostumado a seu sorriso, que teria feito tudo para que ela não o perdesse.

No andar de baixo de nosso prédio, logo abaixo de nós, morava o compositor Karl Goldmark, um homem pequeno e delicado, com belos cabelos brancos repartidos para cada lado do rosto moreno. Costumava passear apoiado no braço de sua filha; não iam longe, pois já era muito velho, mas o faziam diariamente, sempre à mesma hora. Eu o ligava à Arábia, pois a ópera que o tornara famoso chamava-se "A rainha de Sabá". Eu pensava que ele também fosse de lá, pois era o homem mais estranho do lugar e, portanto, o que me despertava maior curiosidade. Eu nunca o encontrei na escada ou saindo de casa; só o via quando voltava da Prinzenallee, onde passeava um pouco de braços com a filha. Eu o saudava respeitosamente e ele inclinava de leve a cabeça; era esse o seu estilo, quase imperceptível, de aceitar a saudação. Não sei qual era o aspecto da filha, não foi pelo seu rosto que a guardei na memória. No dia que ele não apareceu, ouvi dizer que estava doente. Ao entardecer, ouvi, de nossa sala de brinquedos, altos e incessantes soluços vindos do andar de baixo. Paula, que não tinha certeza se eu os tinha ouvido, olhou para mim desconfiada e disse: "*Herr* Goldmark morreu. Ele estava muito fraco e já não podia passear". Os soluços vinham aos golpes e me penetravam; eu não podia deixar de escutá-los, e os acompanhava movendo-me no mesmo ritmo, mas sem que eu próprio chorasse, como se eles brotassem do chão. Paula ficou nervosa: "Agora a filha já não poderá sair com ele. Está desesperada, a pobrezinha". Também agora ela sorria, talvez para me acalmar, pois notei que a história a atingia de perto. Seu pai estava na frente de combate da Galícia, e ela havia muito tempo não tinha notícias dele.

No dia do enterro, a Josef-Gall-Gasse estava negra de fiacres e de gente. Olhávamos de cima, pela janela, e lá embaixo já não havia um lugar vago, mas sempre chegavam mais carruagens e mais pessoas que encontravam lugar. "De onde vem tanta gente?" "Assim é, quando morre um homem famoso", dizia Paula. "Querem acompanhá-lo à última morada. Gostavam muito de sua música." Eu me sentia excluído, pois nunca ouvira a sua música. Observava a multidão lá embaixo apenas como um espetáculo, também porque as pessoas, vistas do segundo andar, pareciam muito pequenas, comprimidas, e porque algumas delas conseguiam tirar o negro chapéu, umas para as outras, o que nos parecia estranho. Porém, Paula também nesse caso teve uma explicação tranquilizadora: "Eles ficam contentes quando encontram um conhecido entre toda essa gente e isto lhes dá coragem". Os soluços da filha me comoviam, e continuei a ouvi-los muitos dias após o enterro, sempre ao entardecer; quando finalmente se tornaram mais raros e, enfim, cessaram, senti sua falta como se tivesse perdido algo indispensável.

Pouco tempo depois, um homem se lançou, do terceiro andar de uma casa próxima, na Josef-Gall-Gasse. Quando a ambulância veio buscá-lo, ele já estava morto, restando dele uma grande mancha de sangue no calçamento, que demorou algum tempo para desaparecer. Quando passávamos por lá, Paula segurava minha mão e se interpunha entre mim e a mancha. Perguntei-lhe por que o homem havia feito aquilo, mas ela não soube me explicar. Quis saber quando seria o enterro. Não haveria funeral. Ele vivia só e não tinha parentes. Talvez fosse esse o motivo por que não quisera continuar vivendo.

Paula percebeu como esse suicídio me preocupava e, para me distrair, pediu licença a minha mãe para levar-me em seu próximo passeio domingueiro a Neuwaldegg. Ela tinha um amigo com o qual viajamos de bonde até lá, um moço silencioso que a olhava com admiração e raramente dizia uma palavra. Era tão calado que não se daria por sua presença se Paula não falasse conosco ao mesmo tempo. Ela falava como que esperando uma resposta nossa. Eu respondia e o amigo assentia com a cabeça. Quando entramos no bosque, ele disse algo que não pude entender: "Na próxima semana, *Fräulein* Paula; agora só faltam cinco dias". Chegamos a um prado luminoso que fervilhava de gente, enorme; poder-se-ia pensar que havia lugar para todas as pessoas do mundo, mas tivemos que procurar por algum tempo até encontrar um lugar. Havia famílias acampadas, mulheres e crianças, jovens casais, mas sobretudo grupos que se entregavam a algum jogo, que os mantinha todos em movimento. Alguns lagarteavam ao sol, e também esses pareciam felizes; muitos riam. Aqui, Paula estava em casa, pertencia a esse lugar. Seu amigo, que a adorava, agora abria a boca com mais frequência, uma palavra de admiração após a outra; ele estava de licença mas não usava sua farda, talvez não quisesse recordar-lhe a guerra; disse que pensaria ainda mais nela quando estivessem afastados. Os homens que havia no prado eram em menor número do que as mulheres, e nenhum deles estava fardado; se não tivesse entendido que o namorado de Paula teria que voltar para o *front* na outra semana, eu teria esquecido que havia guerra.

Esta é minha última lembrança de Paula, num prado próximo a Neuwaldegg, entre muita gente ao sol. Não a vejo na volta para casa, como se ela tivesse permanecido no prado para reter seu amigo. Não sei por que nos deixou, não sei por que de repente desapareceu. Que ao menos ela não tenha perdido seu sorriso, que ao menos seu namorado tenha voltado. Seu pai já não vivia quando fizemos aquele passeio.


A DOENÇA DE MINHA MÃE. *HERR* PROFESSOR

Foi na época em que o pão se tornou amarelo e preto, pela mistura de milho e outros ingredientes menos apetecíveis. Era necessário formar fila na frente das mercearias, e para lá mandavam nós, as crianças, com o que se conseguia juntar um pouco mais. Minha mãe começou a achar a vida difícil. Pelo fim do inverno, sobreveio seu colapso. Não sei qual era o seu mal, mas teve que passar longas semanas num sanatório e só se recuperou muito lentamente. De início eu não podia nem mesmo visitá-la, mas aos poucos ela melhorou e um dia pude levar-lhe flores no sanatório Elisabethpromenade. Então vi pela primeira vez, junto a ela, seu médico, o diretor do estabelecimento, um homem com uma cerrada barba negra, que havia escrito livros de medicina e era catedrático da Universidade de Viena. Ele me observou com uma amabilidade açucarada, os olhos semicerrados, e disse: "Então é este o grande conhecedor de Shakespeare! E também colecionador de cristais. Já ouvi falar muito de você. Sua mamãe sempre menciona você. Está muito adiantado para sua idade".

Minha mãe havia falado a ele de mim! Ele sabia tudo sobre aquilo que líamos juntos. Ele me *elogiou*. Minha mãe nunca me elogiava. Eu desconfiava de sua barba e o evitava. Temia que pudesse me *roçar* um dia com sua barba e no mesmo instante eu me transformaria em seu escravo e teria de servi-lo em tudo. O tom de sua voz, um pouco nasalada, era como óleo de fígado de bacalhau. Tentou pôr sua mão em minha cabeça, talvez para me agradar. Mas eu me desviei abaixando-me com a rapidez de um raio e ele pareceu um pouco desapontado. "Este seu menino é orgulhoso, Madame; só a senhora pode tocá-lo!" A palavra "tocá-lo" não me saiu da cabeça e determinou meu ódio contra ele, um ódio que eu nunca conhecera antes. Ele nada me fez, mas me adulava e procurava conquistar-me. Passou a fazê-lo com engenhosa persistência, escolhendo presentes com os quais pensava surpreender-me. Como podia não ter imaginado que a vontade de um menino que ainda não completara onze anos não só igualava a sua, mas até mesmo a superava?

Ele estava cortejando minha mãe, que lhe havia despertado, tal como lhe confessava, a mais profunda afeição de sua vida — o que eu só soube mais tarde. Por sua causa ele queria divorciar-se de sua mulher. Tomar-nos-ia a seu encargo e ajudaria minha mãe em nossa educação. Todos os três poderíamos estudar na Universidade de Viena, porém o mais velho seria médico e, se quisesse, mais tarde tomaria conta do sanatório. Minha mãe tornou-se reservada para comigo e não ousava contar-me tudo, pois sabia que isso me *destruiria*. A mim me parecia que ela estava ficando demasiado tempo no sanatório e que ele não queria que ela saísse. "Mas você já está completamente curada", eu lhe dizia em todas as visitas. "Venha para casa, que eu cuidarei de você. "Ela sorria; eu falava como um adulto, como um homem ou um médico seguro do que devia fazer. Tinha vontade de carregá-la para fora do sanatório em meus próprios braços. "Uma noite dessas venho raptá-la", dizia-lhe. "Fica tudo trancado lá embaixo, você não poderá entrar. Você terá que esperar até que o médico permita que eu vá para casa. Agora já falta pouco."

Quando ela voltou para casa, muita coisa mudou. *Herr* Professor não sumiu de nossas vidas; vinha visitá-la, tomar chá. Nunca deixava de me trazer um presente, que eu jogava fora assim que ele ia embora. Não conservei nenhum de seus presentes por mais tempo do que a duração de sua visita, ainda que, entre eles, houvesse livros por cuja leitura eu daria a vida ou cristais maravilhosos que faltavam em minha coleção. Ele sabia muito bem que presentes me dar, pois nem bem eu mencionava um livro que me interessava e eu já o tinha, de suas próprias mãos, sobre a mesa de nossa sala de brinquedos. Mas para mim era como se estivesse coberto de mofo — não só o jogava fora, para o que tinha que achar o lugar apropriado, como também mais tarde jamais quis ler qualquer daqueles livros.

Naquele tempo comecei a sentir o ciúme que me perseguiu pela vida toda, e a força com que me dominou moldou-me para sempre. Tornou-se a minha verdadeira paixão, sem qualquer concessão à convicção e à lógica.

"Hoje *Herr* Professor virá tomar chá", dizia minha mãe no almoço, e aquilo que entre nós chamávamos simplesmente de "merenda", para ele se tornava "chá". O chá que ela fazia, assim ele a persuadira, era o melhor chá de Viena; era uma entendida devido a sua estadia na Inglaterra, e, enquanto todas as suas provisões haviam se reduzido a nada durante a guerra, em casa, como que por milagre, o chá não faltava. Perguntei-lhe o que faria quando o chá terminasse, mas ela me dizia que ainda duraria muito tempo. "Quanto tempo? Até quando?" "Deve haver ainda para um ano ou dois." Ela sabia como eu me sentia, mas não suportava que a controlassem; talvez exagerasse para que eu parasse de fazer perguntas, pois se recusava a *mostrar-me* sua provisão de chá.

*Herr* Professor insistia em me saudar quando vinha a nossa casa, e, assim que ele havia beijado a mão de minha mãe, vinha à sala de brinquedos, onde eu esperava por ele. Sempre me saudava com uma lisonja e me mostrava seu presente. Eu olhava fixamente para o presente, o bastante para logo odiá-lo, e dizia com malícia: "Obrigado". Não chegávamos a conversar, pois esperava-o o chá, servido na varanda da sala ao lado; além disso, ele não queria perturbar-me enquanto eu me ocupasse do presente. Estava convencido de que tinha feito a escolha certa, cada fio de sua barba negra brilhava. Então perguntava: "Que presente você quer que eu lhe traga da próxima vez?". Como eu ficasse calado, ele mesmo dava a resposta e dizia: "Já vou descobrir, tenho os meus métodos". Eu sabia que ele queria dizer que perguntaria a minha mãe, e embora com isso ela me causasse a maior dor, eu agora tinha algo mais importante em que me ocupar, pois chegara a hora de agir. Assim que ele fechava a porta atrás de si, eu tomava o presente rapidamente e o colocava debaixo da mesa, onde eu não pudesse vê-lo. Depois puxava uma cadeira até a janela, ajoelhava-me no assento de palhinha e debruçava-me na janela o mais que podia.

Pois a minha esquerda, a pouca distância, podia ver *Herr* Professor acomodando-se na varanda, em meio a toda espécie de gentilezas. Ele ficava de costas para mim; de frente para ele, na extremidade mais afastada do balcão, que formava um arco, sentava-se minha mãe. Mas isso eu apenas *sabia*, não podia vê-la, tampouco a mesa de chá que havia entre eles. Pelos movimentos que ele fazia, eu tinha de adivinhar o que se passava no balcão. Ele tinha uma maneira solícita de se inclinar para a frente, e, ao fazê--lo, se voltava ligeiramente para a esquerda, por causa da curvatura do balcão; então eu podia ver sua barba, que era o que eu mais odiava em todo o mundo, e como levantava a mão esquerda, para asseverar alguma coisa, com os dedos elegantemente estendidos. Eu podia saber quando ele tomava um gole de chá, e pensava com repugnância nos elogios que ele agora faria — ele elogiava tudo aquilo que se relacionasse com minha mãe. Eu temia que ele, com suas adulações, transtornasse a cabeça dela, que muito dificilmente se deixava conquistar, mas que agora estava debilitada pela doença. Muito daquilo que havia lido e que sequer se enquadrava em minha vida, eu empregava agora com relação a ele e a ela e tinha palavras de adulto para tudo aquilo que temia.

Eu não sabia o que acontecia entre um homem e uma mulher, mas vigiava para que nada acontecesse. Quando ele se inclinava demais, temia que quisesse beijá-la, embora fosse completamente impossível por causa da posição da mesa. Eu nada entendia do que falavam, mas de vez em quando me parecia que ele dizia: "Mas minha caríssima senhora!". O tom era de insistência e de protesto, como se ela lhe tivesse feito uma injustiça, o que me dava alegria. O que mais me aborrecia eram seus longos silêncios; então eu sabia que minha mãe lhe contava algo mais extenso, e eu suspeitava de que eles falassem de mim. Nesses momentos, eu desejava que o balcão desabasse, e ele caísse estendido, fulminado, sobre o calçamento. O que nunca me ocorria — talvez porque eu não a enxergasse — era que nesse caso também ela deveria cair. Só cairia aquilo que eu podia ver, só ele. Eu o imaginava estendido no chão, e quando a polícia viesse me interrogar, eu diria: "Eu o joguei lá embaixo, pois ele beijou a mão de minha mãe".

Sua visita durava cerca de uma hora, que para mim parecia muito mais obstinadamente acocorado em minha cadeira, sem perdê-lo de vista por um instante. Quando ele se levantava, eu saltava da cadeira e a colocava de volta ao seu lugar junto à mesa; apanhava o presente do chão e o punha exatamente no mesmo lugar onde ele o havia desembrulhado, e abria a porta que dava para a antessala. Ele já estava lá e, depois de beijar a mão de minha mãe, apanhava as luvas, a bengala e o chapéu, despedia--se de mim com um aceno, mais pensativo e menos animado do que em sua chegada. Em todo o caso, já se havia precipitado do balcão, e podia dar-se por feliz em novamente poder andar com suas próprias pernas. Quando partia, eu corria de volta à janela: acompanhava-o com os olhos enquanto percorria o pequeno trecho até o fim da Josef-Gall-Gasse, dobrava a esquina para o Schüttel e desaparecia de minha vista.

Minha mãe ainda estava se recuperando, e por esse motivo nossos serões de leitura se espaçaram. Ela já não representava para mim e só permitia que *eu* lesse em voz alta. Eu me esforçava para fazer-lhe perguntas que despertassem seu interesse. Quando dava uma resposta mais longa, quando me explicava alguma coisa como fazia antigamente, eu ficava esperançoso e me sentia feliz. Mas com frequência ela ficava pensativa, e às vezes emudecia, como se eu não estivesse presente. "Você não me presta atenção", dizia eu então, e ela estremecia e se sentia flagrada. Eu sabia que ela pensava em outra leitura, da qual não me falava.

Ela lia os livros que *Herr* Professor lhe dava e me advertia com severidade que não eram para mim. Ela agora retirava a chave do armário de livros, na sala de jantar, que antes sempre ficava na porta, de modo a eu poder remexê-lo à vontade. Um dos presentes dele, pelo que ela mais se interessou, foi *Les Fleurs du mal*, de Baudelaire. Pela primeira vez, desde que eu a conhecia, ela lia poemas. Antes isso jamais lhe teria ocorrido, pois ela não apreciava poemas. As obras de teatro sempre foram a sua paixão, e com isso ela me havia contagiado. Agora já não se interessava mais pelo *Don Carlos* ou pelo *Wallenstein*, e fazia uma careta quando eu os mencionava. Shakespeare ainda contava, e muito, mas em vez de lê-lo, só procurava determinados trechos; balançava a cabeça, zangada, quando não os achava de imediato ou se lhe iluminava todo o rosto, começando com um tremor das asas do nariz, mas não me dizia por que ria. Antigamente ela se interessava por romances, mas se voltou para alguns que eu ainda não havia visto. Vi volumes de Schnitzler, mas quando, incauta, ela me disse que ele não só vivia em Viena, mas era médico, e que *Herr* Professor o conhecia, e que sua mulher era sefardim como nós, meu desespero foi total.

"O que você quer que eu seja quando crescer?", perguntei-lhe certa vez com grande receio, como se eu conhecesse a terrível resposta que ela me daria. "O ideal seria escritor e médico ao mesmo tempo", disse ela. "Você só diz isso por causa de

Schnitzler!" "Um médico pratica o bem, um médico realmente ajuda as pessoas." "Como o dr. Weinstock, não é mesmo?" Essa minha réplica era maliciosa, pois eu sabia que ela não suportava nosso médico de família, porque ele sempre tentava abraçá-la. "Não, justamente não como o dr. Weinstock. Você acha que ele é poeta? Ele não pensa em nada. Só pensa em se divertir. Um bom médico entende as pessoas. Então ele pode também ser poeta e não escrever bobagens." "Como *Herr* Professor?", perguntei, sabendo que isso poderia tornar-se perigoso. Ademais, ele não era escritor, e este era um golpe que eu queria lhe assestar. "Não como *Herr* Professor", disse ela, "mas como Schnitzler." "Então, por que não posso lê-lo?" A isso ela não respondeu, mas disse algo que me deixou ainda mais alvoroçado. "Seu pai teria gostado que você se tornasse médico." "Ele lhe disse isto? Ele lhe disse isto?" "Sim, muitas vezes. Ele o disse muitas vezes. Isto o teria deixado muito feliz." Nunca mais o mencionara, desde a sua morte ela jamais o havia mencionado. Eu me recordava muito bem do que ele me havia dito durante aquele passeio à margem do Mersey: "Você será aquilo que quiser ser. Você não precisa ser comerciante como seu tio ou eu. Você estudará e escolherá o que quer ser". Mas isso eu havia guardado para mim e não o dissera a ninguém, nem mesmo a ela. Agora ela falava disso pela primeira vez, só porque gostava de ler Schnitzler e porque *Herr* Professor se insinuava junto a ela, o que me deixou furioso. Saltei da cadeira e, muito zangado, me pus a gritar: "Não quero ser médico! Não quero ser poeta! Quero ser explorador! Viajarei para longe, onde ninguém me encontrará!". "Livingstone também era médico", disse ela sarcástica, "e Stanley o encontrou!" "Mas *você* não me encontrará!" Eclodiu a guerra entre nós, que se agravou de semana para semana.


A BARBA NO LAGO CONSTANÇA

Naquele tempo vivíamos os dois sozinhos, sem meus irmãos pequenos. Durante a doença de minha mãe, meu avô os levara à Suíça. Lá foram recebidos por parentes e levados a um pensionato para meninos em Lausanne. Percebia-se de várias maneiras a ausência deles em casa. O quarto das crianças, que havia sido dos três, agora era só meu. Podia tramar sossegadamente o que quisesse, e ninguém disputava espaço para a luta contra *Herr* Professor. Ele adulava só a mim, e só para mim trazia presentes. Enquanto o vigiava trepado na cadeira junto à janela, não precisava me preocupar com o que se passava às minhas costas.

Eu me sentia livre em minha revolta, e a qualquer hora podia falar com minha mãe, sem ter que levar em consideração os pequenos, diante dos quais certamente teríamos evitado altercações dessa espécie. Assim tudo ficou mais franco e mais violento. A varanda, que havia sido o lugar de todas as conversas sérias durante o dia, adquiriu um caráter inteiramente diferente: eu não mais a suportava. Desde que o ódio a *Herr* Professor ligara-se ao lugar onde ele bebia seu chá, eu desejava que ela desabasse. Quando ninguém podia me ver, eu me esgueirava para lá e examinava a firmeza da cantaria, só do lado onde ele costumava sentar-se. Eu esperava encontrar rachaduras e pedras soltas, mas ficava amargamente desapontado porque nada se movia. Tudo parecia tão firme como sempre, e meus pulos não provocavam o menor abalo.

A ausência dos meus irmãos fortalecia minha situação. Era inadmissível que ficássemos separados deles para sempre, e com frequência cogitávamos de uma mudança para a Suíça. Eu fazia de tudo para apressar a viagem, e tornava a vida em Viena tão difícil quanto possível para a minha mãe. A determinação e crueldade com que eu travava a luta ainda me atormentam quando as relembro. Eu não tinha qualquer certeza de que a venceria. A invasão de livros estranhos na vida de minha mãe me atemorizava muito mais do que o *Herr* Professor em pessoa. Por trás dele, a quem eu desprezava por sua conversa enganosa e lisonjeira, estava a figura de um poeta, do qual eu não podia ler uma linha e a quem eu sequer conhecia. Nunca tive tanto receio de um poeta quanto, naquele tempo, de Schnitzler.

A obtenção de licença para sair da Áustria não era nada fácil, naquela época. Talvez minha mãe tivesse uma ideia exagerada das dificuldades que teria de enfrentar. Ela ainda não estava completamente restabelecida e deveria fazer um tratamento complementar. Tinha boas recordações de Reichenhall, onde, fazia quatro anos, havia se recuperado com tanta rapidez. Assim, cogitou de ir primeiro a Reichenhall, onde passaríamos algumas semanas. Esperava que em Munique lhe fosse mais fácil conseguir um visto para a Suíça. *Herr* Professor ofereceu-se para ir a Munique e ajudar nas formalidades. Suas ligações acadêmicas e sua barba não deixariam de impressionar as autoridades. Esse plano, tão logo percebi sua seriedade, me encheu de entusiasmo, e de repente passei a apoiar minha mãe de todas as maneiras. Ela sentiu um enorme alívio, após ter experimentado a minha implacável inimizade, que lhe cerceava todos os passos. Fizemos planos para as semanas que passaríamos em Reichenhall. Eu tinha esperanças, no íntimo, de que retornaríamos aos nossos serões. Estes haviam se tornado cada vez mais raros, até por fim cessarem devido a sua distração e a sua fraqueza. Eu esperava milagres de Coriolano, desde que eu conseguisse despertá-lo. Mas eu era orgulhoso demais para lhe confessar o quanto me importava o retorno de nossos serões. Em Reichenhall, em todo o caso, teríamos oportunidade de fazer juntos muitas excursões e muitos passeios.

Já não consigo me lembrar de nossos últimos dias em Viena. Não sei como abandonamos a nossa moradia, tão familiar, e a varanda fatal. Tampouco tenho qualquer lembrança da viagem. Revejo-nos apenas em Reichenhall. Nosso pequeno passeio diário nos levava a Nonn, onde havia um pequeno cemitério, muito tranquilo, que quatro anos atrás a havia encantado. Andávamos entre as lápides, líamos os nomes dos mortos, que logo conhecíamos, e tornávamos a lê-los. Ela me dizia que gostaria de ser enterrada ali. Estava com apenas trinta e um anos, mas não me surpreendiam seus desejos fúnebres. Quando estávamos sós, tudo o que ela pensava, dizia ou fazia, me parecia perfeitamente natural. As frases que ela me dizia, naquelas ocasiões, formaram a pessoa que eu sou.

Também empreendíamos excursões aos arredores mais distantes, a Berchtesgaden e ao lago de São Bartolomeu. Mas essas excursões obedeciam a recomendações exteriores, nada tão íntimo e pessoal quanto Nonn, que era o seu lugar e que, talvez por isso, me impressionara tão profundamente, pois, de todas as suas imagens e seus caprichos era o que havia de mais recolhido, como se ela de repente tivesse abandonado suas imensas expectativas quanto aos três filhos e, cinquenta anos antes do tempo, tivesse se recolhido para a velhice. Estou convencido de que sua verdadeira cura teve lugar nesses passeios curtos e regulares a Nonn. Quando, naquele pequeno cemitério, ela mais uma vez expressava seu desejo, eu sentia que ela estava melhor. De repente ficava com um aspecto saudável, com boa cor, respirava profundamente, as asas do nariz lhe tremiam, e finalmente tornava a falar como se estivesse outra vez no Burgtheater, desempenhando um papel incomum.

Dessa maneira, não senti falta dos serões de leitura, que não chegamos a retomar. Em vez disso, e na mesma hora, ao entardecer, fazíamos o nosso passeio regular a Nonn, e o que ela me dizia no caminho tinha novamente o peso e a seriedade de nossas conversas antes de sua doença. Sempre tive a impressão, naqueles momentos, de que ela me dizia tudo, que ela nada me ocultava, sem se dar conta de que eu tinha apenas onze anos. Havia nela, então, uma certa expansividade, algo que, sem reserva, se espalhava para todos os lados, dentro do que só eu me movia como a única testemunha.

Entretanto, à medida que nossa viagem a Munique se aproximava, eu voltava a me preocupar. De qualquer forma, não perguntei quanto tempo permaneceríamos ali. Adiantando-se ao meu temor, ela mesma me esclareceu que não ficaríamos muito tempo. Para isso viria *Herr* Professor. Com a ajuda dele, talvez dentro de uma semana tudo estaria resolvido. Sem ele, não poderíamos ter certeza de que a licença de saída nos seria concedida. Acreditei nela, pois ainda estávamos os dois sozinhos.

Bastou chegar a Munique para, de novo, a desgraça desabar sobre mim. Ele havia chegado *antes* de nós e nos aguardava na estação. Ambos olhávamos pela janela do trem, com o mesmo pensamento, mas fui eu quem primeiro descobriu a barba negra na plataforma. Ele nos saudou um tanto solene e declarou que nos levaria logo ao Deutscher Kaiser, o hotel onde havia reservado um quarto para minha mãe e eu ficarmos juntos, de acordo com o desejo dela. Ele já se havia comunicado com alguns bons amigos, que se sentiriam honrados em nos dar recomendações e em nos ajudar em qualquer eventualidade. Esclareceu-nos que estava hospedado no mesmo hotel. Isso facilitaria as coisas em todas as andanças que faríamos juntos, e sobretudo nos pouparia tempo, o que era mais importante. Infelizmente, dentro de seis dias teria que voltar a Viena, pois o sanatório não lhe permitia uma ausência mais prolongada. Eu logo percebi suas intenções; falando nos seis dias, ele pretendia amenizar o efeito de sua hospedagem no mesmo hotel, uma notícia que me atingiu como uma paulada, mas não me paralisou.

Não me disseram onde ficava seu quarto, mas imaginei que era no mesmo andar, e receava que fosse muito próximo do nosso. Quis descobrir onde era e o espreitei quando pediu a sua chave. Mas não mencionou o número do quarto, e o porteiro, como se desconfiasse de minhas intenções, entregou-lhe a chave discretamente; eu desapareci antes que ele próprio percebesse a minha presença. Rapidamente tomei o elevador e subi antes dele até o nosso andar, escondendo-me antes que ele aparecesse. Em seguida, a porta do elevador se abriu e ele surgiu com a chave do quarto na mão, passando por mim sem me ver. Eu havia me encolhido mais ainda, e sua própria barba me ocultou de sua vista. Eu o segui esgueirando-me ao longo da parede; era um hotel grande, com longos corredores; com alívio percebi que ele se afastava cada vez mais de nosso quarto. Não havia mais ninguém senão eu e ele, e eu me apressava para não me distanciar muito dele. Dobrou uma esquina e finalmente parou diante de sua porta; antes de pôr a chave na fechadura ouvi-o suspirar. Era um suspiro alto, o que me surpreendeu — nunca teria imaginado que um homem como ele pudesse suspirar, pois eu estava acostumado só aos suspiros de minha mãe, e sabia que, no caso dela, eles significavam algo. Ultimamente tinham a ver com sua fraqueza; ela suspirava quando se sentia mal, e eu me esforçava, então, para consolá-la, prometendo-lhe uma pronta recuperação de suas forças. Agora lá estava ele, esse médico bajulador, proprietário de um sanatório, autor de três magníficos volumes sobre medicina — que havia alguns meses faziam parte de nossa biblioteca em Viena e que me era proibido folhear —, suspirando miseravelmente. Então abriu a porta, entrou no quarto, fechou-a atrás de si e deixou a chave do lado de fora. Colei o ouvido à porta e escutei. Ouvi sua voz, mas ele estava só — eu havia deixado minha mãe em nosso quarto para que descansasse e dormisse um pouco. Ele falava bastante alto, mas eu não entendia o que dizia. Eu receava que pudesse pronunciar o nome de minha mãe, e aguçei o ouvido. Na minha frente ele a chamava de "minha senhora" ou "minha caríssima senhora", no entanto eu não confiava nesse tratamento e estava disposto a lhe exigir satisfações se ele inadmissivelmente pronunciasse seu nome. Eu me via abrindo a porta de supetão, correndo para ele e gritando: "Como o senhor se atreve?". Arrancava-lhe os óculos e os moía com a sola dos sapatos: "O senhor não é médico! O senhor é um charlatão! Eu o desmascararei! Saia imediatamente deste hotel ou eu o entrego à polícia!".

Mas ele se guardava de me prestar esse favor; nenhum nome passou pelos seus lábios. Ele, finalmente percebi, falava em francês algo que soava como um poema; logo me lembrei de Baudelaire, com que ele a presenteara. De maneira que ele, quando estava só, continuava sendo aquilo que era na presença dela, um miserável bajulador, um ser impalpável, uma medusa; estremeci de nojo.

Voltei rapidamente ao quarto, onde minha mãe ainda estava dormindo. Sentei-me no sofá e vigiei seu sono. Conhecia cada alteração de seu rosto e sabia que ela sonhava.

Talvez fosse bom que, durante esses seis dias, eu conhecesse o paradeiro de todos os interessados. Eu só ficava tranquilo quando sabia que ambos estavam separados. *Ele* estava em meu poder, tão logo eu me inteirava de que estava em seu quarto.

Talvez ele decorasse os poemas que declamaria a minha mãe. Inúmeras vezes estive diante de sua porta, mas ele nunca percebeu minhas andanças secretas; eu sabia quando ele deixava o hotel e sabia quando ele voltava. A qualquer momento eu poderia dizer se ele estava ou não em seu quarto — no qual, eu tinha plena certeza, minha mãe jamais entrara. Certa vez, quando ele saiu do quarto por um instante e deixou a porta aberta, entrei depressa e dei uma rápida olhada para ver se em algum lugar havia um retrato de minha mãe. Mas não havia retrato algum; sumi tão depressa quanto entrara, e ainda tive a audácia de dizer a minha mãe: "Quando partirmos, você deveria dar a *Herr* Professor um belo retrato *nosso*". "De nós dois, sim", disse ela um pouco perplexa, "ele nos ajudou muito. Ele o merece!"

Ele fez o que podia, acompanhando minha mãe em todas as repartições que, por causa da guerra, muitas vezes eram atendidas por mulheres; justificava que sua presença se devia à fraqueza convalescente de minha mãe — o que era verdade — e assim ela, em toda a parte, era tratada com cortesia e consideração. Eu sempre os acompanhava, e assim pude observá-lo *in flagranti*, por assim dizer, quando sacava seu cartão de visitas e, com um movimento displicentemente elegante, o entregava à funcionária, dizendo: "Permita-me que me apresente". Depois vinha tudo aquilo que já estava escrito no cartão, o sanatório do qual era diretor, sua vinculação à Universidade de Viena etc., e eu ficava admirado que ele não acrescentasse seu argumento principal: "Beijo-lhe a mão, minha senhora".

Ao meio-dia almoçávamos juntos no hotel. Eu me portava com decência e cortesia, e o inquiria sobre seus estudos. Ele ficava surpreso com minhas perguntas insaciáveis e interpretava como se eu pretendesse seguir a mesma carreira dele — ele, o meu ideal —, com o que pretendia me adular. "A senhora não exagerou, madame, o afã de saber de seu filho é admirável. Prevejo nele um futuro luminar da Faculdade de Medicina de Viena." Mas eu não pensava em imitá-lo, eu só queria *desmascará-lo*! Estava atento para descobrir alguma contradição em suas respostas, e, enquanto ele dava informações detalhadas sobre algo, geralmente um pouco pomposas, meu pensamento era um só: "Ele nunca estudou de verdade. Ele é um charlatão".

À noite era a vez dele. Então ele me vencia no jogo, e assim como ele nada sabia de minhas atividades secretas contra ele, tampouco conhecia a extensão de sua vitória. Todas as noites minha mãe ia com ele ao teatro. Ela estava faminta por teatro, e já não poderia bastar-lhe aquilo que, em vez disso, teríamos realizado juntos, pois isso havia morrido dentro dela e ela precisava agora de um teatro novo e verdadeiro. Eu ficava sozinho no quarto do hotel quando os dois saíam, mas antes eu a observava arrumar-se para sair. Ela não ocultava a sua alegria por aquilo que a esperava. Comentava-o franca e radiante; duas horas antes, quando seus pensamentos se orientavam para o teatro iminente, eu a contemplava com admiração e surpresa. Sua debilidade se dissipava, e ante meus olhos ela se tornava vital, espirituosa e bela como antigamente, desenvolvia novas ideias sobre as maravilhas do teatro, manifestava seu desprezo por obras que não chegavam ao palco; as peças que só se liam estavam mortas, eram uma pobre compensação, e quando eu, para pô-la à prova e aprofundar minha desgraça, lhe perguntava: "Também quando lidas em voz alta para outros?", ela me respondia, com desembaraço e sem a menor contemplação: "Também em voz alta! Não se pode fazer uma comparação com aquilo que *nós* lemos! Você não sabe o que são os verdadeiros atores!". Então discorria sobre os grandes dramaturgos que também tinham sido atores, enumerava-os todos, a começar por Shakespeare e Molière, e chegava ao cúmulo de afirmar que os demais não eram dramaturgos de verdade, deveriam, em todo caso, ser chamados de dramaturgos-aleijões. E assim ela continuava, até que, perfumada e maravilhosamente vestida, segundo eu achava, saía do quarto com a última e cruel advertência de que me deitasse logo, para não me sentir demasiado solitário naquele estranho hotel.

Eu ficava desconsolado e privado daquilo que, até então, havia sido nossa máxima intimidade. Seguiam-se algumas pequenas manobras que pouco me ajudavam, mas me davam segurança. Atravessava correndo o extenso corredor até o outro lado do hotel, onde ficava o quarto de *Herr* Professor. Batia de leve à porta por várias vezes, tentava abri-la, e só quando tinha plena certeza de que ele não se achava escondido ali, voltava ao meu quarto. De meia em meia hora eu repetia a inspeção. Eu nada imaginava ao fazê-lo. Sabia que ele estava no teatro com minha mãe, mas eu queria a confirmação a todo o momento. Isso aumentava meu sofrimento pelo seu abandono, mas também lhe punha um limite. Em Viena eles já haviam ido ao teatro, uma vez ou outra, o que não se comparava a essa interminável festa de toda noite.

Eu me havia informado a que horas terminava o teatro e permanecia levantado e vestido até esse momento. Procurava imaginar o que eles estavam vendo, mas era um esforço inútil. Ela nunca me informava sobre as peças a que assistiriam; dizia que isso não faria sentido, pois eram sempre obras modernas que eu ainda não podia entender. Pouco antes da hora em que eles deveriam retornar, eu me despia e ia para a cama. Virava-me contra a parede e fingia que estava dormindo. Deixava acesa a luz sobre sua mesinha de cabeceira, onde havia um pêssego a sua espera. Ela chegava sem demora; eu sentia sua excitação e o cheiro de seu perfume. As camas não estavam lado a lado, mas encostadas à parede, ao comprido, de maneira que ela se movia a certa distância de mim. Sentava-se em sua cama, mas não por muito tempo. Depois andava de um lado para o outro, através do quarto, não sem fazer algum barulho. Eu não a via, já que estava de cara com a parede, mas ouvia cada um de seus passos. Sentia-me aliviado por ela ter voltado, mas não acreditava naquela história de seis dias. Eu previa uma eternidade de serões teatrais e julgava *Herr* Professor capaz de todas as mentiras.

Mas me enganei; os seis dias passaram e tudo estava preparado para a viagem. Ele nos acompanhou até Lindau, para apanharmos o navio. Percebi a solenidade da separação. No cais ele beijou a mão de minha mãe e isso durou um pouco mais do que de costume, mas ninguém chorou. Depois embarcamos e ficamos parados na amurada; soltaram-se as amarras e *Herr* Professor permaneceu de pé, com o chapéu na mão; seus lábios se moviam. Enquanto o navio se afastava devagar, eu continuava vendo como seus lábios se moviam. Em meu ódio parecia-me que ele dizia: "Beijo-lhe a mão, minha senhora". Depois *Herr* Professor foi ficando cada vez menor, o chapéu se movendo para cima e para baixo, descrevendo uma elegante curva; a barba, negra como piche, não se encolhia, enquanto agora o chapéu pairava solenemente no ar, à altura de sua cabeça. Eu não olhava nada ao meu redor, eu só via o chapéu, só via a barba, e cada vez mais e mais a água que nos separava. Eu ainda o fitava, imóvel, até a barba ficar tão pequena que só eu a teria reconhecido. E de repente tudo desapareceu, *Herr* Professor, o chapéu e a barba, e vi as torres de Lindau, que antes não havia percebido. Então me voltei para minha mãe, pois receava que ela estivesse chorando, mas não estava. Abraçamo-nos fortemente durante bom tempo; ela me afagou os cabelos, o que nunca costumava fazer, e disse com uma suavidade que eu nunca ouvira antes: "Agora está tudo bem. Agora está tudo bem". Ela o disse tantas vezes que eu comecei a chorar, embora minha disposição fosse outra. Pois a maldição de nossa vida, aquela barba negra, havia sumido e soçobrado. De repente me soltei dela e comecei a dançar pelo navio correndo e me abraçando a ela, e voltando a me soltar, e com que prazer eu teria entoado o canto da vitória, mas as canções de guerra e de vitória que eu conhecia não eram do meu agrado.

Foi com essa disposição que pisei o solo suíço.

# IV. ZURIQUE — SCHEUCHZERSTRASSE — 1916-1919

## O JURAMENTO

Em Zurique, ocupamos duas peças no segundo andar da Scheuchzerstrasse, 68, na casa de uma solteirona que vivia de aluguéis.

Ela tinha um rosto grande e ossudo e se chamava Helene Vogler. Gostava de pronunciar seu nome, e muitas vezes, mesmo quando já o conhecíamos bem, dizia a nós, as crianças, como se chamava. Sempre acrescentava que era de boa família e que seu pai fora regente de orquestra. Tinha vários irmãos; um deles, que empobrecera e não tinha o que comer, vinha fazer a limpeza da casa. Era mais velho do que ela, magro e calado, e ela, para nossa surpresa, o deixava fazer os trabalhos domésticos. Víamos como ele se ajoelhava no chão ou então de pé, lidando com o "blocher", um importante utensílio, com o qual ali travamos conhecimento. O assoalho de tacos brilhava tanto, que refletia a nossa imagem. Este, tanto quanto seu nome, era outro motivo de orgulho para *Fräulein* Vogler. Frequentemente dava ordens a seu irmão pobre, que tinha de interromper o que apenas começara a fazer, porque ela se lembrara de algo mais importante. Sempre procurava se lembrar do que ainda poderia dar-lhe para fazer, e sua constante preocupação era ter esquecido alguma coisa importante. Ele fazia tudo conforme ela determinava, nunca deixava escapar uma palavra de protesto. Nós compartilhávamos a opinião de minha mãe, de que era indigno para um homem, ainda mais nessa idade, executar esse tipo de trabalhos domésticos. "Quando vejo isto", dizia ela, sacudindo a cabeça, "eu mesma gostaria de fazê-lo. Um homem tão velho!"

Quando certa vez fez uma alusão a isso, *Fräulein* Vogler ficou indignada. "A culpa é dele. Tudo na vida ele fez errado.

Agora sua própria irmã tem que se envergonhar dele." Ele nada recebia em pagamento, mas, quando o trabalho estava terminado, ela lhe dava de comer. Ele aparecia uma vez por semana, e *Fräulein* Vogler dizia: "Uma vez por semana ele tem o que comer". Tampouco para ela a vida era fácil, por isso tinha que alugar quartos. Isso era verdade, a vida dela realmente não era fácil. Mas ela tinha *outro* irmão, do qual se orgulhava. Era também regente de orquestra, como o pai. Quando ele vinha a Zurique, se hospedava no Hotel Krone, no Limmatquai. Ela se sentia honrada quando ele a visitava; às vezes ele não aparecia por muito tempo, mas ela lia seu nome no jornal e sabia que ele estava bem. Certa vez, ao voltar da escola, ela me recebeu ruborizada e disse: "Meu irmão está aqui, o regente". Ele comia sentado à mesa da cozinha, calmo e gordo, tão bem alimentado quanto seu irmão era encarquilhado; ela lhe havia preparado, especialmente, fígado com torradas, que ele comia sozinho, enquanto *Fräulein* Vogler o servia. O irmão pobre, quando chegava a dizer alguma coisa, murmurava, mas o gordo maestro, que aliás também falava pouco, quando dizia alguma coisa o fazia com voz clara e precisa; era cônscio da honra que fazia à sua irmã visitando-a, e não ficava muito tempo. Quando terminava de comer, levantava-se, fazia um aceno quase imperceptível com a cabeça para nós, as crianças, despedia-se rapidamente da irmã e ia embora.

Ela era uma criatura bondosa, embora tivesse suas rabugices. Vigiava os móveis com seus olhos de lince e várias vezes por dia nos repetia em tom lamentoso e em seu suíço-alemão: "Não risquem as minhas cadeiras!". Quando saía, o que era raro, repetíamos em coro a sua advertência. Mas tomávamos cuidado com suas cadeiras, que ela examinava assim que voltava, para ver se havia riscos.

Ela tinha admiração por artistas e mencionava com satisfação que, antes de nós, ocupara os mesmos quartos um escritor dinamarquês com sua mulher e seu filho. Ela pronunciava seu nome, Aage Madelung, com tanta ênfase quanto o seu próprio. Ele costumava escrever na varanda que dava para a Scheuchzerstrasse, e de cima observava o ir e vir das pessoas na rua: notara cada uma das pessoas e a interrogara sobre elas. Dentro de uma semana ele sabia daquela gente mais do que ela após todos os anos em que lá morava. Também lhe dera um romance com dedicatória, *O homem do circo*, mas infelizmente ela não o entendera. Era uma lástima ela não ter conhecido *Herr* Aage Madelung quando ainda era jovem e sua cabeça funcionava melhor.

Permanecemos com *Fräulein* Vogler dois ou três meses, enquanto minha mãe procurava uma residência maior. Minha avó Arditti e sua filha Ernestine, uma irmã mais velha de minha mãe, moravam a poucos minutos de nós, em Ottikerstrasse. Todas as noites, quando as crianças já estavam na cama, elas vinham de visita. Certa noite, de minha cama eu percebi a claridade da sala de estar e ouvi uma conversa em ladino entre as três; soava bastante impetuosa e minha mãe parecia nervosa. Levantei-me, esgueirei-me até a porta e espiei pelo buraco da fechadura: efetivamente, lá estavam minha avó e tia Ernestine; falavam animadamente com minha mãe, especialmente minha tia. Elas tentavam persuadi-la a algo que seria melhor para ela, mas aparentemente minha mãe nada queria saber sobre isso. Eu não entendia de que se tratava, mas minha inquietação me dizia que poderia ser justamente aquilo que eu mais temia e que, desde a nossa chegada à Suíça, eu pensava que estivesse banido. Quando minha mãe exclamou impetuosamente: "Ma no lo quiero casar!", soube que meu receio não me enganara. Abri a porta de um golpe e de repente me encontrei entre as mulheres, de camisola. "*Eu* não quero!", gritei furioso, voltado para minha avó, "*eu* não quero!" Precipitei-me sobre minha mãe, abracei-a com tanta força, que ela — bem baixinho — me disse: "Você está me machucando". Mas não a soltei. Minha avó, a quem eu sempre havia conhecido como uma mulher suave e débil, de quem nunca ouvira uma palavra forte, me disse zangada: "Por que você não está dormindo? Você não se envergonha de escutar atrás da porta?". "Não, não tenho vergonha! Vocês querem convencer minha mãe! Não vou dormir! Já sei o que vocês querem. Eu *nunca* vou dormir!"

Minha tia, a maior culpada, que tão obstinadamente procurara convencer minha mãe, calou-se e olhou para mim com os olhos faiscando. Minha mãe me disse com meiguice: "Você veio me proteger. Você é meu cavalheiro. Mas diga a elas educadamente", e dirigindo-se às duas: "*Ele* não quer. Eu também não quero!".

Não arredei pé até que as duas inimigas se levantaram e foram embora. Eu ainda não me acalmara, e ameaçava: "Se as duas voltarem nunca mais irei dormir. Ficarei acordado a noite inteira, para que você não as deixe entrar. Se você se casar, eu me jogarei da varanda!". Era uma ameaça terrível, séria; sei com absoluta certeza que o teria feito.

Naquela noite, minha mãe não conseguiu me acalmar. Não voltei para a cama e ambos não dormimos. Ela tentou distrair-me contando-me histórias. Minha tia fora muito infeliz no casamento e, ainda jovem, se separara do marido. Ele sofrera uma doença horrível e sucumbira à loucura. Em Viena, ele nos visitara algumas vezes. Um enfermeiro o trazia à Josef-Gall-Gasse. "Eu trouxe caramelos para as crianças", dizia ele a minha mãe, e lhe entregava um grande cartucho com balas. Quando queria falar conosco, sempre olhava para outro lugar, mantinha os olhos rigidamente abertos e dirigidos para a porta. Sua voz se descontrolava e parecia o zurro de um jumento. Suas visitas eram curtas; o enfermeiro o segurava pelos braços e o conduzia primeiro para a antessala, depois para a rua.

"Ela não quer que eu seja tão infeliz quanto ela. Tem a melhor das intenções. Não sabe agir de outra forma." "Ela quer que você também se case e se torne infeliz! *Ela* se salvou de seu marido e quer que *você se case!*" Esta última palavra era, para mim, como uma punhalada, e eu enterrava o punhal cada vez mais fundo em mim. Não fora boa ideia dela me contar essa história. Aliás, não havia história alguma que me pudesse acalmar, e minha mãe tentou muitas. Finalmente, *jurou* que não mais permitiria que as duas falassem assim com ela, e se elas não parassem, ela não mais as veria. E isso ela teve de jurar não só uma, mas muitas e muitas vezes. Só quando jurou pela memória de meu pai, senti alívio e comecei a acreditar nela.

## UM QUARTO CHEIO DE PRESENTES

A escola trouxe grandes preocupações. Tudo era diferente de Viena, e o ano escolar não começava no outono, mas na primavera. A escola elementar, que ali se chamava escola primária, tinha seis séries; em Viena eu passara da quarta série diretamente para o ginásio, do qual eu já frequentara um ano, e portanto eu deveria frequentar o segundo ano da escola secundária. Mas falharam todas as tentativas de consegui-lo. Atinham-se rigorosamente à idade, e, onde quer que eu aparecesse com minha mãe para requerer minha matrícula, recebíamos a mesma resposta. Minha mãe não previra que, por causa de nossa vinda à Suíça, eu perderia um ano ou mais, e não se conformava com a ideia. Tentamos em toda parte, até mesmo chegamos a viajar a Berna. A resposta, curta e decidida, era sempre a mesma e, como não vinha acompanhada do "minha senhora" e outras gentilezas vienenses, parecia-nos ainda mais rude. Sempre que vínhamos de mais uma visita a um desses diretores, minha mãe se desesperava. "O senhor não quer examiná-lo?", ela implorava. "Ele está adiantado para a sua idade." Mas era justamente isso que eles não gostavam de ouvir: "Não fazemos exceções".

Assim, ela teve que resignar-se àquilo que mais lhe custava. Engoliu seu orgulho e me matriculou no sexto ano da escola primária de Oberstrass. Terminaria dali a meio ano, e então se decidiria se eu estava maduro para a escola cantonal. Encontrei-me novamente numa grande escola primária, e senti-me como se tivesse retrocedido para a aula do professor Tegel, em Viena, que ali se chamava *Herr* Bachmann. Quase não havia o que aprender — em Viena eu estivera dois anos adiantado —; em compensação tive uma experiência muito mais valiosa, embora só mais tarde me desse conta disso.

A chamada das presenças era feita pelo professor em suíço-alemão, e o nome de um dos alunos me soava tão misterioso, que eu sempre esperava para ouvi-lo de novo. "Sägerich", com o "ä" bem prolongado, parecia-me a formação do masculino, como no caso de *Gänserich*, o masculino de *Gans* [gansa], ou *Enterich*, o masculino de *Ente* [pata], mas não poderia haver um masculino para *Säge* [serra], e a palavra me era incompreensível. Parecia que *Herr* Bachmann tinha implicado com o nome, pois chamava o aluno, que não se distinguia nem pela inteligência nem pela parvoíce, com muito maior frequência do que todos os outros. Era, talvez, a única coisa a que eu prestava atenção durante toda a aula, e como na época eu recomeçara com minha mania de contar, eu passava a aula contando quantas vezes Sägerich era chamado. *Herr* Bachmann tinha muitos aborrecimentos com os alunos, que eram lerdos e cabeçudos, e quando não obtinha uma resposta de cinco ou seis meninos seguidos, ele se voltava esperançoso para Sägerich. Este então se levantava, mas em geral também não sabia responder. Ficava parado, grande e robusto, com um sorriso encorajador e os cabelos em desalinho; seu rosto era avermelhado como o de *Herr* Bachmann, que gostava de beber, e quando Sägerich chegava a dar alguma resposta, *Herr* Bachmann suspirava aliviado, como se tivesse tomado um bom gole, e continuava arrastando a classe.

Levou algum tempo até que descobri que o nome do menino era *Segenreich* [cheio de bênçãos], o que aumentou minha surpresa, pois as orações que eu aprendera em Viena sempre começavam com "Abençoado sejais Vós, Senhor", e, embora elas pouco significassem para mim, o fato de que um menino tinha "bênçãos" em seu nome, e até mesmo era "cheio" delas, tinha algo de maravilhoso. *Herr* Bachmann, que tinha uma vida atribulada, tanto em casa como na escola, agarrava-se a esse aluno, e constantemente o chamava em busca de auxílio.

Entre os colegas só se falava o dialeto alemão de Zurique, ainda que as aulas nessa última classe do curso primário fossem dadas em alemão literário; não obstante, *Herr* Bachmann frequentemente, e não só ao fazer a chamada, incorria no dialeto, que lhe era fluente, assim como para o resto dos alunos. Assim, é natural que eu aos poucos também o aprendesse. Eu não lhe opunha qualquer resistência, embora me causasse espanto. Isso talvez se explicasse pelo fato de, nas conversas escolares, ser raro que se mencionasse a guerra. Em Viena, meu melhor amigo, Max Schiebl, brincava diariamente com soldados. Eu também brincava, porque gostava dele, mas principalmente porque assim todas as tardes eu podia ver sua bela mãe. Pela mãe de Schiebl eu diariamente entrava na guerra dos soldados de chumbo; por ela eu também teria entrado na guerra de verdade. Mas, na escola, a guerra revestia praticamente tudo. Aprendi a me defender das conversas levianas e rudes de alguns colegas; porém diariamente acompanhava com eles as canções sobre o imperador e a guerra, cada vez com maior aversão. Apenas gostava de cantar duas delas, que eram muito tristes. Em Zurique, as palavras que se referiam à guerra não haviam penetrado na linguagem de meus companheiros. Por mais maçantes que fossem para mim as horas de aula, nas quais nada aprendia de novo, eu gostava das frases vigorosas e diretas dos meninos suíços. Eu próprio ainda falava pouco com eles, mas os escutava com o maior interesse e arriscava uma ou outra observação, desde que a pronunciasse como eles, para que não estranhassem demasiadamente o meu sotaque. Logo desisti de repetir tais frases em casa. Minha mãe, que vigiava sobre a pureza de nossa linguagem, e para quem só valiam as línguas literárias, estava apreensiva que eu pudesse estragar meu alemão "puro", e quando ousei defender com entusiasmo o dialeto que me agradava, ela se zangou e disse: "Não foi para isso que trouxe você à Suíça, para que desaprenda o que lhe ensinei sobre o Burgtheater! Será que você quer falar como *Fräulein* Vogler?". Esse foi um golpe duro, pois achávamos que a maneira de *Fräulein* Vogler falar era cômica. No entanto, senti também o quanto isso era injusto, pois meus colegas de escola falavam muito diferente de *Fräulein* Vogler. Assim, praticava sozinho o alemão de Zurique, contra a vontade de minha mãe, e ocultava-lhe os progressos que fazia.

Era minha primeira manifestação de independência dela, no que se referia à língua, e, conquanto continuasse submisso em todas as suas opiniões e influências, nesse caso eu começava a me sentir como "homem".

No entanto, eu ainda me sentia muito inseguro no uso da nova língua, para realmente estreitar a amizade com meninos suíços. Eu me dava com um menino que, como eu, viera de Viena e com outro, cuja mãe era vienense. Rudi me convidou para o aniversário da mãe, e fui dar numa roda de pessoas descontraídas, muito mais estranha do que tudo o que eu já ouvira em dialeto suíço. A mãe de Rudi, uma mulher jovem e loura, vivia sozinha com ele, mas havia na festa muitos homens de todas as idades, que a adulavam e brindavam à sua saúde, olhando-a ternamente nos olhos, como se Rudi tivesse muitos pais. No entanto, a mãe, que estava um pouco alegre, se quei-xara, quando cheguei, de que ele também não tinha pai. Ia e vinha de um convidado a outro, como uma flor ao vento que se inclina para todos os lados. Tanto ria como se punha chorosa, e, enquanto enxugava as lágrimas, tornava a rir. Havia muito barulho e faziam-se discursos cômicos em sua honra, os quais eu não entendia. Mas fiquei muito surpreso quando um desses discursos foi interrompido por sonoras gargalhadas, e a mãe de Rudi, sem qualquer motivo, como me pareceu, olhou para seu filho e disse tristemente: "Pobre menino, não tem pai".

Não havia nenhuma outra mulher na festa; eu nunca tinha visto tantos homens ao redor de uma só mulher; todos lhe eram gratos por algo e a homenageavam, mas isso não parecia fazê--la muito feliz, pois mais chorava do que ria. Ela falava com sotaque vienense, mas, logo percebi, entre os homens havia também suíços, embora nenhum deles usasse o dialeto e todos os discursos fossem feitos em alemão literário. Um ou outro dos homens se levantava, dirigia-se a ela com o copo na mão, ao brindar dizia alguma frase afetiva, e a beijava pelo aniversá-rio. Rudi levou-me a outra peça e me mostrou os presentes que sua mãe havia recebido. Toda a peça estava cheia de presentes; eu mal ousava olhá-los, pois nada trouxera. Quando voltamos para junto dos hóspedes, ela me chamou e disse: "Você gostou de meus presentes?". Eu gaguejei uma desculpa, sentia muito não ter um presente para lhe dar. Mas ela riu, abraçou-me e me beijou; e disse: "Você é um menino querido. Você não precisa trazer nenhum presente. Quando você crescer, você me visitará e me trará presentes. Então ninguém mais me visitará", e de novo começou a chorar.

Em casa fui interrogado sobre a festa. Parece que minha mãe não se abrandou quando lhe disse que se tratava de uma vienense e que em sua festa só se falara alemão "puro". Assumiu uma atitude grave, usando inclusive o tratamento solene de "meu filho", e declarou que toda aquela gente era "estúpida" e não era digna de mim. Eu nunca mais deveria entrar naquela casa. Ela sentia pena de Rudi, por ter uma mãe como aquela. Nem toda mulher era capaz de criar um filho sozinha, e o que podia eu pensar de uma mulher que ria e chorava ao mesmo tempo? "Quem sabe ela está doente?", disse eu. "Como assim, doente?", retrucou ela, zangada. "Quem sabe ela está louca?" "E todos aqueles presentes, o quarto cheio de presentes?" Eu então não sabia o que minha mãe queria dizer, mas também para mim o quarto cheio de presentes tinha sido o mais desagradável de tudo. Não se podia andar livremente pelo quarto, tão atulhado estava de presentes, e se a mãe de Rudi não tivesse sido tão meiga e solícita para me livrar de meu embaraço, eu não a teria defendido, pois não gostara dela nem um pouco. "Ela não é doente. Ela não tem caráter. Isso é tudo." Assim estava pronunciado o veredicto definitivo, pois o que realmente importava era o caráter; tudo o mais, em comparação, era secundário. "Você não deve deixar que Rudi perceba. É um pobre menino. Não tem pai, e a mãe não tem caráter. O que será dele?"

Propus trazê-lo às vezes a nossa casa, para que ela se interessasse por ele. "Isto de nada adiantará", disse ela, "ele zombará de nossa vida modesta."

Entrementes havíamos encontrado uma moradia, realmente modesta. Foi durante esta época em Zurique que minha mãe seguidamente insistia em que devíamos viver com muita simplicidade, para que o dinheiro bastasse. Talvez fosse um dos seus princípios de educação, pois, como agora sei, ela certamente não era pobre. Pelo contrário, seu dinheiro estava bem empregado, pelo irmão, em sua empresa em Manchester que florescia como nunca. Ele a considerava como sua protegida e ela o admirava; sequer em sonhos ele pensaria em prejudicá-la. Mas as dificuldades do tempo de guerra, em Viena, quando não era possível uma ligação direta com a Inglaterra, haviam deixado seu rastro. Ela queria que os três filhos tivessem uma boa educação, e para isso se fazia necessário que não nos acostumássemos à disponibilidade do dinheiro. Ela nos mantinha com poucos recursos; a comida era simples. Após uma experiência alarmante, decidiu por não manter uma empregada. Ela própria cuidava dos afazeres domésticos; de vez em quando, dizia que era um sacrifício que fazia por nós, pois havia sido educada de outro modo; quando eu pensava na vida que havíamos levado em Viena, a diferença me parecia tão grande que eu tinha que acreditar na necessidade daquelas limitações.

Por outro lado eu gostava muito mais dessa vida singela. Era mais condizente com a imagem que eu tinha dos suíços. Em Viena tudo girava em torno da casa imperial, vindo depois, em ordem decrescente, a nobreza e as demais famílias importantes. Na Suíça não havia imperador nem nobreza imperial, e eu imaginava — não sei o que me levou a isso — que também a riqueza não fosse particularmente apreciada. Eu tinha plena certeza, porém, de que cada pessoa importava, cada um contava. Eu tinha me apropriado dessa concepção com grande entusiasmo, e assim só uma vida simples me parecia possível. Naquela época eu não cogitava das vantagens que tal vida me traria. Na realidade só dessa maneira podíamos contar com nossa mãe toda para nós; na nova moradia tudo estava entrelaçado a ela. Ninguém se interpunha entre nós; nunca a perdíamos de vista. Foi uma íntima comunhão, maravilhosamente aconchegante e cálida. Todos os aspectos culturais tinham a primazia, os livros e nossas conversas acerca dos mesmos eram a alma de nossa existência. Quando minha mãe ia ao teatro ou a conferências, quando assistia a concertos, minha participação era tão intensa como se eu próprio tivesse estado lá. Uma vez ou outra, não com muita frequência, ela me levava consigo, mas em geral eu ficava decepcionado, pois era muito mais interessante quando *ela* me fazia um relato de sua experiência.


## ESPIONAGEM

Era uma pequena moradia em que vivíamos, no segundo andar de Scheuchzerstrasse, 73. Só me lembro de três peças nas quais nos movíamos, mas devia haver também uma quarta, menor, pois certa vez, por pouco tempo, tivemos uma empregada conosco.

Mas era difícil conseguir empregadas. Minha mãe não conseguia se acostumar a que ali não houvesse criadas como em Viena. Uma criada ali era chamada de "Haustochter", filha da casa, e comia à mesa conosco. Era a primeira condição de uma moça ao ser admitida. Minha mãe, com seu jeito altivo, achava isso insuportável. Suas moças em Viena, como ela dizia, sempre haviam sido bem tratadas, mas elas viviam em seu próprio quarto, onde nunca entrávamos, e comiam sozinhas na cozinha. O tratamento óbvio era "minha senhora". Aqui em Zurique não havia minha senhora, e minha mãe, que tanto gostava da Suíça por sua índole pacífica, não se conformava com os costumes democráticos, que interferiam até mesmo no centro de seu lar. À mesa, ela nos falava em inglês, e o justificou perante Hedi, a "filha da casa", com a alegação de que os pequenos aos poucos estavam esquecendo o idioma. Era absolutamente necessário que, ao menos durante as refeições, eles o relembrassem. Embora isso fosse verdade, servia também para excluir a "filha da casa" de nossa conversa. Ela nada disse quando isso lhe foi explicado e não pareceu ofendida. Ficou calada por alguns dias, mas qual não foi a surpresa de minha mãe quando Hedi, num almoço, com o ar mais inocente, corrigiu um erro que Georg havia feito e que minha mãe havia deixado passar!

"Como é que a senhorita sabe disso?", perguntou ela quase indignada, "então a senhorita sabe inglês?" Hedi o havia aprendido na escola e entendia tudo o que dizíamos. "Ela é espiã!", disse minha mãe depois para mim, "ela se insinuou em nossa casa! Isto não acontece, que uma criada fale inglês. Por que não o disse antes? Ela quis escutar nossa conversa, essa miserável! Não permito que meus filhos se sentem à mesa com uma espiã!" Então minha mãe se lembrou que Hedi não aparecera sozinha em nossa casa. Viera com um senhor que se apresentou como seu pai, o qual nos examinou e à casa, e se informou de todos os detalhes das condições de trabalho de sua filha. "Logo imaginei que não podia ser seu pai. Ele parecia ser de boa família. Me inquiriu como se *eu* estivesse à procura de emprego! *Eu*, em seu lugar, não poderia ter sido mais rigorosa nas perguntas. Ele certamente não era o pai de uma criada. Plantaram-nos uma espiã em casa."

Aliás, não havia coisa alguma em nossa casa a ser espionada, mas isso não a perturbou; em todo o caso, nos atribuiu uma importância que justificasse a espionagem. Com todo o cuidado tomou as contramedidas. "Não podemos despedi-la de imediato, pareceria estranho. Precisamos ter paciência por duas semanas. Mas temos que nos cuidar. Nunca devemos dizer coisa alguma contra a Suíça, do contrário ela nos denunciará."

Minha mãe não se lembrou de que jamais um de nós dizia alguma coisa contra a Suíça. Pelo contrário: quando lhe fazia meus relatos sobre a escola, ela só tecia elogios, e a única coisa que ela desaprovava na Suíça era a instituição das "filhas da casa". Eu gostava de Hedi porque ela não era servil; vinha de Glarus, que havia vencido uma batalha contra os Habsburgo, e às vezes lia meu livro de história da Suíça, de Öchsli. E, embora minha mãe sempre me conquistasse quando dizia "nós" — "nós temos que fazer isto ou aquilo", como se eu partilhasse de suas decisões com igualdade de direitos —, fiz uma tentativa para salvar a situação, uma tentativa bastante esperta, pois sabia como suborná-la: só com assuntos culturais. "Mas você sabe", disse eu, "ela gosta muito de ler meus livros. Sempre me pergunta o que estou lendo. Me pede livros emprestados e conversa comigo sobre eles". Minha mãe ficou séria. "Meu pobre menino! Por que você não me disse isto antes? Você ainda não conhece o mundo. Mas logo aprenderá." Ela se calou, deixando-me bastante curioso. Fiquei alarmado e insisti: "O que se passa? O que é?". Devia ser algo horrível, mas eu não podia imaginar o quê. Talvez fosse tão grave que ela nem mesmo me diria. Mas me fitou com superioridade e compaixão, e senti que falaria. "Pois ela deve descobrir o que lhe dou para ler. Você não entende? Foi para isto que a mandaram a nossa casa. Uma autêntica espiã! Tem segredos com um menino de doze anos e vasculha seus livros. Não nos disse que sabia inglês, mas com certeza leu todas as nossas cartas da Inglaterra!"

Então me lembrei, assustado, de ter visto Hedi com uma carta na mão, enquanto fazia a arrumação; quando me aproximei, ela a guardou rapidamente. Fiz um escrupuloso relato e recebi uma solene admoestação. Tão solene que começou com "meu filho". "Meu filho, você deve contar-me tudo. Você talvez pense que não seja importante, mas tudo é importante."

Estava proferida a sentença definitiva. Duas semanas depois a pobre moça ainda estava conosco à mesa e praticava o seu inglês. "Como se faz de ingênua!", dizia-me minha mãe após cada refeição. "Mas *eu* descobri tudo! A mim ela não engana!" Hedi continuava a ler o meu Öchsli, e até mesmo pedia minha opinião sobre uma coisa ou outra. Às vezes ela ouvia minhas explicações e dizia, séria e cordial: "Como você é inteligente". Eu tinha vontade de preveni-la, tinha vontade de lhe dizer: "Por favor, não seja espiã!". Mas de nada adiantaria, minha mãe estava firmemente decidida a despedi-la e, após essas duas semanas, alegou que nossa situação econômica havia piorado inesperadamente e já não teria condições de manter uma "filha da casa". Pediu-lhe que escrevesse ao pai para que viesse buscá-la. Ele veio, não foi menos severo que a primeira vez e disse na despedida: "Agora terá bastante trabalho, senhora Canetti".

Talvez ele tivesse um prazer maligno em nos ver em dificuldades. Talvez ele reprovasse uma senhora não executar seus próprios trabalhos domésticos. Minha mãe interpretou de outro modo: "Acabei com os planos dele! Teve uma bela surpresa! Como se em nossa casa houvesse o que espionar! É claro, o mundo está em guerra, eles controlam o correio. Verificaram que recebemos muitas cartas da Inglaterra. E, zás, mandam espionar a gente. Você sabe, eu entendo isto. Eles estão sozinhos no mundo e têm que se proteger dos criminosos".

Ela muitas vezes se queixava das dificuldades de uma mulher sozinha no mundo com três filhos. Quantos cuidados! Agora, quando de um golpe se livrara da "filha da casa" e da espiã, o que a deixara aliviada, transferiu esse sentimento atuante da solidão, que sob tais dificuldades era necessário defender, à Suíça cercada de países em guerra e firmemente decidida a não se deixar envolver.

Começou, então, uma das mais belas épocas para nós: estávamos sós com minha mãe. Ela estava disposta a pagar o preço de seu orgulho, fazendo ela própria os trabalhos domésticos, o que jamais havia feito em sua vida. Ela fazia a arrumação, cozinhava, e meus irmãos pequenos ajudavam-na secando a louça. Eu assumi a tarefa de limpar os sapatos, enquanto meus irmãos, me observando da cozinha caçoavam de mim: "Engraxate! Engraxate!", e dançavam ao meu redor como índios. Eu me retirava com os sapatos sujos para o balcão da cozinha, fechava a porta apoiando minhas costas nela e limpava os sapatos da família. Assim, ficava sozinho durante esta tarefa e não via a dança guerreira dos dois diabinhos, apesar de não poder deixar de ouvir seus gritos através da porta fechada.

## SEDUÇÃO PELOS GREGOS.
## ESCOLA PARA O CONHECIMENTO HUMANO

A partir da primavera de 1917, frequentei a escola cantonal de Rämistrasse. Tornou-se muito importante a caminhada diária de ida e volta à escola. No começo do caminho, logo ao cruzar a Ottikerstrasse, eu sempre encontrava um cavalheiro, e esses encontros me ficaram gravados. Era um senhor com uma bela cabeça encanecida, que passeava por ali, ereto e ausente. Caminhava um pequeno trecho, parava, procurava algo e mudava de rumo. Tinha um cão são-bernardo, ao qual chamava seguidamente: "Djodo, vem com papai!". Às vezes o cão vinha, outras corria para mais longe, e era a ele que o papai então procurava. Mas, mal o encontrava, já o esquecia novamente, tão distraído quanto antes. Sua figura nessa rua bastante comum tinha algo de estranho, e seu chamado, sempre repetido, fazia com que as crianças rissem. Mas não riam na sua presença, pois ele infundia um certo respeito, olhando à sua frente, altiva e orgulhosamente, sem perceber as outras pessoas; riam depois, em casa, quando falavam nele, ou quando brincavam na rua, em sua ausência. Tratava-se de Busoni e morava ali perto, numa casa de esquina, e seu cão, como eu só soube muito mais tarde, chamava-se Giotto. Todas as crianças da redondeza falavam dele, mas não como Busoni, pois não conheciam seu nome, mas como "Djodo-vem-com-papai!". Se o são-bernardo as excitava, muito mais ainda o fato de o belo ancião se fazer designar como seu papai.

No caminho de ida ou volta da escola, que levava cerca de vinte minutos, eu inventava longas histórias, que todos os dias tinham continuação e se prolongavam por semanas. Eu as narrava ao andar, não em voz alta, mas deixava ouvir um murmúrio, que eu só reprimia quando encontrava pessoas que não me eram simpáticas. O caminho me era tão familiar e tão desinteressante que eu não prestava atenção a nada ao meu redor, a não ser à minha história. Nesta havia acontecimentos excitantes, e quando as aventuras eram tão palpitantes e inesperadas que eu já não podia guardá-las para mim, eu as contava, depois, aos meus irmãozinhos, que esperavam ansiosos pela continuação. Todas essas histórias se relacionavam com a guerra, ou melhor, com a extinção das guerras. Os países que quisessem a guerra tinham que aprender uma lição, isto é, tinham que sofrer tantas derrotas até que acabassem desistindo. Os outros países, os bons, instigados por heróis da paz, se uniam e eram tão superiores que sempre venciam. Mas isso não era fácil; havia inter-mináveis lutas, tenazes e encarniçadas, e sempre novas invenções, incríveis artifícios. O mais importante nessas batalhas era que os mortos sempre retornavam à vida. Havia feitiços especiais, inventados e usados com esse propósito, e meus irmãos, com seis e oito anos, ficavam impressionadíssimos quando, de repente, todos os mortos, também os do lado mau, os que não queriam desistir da guerra, se levantavam do campo de batalha e voltavam à vida. Este era o fim de todas as histórias, e, com tudo aquilo que acontecia durante as aventurosas semanas de luta, vitória e glória, a verdadeira recompensa do narrador era aquele momento em que todos, sem exceção, ressuscitavam.

A turma do primeiro ano de minha escola era grande; eu não conhecia ninguém, e é natural que, de início, meus pensamentos se dirigissem aos poucos colegas cujos interesses coincidiam com os meus. Então, quando algum dominava alguma coisa que a mim faltava, eu caía tomado de admiração e não o perdia de vista. Ganzhorn distinguia-se em latim e, embora eu estivesse bem mais adiantado por causa de meus estudos em Viena, ele podia medir-se comigo. Mas não era só: ninguém dominava como ele os caracteres gregos. Ele os tinha aprendido sozinho e, como escrevia muito, pois se considerava poeta, fez deles o seu código secreto. Enchia com eles caderno após caderno, que me entregava, quando estavam terminados; eu os folheava, incapaz de ler uma só palavra. Não os deixava comigo por muito tempo; assim que eu manifestava a minha admiração pelo seu conhecimento, ele o tomava de volta e, diante dos meus olhos, com incrível rapidez, começava um novo caderno. Seu entusiasmo pela história grega não era menor que o meu.

Eugen Müller, que nos ensinava a matéria, era um professor maravilhoso, mas, enquanto o que me interessava era a liberdade dos gregos, Ganzhorn só se importava com os poetas. Não gostava de admitir que ainda nada conhecia da língua. Talvez já tivesse começado a estudá-la por si, pois quando eu mencionava que, a partir do terceiro ano, nossos caminhos se separariam — ele pretendia ir para o curso de letras —, e dizia, com respeito e um pouco de inveja: "Então você estudará grego!", ele declarava presunçoso: "Eu o aprenderei antes". Eu acreditava, pois ele não era fanfarrão, e tudo aquilo que anunciava ele realizava, além de outras coisas que nem sequer chegava a mencionar. Seu desprezo por tudo aquilo que fosse comum e corrente lembrava-me a atitude habitual de minha casa. Só que ele nunca o proferia; quando a conversa girava em torno de um assunto indigno de um escritor, ele se virava e calava. Sua cabeça, longa e estreita como se tivesse sido comprimida, mantida bem alta e um pouco inclinada, tinha então algo de uma navalha sempre aberta, que nunca se fechava; Ganzhorn era incapaz de uma palavra vil ou mal-intencionada. Em meio à classe, parecia estar nitidamente isolado. Aquele que copiasse de seu caderno não se sentia bem com o ato; ele fazia de conta que não o notava, não aproximava o caderno, e também não o afastava, mas o condenava, deixando para o outro todos os detalhes de sua execução.

Quando estudamos Sócrates, meus companheiros se divertiram me dando esse apelido, talvez para aliviar a tensão de seu destino trágico. Isso aconteceu por acaso e sem qualquer sentido mais profundo, mas o apelido ficou, e Ganzhorn não gostou da brincadeira. Vi que se pôs a escrever por bastante tempo, às vezes me lançando um olhar inquiridor e movendo solenemente a cabeça. Após uma semana ele tinha terminado mais um caderno, mas dessa vez disse que queria lê-lo para mim. Era o diálogo entre um poeta e um filósofo. O poeta, chamado Cornutotum [corno inteiro], era ele, que gostava de traduzir seu nome para o latim; o filósofo era eu. Invertendo meu nome, havia formado outro nome, bastante feio: Saile Ittenacus. Este em nada se parecia com Sócrates, pelo contrário, era um mau sofista, uma dessas pessoas que Sócrates costumava criticar. Mas este era apenas um efeito secundário do diálogo; o mais importante era que o poeta, sem dó, atacava o filósofo por todos os lados, fazendo picadinho dele e, finalmente, aniquilando com ele. Pois foi isso o que Ganzhorn, triunfante, leu para mim, sem que eu absolutamente me sentisse ofendido, já que, com a inversão do nome, eu não o relacionava comigo; mas teria reagido, melin drado, se ele usasse meu verdadeiro nome. Fiquei satisfeito que ele me lesse um de seus cadernos; sentia-me elevado, como se ele me revelasse seus mistérios gregos. Nada mudou entre nós, e quando, após algum tempo, me perguntou — um tanto tímido — se eu pensava em escrever um contradiálogo, fiquei honestamente surpreso; pois ele tinha toda razão, e eu estava de seu lado, o que era um filósofo comparado a um poeta? Eu nem sequer saberia o que escrever num contradiálogo.

Ludwig Ellenbogen impressionou-me de forma inteiramente diferente. Havia chegado de Viena com sua mãe e também ele não tinha pai. Wilhelm Ellenbogen era membro do parlamento austríaco, orador famoso, cujo nome eu ouvira várias vezes em Viena. Quando perguntei ao menino por ele, fiquei surpreso com a naturalidade com que me respondeu: "É meu tio". Era como se lhe fosse totalmente indiferente. Logo percebi que ele era assim em tudo; parecia mais adulto do que eu, não por ser mais alto, pois maiores eram quase todos. Ele se interessava por coisas que eu nem sequer conhecia, e do que só se ficava sabendo por acaso, de passagem, pois ele não se jactava; pelo contrário, mantinha-se à margem, sem orgulho ou falsa modéstia, como se suas ambições não estivessem dentro da classe. Não que fosse calado, participava de todas as conversas, mas não gostava de falar de suas coisas, talvez porque não havia ninguém entre nós que as entendesse. Mantinha conversas particulares com nosso professor de latim, Billeter, que era diferente dos outros professores não só por causa de seu bócio: eles liam os mesmos livros e mencionavam títulos que nenhum de nós ouvira falar, comentavam e julgavam seu conteúdo, e em geral tinham a *mesma* opinião. Ellenbogen falava de modo objetivo e calmo, sem entusiasmos juvenis; antes, era Billeter quem parecia mais jovial. Quando começavam uma conversa daquelas, toda a classe os escutava sem entender, pois ninguém tinha a menor ideia do que se tratava. No fim da conversa, Ellebogen estava tão impassível quanto antes, mas notava-se em Billeter uma certa satisfação; ele sentia respeito por Ellenbogen, que naquela época não dava importância àquilo que se aprendia na escola. Eu tinha certeza de que Ellenbogen, de qualquer forma, já sabia tudo; aliás, não o contava entre os demais meninos. Eu gostava dele, mas antes assim como se gosta de um adulto; envergonhava-me um pouco diante dele por me interessar com tanta veemência por algumas coisas, especialmente pelo que nos ensinava Eugen Müller na aula de história.

Porque o que havia de verdadeiramente novo, o que em realidade me arrebatou naquela escola, foi a história da Grécia. Estudávamos os livros de Öchsli, um de história geral e o outro de história da Suíça. Lancei-me sobre ambos e os li até o fim, passando de um para outro com tanta rapidez, que se converteram num só livro, para mim. A liberdade dos suíços coincidiu com a dos gregos. Ao relê-los, eu tomava ora um ora outro. Pelo sacrifício nas Termópilas, fui recompensado com a vitória de Morgarten. Percebi a libertação dos suíços como um fato atual e a senti em mim mesmo: como *eles* tinham autodeterminação e como não viviam sob as ordens de um imperador, tinham conseguido não se envolver na guerra mundial. Os imperadores, como senhores supremos da guerra, eram-me suspeitos. Pouco me interessava Francisco José, pois era muito velho, e quando aparecia em público pouco falava, e em geral só uma frase; parecia-me inerte e enfadonho, comparado com meu avô. Diariamente havíamos cantado por ele: "Deus o guarde, Deus o proteja", e ele deveria precisar muito dessa proteção. Enquanto cantávamos, eu nunca olhava para o seu retrato, pendurado na parede atrás da cátedra, e procurava não imaginá-lo. Talvez eu tenha absorvido de Fanny, nossa empregada da Boêmia, algo de sua antipatia pelo imperador; ela não mexia um músculo do rosto quando se falava nele, como se ele não existisse para ela. Certa vez, quando eu vinha da escola, ela perguntou irônica: "Andaram cantando de novo pelo imperador?".

Quanto a Guilherme, o *kaiser* da Alemanha, eu o via retratado com uma brilhante armadura, ao mesmo tempo que ouvia suas declarações agressivas contra a Inglaterra. Quando se tratava da Inglaterra, eu sempre tomava partido; após tudo o que apreendera em Manchester, eu estava firmemente convencido de que os ingleses não queriam a guerra e que fora ele, com seu ataque à Bélgica, quem a começara. Não era menor a minha prevenção contra os czares da Rússia. Aos dez anos, durante uma visita à Bulgária, eu ouvira o nome de Tolstói, e explicaram-me que era um homem maravilhoso, que considerava as guerras como assassinatos e que não tivera medo de dizê-lo aos seus imperadores. Falavam dele, que já estava morto havia alguns anos, como se não tivesse morrido realmente. Agora, pela primeira vez, eu me encontrava numa república, longe de todas as mazelas imperiais; lancei-me com avidez sobre a sua história. Era possível libertar-se de um imperador; era necessário *lutar* pela liberdade. Muito antes dos suíços, muito tempo antes, os gregos haviam conseguido levantar-se contra forças superiores, para assegurar a liberdade que haviam conquistado.

Dito hoje, isso soa muito apagado, mas naquele tempo eu estava embriagado por essas teorias; com elas assediava todos aqueles com quem falava, e inventei estrondosas melodias com os nomes de Maratón e Salamis, e em casa eu as cantava, repetindo mil vezes as três sílabas de um desses nomes, até que minha mãe e irmãos me obrigaram a calar devido à vertigem que lhes causava. As aulas de história de Eugen Müller invariavelmente produziam em mim esse efeito. Quando nos falava dos gregos, seus olhos, abertos descomensuradamente, pareciam-me os de um vidente extasiado; ele nem sequer olhava para nós, mas para aquilo de que falava; sua fala não era rápida, mas ininterrupta, ao ritmo das ondas do mar; quer a luta fosse em terra, quer fosse na água, eu sempre me sentia em meio ao oceano. Passava as pontas dos dedos sobre a testa levemente coberta de suor; mais raramente, passava a mão sobre o cabelo encrespado, como se soprasse uma brisa. Nesse absorvente entusiasmo transcorria a hora; quando tomava ar para novo alento, era como se bebesse.

Às vezes, no entanto, perdíamos tempo, e isso quando ele nos tomava a lição. Mandava que escrevêssemos redações e as discutia conosco. Então lamentávamos cada momento perdido, que de outro modo passaríamos com ele no mar. Muitas vezes eu me apresentava para responder às suas perguntas, não só para que isso acabasse logo, mas também para lhe demonstrar o meu apreço por cada uma de suas frases. Minhas palavras podem ter soado como a prolongação de seu próprio entusiasmo, podendo ter aborrecido meus colegas, alguns dos quais eram bem lerdos. Não tinham vivido sob um império; para eles a liberdade grega não podia ter o mesmo significado. A liberdade lhes era natural e não precisava ser conquistada por intermédio dos gregos.

Naquele tempo, a escola me dava tanto quanto em outras épocas só me deram os livros. Aquilo que eu aprendia de viva voz dos professores, conservava como imagem de quem dizia, e em minha memória assim ficou gravado para sempre. Mas, se havia também professores dos quais eu nada aprendia — mesmo assim eles deixaram sua impressão por si próprios, por sua figura peculiar, seus movimentos, sua maneira de falar, e, sobretudo, por sua antipatia ou simpatia, conforme o que sentíamos. Havia todos os graus de afeição e de calor, e não me lembro de um professor sequer que não tenha se esforçado por ser justo. Mas nem todos conseguiam administrar a justiça de forma a ficarem completamente ocultos o desagrado ou a estima. A isso se acrescentava a diferenciação de recursos internos, a paciência, a sensibilidade, a expectativa. Eugen Müller, já por causa de sua matéria, estava obrigado a possuir alto grau de entusiasmo e talento narrativo, mas tinha algo que ultrapassava em muito aquilo que lhe era exigido. Assim, ele me conquistou desde a primeira lição, e eu contava os dias da semana pelas suas aulas.

Fritz Hunziker, o professor de alemão, tinha mais dificuldades; era, de natureza, um pouco lacônico, talvez prejudicado por sua figura não muito harmoniosa, cujo efeito não era atenuado por sua voz um tanto rangente. Era alto, de peito estreito e parecia ficar parado sobre uma longa perna de pau; calava-se pacientemente quando esperava uma resposta. Não massacrava ninguém, mas também não inspirava ninguém; sua proteção era um sorriso irônico, ao qual ele se atinha, e que não desaparecia mesmo quando já parecia inadequado. Seus conhecimentos eram equilibrados, talvez um pouco classificados demais; de qualquer forma não nos arrebatava, mas também não nos desorientava. Seu senso de medida e comportamento prático era muito pronunciado. Fazia pouco caso da precocidade e da exaltação. Para mim ele era o antípoda de Eugen Müller, o que não era de todo injusto. Mais tarde, quando Hunziker voltou após algum tempo de ausência, notei o quanto ele era erudito, mas faltavam à sua erudição a disposição e o entusiasmo.

Gustav Billeter, o professor de latim, tinha muito mais originalidade. Hoje, enche-me de admiração a coragem com que ele diariamente enfrentava a classe, apesar de seu enorme bócio. Preferia ficar no canto esquerdo da sala de aula, para nos ocultar o lado mais volumoso do bócio, com o pé esquerdo descansando sobre um banquinho. Então falava com fluência e suavidade, a voz um pouco baixa, sem excitação desnecessária; quando se zangava, para o que às vezes não lhe faltava motivo, ele não levantava a voz, apenas falava um pouco mais rápido. As bases elementares do latim, que ele nos ensinava, certamente lhe eram enfadonhas, e talvez também por isso toda a sua atitude fosse tão humana. Nenhum daqueles que soubessem pouco podia sentir-se oprimido por ele, ou até mesmo aniquilado, e aqueles que eram bons em latim não se sentiam, por isso, especialmente importantes. Suas reações eram imprevisíveis, mas também não se precisava temê-las. Aliás, uma observação curta e irônica era tudo quanto ele nos infligia, e nem sempre a entendíamos, como um chiste privado que fazia para si. Devorava livros, mas daqueles que o ocupavam eu nunca ouvira falar, motivo pelo qual não guardei nenhum dos títulos. Ellenbogen, de quem ele gostava e com quem gostava de conversar, tinha a mesma maneira superior e pouco emotiva — sem a sua ironia. Tampouco superestimava a importância do latim que ele nos ensinava. Billeter sentia a injustiça da vantagem que eu tinha sobre os outros, e certa vez me disse com muita clareza: "Você é mais rápido do que os outros, os suíços se desenvolvem com mais lentidão. Mas logo eles recuperam a diferença. Você terá uma surpresa". Mas ele não era xenófobo, de forma alguma, como notei por sua amizade com Ellenbogen. Senti que Billeter tinha uma franqueza especial para com as pessoas, sua mentalidade era a de um cosmopolita, e creio que devia escrever — e não só para si mesmo.

A multiplicidade dos professores era surpreendente; é a primeira diversidade de que se é consciente na vida. Que eles ficassem por tanto tempo parados à nossa frente, expostos em cada um de seus movimentos, sob incessante observação, hora após hora o verdadeiro objeto de nosso interesse, sem poderem se afastar durante um tempo precisamente delimitado; a sua superioridade, que não queremos reconhecer de uma vez por todas e que nos torna perspicazes, críticos e maliciosos; a necessidade de acompanhá-los sem que queiramos nos esforçar demais, pois ainda não nos tornamos trabalhadores dedicados e exclusivos; também o mistério que envolve sua vida fora da escola, quando não estão à nossa frente como atores, representando a si próprios; e, mais ainda, a alternância dos personagens, um após outro, no mesmo papel, no mesmo lugar e com a mesma intenção, portanto eminentemente comparáveis — tudo isso, em seu efeito conjunto, é outra escola, bem diferente da escola formal, uma escola que ensina a diversidade dos seres humanos; se a tomarmos um pouco a sério, resulta a primeira escola em que conscientemente estudamos o homem.

Não seria difícil, e talvez fosse interessante, analisar a própria vida, em busca de saber quantos e quais desses professores foram reencontrados sob outros nomes, quais nos foram simpáticos por causa disso, de quais nos afastamos só por causa de uma velha antipatia, quais as decisões tomadas devido a um antigo conhecimento, o que teríamos feito diferente, sem tal conhecimento. À primeira tipologia infantil, baseada nos animais e que conserva sua eficácia, é sobreposta uma nova tipologia, a dos professores. Em todas as classes existem colegas que os imitam perante os outros com uma habilidade especial; uma classe sem esses imitadores dos professores de certa forma seria uma classe sem vida.

Agora, quando os faço desfilar diante de mim, admiro-me da diversidade, da peculiaridade, da riqueza de meus professores de Zurique. De muitos deles aprendi tudo aquilo que correspondia às suas intenções, e a gratidão que por eles sinto após cinquenta anos, por estranho que possa parecer, se torna maior a cada dia que passa. Mas também aqueles de quem pouco aprendi estão tão nitidamente à minha frente como pessoas ou como figuras, que só por isso me sinto em dívida com eles. São os primeiros representantes daquilo que mais tarde constituiu para mim a essência do mundo, a sua população. São inconfundíveis, uma das qualidades supremas; que eles, concomitantemente, se tornassem figuras, nada lhes tira de sua personalidade. A interpretação da fluidez que existe entre indivíduos e tipos é, verdadeiramente, uma das tarefas do escritor.

A CABEÇA. DISPUTA COM UM OFICIAL

Eu tinha doze anos quando me apaixonei pelas guerras de libertação dos gregos, no mesmo ano de 1917 em que ocorreu a Revolução Russa. Já antes de sua viagem no vagão lacrado, falava-se que Lênin vivia em Zurique. Minha mãe, imbuída de um ódio irrefreável contra a guerra, acompanhava todos os acontecimentos que poderiam apressar seu término. Ela não tinha ligações políticas, mas Zurique se tornara o centro de pacifistas dos mais diversos países e tendências. Certa vez, ao passarmos por um café, ela me mostrou a enorme cabeça de um homem sentado próximo à janela; sobre a mesa, uma pilha de jornais, um dos quais ele segurava com firmeza diante dos olhos. De repente, ele recuou a cabeça, voltou-se para um homem que estava sentado a seu lado e falou animadamente com ele. Minha mãe disse: "Olhe bem para ele. É Lênin. Você ainda ouvirá falar muito dele". Ficamos parados, ela um pouco embaraçada por estar assim de olhos cravados naquele homem (uma descortesia pela qual ela costumava me repreender), mas o súbito movimento que ele fizera a perturbara, e a energia desse movimento em direção ao outro homem se transmitira a ela. Admirei-me da vasta cabeleira preta e encaracolada do outro homem, formando um forte contraste com a calvície de Lênin;

mais surpreso ainda fiquei com a imobilidade de minha mãe. Então, ela disse: "Venha, não podemos ficar assim parados", e me puxou pela mão.

Alguns meses depois, me falou da chegada de Lênin à Rússia, e comecei a compreender que deveria tratar-se de algo importante. "Os russos estavam fartos de assassinatos", disse ela, todos estavam fartos de assassinatos, e, quer os governos fossem favoráveis, quer fossem contrários, agora o fim dessa situação estava próximo. Nunca se referia à guerra, senão como "os assassinatos". Desde que estávamos em Zurique ela falava abertamente comigo sobre isso; em Viena ela se continha para não provocar conflitos para mim na escola. "Você jamais matará um homem que nada lhe tenha feito", disse-me ela suplicante, e, com todo o seu orgulho por ter três filhos, eu sentia sua preocupação de que nós algum dia também pudéssemos nos converter nos tais "assassinos". Seu ódio contra a guerra tinha algo de elementar: certa vez, quando me narrou o conteúdo de *Fausto*, que ela ainda não queria que eu lesse, ela desaprovou o pacto de Fausto com o diabo. Só haveria *uma única* justificativa para tal pacto: pôr fim à guerra. Para isso a gente poderia coligar-se com o diabo, para nada mais.

Havia noites em que se reuniam em nossa casa conhecidos de minha mãe; eram sefardins da Bulgária e da Turquia, que a guerra alijara para Zurique. Em geral eram casais de meia-idade, mas que me pareciam velhos; eu não os apreciava muito, pois tinham o espírito demasiado oriental e só falavam de coisas desinteressantes. Um deles vinha só, um viúvo, *Herr* Adjubel, e era diferente dos outros. Tinha um porte ereto e opiniões que defendia com convicção, e suportava com calma e fidalguia a veemência de minha mãe, que o pressionava duramente. Havia participado, como oficial búlgaro, na guerra dos Bálcãs, onde fora gravemente ferido, e desde então sofria de um mal incurável. Sabia-se que ele tinha fortes dores, mas nunca deixava que se percebesse. Quando elas se tornavam insuportáveis, ele se levantava, desculpava-se com um compromisso urgente, inclinava-se ante minha mãe e saía um pouco teso. Então os outros se punham a falar dele; comentavam detalhadamente a natureza de seu mal, elogiavam-

-no e compadeciam-se dele, e faziam exatamente aquilo que ele, em seu orgulho, queria evitar. Eu notava como minha mãe se esforçava para pôr termo a tais conversas. Estivera discutindo com ele até o último momento, e, como nas discussões dessa natureza, isto é, quando se tratava da guerra, podia se tornar muito cáustica e agressiva, ela encerrava o assunto dizendo: "Tolice! Ele não estava sentindo dores. Sentiu-se ofendido por mim. Ele pensa que uma mulher, que não a sentiu na carne, não tem o direito de falar assim sobre a guerra. Ele tem razão. Mas, se nenhum de vocês lhe diz a verdade, eu tenho que fazê-lo. Está ofendido. Mas como é orgulhoso, despediu-se da maneira mais cortês possível". Então podia acontecer que alguém fizesse um gracejo impertinente e dissesse: "Você verá, Mathilde, está apaixonado por você, e ainda a pedirá em casamento!". "Ele que se atreva!", dizia ela então, com as asas do nariz tremendo de raiva. "Eu não o aconselharia a fazê-lo! Respeito-o porque é *homem*, mas é só." Esse era um forte golpe desferido contra os outros homens presentes, todos acompanhados de suas mulheres. Mas com isso estava encerrada a intolerável conversa sobre o sofrimento de *Herr* Adjubel.

Eu teria preferido que ele ficasse até o fim. Com essas discussões eu tomava conhecimento de muitas novidades. *Herr* Adjubel estava numa situação muito difícil. Ele era afeiçoado ao exército búlgaro, talvez mais do que à Bulgária, e estava imbuído da tradicional amizade dos búlgaros pelos russos, graças aos quais eles haviam conseguido sua libertação da Turquia. Agora, com os búlgaros do lado dos inimigos da Rússia, ele tinha sérios problemas. Certamente teria lutado também sob essas circunstâncias, mas com quanta dor de consciência! Assim, talvez fosse bom para ele que estivesse impedido de lutar. Mas então, com a reviravolta na Rússia, a situação se tornara ainda mais complicada. A retirada russa da guerra significava, segundo ele pensava, a derrocada dos poderes centrais. A infecção, como ele a chamava, se alastraria; os soldados austríacos primeiro, depois os alemães, se recusariam a lutar. E então, o que seria da Bulgária? Ela não só teria que carregar para sempre a marca de

Caim pela ingratidão aos seus libertadores, mas na Segunda Guerra Balcânica todos cairiam sobre ela e dividiriam o país entre si. *Finis Bulgariae!*

É de imaginar como minha mãe atacou cada um dos pontos de vista de sua argumentação e os abalou. No fundo todos estavam contra ela, pois, embora desejassem o rápido fim da guerra, achavam que era uma grave ameaça que isso acontecesse através das atividades dos bolcheviques na Rússia. Eram todos burgueses, mais ou menos abastados, e os que vinham da Bulgária temiam que a revolução se alastrasse para lá, enquanto os outros, os da Turquia, já viam o velho inimigo russo em Constantinopla, embora com novo disfarce. Para minha mãe isso era completamente indiferente. Para ela só importava quem realmente queria pôr fim à guerra. Ela, que vinha de uma das famílias mais abastadas da Bulgária, defendia Lênin. Ela não via nele um diabo, como os outros, mas um benfeitor da humanidade.

*Herr* Adjubel, com quem ela realmente travava discussão, era o único que a entendia, pois também tinha uma ideologia. O momento mais dramático de todas essas reuniões foi quando, certa vez, ele lhe perguntou: "E se eu fosse oficial russo, senhora, e continuasse a lutar decididamente com minha gente contra os alemães — a senhora então mandaria me fuzilar?". Ela nem sequer titubeou: "Eu mandaria fuzilar todo aquele que se opusesse ao término da guerra. Seria um inimigo da humanidade".

O espanto dos outros, comerciantes prontos para a conciliação e suas mulheres sentimentais, não a confundiu. Todos falavam ao mesmo tempo: "Mas como? A senhora teria coragem? A senhora teria coragem de mandar fuzilar *Herr* Adjubel?". "Ele não é covarde. Ele sabe como morrer. Ele não é como vocês todos, não é verdade, *Herr* Adjubel?" Foi ele quem lhe deu razão. "Sim, senhora, de seu ponto de vista a senhora tem razão. A senhora é consequente como um homem. A senhora é uma legítima Arditti!" Essa mudança no rumo da conversa, uma homenagem à família dela, que, em contraste com a de meu pai, eu não apreciava, agradou-me menos; mas devo dizer que, apesar da violência dessas discussões, jamais senti ciúmes de *Herr*

Adjubel, e quando ele, pouco tempo depois, sucumbiu à sua doença, ambos ficamos sentidos, e minha mãe disse: "É melhor para ele que não tenha de assistir à derrocada dos búlgaros".

## SESSÕES DE LEITURA DIURNAS E NOTURNAS. A VIDA DOS PRESENTES

Talvez devido às mudanças na situação doméstica, não retomamos os antigos serões de leitura. Minha mãe simplesmente não tinha tempo enquanto não estávamos, os três, na cama. Ela se desincumbia de seus novos deveres com uma determinação férrea. Tudo o que ela fazia era comentado, e sem tais reflexões os trabalhos dessa espécie a teriam aborrecido demais. Imaginava que tudo tivesse que andar pelo figurino, embora não tivesse queda para aquilo; e assim ela procurou e encontrou seu figurino em suas conversas. "Organização, meninos!", ela nos dizia, "organização!" E repetia a palavra com tanta frequência, que a achamos engraçada e a imitamos em coro. Mas para ela o problema da organização era muito sério e nos proibiu qualquer zombaria. "Vocês hão de ver, quando tiverem que enfrentar a vida, que sem organização não se vai longe!" Com isso ela queria dizer que tudo devia ser feito por seu turno, o que, nas simples tarefas de que se tratava, nada era mais simples e mais fácil. Mas a palavra a incentivava e para tudo ela tinha uma palavra; talvez a verdadeira atração de nossa vida em conjunto, naquele período, fosse devido ao fato de que se falava sobre tudo.

Mas na realidade sua vida começava ao anoitecer, quando estávamos na cama, e ela finalmente podia dedicar-se à leitura. Era a época em que ela costumava ler Strindberg. Eu, acordado em minha cama, via, por baixo da porta, o clarão da sala de estar. Lá ela ficava enrodilhada em sua poltrona, com os cotovelos na mesa, a cabeça apoiada no punho direito, e diante dela a grande pilha de volumes amarelos de Strindberg. No dia de seu aniversário e no Natal, sempre havia o acréscimo de mais um volume, pois era o que ela gostava de ganhar de nós. Para mim, era particularmente excitante o fato de não me ser permitido ler esses volumes. Jamais tentei dar uma olhadela num deles; eu amava essa proibição. Emanava dos volumes amarelos uma luminosidade que só consigo explicar por essa proibição, e nada me tornava mais feliz do que entregar-lhe um novo volume, do qual eu só conhecia o título. Depois de havermos ceado, a mesa arrumada e os pequenos colocados na cama, eu lhe trazia os volumes amarelos e os empilhava na mesa, no lugar certo. Então ainda conversávamos um pouco, mas eu sentia sua impaciência, e, como a pilha amarela estava diante de meus olhos, eu a entendia e calmamente ia para a cama, sem importuná-la. Fechava a porta para a sala de estar e, enquanto me despia, ouvia como ela ainda andava um pouco de um lado para o outro. Depois eu me deitava, ouvia o rangido da poltrona quando ela a ocupava, então sabia que ela tomava na mão um dos volumes; quando tinha certeza de que ela o abrira, eu voltava os olhos para a claridade debaixo da porta. Nesse momento eu sabia que por nada no mundo ela se levantaria; então acendia minha pequena lanterna de bolso e lia meu próprio livro debaixo do cobertor. Esse era o meu segredo, que ninguém devia descobrir e que compensava o segredo de seus livros.

Ela lia até altas horas da noite, mas eu tinha que economizar a pilha da lanterna, comprada com minha parca mesada, ou melhor, com uma pequena parte dela, pois a maior era tenazmente economizada a fim de comprar presentes para minha mãe. Por isso, eu raramente passava de quinze minutos. Quando finalmente fui descoberto, houve um grande rebuliço, pois minha mãe não suportava que a enganassem. Consegui que me restituísse a lanterna que me confiscara, mas, para maior segurança, meus dois irmãos foram nomeados vigias, o que os colocou sequiosos por, de repente, me arrancarem o cobertor do corpo. Quando acordavam, de suas camas podiam ver com facilidade se eu estava com a cabeça debaixo do cobertor. Então se aproximavam silenciosamente, de preferência ambos, sem que eu, indefeso, pudesse ouvi-los. De repente eu estava sem o cobertor. Eu mal sabia o que havia acontecido e já zunia em meus ouvidos a gritaria triunfal. Minha mãe, irritada com a interrupção, se levantava de sua poltrona e encontrava as palavras com as quais me aniquilava: "Assim é que já não tenho ninguém no mundo em quem eu possa confiar!", e me confiscava o livro por uma semana.

O castigo foi duro, pois se tratava de Dickens. Era o autor com que ela então me presenteara, e eu jamais havia lido nada com maior paixão. Começara com *Oliver Twist* e *Nicholas Nickleby*, e principalmente este último, que tratava das condições escolares da época na Inglaterra, me impressionou de tal maneira, que eu não conseguia parar de ler. Quando terminava, logo recomeçava e tornava a lê-lo do início ao fim. Isso aconteceu duas ou três vezes, talvez mais. "Você já o conhece", dizia ela, "você não prefere ler outro?" Mas quanto mais eu o conhecia, tanto mais eu gostava de relê-lo. Ela achou que era uma mania infantil, e a atribuiu aos meus primeiros livros, aqueles que eu recebera de meu pai, alguns dos quais eu lera quarenta vezes, quando já havia muito os sabia de cor. Ela tentou fazer com que eu perdesse esse costume, relatando-me de forma sedutora outros livros, entre os quais, por sorte, havia muitos de Dickens. *David Copperfield*, que era seu predileto, e que em sua opinião era literariamente melhor, eu só deveria receber por último. Pouco a pouco foi aguçando o meu desejo, certa de que, com essa isca, me curaria da mania de constantemente reler os mesmos livros. Eu me dividia entre o amor por aquilo que eu já conhecia bem e a curiosidade que ela despertava em mim. "Não falemos mais sobre isto", dizia ela mal-humorada e me lançava um olhar de infinito enfado, "já falamos demais disto. Você quer que eu sempre repita as mesmas coisas? Não sou como você. Agora falaremos do próximo livro!" Como as conversas com ela continuavam sendo de tudo o mais importante, como eu dificilmente podia deixar de comentar com ela cada detalhe de um livro maravilhoso, como eu notava que ela nada mais queria dizer, e minha teimosia realmente começava a aborrecê-la, fui cedendo aos poucos, e me limitei a ler cada Dickens apenas duas vezes. Era com amargo pesar que eu desistia definitivamente de um Dickens e o devolvia pessoalmente à biblioteca onde o tomáramos emprestado. (Havíamos deixado tudo em Viena; os móveis e a biblioteca estavam num depósito, de forma que dependíamos, para a maior parte de nosso material de leitura, do Círculo de Leitura de Hottingen.) Porém, a expectativa pelas conversas com ela sobre um novo Dickens era mais forte, e assim foi ela própria, a quem eu devia todas essas maravilhas, quem me dissuadiu de minha obstinação, a minha melhor qualidade nesse campo.

Às vezes ela se assustava com as paixões que acendia em mim, e então tentava desviar-me para outros autores. Seu maior fracasso nesse sentido foi Walter Scott. Talvez ela não fosse suficientemente calorosa quando me falou nele pela primeira vez; talvez ele realmente fosse tão insosso, como me pareceu naquele tempo. Eu não só deixei de relê-lo, como, após dois ou três de seus romances, me recusei a tomá-lo na mão e me rebelei com tanta impetuosidade, que finalmente ela se alegrou com a determinação com que minha preferência tomava rumo e fez-me o elogio supremo que eu dela poderia ouvir: "Você é realmente meu filho. Eu também não gostava dele. Pensei que, como você se interessa por história...". "História!", exclamei indignado, "isto não é história! São estúpidos cavaleiros com suas armaduras!" E assim, para satisfação de ambos, terminou nosso breve interregno de Scott.

Ela, em tudo aquilo que dizia respeito à minha educação intelectual, pouco se importava com os outros, mas uma vez alguém deve ter-lhe dito algo que a impressionou. Talvez lhe dissessem alguma coisa na escola, onde ela comparecia de vez em quando, como os outros pais; talvez a perturbasse alguma das variadas conferências a que assistia. Em todo o caso, certo dia declarou que eu deveria saber o que liam os outros meninos de minha idade, pois do contrário em breve eu não me entenderia mais com meus colegas. Fez uma assinatura de *O Bom Camarada*, um semanário infantil, e, por incompreensível que isso agora me pareça, eu o lia de boa vontade, ao mesmo tempo que lia Dickens. Havia nele histórias excitantes, como "O ouro de Sacramento", sobre Sutter, o garimpeiro suíço na Califórnia, e um conto muito emocionante sobre Sejano, o favorito do imperador Tibério. Foi meu primeiro encontro verdadeiro com a história de Roma, que estudei mais tarde, e esse imperador, que detestei como o símbolo do poder, deu continuidade em mim a algo que começara cinco anos antes, na Inglaterra, com a figura de Napoleão.

As leituras de minha mãe não se limitavam a Strindberg, embora fosse o que mais a ocupava naquele tempo. Constituíam um grupo especial os livros orientados contra a guerra, publicados pela editora Rascher. Latzko: *Homens em guerra*; Leonhard Frank: *O homem é bom*; Barbusse: *O fogo*, eram as três obras sobre as quais ela me falava com mais frequência. Também estes, assim como Strindberg, ela desejara receber como presentes nossos. Nossa mesada, muito modesta, não teria sido suficiente, embora a poupássemos quase toda com esse fim. Mas eu também recebia diariamente alguns centavos para comprar, do bedel, um sonho para a merenda matutina. Eu sentia fome, mas era muito mais excitante poupar esse dinheiro para presentear minha mãe com um novo livro.

Em primeiro lugar eu ia à Rascher para saber o preço, e já era um prazer visitar aquela livraria sempre movimentada, no Limmatquai, ver as pessoas que, frequentemente, nos interrogavam sobre nossos futuros presentes, e, naturalmente, com uma olhadela abarcar todos aqueles livros que eu haveria de ler um dia. Não era tanto por me sentir maior e mais responsável entre aqueles adultos, mas, em realidade, pela promessa de leituras futuras, que nunca se esgotariam. Pois se eu então tinha qualquer preocupação com o futuro, este se referia exclusivamente ao suprimento de livros no mundo. O que aconteceria quando eu os tivesse lido todos? É certo que eu gostava de ler e reler aquilo de que gostava, mas esse prazer pressupunha a certeza de que mais e mais livros se seguiriam.

Depois que eu sabia o preço do presente planejado, começavam as contas. Por quanto tempo eu teria que poupar o dinheiro da merenda para juntar o suficiente? Eram sempre alguns meses: assim, moeda após moeda, o livro se materializava. A tentação de comprar o sonho, como alguns colegas, e comê-lo na frente dos outros não pesava, comparada a essa meta. Pelo contrário: quando um deles comia seu sonho, eu gostava de ficar parado a seu lado e imaginava, com uma espécie de gozo, não sei exprimi-lo de outra maneira, a surpresa de minha mãe quando lhe entregássemos o livro.

Ela sempre ficava surpresa, embora o feito se repetisse. Nunca sabia de que livro se tratava. Mas quando ela me encarregava de trazer-lhe um livro novo do Círculo de Leitura de Hottingen, e o mesmo estava emprestado, justamente porque todos falavam nele e todos o queriam, e quando ela depois insistia e ficava impaciente, eu sabia que este teria que ser o novo presente, e ele então se tornava o alvo de minha "política". Esse empreendimento exigia também um despistamento permanente. Eu continuava a pedi-lo no Círculo de Leitura, voltava com uma expressão de desapontamento, e dizia: "O Latzko novamente não estava!". O desapontamento crescia à medida que se aproximava o dia da surpresa, e podia acontecer de na véspera eu bater o pé, zangado, e propor a minha mãe abandonar o Círculo de Leitura, em sinal de protesto. "Isto de nada nos serviria", dizia ela pensativa, "então não teríamos livros mesmo."

No dia seguinte o Latzko estava em suas mãos, novinho em folha, e ela não podia deixar de ter uma surpresa! É claro que eu então tinha de prometer que nunca mais o faria, que a partir de agora eu comeria o sonho na escola, mas ela também jamais ameaçava suspender o dinheirinho destinado à merenda. Talvez isso fizesse parte de sua política de formação do caráter, e o livro lhe causasse um prazer especial, por ser o produto de pequenos atos diários de renúncia. Ela própria era uma pessoa que gostava de comer bem, seu bom gosto pela cozinha refinada era altamente desenvolvido. No entanto, durante nossas refeições frugais, não se constrangia de falar daquilo de que se privava, e era a única que sofria por sua decisão de nos acostumar a pratos simples e modestos.

Deve ter sido aquela espécie diferente de livros que produziu algo como a politização de seus interesses intelectuais. Por muito tempo ela foi perseguida por *O fogo*, de Barbusse. Falava-me muito sobre o mesmo, mais do que ela mesma julgava conveniente. Eu instava com ela para que me permitisse lê-lo; ela se mantinha firme, mas em compensação me contou tudo de forma um pouco atenuada. Não obstante, era uma ovelha desgarrada do rebanho, e não se juntou a nenhum grupo pacifista. Ouviu Leonhard Ragaz falar, e voltou para casa tão excitada que depois ficamos acordados a maior parte da noite. Porém, sua aversão a toda atividade pública, no que se referia a sua pessoa, permaneceu intransponível. Ela o explicava com o fato de que vivia só para nós três, e aquilo que ela própria não pudesse fazer — já que no mundo dos homens, que é a guerra, não prestava ouvido às mulheres —, nós o faríamos por ela quando crescêssemos, cada um em sua esfera.

Nos acontecimentos daquela época, Zurique era um centro importante, e ela procurava acompanhar tudo de que tinha notícias, não só no âmbito da guerra. Ela não tinha ninguém que a aconselhasse, intelectualmente estava realmente só; entre os conhecidos que às vezes nos visitavam ela era considerada de longe a mais esclarecida e mais inteligente; hoje fico admirado quando penso em tudo o que ela empreendia por iniciativa própria. Ela guardava para si a sua opinião, mesmo quando se tratava de suas mais fortes convicções. Lembro-me do desprezo com que ela pôs de lado o *Jeremias* de Stefan Zweig: "É papel! Pura palha! Nota-se que ele próprio não passou por isso. Seria melhor que ele lesse Barbusse, em vez de escrever essas bobagens!". Seu respeito pela efetiva experiência própria era enorme. Nunca abriria a boca diante dos outros sobre os aspectos fatuais da guerra, pois ela própria não estivera nas trincheiras; chegou ao ponto de dizer que seria melhor que as mulheres também tivessem que ir à guerra, pois assim poderiam lutar seriamente contra a mesma. Deve ter sido sua timidez o que a impedia de encontrar o caminho para junto de seus correligionários. Odiava com rancor todo palavrório, falado ou escrito, e quando eu ousava dizer alguma inexatidão, ela, sem contemplação, mandava que eu calasse a boca.

Naquele tempo, em que já começava a formar minhas próprias opiniões, eu tinha por ela uma admiração sem limites. Eu a comparava a meus professores da escola cantonal, alguns dos quais eu tinha em alta consideração e até mesmo venerava. Só Eugen Müller tinha ardor e seriedade semelhantes; só ele, quando falava, mantinha os olhos bem abertos, como ela, e olhava imperturbável à sua frente para o objeto que o empolgava. Eu relatava a ela tudo o que aprendia em suas aulas, e ela ficava cativada, pois só conhecia os gregos através das tragédias clássicas. De mim ela aprendeu a história da Grécia e não se constrangia em fazer-me perguntas. Dessa vez nossos papéis se inverteram; ela própria não lia livros de história, porque sempre tratavam demasiado de guerras. Mas podia acontecer que nos sentássemos para o almoço e ela me indagasse acerca de Sólon ou Temístocles. Gostava especialmente de Sólon, porque ele não se arvorou em tirano e se retirou do poder. Admirou-se de que não existisse uma tragédia sobre ele; não conhecia nenhuma que tratasse dele. Mas achou injusto que, entre os gregos, quase não se falasse das mães de tais homens. Ela via a mãe dos Graco, sem acanhamento, como seu símbolo.

Custa-me deixar de relatar tudo aquilo que a interessava. Fosse lá o que fosse, um pouco penetrava em mim. Só a mim ela podia contar tudo, em todos os detalhes. Só eu levava a sério os seus severos pareceres, pois eu sabia do entusiasmo de que provinham. Ela condenava muitas coisas, nunca sem se estender sobre aquilo que lhes contrapunha, mas justificando sua atitude, ardorosa e convincentemente. Na verdade, o tempo das leituras conjuntas havia passado, os dramas e os grandes atores já não eram o principal conteúdo do mundo; mas outra "riqueza", de forma alguma menor, havia tomado seu lugar: os monstruosos acontecimentos atuais, suas origens e seus efeitos. Ela era desconfiada por natureza, e encontrava em Strindberg, a quem considerava o homem mais inteligente do mundo, uma justificação para essa desconfiança, à qual se acostumou e sem a qual já não podia passar. Às vezes ela se dava conta de que ia longe demais, e me dizia coisas que se tornaram a fonte de minha própria e ainda muito precoce desconfiança. Então se assustava, e, em compensação, contava-me algo que havia despertado particularmente sua atenção. Em geral, tratava-se de algo ligado a incríveis dificuldades, mas sempre acompanhado de generosidade. Era durante esses seus esforços de compensação que eu me sentia mais próximo dela. Ela pensava que eu não percebia o motivo dessa mudança de tom. Mas eu já me parecia um pouco com ela e me exercitava em conhecer as intenções das pessoas. Eu escutava a história "edificante" com aparente ingenuidade, pois ela sempre me agradava. Mas eu sabia por que ela a trazia à baila justamente naquele momento e não revelava esse meu conhecimento. Assim escondíamos algo um do outro, e, como era essencialmente a mesma coisa, cada um de nós tinha, perante o outro, o mesmo segredo. Não surpreende que era nesses momentos, quando eu me sentia *silenciosamente* à sua altura, que eu mais a amava. Ela tinha certeza de que havia mais uma vez ocultado de mim a sua desconfiança, e eu percebia tudo: tanto a sua impiedosa severidade quanto a sua magnanimidade. Eu então ainda não sabia o que era *vastidão*, mas eu a *sentia*: poder apreender tantas coisas e tão antagônicas, que tudo o que aparentemente é incompatível no entanto tem sua validade, que se pode senti-lo sem se desmanchar de medo, que se deve mencioná-lo e ponderá-lo, a verdadeira glória da natureza humana — era isso o essencial de tudo o que aprendi dela.


## HIPNOSE E CIÚME. OS GRAVEMENTE FERIDOS

Ela frequentemente ia a concertos; a música continuava a lhe ser importante, embora, desde a morte de meu pai, raramente tocava piano. Talvez ela também tivesse se tornado mais exigente, desde que tinha oportunidade de ouvir mestres de seu instrumento, vários dos quais viviam em Zurique. Ela jamais perdia um concerto de Busoni, e o fato de ele morar em nossa vizinhança a deixava um pouco perturbada. Não me acreditou de imediato, quando lhe falei de meus encontros com ele, e só quando soube por outros que realmente se tratava dele, ela o aceitou e me proibiu de chamá-lo de "Djodo-vem-com-papai", como as outras crianças, em vez de Busoni. Prometeu levar-me a um de seus concertos, mas sob a condição de que eu nunca mais o chamaria pelo apelido. Disse que ele era um dos maiores mestres do piano que ela já havia ouvido, e seria um abuso que outros fossem chamados de "pianista", como ele.

Ela também ia com assiduidade às apresentações do Quarteto Schaichet, que tinha o nome do primeiro violinista, e sempre voltava de lá numa excitação inexplicável, a qual só entendi quando certa vez ela me disse, irada, que meu pai sempre quis tornar-se um violinista como este, e que seu sonho havia sido de tocar tão bem que pudesse fazer parte de um quarteto. "Por que você não se apresentaria sozinho num concerto?", perguntou-lhe um dia. Mas então ele teria sacudido a cabeça, dizendo que não poderia chegar a tocar tão bem assim, que ele conhecia os limites de seu talento, que talvez ele chegasse a tocar num quarteto, ou como primeiro violinista de uma orquestra, se seu pai não o tivesse impedido tão cedo de tocar. "Assim era o avô, um tirano, um déspota, que lhe arrancava o violino e lhe batia quando o ouvia tocar. Certa vez, de castigo, mandou que o irmão mais velho o amarrasse no porão, onde teve que passar a noite." Ela deu vazão à sua indignação e, para atenuar seu efeito sobre mim, acrescentou tristemente: "E seu pai era tão modesto". Ela acabou notando minha confusão — como podia meu pai ser modesto, se o avô batia nele? — e, em vez de me explicar que a modéstia consistia na falta de confiança em poder ser concertista, ela disse com ironia: "Nisso você se saiu mais *a mim!*". Eu não gostava de ouvir isso; não suportava que ela falasse da falta de ambição de meu pai, como se ele tivesse sido uma pessoa boa só porque lhe faltava ambição.

Após ter escutado a *Paixão segundo são Mateus*, ela ficou com tão má disposição — nunca mais o esqueci —, que durante dias ela não conseguiu conversar direito comigo. Durante uma semana ela nem sequer teve condições de ler. Abria seu livro, mas não conseguia ver uma frase; em vez disso, ouvia a voz de contralto de Ilona Durigo. Uma noite ela veio ao meu quarto com lágrimas nos olhos e disse: "Agora acabaram os livros, jamais conseguirei tornar a ler". Tentei consolá-la, propus ficar sentado a seu lado enquanto ela lia, assim ela não ouviria aquela voz; que isso só acontecia porque ela estava sozinha; se eu estivesse do outro lado da mesa, eu sempre poderia dizer alguma coisa, e as vozes desapareceriam. "Mas eu *quero* ouvi-las, você não entende, eu nunca mais quero ouvir outra coisa!" Foi uma eclosão tão apaixonada, que levei um susto. Mas também me enchi de admiração, e me calei. Durante os próximos dias eu às vezes lhe lançava olhares indagadores; ela me entendia e dizia, numa mistura de felicidade e desespero: "Continuo a ouvi-la".

Eu a vigiava, como ela a mim, e quando se está tão próximo a alguém, adquire-se uma sensibilidade infalível para todas as emoções do outro. Por mais que eu estivesse empolgado por suas paixões, jamais teria desculpado um tom falso. Não era presunção, mas sim a intimidade, o que me dava direito à vigilância, e eu não hesitava em interpelá-la tão logo pressentia uma influência estranha, inusitada. Havia algum tempo ela assistia às conferências de Rudolf Steiner. As coisas que ela relatava sobre as mesmas não se pareciam com ela, como se de repente falasse uma língua estranha. Eu não sabia quem a animava a assistir a essas conferências, pois não era por iniciativa própria, e quando ela deixou escapar a observação de que Rudolf Steiner tinha algo de *hipnótico*, comecei a importuná-la com perguntas. Como eu nada sabia dele, só pude formar uma ideia sobre ele através de seus relatos, e logo percebi que ele a conquistara com suas frequentes citações de Goethe.

Perguntei-lhe se isso constituía novidade, pois ela deveria conhecê-las, já que, como dizia, havia lido toda a obra de Goethe. "Você sabe, ninguém a leu *por inteiro*", admitiu um tanto embaraçada, "e eu não consigo lembrar-me de coisa alguma." Ela parecia bastante insegura, mas eu estava acostumado a vê-

-la a par de cada sílaba de seus poetas, e mesmo com seus conhecimentos imperfeitos sobre algum autor, ela atacava os outros violentamente e os chamava de "tagarelas" e "intrigantes", que misturavam tudo porque eram preguiçosos demais para irem até o fundo das coisas. Não me dei por satisfeito com sua resposta e lhe perguntei se ela queria que eu também acreditasse nessas coisas. Pois nós não poderíamos acreditar em coisas *diferentes*, e se ela, após algumas conferências, tomasse o partido de Steiner, por ser ele tão hipnótico, então eu me obrigaria a também acreditar nas coisas que ela me dissera, para que nada nos separasse. Isso deve ter soado como uma ameaça, talvez fosse apenas um ardil: eu queria descobrir até que ponto ela era cativa dessa nova força, que me era completamente estranha, da qual eu nada ouvira ou lera, e que de repente caíra sobre nós, dando-me a sensação de que agora tudo mudaria entre nós. Mas o que eu mais temia era que lhe fosse indiferente que eu me filiasse ou não a sua causa, o que teria significado que não lhe importava já tanto o que acontecesse comigo. Mas ela não havia ido tão longe assim, nada quis saber de minha "participação" e disse com certa veemência: "Você é jovem demais. Isto não é para você. Não deve acreditar em nada disto. Jamais tornarei a lhe falar sobre isto". Eu acabara de poupar algum dinheiro para lhe comprar um novo Strindberg. Em vez disso, tomei a súbita decisão de lhe comprar um livro de Rudolf Steiner. Entreguei-lho solenemente, dizendo com hipocrisia: "É por este tema que você *realmente* se interessa, mas não pode lembrar-se de tudo. Você mesma disse que não é fácil entender, que é preciso estudá-lo. Agora você pode lê-lo com calma, e estará mais bem preparada para as conferências".

Mas ela não gostou de forma alguma. Queria saber por que eu o havia comprado. Disse que não sabia sequer se queria ficar com ele. Talvez nem mesmo lhe interessasse. Que ela ainda não lera coisa alguma dele. Que só se comprava um livro quando se tinha plena certeza de que se queria guardá-lo. Temia que agora eu próprio quisesse lê-lo, e assim seria orientado cedo demais em determinada direção. Ela tinha repulsa, sobretudo, daquilo que não provinha de experiência própria, desconfiava de conversões apressadas e zombava das pessoas que se deixavam converter com facilidade, das quais costumava dizer: "São como caniços ao vento". Ela se arrependeu de ter usado a palavra hipnose e declarou que não se referira a si, mas notara que outros ouvintes pareciam hipnotizados. Talvez fosse melhor que deixássemos essa questão para mais tarde, quando eu fosse mais maduro e tivesse maior capacidade de compreensão. No fundo, também para ela era mais importante qualquer tema que pudéssemos comentar, entre nós, sem desfigurá-lo, sem torcê-lo, sem fingirmos um para o outro, quando aquilo, na realidade, ainda não fazia parte de nós. Não foi a primeira vez em que senti que ela cedia ao meu ciúme. Aliás, já não lhe sobrava tempo para ir a essas conferências, disse ela, a hora lhe era imprópria e ela perdia outras coisas, das quais entendia mais. Assim, ela me sacrificou Rudolf Steiner, do qual nunca mais falou. Não senti a indignidade dessa vitória sobre um intelecto do qual não refutara uma única frase, porque não conhecia nenhuma. Eu havia impedido que suas ideias se arraigassem nela, ao dar-me conta de que elas se referiam a coisas que não eram comentadas entre nós, e meu único empenho foi de afastá-la delas.

Mas, o que direi sobre esse ciúme? Não posso aprová-lo nem condená-lo, só posso registrá-lo. Ele tão cedo se tornou parte de minha natureza, que seria incorreto omiti-lo. Sempre se manifestou quando alguma pessoa se tornou importante para mim, e dentre estas houve poucas que não sofreram o seu efeito. Nas relações com minha mãe, desenvolveu-se opulento e versátil. Permitiu-me lutar contra algo que era superior a mim em todos os sentidos, mais forte, mais experiente, mais sábio e também mais altruísta. Sequer me ocorreu quanto egoísmo havia nessa minha luta, e se alguém então me dissesse que eu tornava minha mãe infeliz, eu teria ficado muito surpreso. Pois fora ela quem me dera esse direito sobre ela, ligando-se tão estreitamente a mim em sua solidão, porque não conhecia ninguém que estivesse a sua altura. Se ela tivesse mantido relações com um homem como Busoni, eu estaria perdido. Ela me conquistara porque se me apresentava por inteiro, partilhava comigo todos os pensamentos importantes que a preocupavam, e a reserva com que tratava muitos assuntos, por causa de minha juventude, era antes aparente. Com obstinação, mantinha afastado de mim todo erotismo, e o tabu que a este fora imposto na varanda de nossa casa em Viena continuou a agir dentro de mim com a mesma eficácia, como se tivesse sido anunciado pelo próprio Deus no monte Sinai. Não fazia perguntas sobre sexo, e ele não ocupava meu pensamento; enquanto ela com ardor e inteligência alimentava meu espírito com todo o conteúdo do mundo, foi silenciado aquilo que me teria confundido. Como eu não sabia o quanto pessoas como ela precisam de amor, eu não podia fazer ideia de quanto ela se privava. Ela então estava com 32 anos, vivia só, e isso me parecia tão natural quanto a minha própria vida. É verdade que dizia às vezes, quando se zangava conosco, quando a decepcionávamos ou a irritávamos, que estava sacrificando sua vida por nós, e se não o merecêssemos ela nos entregaria às mãos fortes de um homem, que nos poria na linha. Mas eu não entendia, não podia entender, que com isso ela se referia a sua solitária vida de mulher. Eu pensava que seu sacrifício consistia em dedicar tanto tempo a nós, quando ela preferiria estar sempre *lendo*.

Por esse tabu, que na vida de outras pessoas muitas vezes provoca as mais perigosas reações, eu lhe sou grato até hoje. Não posso dizer que ele tenha salvaguardado minha inocência, pois meu ciúme poderia ser tudo, menos inocente. Mas me conservou o vigor e a ingenuidade para tudo aquilo que eu queria saber. Aprendi de todas as maneiras possíveis, sem jamais sentir o aprendizado como uma obrigação ou um peso, pois nada havia que mais me instigasse ou me ocupasse secretamente. Tudo o que em mim penetrava, criava raízes fortes, havia lugar para tudo, nunca tive a sensação de que algo me era regateado; pelo contrário, parecia-me que tudo estava ao meu dispor, eu só precisava absorvê-lo. Tão logo eu o absorvesse, relacionava-se com outras coisas, se unia a elas, continuava a crescer, criava sua própria atmosfera e clamava por novos conhecimentos. Era justamente esse o vigor com que tudo tomava forma, e não apenas se somava a outras coisas. Talvez eu fosse ingênuo ao viver só no presente, sem que o sono o interrompesse.

Houve um segundo benefício que recebi de minha mãe durante esses anos de vida conjunta em Zurique, e que teve consequências ainda mais profundas: a *avaliação*. Jamais tive que ouvir que se fazia algo por motivos práticos. Nada se empreendia porque pudesse ser "útil" para nós. Todas as coisas que eu quisesse apreender tinham os mesmos direitos. Eu avançava por cem caminhos diferentes, sem ter que ouvir que este ou aquele era mais cômodo, mais generoso, mais lucrativo. O que importava eram as coisas em si, não a sua utilidade. Devíamos ser meticulosos e profundos, capazes de emitir uma opinião sem rodeios, mas essa profundeza cabia à coisa em si, e não a qualquer proveito que dela pudéssemos usufruir. Quase nunca se comentava o que faríamos no futuro. O aspecto profissional recuava tanto, que todas as profissões nos permaneciam abertas. O êxito não significava nada se não transcendesse a própria pessoa; o êxito deveria ser benéfico a todos, ou então não era êxito. Para mim é um mistério como uma mulher de sua origem, consciente do prestígio comercial de sua família, e orgulhosa dele, sem jamais repudiá-lo, conseguisse atingir uma visão tão livre, tão ampla e tão desinteressada. Eu só posso atribuí-lo ao abalo provocado pela guerra, à simpatia por todos aqueles que nela perderam os que lhes eram mais caros, o que fez com que ela de repente deixasse para trás todas as suas próprias limitações e se transformasse em pura generosidade por tudo aquilo que pensa, sente e sofre, com verdadeira admiração pelo luminoso processo do pensamento que, dado a todos, para ela tinha a primazia.

Uma vez a vi fora de si; é a mais silenciosa lembrança que guardo dela, e a única vez em que a vi chorando na rua; normalmente, ela tinha demasiado domínio de si para descontrolar-se em público. Passeávamos juntos no Limmatquai, pois eu queria mostrar-lhe algo na vitrina da livraria Rascher. Então veio ao nosso encontro um grupo de oficiais franceses em seus uniformes vistosos. Alguns deles tinham dificuldade para caminhar, os outros se adaptavam aos passos daqueles; paramos para deixá-los passar vagarosamente. "Foram gravemente feridos", disse minha mãe, "estão na Suíça para se restabelecer. Foram trocados por alemães." E já vinha do outro lado um grupo de alemães, também entre ele alguns usando muletas, e os outros retardando o passo por causa deles. Lembro-me, ainda, como o medo me paralisou. O que acontecerá agora? Eles se lançarão uns contra os outros? Em nossa perplexidade não nos desviamos a tempo, e de repente estávamos envolvidos pelos dois grupos que queriam passar. Estávamos sob as arcadas e havia espaço suficiente, mas vimos seus rostos bem de perto, ao darem passagem uns aos outros. Nenhum rosto estava desfigurado pelo ódio ou pela raiva, como eu temia. Eles se olharam calma e amistosamente, como se nada estivesse acontecendo. Alguns se saudaram. Eles andavam muito mais devagar do que as outras pessoas, o que me pareceu uma eternidade. Um dos franceses ainda se virou, agitou sua muleta no ar e gritou para os alemães, que já haviam passado: "Salut!". Um dos alemães, que o havia ouvido, imitou-o, também ele abanando uma muleta, e retribuiu a saudação em francês: "Salut!". Alguém poderá pensar, ao ouvir este relato, que as muletas foram sacudidas *ameaçadoramente*, mas de forma alguma foi esse o caso; eles, como saudação, mostraram um ao outro o que lhes sobrara em comum: muletas. Minha mãe havia subido na calçada e, parada diante da vitrina, me dava as costas. Vi que ela tremia; aproximando-me dela, olhei-a de esguelha; ela estava chorando. Fingimos que olhávamos a vitrina; eu não disse uma palavra. Quando ela se controlou, voltamos para casa, em silêncio. Nunca falamos daquele encontro.

## HOMENAGEM A GOTTFRIED KELLER

Travei uma amizade literária com Walter Wreschner, de uma classe análoga à minha. Era filho de um professor de psicologia de Breslau. Sempre se expressava de forma "culta", e comigo não usava o dialeto. Nossa amizade desenvolveu-se naturalmente; falávamos sobre livros. Mas havia entre nós uma enorme diferença, pois ele gostava do que havia de mais moderno, daquilo de que se falava, no momento, que então era Wedekind.

Wedekind às vezes vinha a Zurique e apresentava, no Schauspielhaus, o seu *Espírito da terra* [*Erdgeit*]. Havia muita controvérsia em torno dele; formaram-se dois partidos, pró e contra ele; o partido contrário era maior, o outro era mais interessante. Eu nada conhecia dele diretamente, e o relato de minha mãe, do que havia visto no Schauspielhaus, embora vivaz (ela me descreveu minuciosamente a sua aparição com o chicote), era incerto quanto ao julgamento. Esperara encontrar algo no gênero de Strindberg; mas, embora não negasse inteiramente uma certa analogia entre ambos, achou que o teatro de Wedekind tinha algo de prédica e de sensacionalismo ao mesmo tempo, querendo fazer barulho e ser notado, não importando como e a qualquer custo. Strindberg, pelo contrário, era mais rigoroso e superior, conservando, também, toda a sua perspicácia. *Ele* teria algo de médico — mas não para curar, menos ainda o corpo. Só mais tarde eu entenderia o que ela queria dizer, quando eu próprio o lesse. De qualquer forma, a imagem que formei de Wedekind foi muito imprecisa, e como não queria me antecipar, e era sumamente paciente quando prevenido pela pessoa certa, ainda não sentia qualquer atração por ele.

Wreschner, pelo contrário, falava dele sem parar, tendo até mesmo escrito uma peça no seu estilo, que me deu para ler. Nela o palco era cenário de constantes tiroteios, repentinos, sem motivo, eu não entendia por quê. Aquilo para mim era mais estranho do que se se passasse na Lua. Naquela época eu procurava em todas as livrarias o *David Copperfield*, que seria um presente para mim em coroamento de um ano e meio de entusiasmo por Dickens. Wreschner me acompanhava às livrarias mas não encontrávamos a obra em parte alguma. Wreschner, que não tinha o menor interesse por uma leitura tão antiquada, zombava de mim e dizia que era um mau sinal que o Davizinho Copperfield, como ele o chamava com desprezo, não existisse em lugar algum, o que significava que ninguém queria lê-lo. "Você é o único", acrescentava com ironia.

Finalmente encontrei o romance, mas em alemão e em brochura, e disse a Wreschner como me parecia tolo o seu Wedekind (que eu só conhecia através de sua imitação).

Essa tensão entre nós, no entanto, era agradável; ele me ouvia com atenção quando eu falava de meus livros, tendo até mesmo ouvido tudo acerca do conteúdo do *Copperfield*; entrementes, ouvia dele as coisas mais estranhas que se passavam nas peças de Wedekind. Não se importava que eu sempre repetisse: "Isto não existe! Isto é impossível!". Pelo contrário, ele sentia prazer em me surpreender. O que me admira é hoje eu não ter a mínima lembrança daquilo com que ele então me surpreendia. Passou por mim como se não acontecesse; como nada havia em mim a que aquilo pudesse se ligar, achei que eram só bobagens.

Houve um momento em que nossos orgulhos se fundiram, e formamos um partido de dois contra uma multidão. Em julho de 1919, celebrou-se o centenário de Gottfried Keller. Toda a nossa escola deveria reunir-se na igreja dos Pregadores com esse propósito. Wreschner e eu caminhamos juntos de Rämistrasse até Predigerplatz. Jamais ouvíramos falar de Gottfried Keller; sabíamos apenas que era um escritor de Zurique, nascido havia cem anos. Admiramo-nos de que a solenidade se realizasse na igreja dos Pregadores, pois era a primeira vez que isso acontecia. Em casa não obtive resposta às minhas perguntas sobre ele: minha mãe não conhecia sequer o título de uma de suas obras. Também Wreschner nada soubera a seu respeito, e disse apenas: "Bem, ele é suíço". Estávamos de bom humor pois nos sentíamos excluídos, a nós só interessava a literatura do grande mundo, a mim a inglesa, a ele a alemã contemporânea. Durante a guerra fôramos como que inimigos, eu partidário dos Catorze pontos de Wilson, ele torcendo pela vitória dos alemães. Mas desde a derrota das potências centrais, eu me afastei dos vitoriosos, pois naquele tempo eu já tinha antipatia pelos vencedores, e quando percebi que os alemães não eram tratados de acordo com o que Wilson preconizara, bandeei-me para o lado dos vencidos.

Portanto, agora, só o que nos separava era Wedekind, de cuja fama, embora eu dele nada entendesse, não duvidei por um momento. A igreja dos Pregadores estava repleta e havia um ar solene. Primeiro música e depois um grande discurso. Já não sei quem o pronunciou, possivelmente um dos professores de nossa escola, mas não de nossa classe. Só sei que ele enaltecia cada vez mais o significado de Gottfried Keller. Wreschner e eu trocávamos olhares irônicos. Pensávamos saber o que era um escritor, e quando de alguém nada conhecíamos, então não podia ser grande. Mas quando o orador começou a reivindicar cada vez maiores glórias para Keller, falando dele assim como eu costumava ouvir falar de Shakespeare, Goethe, Victor Hugo, Dickens, Tolstói e Strindberg, fui tomado de um horror que hoje mal consigo descrever, como se tivesse sido profanado aquilo que havia de mais sublime no mundo, a glória dos grandes escritores. Fiquei tão zangado que tive vontade de gritar. Eu pensava sentir a devoção da multidão ao meu redor, talvez porque tudo se passasse numa igreja, pois ao mesmo tempo eu tinha perfeita consciência de que muitos de meus colegas eram completamente indiferentes a Keller, já porque os escritores, que eram matéria de estudos de muitos deles, lhes eram antes de tudo enfadonhos. A devoção consistia na maneira muda como todos suportavam a situação, ninguém dava um pio; eu era acanhado ou bem-educado demais para perturbar dentro de uma igreja; minha ira se introverteu e se transformou num juramento não menos solene do que a ocasião que o originou. Assim que saímos da igreja, eu disse gravemente a Wreschner que teria preferido fazer seus comentários irônicos: "Temos que jurar, ambos temos que jurar, que jamais pretenderemos nos tornar *celebridades locais*!". Notou que eu não estava brincando e jurou para mim, assim como eu jurei para ele, mas duvido que ele o tenha feito de todo o coração, pois achava que Dickens, que ele não havia lido, assim como eu não lera Keller, era a *minha* celebridade local.

É bem possível que aquele discurso estivesse cheio de frases vazias, o que desde cedo eu aprendi a distinguir; mas o que atingiu mais profundo meus puros sentimentos, foi aquela consideração por um escritor que nem sequer minha mãe havia lido. O meu relato a desconcertou, e ela disse: "Não sei, creio que já é tempo que eu leia alguma coisa dele". Em minha próxima visita ao Círculo de Leitura de Hottingen, pedi *Os camponeses de Seldwyla*. A moça do guichê sorriu, e um senhor que também fora procurar um livro me corrigiu, como se eu fosse um analfabeto: *A gente de Seldwyla*. Faltou pouco para que ele me perguntasse: "Você já sabe ler?". Fiquei muito envergonhado e desde então fui mais discreto com relação a Keller. Mas eu ainda não suspeitava com quanto encantamento algum dia eu haveria de ler *Henrique, o Verde*, e quando, em meu tempo de estudante, de volta a Viena, me apaixonei perdidamente por Gogol, achei que em toda a literatura alemã, até onde eu a conhecia na época, só havia uma história que poderia ser dele, e essa história era de Keller. Se eu tivesse a felicidade de estar vivo no ano de 2019, e tivesse a honra de estar na igreja dos Pregadores para a celebração de seu bicentenário e para homenageá-lo com um discurso, eu encontraria outras palavras laudatórias, que conquistariam até mesmo o orgulho ignorante de um menino de catorze anos.


DESOLAÇÃO EM VIENA. O ESCRAVO DE MILÃO

Minha mãe suportou essa vida conosco durante dois anos; nós a tínhamos a nossa inteira disposição e me parecia feliz, só porque eu também o era. Eu não suspeitava o quanto lhe era difícil nem que algo lhe pudesse faltar. Mas repetiu-se o que antes já acontecera em Viena; após concentrar seus esforços em nós nesses dois anos, suas forças começaram a abandoná-la. Algo dentro dela desmoronou, sem que eu o notasse. A desgraça veio na forma de uma doença que então atingia a todo o mundo, a grande epidemia de gripe no inverno de 1918-9, e como nós três a tivemos, assim como todas as pessoas que conhecíamos, colegas, professores, amigos, não estranhamos que ela também adoecesse. Talvez lhe faltassem os devidos cuidados, talvez ela abandonara o leito cedo demais: de repente surgiram complicações e ela teve uma trombose. Foi internada em um hospital, onde ficou algumas semanas, e quando voltou para casa já não era a mesma. Necessitava de muito repouso e tinha que se poupar; o trabalho doméstico lhe era excessivo e a pequena residência fazia-a sentir-se sufocada e oprimida.

À noite, ela já não ficava enrodilhada em sua poltrona com a cabeça apoiada no punho; não tocava na grande pilha de livros amarelos que eu lhe preparava como antes, sobre a mesa; Strindberg perdera sua estima. "Estou nervosa demais", dizia ela, "ele me deprime, agora não posso lê-lo." À noite, quando eu já estava na cama, no quarto ao lado, ela de repente se sentava ao piano e tocava canções tristes. Tocava baixinho para não me acordar, pensava que eu dormia; cantarolava mais baixo ainda, e depois eu a ouvia chorar e falar com meu pai, que estava morto havia seis anos.

Os meses que se seguiram foram de lenta dissolução. Estados de fraqueza recorrentes convenceram-na, e a mim, de que as coisas não poderiam continuar assim. Teria que desfazer-se da casa. Fizemos toda a espécie de conjecturas sobre o destino de meus irmãos e do meu. Os dois pequenos frequentavam a escola em Oberstrasse, mas estavam no curso primário, e assim nada perderiam se voltassem ao pensionato em Lausanne, onde já haviam estado durante alguns meses em 1916. Lá poderiam melhorar seu francês, que eles ainda não dominavam bem. Mas eu já ingressara no ginásio da escola cantonal, onde me sentia bem e gostava da maioria dos professores. Estava tão apegado a um deles, que cheguei a declarar a minha mãe que não frequentaria uma escola onde ele não estivesse. Ela conhecia a força de minhas paixões, tanto negativas quanto positivas, e sabia que com elas não se podia brincar. Assim, durante todo o longo período deliberatório, ficou decidido que eu permaneceria em Zurique e moraria em algum pensionato.

Ela própria faria de tudo para recuperar sua saúde, seriamente abalada. Passaríamos juntos o verão nas montanhas de Berna. Depois, quando nós três estivéssemos devidamente alojados, ela viajaria a Viena para se submeter a rigorosos exames pelos bons especialistas que ainda havia naquela cidade. Estes saberiam prescrever-lhe o tratamento certo, que ela seguiria à risca. Talvez levasse um ano até que novamente pudéssemos nos reunir, talvez mais. A guerra havia terminado; Viena a atraía. Nossos móveis e livros estavam depositados em Viena, sabe-se lá em que condições após essa ausência de três anos. Havia muitos motivos para voltar a Viena; mas o principal era a própria Viena. Ouvíamos falar que a situação por lá estava muito difícil. Além de todos os motivos particulares, sentia uma espécie de obrigação de verificar por si mesma como as coisas estavam. A Áustria havia se desintegrado; o país, no qual ela pensara com uma espécie de amargura enquanto estava em guerra, havia se reduzido, para ela, principalmente a Viena. Havia desejado a derrota das potências centrais, convencida de que estas haviam começado a guerra. Agora ela se sentia responsável, quase culpada, por Viena, como se suas convicções tivessem precipitado a cidade na desgraça. Certa noite me disse com toda a seriedade que ela teria de verificar pessoalmente qual era a situação, pois a ideia de que Viena pudesse ficar completamente arruinada lhe era insuportável. Comecei a entender, embora indistintamente, que a deterioração de sua saúde, de sua lucidez e de sua firmeza, de seus sentimentos para conosco, estava relacionada com o término da guerra, que ela no entanto desejara apaixonadamente, e com a derrocada da Áustria.

Havíamos nos conformado com nossa próxima separação, quando, ainda juntos, fomos passar o verão em Kandersteg. Eu estava acostumado a me hospedar com ela em grandes hotéis; desde a sua juventude ela não frequentava outros. Ela apreciava o ambiente calmo, a cortesia com que nos serviam, a variedade dos hóspedes que podíamos observar de nossa própria mesa, sem demasiada curiosidade, durante as refeições. Gostava de nos fazer comentários sobre aquela gente, estendendo-se em suposições; procurava determinar de onde eles provinham, criticava-os ou elogiava-os em voz baixa. Era de opinião que assim eu teria uma ideia do grande mundo, sem me aproximar demais dele, pois para isso eu ainda era muito jovem.

Durante o verão anterior estivéramos em Seelisberg, no alto dum penhasco que dava para o lago Urner. De lá costumávamos descer, através da floresta, até Rütliwiese, primeiro em honra de Guilherme Tell, depois para colher os aromáticos ciclamens, cujo perfume ela tanto amava. Ela não olhava para as flores que não tivessem aroma, como se não existissem, mas tanto maior era sua paixão por junquilhos, jacintos, ciclamens e rosas. Gostava de falar delas, e o justificava com as rosas de sua infância, no jardim paterno. Nunca consegui interessá-la pelos cadernos de história natural que eu trazia da escola para diligentemente preenchê-los em casa — um verdadeiro esforço para um mau desenhista. "Estão mortos", dizia ela, pondo-os de lado, "tudo isto está morto, não tem cheiro, só nos deixa tristes!" Mas Rütliwiese a arrebatou: "Não admira que a Suíça tenha nascido aqui! Com este aroma de ciclamens eu teria jurado tudo. Eles bem sabiam o que estavam defendendo. Por este aroma eu daria a vida". De repente ela confessou que em *Guilherme Tell*, de Schiller, sempre lhe faltara alguma coisa. Agora ela sabia o que era: o aroma. Ponderei que naquele tempo talvez ainda não existissem ciclamens na floresta.

"É claro que existiam. Do contrário não existiria a Suíça. Você acha que eles teriam jurado se não fosse isto? Foi aqui, neste lugar, e este aroma lhes deu a força para o juramento. Você acha que em outros lugares não havia camponeses que eram subjugados pelos seus senhores? Por que justamente a Suíça? Por que estes cantões do interior? Aqui, em Rütliwiese, nasceu a Suíça, e agora sei de onde eles tiraram a coragem." Pela primeira vez expressava suas dúvidas acerca de Schiller; havia me poupado disso para não me confundir. Sob a influência desse aroma, deixou de lado seus escrúpulos e me confiou algo que havia muito tempo a afligia: as maçãs podres de Schiller. "Creio que ele era bem diferente quando escreveu *Os bandidos* [*Die Räuber*]; naquele tempo ele não precisava de maçãs podres." "E *Don Car-*

*los?* E *Wallenstein?*" "Sim, sim", disse ela, "é bom que você saiba disso. Você ainda descobrirá que há poetas que *tomam empresta-do* a sua vida. Outros a *possuem*, como Shakespeare." Fiquei tão indignado com sua traição aos nossos serões vienenses, quando líamos Shakespeare e Schiller, que retruquei um tanto irreveren-te: "Parece que você se embriagou com o cheiro dos ciclames. É por isso que você diz coisas que em outras ocasiões nem lhe passariam pela cabeça".

Ela deixou estar. Talvez sentisse que nisso havia algo de verdade; gostava que eu tirasse minhas próprias conclusões, não me deixando envolver. Também com relação à vida no hotel eu mantive a cabeça fria, não me impressionando absolutamente com os hóspedes grã-finos, mesmo com aqueles que realmente o eram.

Estávamos hospedados no Grand Hotel; ela achava que de vez em quando, pelo menos durante as férias, deveríamos viver de acordo com nossa posição. Além disso, não faria mal que desde cedo nos acostumássemos às mudanças no estilo de vida. Também na escola eu conviveria com colegas dos mais diferen-tes níveis. Por isso eu gostava de estar lá, ela dizia. Ela esperava que eu gostasse da escola não porque tinha mais facilidade de aprender do que os outros.

"Mas é isso que você quer! Você me desprezaria se eu fosse mau aluno!"

"Não é isto o que eu quero dizer. Nem sequer penso nisto. Mas você gosta de conversar comigo, nunca quer me aborrecer, e para isto você precisa saber de muitas coisas. Pois eu não posso conversar com um desmiolado. Preciso levar você a sério."

Isso fazia sentido. Mas eu ainda não entendia perfeitamente onde estava a correlação com a vida em um hotel de luxo. Eu percebia que havia relação com suas origens, com aquilo que ela chamava de "uma boa família". Em sua família havia pes-soas más, mais de uma, e muitas vezes ela falava comigo sobre isso, com toda a franqueza. Seu primo e cunhado a chamara de "ladra" em minha presença; gritara com ela e a acusara da maneira mais vil. Não era ele da mesma família? E o que havia de bom nele? Ele queria mais dinheiro do que já tinha, foi o que ela finalmente declarou. Sempre que falava de sua "boa família", eu encontrava uma parede na minha frente. Então ela ficava aferrada, inabalável, impenetrável a qualquer argumento. Às vezes eu ficava tão desesperado por causa disso, que a sacudia com força e gritava: "Você é você! Você é muito mais do que qualquer família!".

"E você é atrevido. Você me machuca. Largue-me!" Eu a largava, mas antes disso eu ainda dizia: "Você é mais do que qualquer pessoa no mundo! Eu sei! Eu sei disso!". "Algum dia você falará de forma diferente. Não terei de lembrá-lo disso."

Mas não posso dizer que me sentisse infeliz no Grand Hotel, onde aconteciam coisas demais. Pouco a pouco, estávamos conversando com pessoas que haviam viajado muito. Quando estávamos em Seelisberg, um velho senhor nos falou da Sibéria, e poucos dias depois conhecemos um casal que viajara pelo rio Amazonas. No verão seguinte, em Kandersteg, onde naturalmente também nos hospedamos em um grande hotel, ocupava a mesa ao lado um inglês muito calado, mr. Newton, que sempre lia o mesmo livro. Minha mãe não descansou enquanto não descobriu que se tratava de um volume de Dickens, e justamente *David Copperfield*. Ele me cativou, mas isso não o impressionou. Continuou silencioso durante semanas, quando então nos levou a mim e a duas outras crianças da mesma idade, para uma excursão. Caminhamos durante seis horas, sem que ele pronunciasse mais de uma sílaba, uma vez ou outra. Quando, na volta, ele nos entregou aos respectivos pais, observou que a paisagem das montanhas de Berna não se comparava com o Tibete. Eu o olhei boquiaberto, como se fosse Sven Hedin em pessoa, mas jamais descobri mais do que isso.

Em Kandersteg minha mãe teve um acesso que me demonstrou, mais do que seu estado de fraqueza e mais do que nossas conversas em Zurique, a insondabilidade das coisas que se passavam com ela. Chegou ao hotel uma família de Milão: a esposa, uma senhora vistosa da sociedade italiana; o marido, um industrial suíço que havia muito tempo vivia em Milão. Estava com eles um pintor, Micheletti — "um pintor afamado" —, seu vassalo, que só podia pintar para a família e por ela era vigiado: um homem pequeno que se comportava como se estivesse fisicamente agrilhoado ao industrial por seu dinheiro e à senhora por sua beleza. Também admirava minha mãe e certa noite, ao sair do refeitório, lhe fez um elogio. Não ousou dizer-lhe que gostaria de pintar o seu retrato, mas ela o tinha por certo, e disse, ao subirmos no elevador: "Ele quer fazer o meu retrato! Me tornarei imortal!". Ela não conseguia se acalmar. Por muito tempo — as "crianças" já estavam na cama — lhe fiz companhia, pois ela não podia se sentar e andava incessantemente pelo quarto, como se estivesse num palco, declamando e cantando; no fundo, não dizia coisa alguma, apenas repetia, continuamente, o mesmo estribilho: "Me tornarei imortal!".

Tentei acalmá-la; sua excitação me surpreendia e me assustava. "Mas ele *nem sequer disse* que queria pintá-la!" "Foi com os olhos que ele o disse, com os olhos, com os olhos! Ele não podia dizê-lo, a senhora estava presente, como haveria ele de falar! Eles o vigiam, ele é seu escravo, ele se vendeu a eles, tudo o que ele pinta pertence a eles, obrigam-no a pintar o que *eles* querem. É um grande artista e é tão fraco! Mas a *mim* ele pintará. Ele encontrará coragem para tanto e o dirá a eles! Ele os ameaçará de nunca mais tornar a pintar! Ele lhes arrancará o consentimento. Ele me pintará e me tornarei imortal!" E então tudo começava de novo, a última frase como estribilho. Sentia vergonha por ela, achava aquilo mesquinho; depois que o primeiro susto passou, irritei-me e a ataquei de todas as maneiras, só para que ela voltasse à realidade. Ela nunca falava sobre pintura, era a única arte que pouco a interessava e de que nada entendia. Tanto maior era a vergonha pela repentina importância que ela agora lhe dava. "Você ainda não viu qualquer quadro dele! Talvez nem sequer lhe agrade o que ele pinta. Você jamais ouviu pronunciar o nome dele. Como pode dizer agora que ele é famoso?" "Eles mesmos o disseram, seus amos, eles não tiveram acanhamento em dizer: um afamado retratista de Milão, e o mantêm prisioneiro! Ele sempre olha para mim. De sua mesa, ele sempre olha para o meu lado. Quase me mete pelos olhos adentro, não pode evitá-lo. Ele é artista, está possuído por uma força superior, eu o inspirei e ele tem que me pintar!"

Muitas pessoas olhavam para ela, e jamais com descaramento ou impudência. Parece que isso nada significava para ela, pois jamais o comentava; eu pensava que ela não o notasse, sempre entretida com algum pensamento, mas eu percebia todos os olhares que eram dirigidos a ela, e talvez fosse por ciúme, e não por respeito, que eu nunca o mencionava. Mas agora ela o recobrava de uma forma terrível, eu me envergonhava por ela, não porque ela quisesse tornar-se imortal (isso eu podia entender, embora jamais suspeitasse da violência e da intensidade desse seu desejo), mas porque ela punha nas mãos de outro a sua realização, e, ainda por cima, de alguém que se tinha vendido, que para ela própria era um escravo indigno. Que ela dependesse da covardia dessa criatura e do capricho de seus senhores, o casal rico de Milão, que o mantinham na trela como a um cão e a quem chamavam com um assobio quando ele tentava entabular uma conversa com quem quer que fosse: isso para mim era horrível; uma humilhação para minha mãe que eu não suportava, e em minha ira, que ela sempre tornava a atiçar, acabei com sua esperança, impiedosamente, provando-lhe que ele dirigia galanteios a todas as mulheres que encontrava ao se retirar do salão, e sempre de forma breve, até que seus senhores o puxassem pelo braço.

Mas ela não cedeu de imediato; defendeu como uma leoa os galanteios que recebera de Micheletti, refutou tudo o que eu acabara de provar, veio-me com cada um dos olhares que ele lhe havia lançado — não perdera nenhum e de nenhum se esquecera; durante os poucos dias desde a chegada dos milaneses, ela não registrara outra coisa, conforme ficou evidenciado, ficara à espreita de seus galanteios, dera um jeito para alcançar a porta de saída do salão ao mesmo tempo que ele; odiava como à peste a sua ama, a bela senhora da sociedade, mas compreendia seus motivos, pois queria ser retratada por ele o maior número de vezes possível; e ele, um homem um tanto leviano, conhecendo seu próprio caráter, havia se submetido espontaneamente à escravidão para não sucumbir, por amor à sua arte que ele prezava acima de tudo. Ele agira certo, essa fora uma atitude sábia de sua parte, pois o que podíamos nós saber sobre as tentações de um gênio, e tudo o que nós podíamos fazer, num caso desses, era ficar de lado e aguardar serenamente que ele se sentisse atraído por nós, e então contribuir um pouco para o desenvolvimento de sua arte. Além do mais, ela tinha plena certeza de que ele queria pintar seu retrato e torná-la imortal.

Desde o tempo de Viena, desde as visitas de *Herr* Professor, eu não havia sentido tanto ódio por alguém. E isso surgiu de uma maneira muito súbita, pois fora suficiente que o suíço de Milão, na noite de sua chegada, diante de um grupo de hóspedes, fizesse uma observação sobre o pequeno Micheletti. Apontando para suas pequenas polainas brancas, sacudindo a cabeça, ele disse: "Não sei o que as pessoas sentem por ele. Em Milão todo mundo quer que ele pinte seu retrato, mas ele só tem duas mãos, não é mesmo?".

Talvez minha mãe percebesse algo de meu ódio; ela o havia experimentado naquela ocasião em Viena, durante semanas terríveis, e, apesar de sua atual alucinação, ela sentia meu antagonismo, primeiro como algo importuno, depois como algo perigoso. Ela insistia com obstinação no retrato, em que ela acreditava, e, ainda quando notei que suas forças a abandonavam, ela sempre repetia as mesmas palavras. Mas de repente ela, durante sua caminhada pelo quarto, estacou ameaçadoramente à minha frente e disse com desdém: "Será que você está com inveja de mim? Você quer que eu diga a ele que só pode nos pintar juntos? É tão importante para você? Não seria melhor que você mesmo fizesse por merecer?".

Essa acusação era tão vil e tão falsa que não encontrei resposta. Deixou-me sem fala, mas não sem pensamento. Como finalmente olhara para mim durante seu discurso, ela leu o efeito em meu rosto, teve um colapso e se desfez em amargos lamentos: "Você pensa que estou louca. Você tem a vida toda à sua frente. A minha está no fim. Será que você é um ancião, para não me entender? Está com o espírito de seu avô? Ele sempre me odiou. Mas seu pai não, seu pai não. Se estivesse vivo, ele agora me protegeria de você".

Ela estava tão exausta que começou a chorar. Eu a abracei e a acariciei, e de compaixão lhe concedi o retrato que tanto desejava. "Será muito bonito. Você deve aparecer nele sozinha. Só você. Todos o admirarão. Vou dizer a ele que lhe dê de presente. Mas seria melhor que fosse para um museu." Ela gostou da proposta e aos poucos se acalmou. Mas estava muito fraca; eu a ajudei a se deitar. Sua cabeça estava inerte e exausta sobre o travesseiro. Ela disse: "Hoje eu sou o filho e você é a mãe", e adormeceu.

No dia seguinte, tímida, ela evitou os olhares de Micheletti. Eu a observava preocupado. Seu entusiasmo havia se desvanecido; ela nada esperava. O pintor fazia galanteios a outras mulheres e era afastado pelos seus guardiões. Ela nada notava. Após alguns dias o grupo de Milão deixou o hotel; a senhora tivera algum aborrecimento. Quando haviam saído, *Herr* Loosli, o hoteleiro, veio à nossa mesa e disse a minha mãe que ele não queria hóspedes como aqueles. O pintor não tinha fama, ele se havia informado. O casal obviamente procurara arrebanhar clientes para ele. Ele dirigia uma casa de respeito, onde não havia lugar para aventureiros. Mr. Newton, na mesa ao lado, tirou os olhos de seu livro, fez que sim com a cabeça e engoliu algumas palavras. Isso era muito, tratando-se dele, e foi entendido, tanto por *Herr* Loosli como por nós, como um sinal de desaprovação. Minha mãe a *Herr* Loosli: "Ele não se comportou corretamente". O hoteleiro prosseguiu sua ronda, desculpando-se com todos os hóspedes. Todos pareciam aliviados com a partida dos milaneses.

# V. ZURIQUE — TIEFENBRUNNEN — 1919-1921

## AS BOAS SOLTEIRONAS DA VILA YALTA.
## DR. WEDEKIND

Eu desconhecia a origem do nome Yalta, mas soou-me familiar, pois parecia turco. A casa ficava no arrabalde de Tiefenbrunnen, próxima do lago, do qual só uma rua e a estrada de ferro a separavam; ficava numa pequena elevação, no meio de um jardim cheio de árvores. Através de uma curta ladeira chegava-se à face esquerda do prédio; em cada um dos quatro cantos havia um grande álamo, tão próximos à casa, que parecia que as árvores a sustentavam. Elas tiravam da construção quadrangular um pouco de seu peso, eram visíveis de longe, quando se estava sobre o lago, e assinalavam o lugar.

O jardim na frente da casa ficava isolado da rua por hera e árvores; ali sempre havia muitos lugares onde se esconder. Próximo à casa havia um enorme teixo com longos galhos, prontos para serem trepados: num instante, estava-se lá em cima.

Atrás da casa alguns degraus conduziam a uma velha quadra de tênis, havia muito descuidada, cujo terreno, acidentado e áspero, servia para tudo, menos para jogar tênis, e era usado para todas as atividades públicas. Ao lado dos degraus de pedra havia uma macieira que era um milagre de fertilidade; quando me mudei para lá, estava tão carregada que seus galhos tinham que ser sustentados por estacas. Quando se saltava sobre os degraus, as maçãs caíam no chão. À esquerda, uma pequena casa anexa, de paredes revestidas de ramada, estava alugada a um violoncelista e a sua mulher; da quadra de tênis ouvia-se quando ele ensaiava.

O verdadeiro pomar só começava mais nos fundos. Era rico e produtivo, mas não atraía tanto quanto a macieira que, devido a sua posição, estava sempre à vista.

Da vereda, entrava-se na casa através de um grande salão, sóbrio como uma sala de aula vazia. Havia uma mesa comprida, à qual, em geral, algumas meninas faziam suas tarefas ou escreviam cartas. Vila Yalta por muito tempo fora um internato de moças. Havia pouco tinha sido transformada em simples pensão; mas os inquilinos continuavam sendo, em sua maioria, moças dos mais diversos países que, se não mais recebiam instrução na casa, frequentavam outras instituições, fazendo suas refeições em conjunto e sendo vigiadas pelas senhoras.

O longo refeitório no andar térreo, sempre cheirando a mofo, não era menos sóbrio do que o salão da entrada. Eu dormia numa pequena água-furtada do segundo andar, estreita e modestamente decorada, mas de onde eu podia ver o lago através das árvores do jardim.

A estação ferroviária de Tiefenbrunnen ficava próxima; uma passarela cruzava por cima da via férrea, desde Seefeldstrasse, onde ficava a casa, até a estação. Em certa época do ano, o sol nascia quando eu atravessava a passarela; e, embora eu sempre estivesse atrasado e com pressa, nunca deixava de me deter e de prestar minha homenagem ao sol. Depois eu me precipitava pelos degraus de madeira até a estação, saltava para dentro do trem e viajava, através do túnel, até a próxima estação, em Stadelhofen. Corria pela Rämistrasse até a escola cantonal, mas parava em todos os lugares onde houvesse algo para ver e sempre chegava atrasado à escola.

O caminho de volta para casa eu fazia a pé, através da Zollikerstrasse, que ficava mais no alto, geralmente na companhia de um colega que também morava em Tiefenbrunnen. Entretínhamo-nos com profundas conversações, e eu lamentava quando, próximos de casa, tínhamos que nos separar. Eu nunca falava a ele das senhoras e das meninas com as quais morava, pois temia que ele me desprezasse por causa de tanta companhia feminina.

Trudi Gladosch, a brasileira, vivia havia seis anos na Yalta; era pianista, frequentava o conservatório e fazia parte dos móveis e utensílios da casa. Dificilmente se entrava na casa sem ouvi-la ensaiando. Seu quarto ficava em cima, e ela estudava pelo menos seis horas por dia, às vezes mais. A gente se acostumara tanto a ouvi-la, que seus sons faziam falta quando ela parava. Durante o inverno, ela se embrulhava em várias malhas de lã, pois sofria miseravelmente com o frio. Estranhava o clima, ao qual nunca se acostumou. Para ela não havia férias, pois o Rio de Janeiro, onde viviam seus pais, ficava longe demais; havia seis anos ela não ia para casa. Sentia saudades, mas apenas do sol. Nunca falava de seus pais, no máximo uma breve menção quando recebia cartas, o que era bastante raro, uma ou duas vezes por ano. O nome Gladosch era tcheco; o pai havia emigrado da Boêmia para o Brasil, não fazia muitos anos; ela própria nascera no Brasil. Trudi tinha voz aguda, um pouco estridente; gostávamos de discutir, e não havia nada sobre o que não discutíssemos. Ela tinha um jeito de se exaltar que me encantava. Partilhávamos muitos ideais nobres e éramos almas gêmeas em nosso desprezo por todos os bens venais; mas eu estava convencido de que sabia mais do que ela, ainda que ela fosse cinco anos mais velha. Quando ela, que vinha de um país por assim dizer selvagem, defendia a prioridade do sentimento sobre o conhecimento, e eu respondia com a necessidade do conhecimento, que ela julgava nocivo e corruptor, inevitavelmente nos atracávamos. Chegávamos até mesmo a lutar de verdade; eu tentava derrubá-la segurando-a pelas mãos, enquanto mantinha os braços estendidos para que ela não se aproximasse demais pois, particularmente durante nossas disputas, ela exalava um cheiro forte que me era insuportável. Talvez ela nem sequer soubesse como era desagradável o seu cheiro e explicasse a maneira distante com que lutávamos pela minha timidez e pelo respeito que me infundia sua idade. No verão, costumava usar um vestido branco com um decote redondo, como uma camisola, que ela chamava de Mérida; quando ela se agachava viam-se seus seios, que, embora eu os notasse, nada significavam para mim; só quando certa vez percebi um enorme furúnculo em seu seio, senti de repente uma grande compaixão por ela, como se fosse leprosa e proscrita. Rejeitada ela de fato o era, pois sua família havia anos não pagava a pensão, sempre fazendo promessas a *Fräulein* Mina para o próximo ano. Trudi sentia que recebia uma espécie de esmola, e por esse motivo tinha uma relação particularmente íntima com César, o velho cão são-bernardo, que quase só dormia e cheirava mal. Logo percebi, com algum constrangimento, que Trudi e César tinham o mesmo cheiro.

Mas éramos amigos e eu gostava dela, pois podíamos conversar acerca de tudo. Aliás, éramos nós que dávamos o tom à casa: ela por seus eternos ensaios e sua estada de seis anos; e eu por ser o recém-chegado e a única presença masculina. Ela era a mais velha das pensionistas, eu era o mais jovem. Ela conhecia as senhoras da casa sob todos os aspectos; eu só sob os melhores. Ela detestava a hipocrisia e não tinha papas na língua diante das senhoras. Mas não era má nem maliciosa ou hostil; era uma criatura bondosa, mas um pouco intrometida, como que nascida para ser preterida e desprezada — destino ao qual seus pais a acostumaram desde cedo — e naturalmente, o que muito me ofendeu quando o descobri, apaixonada e não correspondida. Peter Speiser, bem melhor pianista do que ela e que se comportava como um artista consumado e presunçoso, também frequentava a escola cantonal, numa classe paralela à minha, e foi a primeira pessoa sobre a qual Trudi e eu conversamos. Eu era demasiado ingênuo para perceber o motivo pelo qual ela falava nele com tanta frequência, e só após meio ano, quando por acaso li o esboço de uma carta dela para ele, abriram-se-me os olhos. Eu a interpelei e ela me confessou que o amava desesperadamente.

Durante todo esse tempo eu havia considerado Trudi como uma espécie de propriedade natural, que não exigia cuidados especiais, que sempre estava presente e simplesmente me pertencia, quando "pertencer" ainda tinha um significado completamente inofensivo para mim. Só após a sua confissão percebi que ela não me pertencia. Tendo-a perdido, ela adquiriu para mim a importância de uma coisa perdida. Eu dizia a mim mesmo que a desprezava, pois o seu relato sobre a tentativa de despertar o interesse de Peter me parecia deplorável. Ela só pensava em submeter-se; seu instinto era o de uma escrava. Queria ser espezinhada por ele, jogava-se — por carta — a seus pés. Mas para ele, orgulhoso e soberbo, era fácil não notá-la. Ele não a via a seus pés e, se a pisava, era apenas por descuido, sem que o percebesse. A seu modo, ela própria tinha uma espécie de orgulho, pois cuidava de seus sentimentos com a mesma seriedade e ponderação que dedicava a todo sentimento. Propugnava a independência dos sentimentos, e era este o seu patriotismo; não partilhava do meu pela Suíça, pela escola, pela casa em que ambos vivíamos, considerando-o imaturo. Peter era-lhe mais importante do que toda a Suíça. Entre todos os seus colegas músicos (eles tinham o mesmo professor), Peter era o melhor, sua carreira estava garantida, da casa de seus pais recebia toda a espécie de cuidados, era mimado, andava sempre bem trajado, usava uma cabeleira de artista e tinha uma boca enorme, com a qual falava forte sem que parecesse artificial; era amigo de todos e bastante afável para a sua idade. Não ignorava quem quer que fosse, pois todos são capazes de aplaudir; apenas não suportava o aplauso de Trudi, tingido de paixão. Quando entendeu o que ela sentia por ele — após inúmeras cartas de amor não enviadas, mas que, à sua maneira desleixada, ela esquecia de destruir, finalmente lhe enviou uma, passada a limpo —, Peter deixou de falar com ela e só a cumprimentava de forma fria e distante. Foi naquela época que — Trudi se lamentava de sua desgraça; era verão e ela usava seu eterno vestido de Mérida —, ao se inclinar para demonstrar seu grau de submissão à vontade de Peter, pude ver o enorme furúnculo em seu seio, despertando minha compaixão por ela.

Escrevia-se o nome de *Fräulein* Mina com *um* só "n", e nada tinha a ver, como ela dizia, com Minna von Barnhelm. Seu nome completo era Hermine Herder. Era a chefe do trevo de quatro folhas que dirigia a pensão, e era a única das quatro que tinha uma profissão específica, da qual se pavoneava bastante: era pintora. Sua cabeça, um tanto redonda demais, estava enterrada nos ombros, sobre seu corpo atarracado; pousava tão diretamente sobre o mesmo, como se jamais tivesse existido pescoço, um acessório supérfluo. A cabeça era muito grande, grande demais para o corpo, e o rosto era marcado por inúmeras veiazinhas vermelhas, que se concentravam principalmente nas faces. Tinha sessenta e cinco anos, mas parecia intacta; quem lhe elogiasse a vivacidade de espírito, ouvia dela que a pintura a mantivera jovem. Falava pausadamente e com nitidez, tal como caminhava; usava sempre roupas escuras, e só se percebiam seus passos, sob a saia que ia até o solo, quando subia a escada para o segundo andar, para o "ninho de pardal", seu estúdio, onde se refugiava para pintar. Lá ela pintava nada mais que flores, às quais chamava de seus filhos. Havia começado ilustrando livros de botânica; conhecia as peculiaridades das flores e gozava da confiança dos botânicos, que a procuravam para ilustrar seus livros. Falava deles como de bons amigos; citava dois nomes com frequência, os dos professores Schroter e Schellenberg. A obra mais conhecida de Schroter era *A flora dos Alpes*. O professor Schellenberg visitava a casa ainda no meu tempo e costumava trazer um líquen interessante ou um musgo especial, que explicava detalhadamente a *Fräulein* Herder, como se fizesse uma preleção em alemão literário.

Seus modos calmos talvez tivessem muito a ver com a pintura. Logo que ela se afeiçoou um pouco a mim, convidou-me para o seu "ninho de pardal", onde pude observá-la pintando. Fiquei muito admirado com a lentidão, paciência e solenidade com que trabalhava. Já o cheiro do estúdio fazia dele um lugar especial, diferente de todos os outros; eu o farejei assim que entrei, mas o farejei lentamente, como tudo o que lá se fazia. Logo que ela tomou o pincel na mão, começou a descrever o que fazia. "E agora eu colho um pouco de branco, bem pouquinho. Sim, vou usar o branco, porque aqui não há outro jeito, simplesmente tenho de usar o branco." Então repetia o nome da cor a todo o momento, e praticamente era tudo o que ela dizia. Entrementes, ela repetia o nome da flor que estava pintando, mas sempre seu nome botânico. Como ela pintava cada espécie separada, com todo o esmero — pois era o que sempre fizera para os livros de botânica —, aprendia-se com ela tanto os nomes latinos como as suas cores. Fora isso ela nada dizia, nem sobre o habitat, nem sobre as características e as funções da planta; ela omitia tudo o que aprendíamos com nosso professor de história natural, tudo o que nos era novo e fascinante e que tínhamos de desenhar em nossos cadernos; e, assim, as visitas ao "ninho de pardal" eram como um ritual que se compunha do cheiro de terebintina, das cores puras da paleta e dos nomes latinos das flores. Para *Fräulein* Mina essa ocupação era venerável e sagrada, e certa vez me confidenciou, num momento solene, que era uma vestal e por isso não havia casado; aqueles que dedicavam sua vida à arte têm que renunciar à felicidade das pessoas comuns.

*Fräulein* Mina tinha um temperamento pacífico e jamais ofendia alguém, o que certamente se devia às flores. Tinha uma boa opinião de si mesma; escrita em sua pedra tumular queria apenas uma frase: "Foi boa".

Morávamos próximo ao lago e costumávamos ir remar; Kilchberg ficava justo do outro lado. Certa vez remamos até lá para visitar o túmulo de Conrad Ferdinand Meyer, naquela época o meu poeta preferido. Fiquei surpreendido com a simplicidade da inscrição na lousa. Não se falava em "poeta", ninguém estava de luto, não era inesquecível para ninguém, apenas constava: "Aqui jaz Conrad Ferdinand Meyer. 1825-1898". Compreendi que qualquer palavra adicional só teria diminuído o efeito do seu nome, e pela primeira vez tive consciência de que o que importava era o nome, que só este ficava, e que ao lado dele tudo o mais era insignificante. No trajeto de volta — não era a minha vez de remar —, não consegui pronunciar uma palavra, o silêncio da inscrição havia me contagiado; mas de repente verifiquei que eu não era o único a pensar no túmulo, pois *Fräulein* Mina disse: "Eu gostaria de ter apenas uma frase em meu túmulo: foi boa". Nesse momento não gostei de *Fräulein* Mina, pois senti que o poeta, cujo túmulo visitáramos, nada significava para ela.

Falava, com frequência, da Itália, que ela conhecia muito bem. Em sua juventude fora preceptora na casa dos condes Rasponi, e a jovem condessa, sua ex-pupila, a cada dois anos a convidava à sua casa em Rocca di Sant' Arcangelo, próximo a Rimini. Os Rasponi eram pessoas cultas, cuja casa era frequentada por pessoas interessantes, que *Fräulein* Mina tivera oportunidade de conhecer no decorrer dos anos. Mas, quando se tratava de pessoas realmente famosas, *Fräulein* Mina sempre tinha reparos a fazer. Preferia os artistas simples que floresciam na sombra, aos quais talvez se identificasse. Era notável que não só ela, mas também *Fräulein* Rosy e as outras damas da casa, prestigiassem todo autor que tivesse publicado algo. Se em uma série de conferências se apresentavam escritores suíços da jovem ou média geração, pelo menos *Fräulein* Rosy comparecia com regularidade, pois gostava mais de literatura do que de pintura; no dia seguinte, no salão, fazia-nos um relatório detalhado sobre as singularidades do conferencista. As mulheres ouviam-na com toda a atenção e, embora não entendessem seus poemas, gostavam de um ou outro aspecto característico do homem, sua timidez quando agradecia os aplausos ou sua confusão quando cometia algum lapso. Sua atitude era muito diferente com relação às pessoas de quem todo mundo falava. Estas eram olhadas de outro modo, com olhos críticos, ferozes, principalmente com cada uma das características que destoassem das suas próprias.

No tempo em que a casa ainda era pensionato para senhoritas, não fazia muitos anos, as damas de vez em quando convidavam um autor para fazer a leitura de suas obras para as meninas. Carl Spitteler veio especialmente de Lucerna e se sentiu à vontade entre elas. Gostava de jogar xadrez e escolheu como adversária a melhor jogadora, Lalka, uma moça búlgara. E ali, sentado no salão, aquele homem de mais de setenta anos, com a cabeça apoiada na mão, observava a moça e dizia devagar, não após cada um de seus lances, mas com maior frequência do que convinha: "Você é bonita, e inteligente". Às senhoras da casa ele nada havia dito, nem mesmo lhes dera atenção; elas o acharam descortês, ou pelo menos lacônico, mas lá estava ele sentado diante de Lalka, olhando longamente para ela e repetindo de vez em quando: "Como é bonita e inteligente!". Não se esqueceram do fato e o contavam com uma indignação cada vez maior.

Entre as quatro damas havia uma que era mesmo bondosa, ainda que nunca o tivesse afirmado ela própria. Não pintava, não frequentava conferências, mas gostava de trabalhar no jardim. Era onde geralmente a encontrávamos quando o tempo o permitia; sempre tinha uma palavra amável, mas só uma palavra, e não toda uma aula; não me lembro de ter ouvido dela o nome latino de uma flor, embora lidasse com plantas o dia inteiro. *Frau* Sigrist era a irmã mais velha de *Fräulein* Mina, e com seus sessenta e oito anos parecia realmente velha. Seu rosto era todo encarquilhado e enrugado; era viúva e tinha uma filha, justamente *Fräulein* Rosy, que sempre fora professora e, contrariamente à mãe, falava sem parar.

Nunca nos lembrávamos de que uma era a filha e a outra a mãe; sabíamos disso, mas não fazia parte da ideia que diariamente tínhamos delas. Essas quatro damas formavam uma unidade que ninguém relacionava com qualquer homem. Nunca nos ocorria que elas tiveram pais, pois era como se tivessem vindo ao mundo sem pai. *Frau* Sigrist era a mais maternal das quatro e também a mais tolerante; jamais ouvi dela um preconceito ou uma condenação, mas tampouco expressava qualquer pretensão de ser mãe. Nunca a ouvi dizer "minha filha"; se Trudi não me tivesse contado, eu não o teria notado. Assim era que as atitudes maternais das quatro damas estavam muito limitadas, como se fosse algo indecoroso, quase indecente. *Frau* Sigrist era a mais calma das quatro; nunca se impunha, nunca dava ordens, nunca tomava posição. Ao encontrá-la sozinha no jardim, o máximo que se podia ouvir dela era uma palavra de aprovação; à noite, na sala de estar, onde as quatro se reuniam, ela em geral se mantinha calada. Sentava-se um pouco à margem, e sua cabeça redonda, que não tinha as dimensões da de *Fräulein* Mina, ficava sempre inclinada, no mesmo ângulo; suas rugas profundas faziam-na parecer uma avozinha, mas isso ninguém lhe dizia, como também não se mencionava que ela e *Fräulein* Mina eram irmãs.

A terceira era *Fräulein* Lotti, uma prima, talvez uma prima pobre, pois era a que tinha menos autoridade. Era a mais magra e a mais simples, pequena como as duas irmãs e quase da mesma idade; seus traços acentuados, suas atitudes e expressões eram os de velha solteirona assumida. Ela era um pouco preterida, pois não tinha pretensões intelectuais. Nunca falava de quadros ou de livros, o que ela deixava para as outras. Estava sempre costurando, pois era o que sabia fazer; quando, a seu lado, eu esperava que ela me pregasse um botão, ela pronunciava palavras resolutas, demonstrando mais energia em suas pequenas tarefas do que as outras nas mais importantes. Era a menos viajada e ainda mantinha relações com pessoas nos arredores da cidade. Tinha uma prima mais jovem do que ela, que morava numa casa de campo em Itschnach, e que às vezes visitávamos, durante algum passeio mais longo. *Fräulein* Lotti, que tinha muitos afazeres domésticos (ajudava também na cozinha), não nos acompanhava; não tinha tempo, como dizia com severidade, mas sem queixume, pois seu traço mais acentuado era o sentido do dever. Era para ela questão de orgulho renunciar a coisas nas quais tinha o maior interesse. Quando mais uma vez se combinava um passeio a Itschnach, corriam rumores em casa de que, quem sabe, quem sabe dessa vez ela nos acompanha, mas não se deve insistir demais, quando chegar a hora, ao nos ver reunidos no jardim, quem sabe ela de repente se junta a nós. Realmente, ela vinha para junto de nós, mas só para mandar suas lembranças muito explícitas à prima. Por que não nos acompanharia? Ora, o que vocês pensam! Há trabalho na casa para três dias, e tudo precisa estar pronto amanhã! Mas, se bem que nunca se deixasse induzir, ela dava muita importância àquela visita, dava valor às saudações que lhe trazíamos da prima, assim como ao relatório detalhado que, por turno, lhe fazíamos sobre o ocorrido. Quando alguma coisa não se enquadrava, fazia perguntas ou sacudia a cabeça. Eram momentos significativos na vida de *Fräulein* Lotti, eram, aliás, suas únicas exigências; quando a deixávamos muito tempo sem notícias de sua prima, sua mordacidade aumentava e ela se tornava insuportável. Mas isso raramente acontecia; fazia parte da rotina da casa que nos lembrássemos de fazer a visita, sem necessidade de maiores comentários.

Falta ainda a mais jovem e mais alta das quatro, *Fräulein* Rosy, que já mencionei. Estava na flor da idade, não completara ainda quarenta anos, vigorosa, forte, robusta, uma atleta; dirigia nossos jogos na quadra de tênis. Professora de corpo e alma, ela gostava de falar. Falava muito, num ritmo demasiadamente monótono, e tudo o que ela explicava, acabava sendo minucioso demais. Interessava-se por muitas coisas, especialmente pela nova geração de literatos suíços, pois lecionara também alemão. Mas fazia pouca diferença sobre o que ela falasse, pois soava sempre como se fosse a mesma coisa. Considerava seu dever abordar todos os temas e dificilmente deixava de dar uma resposta. Mas eram raras as oportunidades de lhe fazer perguntas, pois durante todo o tempo ela se ocupava por si em expor alguma coisa, e suas iniciativas eram inesgotáveis. Por ela soubemos tudo o que acontecera na Yalta desde o começo dos tempos; ficamos conhecendo todas as pensionistas de todos os países do mundo, e dentro do possível também aos seus pais, que às vezes, lamentavelmente mas nem sempre, apareciam para entregar as filhas; ficamos conhecendo seus méritos e suas deficiências, seus destinos posteriores, sua ingratidão, sua fidelidade. Podia acontecer que, após uma hora, já não a escutássemos, o que *Fräulein* Rosy jamais percebia, pois, quando por algum motivo tinha que interromper o relato, ela marcava com precisão o ponto onde tinha parado, e mais tarde prosseguia exatamente daquele ponto. Uma vez por mês ela se afastava por dois dias. Ficava em seu quarto e não descia para as refeições, estava com os "zumbidos na cabeça", como jovialmente chamava a dor de cabeça. Poder-se-ia pensar que para nós fossem dias de alívio, porém longe disso; todos sentíamos sua falta e tínhamos pena dela, pois se a monotonia de sua conversa fazia falta a *nós*, quanto mais faltaria a ela, que passaria dois dias no quarto, só e silenciosa!

Não se considerava artista, como *Fräulein* Mina, a quem cabiam os maiores privilégios; achava-se perfeitamente natural que *ela* se recolhesse ao "ninho de pardal" durante a maior parte do dia, enquanto as outras três estavam constantemente ocupadas com as tarefas práticas. *Fräulein* Mina também preparava as contas das pensionistas, enviando-as regularmente aos pais. Fazia-as acompanhar de uma carta bastante extensa, na qual acentuava o quanto lhe repugnava enviar contas, pois para ela importavam somente as flores que pintava e não pedir dinheiro. Também se estendia sobre o comportamento e o aproveitamento de suas pupilas, deixando transparecer claramente o profundo interesse que tinha por elas. Era tudo muito sentimental, desinteressado e nobre.

Em conjunto, chamávamos as quatro damas de "*Fräulein* Herder", embora duas delas tivessem outro sobrenome. Mas, considerando-se a descendência por linha materna, o nome estava certo. Apareciam juntas, como uma unidade, para o café preto na sala de estar; ou na varanda contígua, quando o clima estava bom; ou à noite, para um copo de cerveja. Então ficavam entre si, em sua hora de lazer e não se podia importuná-las por nada neste mundo. Era considerado um privilégio especial que eu pudesse entrar na sala de estar. Lá havia cheiro de almofadas e de roupas velhas, aquelas que as damas usavam, e, conforme a estação do ano, o cheiro de maçãs secas e de flores. Estas variavam como as jovens pensionistas da casa, mas o cheiro básico, o das damas, era sempre o mesmo e prevalecia. A mim não desagradava, pois eu era tratado com afeição. Dizia a mim mesmo que esse lar tinha algo de cômico, pois consistia só em mulheres, e, com exceção de *Frau* Sigrist, todas solteironas idosas; mas isso era pura hipocrisia, já que eu, como único homem na casa, não poderia estar em melhor posição; para aquelas mulheres, tanto para as velhas como para as jovens, eu era algo especial, porque eu era um *Jüngling*, como dizem os suíços, e qualquer outro *Jüngling* que estivesse em meu lugar teria os mesmos privilégios. Na realidade, eu fazia o que bem entendesse, lia ou estudava o que queria. Por essa razão ia, à noite, ao salão das quatro damas. Ali havia uma biblioteca na qual eu podia mexer à vontade. Os livros de ilustração eu folheava lá mesmo, os outros eu levava para ler na sala. Havia Mörike, cujos poemas e contos eu lia com encantamento; ali estavam os volumes verdes de Storm, e os vermelhos de Conrad Ferdinand Meyer. Este, durante algum tempo, foi meu poeta predileto; o lago me unia a ele, a todas as horas do dia e da noite, o frequente badalar dos sinos, as colheitas abundantes, mas também os temas históricos, especialmente sobre a Itália, de cuja arte eu finalmente tomava conhecimento, através também de muitos relatos verbais. Nessas estantes me deparei pela primeira vez com Jacob Burckhardt, e me atirei sobre *A cultura do Renascimento na Itália*, sem que eu pudesse, então, apreender muito de seu conteúdo. Para um menino de quatorze anos, o livro tinha demasiadas facetas, pressupunha experiência e reflexão sobre muitos aspectos da vida, alguns dos quais ainda me eram completamente desconhecidos. Mesmo assim, aquele livro foi para mim uma espécie de aguilhão, um estímulo para a amplidão e a multiplicidade, e um fortalecimento de minha desconfiança do poder. Percebi, admirado, o quanto era modesta, até mesmo mesquinha, a minha sede de saber, e me dava conta de que havia escalas e variações com as quais eu jamais sonhara. Não pude reconhecer a ele próprio, como figura, através do livro; ele se perdia e se dissolvia dentro do mesmo, e lembro-me da impaciência com que o recoloquei no armário, como se ele tivesse se ocultado de mim em outra língua, que eu quase não conhecia.

A "edição de luxo" que eu contemplava com verdadeira inveja chamava-se: *As maravilhas da natureza*, em três volumes, e parecia tão preciosa que eu nem sequer ousava imaginar que algum dia pudesse possuí-la. Tampouco ousava perguntar se podia levá-la ao salão; as meninas não se interessavam por ela, e teria sido uma profanação. Por isso eu só a folheava na sala de estar das damas. Às vezes ficava toda uma hora contemplando silencioso as figuras de radiolários, camaleões e anêmonas do mar. Nunca importunava as senhoras com perguntas, pois estavam de lazer, tampouco lhes mostrava as coisas especialmente excitantes que descobria; guardava-as para mim e me assombrava sozinho, o que não era fácil, pois bem que eu gostaria de expressar minha admiração, e teria sido divertido verificar que elas nada sabiam de algo que havia anos estava em sua biblioteca.

Mas eu não podia demorar-me demais, pois as meninas no salão poderiam pensar que eu era privilegiado. Bem, eu realmente o era, mas elas não o levavam a mal desde que se tratasse só de afeto e atenção. Só num ponto elas teriam ficado indignadas, e este era a comida. Esta não era especialmente abundante nem substancial. As damas, à noite, ainda comiam entre elas uma fatia de pão com a cerveja, mas ninguém deveria suspeitar de que eu recebia delas um suplemento especial, o que jamais aconteceu; eu teria me envergonhado de tal concessão.

Eu teria muito a contar sobre as meninas, mas não pretendo descrevê-las todas agora. Já apresentei Trudi Gladosch, a brasileira. Ela era a mais importante, pois estivera sempre lá, muito antes de que eu e as demais tivéssemos chegado. Por isso, aliás, ela não era típica nem representativa das demais; tampouco alguma delas tinha vindo de tão longe. Havia meninas da Holanda, da Suécia, da Inglaterra, da França, da Itália, da Alemanha, da Suíça francesa, da italiana e da alemã. De Viena veio uma estudante para "engordar" (era o tempo da fome após a Primeira Guerra Mundial), e vez por outra chegava mais alguma menina de Viena. As pensionistas nunca eram as mesmas, pois a população variava; durante aqueles dois anos só Trudi não mudava nunca, e como seu pai, como já relatei, continuava devendo sua pensão, a situação era bastante embaraçosa para a menina.

Todas trabalhavam juntas na grande mesa do salão, onde faziam seus deveres e escreviam suas cartas. Quando eu não queria ser perturbado, podia ocupar uma pequena sala de aula na parte dos fundos do prédio.

Logo após a minha chegada à Yalta, ouvi das damas o nome "Wedekind"; só que nesse caso o nome era precedido pelo título de "doutor", o que me confundiu um pouco. Pareciam conhecê-lo bem, e ele vinha com frequência à casa; após tudo o que eu havia ouvido sobre ele, de Wreschner, de minha mãe e de outras pessoas — o nome na época era muito citado —, eu não entendia bem o que ele ia fazer naquele lugar. Ele tinha morrido havia pouco tempo, mas falavam dele como se estivesse vivo. O nome era pronunciado com apreço, soando como o de alguém em quem se podia confiar; durante sua última visita — diziam com todo o respeito —, ele havia dito isto ou aquilo, e quando viesse novamente teriam que consultá-lo sobre algo importante. Eu estava perplexo, confuso pelo nome que, a meu ver, só podia designar *uma e a mesma* pessoa; me sentia ofuscado e, ainda que não costumasse ficar de bico calado, não ousava pedir esclarecimentos; expliquei aquilo como um caso de vida dupla. As damas, obviamente, nada sabiam de seus escritos, eu próprio só os conhecia de ouvido. Portanto, ele não morrera de verdade, mas praticava a medicina, reconhecido apenas por seus clientes daquela parte de Seefeldstrasse, próxima à cidade, onde casualmente morávamos nós.

Então uma das meninas adoeceu e chamaram o dr. Wedekind. Esperei por ele, curioso, no salão. Ele veio; parecia severo e comum, como um daqueles poucos professores de quem eu não gostava. Subiu ao quarto da paciente, voltou em seguida e pronunciou-se decididamente a *Fräulein* Rosy, que esperava por ele, sobre a doença da menina. Sentou-se à grande mesa do salão, prescreveu uma receita, levantou-se e, de pé, entabulou uma conversa com *Fräulein* Rosy. Falava o suíço-alemão como um suíço, manipulando com perfeição seu duplo papel; embora eu não sentisse qualquer simpatia por ele, comecei a admirá-lo um pouco por causa de seu talento teatral. Então ouvi quando declarou muito decididamente — não sei por que chegou a abordar o tema — que seu irmão sempre fora a ovelha negra da família e que ninguém poderia imaginar o quanto ele o prejudicara em sua profissão. Alguns pacientes nunca haviam voltado ao seu consultório, de medo do irmão. Outros o teriam interrogado: "Mas seria possível que uma pessoa como aquela fosse seu irmão?". Ele sempre tivera a mesma resposta: nunca tinham ouvido que numa família pode acontecer de algum membro ser degenerado? Havia trapaceiros, falsificadores, vigaristas, gatunos e outra gentalha dessa espécie, e tais pessoas frequentemente provinham das melhores famílias, como sua própria experiência médica havia confirmado. Era para eles que existiam as prisões, e ele era de opinião que todos deveriam ser severamente punidos, sem consideração à sua origem. Agora que estava morto, ele poderia contar algumas coisas sobre esse irmão que não melhorariam sua imagem aos olhos de pessoas decentes. Mas ele preferia silenciar e pensar para si: é bom que ele tenha ido. Melhor ainda seria que jamais tivesse nascido. Estava ali parado, firme e seguro de si, e falava com tal rancor de seu irmão, que fui até ele, me plantei à sua frente, perturbado pela raiva, e lhe disse: "Mas foi um *escritor*!".

"Pois foi justamente isto!", retrucou. "É isto que produz os falsos ideais. Lembre-se, jovem, há bons e maus escritores. Meu irmão foi um dos piores. É melhor jamais tornar-se escritor, e aprender algo útil!... O que está acontecendo com este nosso jovenzinho?", disse, dirigindo-se a *Fräulein* Rosy: "Ele também se dedica a essas bobagens?". Ela me defendeu; ele se virou, mas não me deu a mão quando foi embora. Assim, muito antes de que eu o lesse, o doutor conseguiu imbuir-me de afeição e respeito por Wedekind, e durante os dois anos em que estive na Yalta não adoeci uma única vez, para não ser atendido por esse irmão tacanho.

### FILOGENIA DO ESPINAFRE. *JUNIUS BRUTUS*

Minha mãe passou boa parte desses dois anos em Arosa, em um sanatório florestal. Eu a via, como lhe escrevi em cartas, pairando a grande altura acima de Zurique, e cada vez que pensava nela, automaticamente olhava para o alto. Meus irmãos estavam próximos ao lago Genebra, em Lausanne. Dessa forma, a família, após o aperto na pequena moradia da Scheuchzerstrasse, havia agora se dispersado, formando um triângulo: Arosa-Zurique-Lausanne. É certo que todas as semanas nos enviávamos cartas para um e outro lado, nas quais, ao menos de minha parte, tudo era comentado. Mas, durante a maior parte do tempo, eu era independente da família, e assim o lugar dela foi ocupado por novas experiências. A regra da vida diária agora era ditada, em lugar de minha mãe, pela comissão — assim poderíamos chamá-la — das quatro damas. Eu jamais teria imaginado colocá-las no lugar da minha mãe, mas elas de fato o ocupavam, e era a elas que eu me dirigia quando queria obter licença para uma excursão ou qualquer outra coisa. Eu tinha muito mais liberdade do que antes; elas conheciam a natureza de meus desejos e nada me negavam. Só quando havia exagero, quando saí três dias seguidos para assistir a conferências, *Fräulein* Mina se pôs séria e timidamente disse que não. Mas era raro que isso acontecesse, sequer havia tantas conferências que me fossem acessíveis; em geral, eu próprio preferia ter tempo livre em casa, já que após cada conferência, qualquer que fosse o tema, havia muito para ler. Tudo o que eu tocasse provocava ondas de novidades, que se difundiam para todas as direções.

Eu sentia fisicamente toda nova experiência, como uma expansão corporal. Isso se devia ao fato de que não havia nenhum vínculo entre o que eu já sabia e o novo. Algo, separado de tudo o mais, se estabelecia onde antes não havia coisa alguma. De repente, abria-se uma porta onde nada suspeitávamos, e se encontrava uma paisagem com luz própria, onde tudo tinha um novo nome, uma paisagem, que se estendia cada vez mais, até o infinito. Para lá a gente se movimentava perplexo, para um lado e para outro, conforme apetecia, e era como se nunca tivéssemos estado em outro lugar. "Científico" tornou-se então para mim uma palavra mágica. Não significava, como mais tarde, que se adquiria o direito a alguma coisa, desistindo de tudo o mais; pelo contrário, significava expansão, libertação das limitações e restrições, regiões verdadeiramente novas, diferentemente povoadas, que não eram imaginárias, como nos contos de fadas, pois, uma vez dito o seu nome, não se podia contestar. Eu tinha meus problemas com aquelas minhas histórias muito mais antigas, às quais eu me apegava como se a vida dependesse delas. Eram ridicularizadas, não podiam, por exemplo, ser mencionadas diante dos colegas; para muitos deles, eram coisa do passado, e tornar-se adulto consistia em fazer comentários irônicos sobre elas. Conservei todas as histórias, ampliando os enredos e, a partir delas, inventando outras novas para mim, mas não me seduziam menos os domínios do conhecimento. Eu imaginava novas matérias na escola, além das velhas, para as quais eu inventava nomes tão estranhos que jamais ousava pronunciá-los em voz alta e que, mesmo mais tarde, mantive em segredo. Algo nelas, no entanto, não me satisfazia, pois serviam só para mim, para ninguém mais tinham significado; certamente eu também me certificava, quando as tramava para mim, de que nada lhes podia acrescentar que eu já não soubesse. Elas realmente não satisfaziam a ânsia por novos conhecimentos, pois estes tinham que ser buscados lá onde existiam independentemente das pessoas, e eram as "ciências" que então desempenhavam essa função.

Minhas novas condições de vida haviam, por outro lado, desencadeado forças que por muito tempo estiveram represadas. Eu já não *vigiava* minha mãe, como em Viena e na Scheuchzerstrasse. Isso talvez tivesse sido um dos motivos de suas enfermidades periódicas. Quer o admitíssemos ou não; enquanto vivíamos juntos éramos responsáveis um pelo outro. Não só sabia cada um de nós o que o outro fazia, mas também percebia seus pensamentos, e o que dava a esse entendimento felicidade, proximidade e compreensão, dava também sua tirania. A vigilância, agora, estava reduzida às cartas, nas quais, com alguma esperteza, podíamos facilmente nos ocultar. Ela, ao menos, de maneira alguma me contava tudo: só havia informes sobre sua saúde, nos quais eu acreditava e aos quais eu reagia. Apenas durante suas visitas ela me falava de algumas das pessoas que conhecera, mas nas cartas pouco contava acerca disso. E ela fazia bem, pois quando me inteirava da existência de algum personagem no sanatório, eu me lançava sobre a carta com raiva concentrada e a rasgava em pedacinhos. Ela vivia entre muitos novos conhecidos, alguns dos quais lhe interessavam intelectualmente; eram pessoas maduras e doentes, em geral mais velhas do que ela, mas coerentes e cativantes justamente por sua particular forma de repouso. No convívio com eles, ela se sentia realmente enferma e se permitia aquela espécie de auto-observação minuciosa, de que antigamente se privara por nossa causa. Assim também ela se via livre de nós, como eu estava livre dela e dos meus irmãos, e a força de ambos se desenvolvia independentemente.

Eu nada queria lhe ocultar das maravilhas recém-conquistadas. Fazia-lhe um relato completo e objetivo de cada uma das conferências a que eu assistira e do que me inspirara. Foi assim que ela ficou sabendo de coisas que jamais a haviam interessado: sobre os bosquímanos do Kalahari, por exemplo, sobre a fauna da África Ocidental, sobre a ilha da Jamaica; mas também sobre a história da construção de Zurique ou sobre o problema do livre--arbítrio. Sobre a arte renascentista na Itália ainda era cabível, pois ela pretendia viajar a Florença na primavera, e recebeu de mim instruções completas sobre aquilo que não poderia deixar de ver. Ela devia sentir-se embaraçada pelos seus escassos conhecimentos no campo das belas-artes, mas recebia de boa vontade as minhas eventuais informações. Porém comentava com ironia os meus informes sobre povos primitivos ou história natural. Já que ela própria prudentemente me ocultava tantas coisas, supunha que eu fizesse o mesmo. Estava plenamente convencida de que eu, por trás de páginas e páginas de relatórios sobre temas que lhe eram profundamente maçantes, lhe ocultava assuntos pessoais que me preocupavam. Sempre me pedia que lhe desse notícias concretas de minha vida, em vez da "filogenia do espinafre", como ela ironicamente chamava tudo aquilo que soava científico. Aceitava de boa vontade que eu me considerasse escritor e não se insurgia contra os projetos de obras e poesias que eu lhe submetia, nem tampouco um drama acabado, dedicado a ela, que lhe enviei. Guardou para si as dúvidas sobre o valor dessa obra de araque; talvez ela se sentisse insegura em seu julgamento, já que o autor se tratava de mim. Mas recusava implacavelmente tudo o que cheirasse a "ciência", ao menos não queria ver nada disso nas cartas pois, dizia, nada tinha a ver com ela, sendo apenas uma tentativa de enganá-la.

Naquela época germinaram os primeiros brotos de nosso futuro distanciamento. Quando essa curiosidade intelectual, que ela havia incentivado de todas as maneiras, tomou um rumo que lhe era estranho, ela começou a duvidar de minha autenticidade e de meu caráter, temendo que eu saísse ao meu avô, que ela considerava um comediante matreiro: seu inimigo mais implacável.

Isso, em todo caso, foi um processo lento, que levou tempo. Tive que frequentar muitas conferências, para que se acumulassem os meus relatos sobre as mesmas e o seu efeito sobre ela. No Natal de 1919, três meses após a minha chegada a Yalta, ela ainda estava sob a impressão do drama *Junius Brutus*, que eu lhe havia dedicado. Eu o havia escrito desde o começo de outubro, noite após noite, na sala de aula dos fundos transformada em sala de estudos, onde eu ficava após o jantar até as nove horas ou mais. Meus deveres escolares já haviam sido feitos, e se eu realmente enganava alguém era às *Fräulein* Herder, que não tinham a menor ideia de que eu diariamente passava duas horas escrevendo um drama para minha mãe. Esse era um segredo que ninguém devia descobrir.

Junius Brutus, que havia derrotado os tarquínios, foi o primeiro cônsul da República romana. Era tão respeitador da lei, que condenou os próprios filhos por participarem de uma conspiração contra a República e os mandou executar. Eu conhecia a história através de Lívio, e ela me causou uma impressão indelével, porque eu tinha certeza de que meu pai, no lugar de Brutus, teria perdoado a seus filhos. E no entanto o *seu* próprio pai fora capaz de amaldiçoá-lo por desobediência. Desde então eu vinha presenciando como meu próprio avô não conseguia esquecer aquela maldição, que minha mãe, com amargura, lhe havia reprovado. Lívio não se estendia sobre o episódio, tratado apenas num curto parágrafo. Inventei uma mulher para Brutus, que luta contra ele pela vida dos filhos. Sem que nada consiga, seus filhos são executados e, em seu desespero, ela se lança, do alto de um rochedo, ao Tibre. O drama termina com uma apoteose à mãe. As últimas palavras

— eu as pus na boca do próprio Brutus, que acabara de ser informado da morte dela — são: "Maldito o pai que assassina seus próprios filhos!".

Era uma dupla homenagem a minha mãe; só de uma delas eu era consciente, e ela me dominou durante todos os meses em que escrevi o drama, tanto que eu pensava que minha mãe sararia de felicidade quando o lesse. Porque sua enfermidade era um mistério, não se sabia ao certo o que ela tinha; assim, não admira que eu tentasse ajudá-la por tais meios. Quanto à segunda homenagem, não fui consciente da sua existência: a última frase continha uma condenação ao meu avô, o qual, segundo a convicção de parte da família, e principalmente de minha mãe, havia matado seu filho através de sua maldição. Assim, na luta travada entre minha mãe e meu avô, que eu havia presenciado em Viena, tomei decididamente o partido dela. Talvez ela tenha intuído também essa mensagem oculta; nunca falamos sobre isso, e assim não posso dizê-lo com certeza.

Talvez tenham existido poetas jovens que, com catorze anos, demonstraram seu talento. Certamente não fui um deles. O drama era deploravelmente ruim; fora escrito em iambos que desafiam qualquer descrição, desajeitados, ásperos e pretensiosos, não propriamente influenciados por Schiller, mas por ele determinados em todos os detalhes, de maneira que o conjunto era ridículo, impregnado de moral e de nobreza, verborrágico e superficial, como se tivesse passado por seis pares de mãos, cada um deles menos dotado do que o precedente, tornando irreconhecível a origem. Não é aconselhável que uma criança se pavoneie nas vestes de um adulto, e jamais teria mencionado esta obra de araque, se ela não revelasse algo que, no fundo, era genuíno: meu prematuro pavor ante uma sentença de morte e ante sua ordem de execução. A relação entre a sentença e a ordem, cuja natureza, está claro, é diferente da que eu então poderia supor, preocupou-me durante décadas, e até hoje não me abandonou.

Terminei o drama a tempo, e pude passá-lo a limpo durante as semanas que precederam o Natal. A realização de um trabalho tão longo, que iniciei em 8 de outubro e concluí em 23 de dezembro, encheu-me de um novo sentimento de exaltação. Antes, eu já havia tramado histórias durante semanas, contando-as pouco a pouco a meus irmãos, mas, como não as escrevi, não as via a minha frente. *Junius Brutus*, uma tragédia em cinco atos, escrita em um belo caderno cinza-claro, se estendia por 121 páginas, contando 2298 versos brancos. O fato de que mantive secreta, diante das damas e das meninas da Yalta, até mesmo diante de Trudi, minha confidente, essa atividade que durante cerca de dez semanas foi a mais importante, aumentou seu significado. Conquanto eu absorvia tantas coisas novas, das quais eu me apoderava com paixão, o verdadeiro sentido de minha vida parecia estar contido naquelas duas horas diárias que dedicava ao enaltecimento de minha mãe. Minhas cartas semanais para ela, nas quais eu relatava um pouco de tudo, terminavam com a assinatura orgulhosamente floreada, sob a qual eu escrevia: *"In spe poeta clarus"* [Na esperança de um grande poeta]. Ela não havia aprendido latim em nenhuma das escolas que frequentara, mas, graças ao seu conhecimento de línguas latinas, entendia grande parte. Como eu temia que ela confundisse "clarus" com "claro", acrescentei também a tradução alemã.

Devia ser agradável ter diante dos olhos aquilo de que eu então não duvidava, e logo duas vezes, em latim e alemão, com minha própria letra e em uma carta a minha mãe, a quem um poeta era o que ela mais venerava. Mas não era só o meu amor a ela o que naquela época alimentava essa ambição. A verdadeira culpa, se quisermos chamá-lo de culpa, cabia ao Calendário Escolar de Pestalozzi. Havia três anos ele me acompanhava, pois, conquanto eu o lesse na íntegra — havia nele uma infinidade de coisas interessantes —, continha algo que se tornou para mim uma espécie de tábua de mandamentos: os retratos dos grandes homens, no calendário propriamente dito. Havia 182, um para cada dois dias, retratos marcantemente desenhados, abaixo dos quais os dados pessoais e algumas frases curtas sobre sua atuação e suas obras. Já em 1917, quando o calendário pela primeira vez veio às minhas mãos, ele me encantou: havia os grandes exploradores aos quais eu dedicava minha admiração: Colombo, Cook, Humboldt, Livingstone, Stanley, Amundsen. Havia também os grandes escritores: o primeiro em quem dei com os olhos quando abri o calendário por acaso foi Dickens; foi também o primeiro retrato que vi dele, ao alto à esquerda, na página correspondente a 6 de fevereiro, e ao lado uma citação dele, que dizia: "A criatura mais ínfima numa multidão é digna de um olhar!", uma frase que se tornou tão óbvia para mim que me custa imaginar que algum dia ela me tenha parecido nova. Mas também havia Shakespeare e Defoe, cujo *Robinson Crusoé* foi um dos primeiros livros ingleses que ganhei de meu pai; também Dante e Cervantes; Schiller, naturalmente, Molière e Victor Hugo, dos quais minha mãe frequentemente falava; Homero, que me era familiar pelas *Lendas da Antiguidade clássica*, e Goethe, cujo *Fausto*, apesar de tudo o que ouvia dele, sempre me era negado; Hebel, cuja *Caixinha do tesouro* usávamos como texto nas aulas de estenografia; e muitos outros que eu conhecia através dos poemas no nosso livro alemão de leitura. Eu quis retirar Walter Scott, de quem não gostava, e comecei a cobri-lo com tinta. Mas não me senti seguro, e, mal tendo começado, revelei minha intenção, furioso. "Isto é uma molecagem", disse minha mãe. "Ele não pode se defender. Com isto você não o eliminará do mundo. É um dos escritores mais célebres e continuará constando em toda parte. E se alguém chegar a ver seu calendário, você se envergonhará." *Já* me sentia envergonhado, ainda antes de ter completado minha obra, e imediatamente interrompi meu trabalho de destruição.

Foi uma vida maravilhosa a que levei com esses grandes homens. Todos os povos e todos os ramos do conhecimento estavam representados. Dos músicos eu já sabia um pouco, pois tomava aulas de piano e frequentava concertos. Lá estavam Bach, Beethoven, Haydn, Mozart e Schubert. Eu havia verificado o efeito em minha mãe da *Paixão segundo são Mateus*. Dos outros eu próprio já tocava algumas peças ou as ouvia. Os nomes dos pintores e escultores só adquiriram conteúdo no tempo da Yalta; durante dois ou três anos eu contemplara seus retratos com timidez e me sentira culpado diante deles. Lá estavam Sócrates, Platão, Aristóteles e Kant. Havia matemáticos, físicos, químicos e naturalistas dos quais eu jamais tinha ouvido falar. Scheuchzerstrasse, onde morávamos, levava o nome de um deles, e o livro fervilhava de inventores. É difícil explicar quanta riqueza havia naquele Olimpo. Cada médico que aparecia eu apresentava à minha mãe, fazendo com que ela sentisse o quanto estes estavam acima do *Herr* Professor. O melhor de tudo é que os conquistadores e generais desempenhavam um papel sobremodo lastimável. Era política intencional do editor do calendário juntar os benfeitores da humanidade e não seus destruidores. Embora constassem os retratos de Alexandre Magno, César e Napoleão, não consigo lembrar-me de nenhum outro de sua espécie, e destes só me lembro porque em 1920 foram expulsos do calendário. "Estas coisas só acontecem na Suíça", disse minha mãe. "É bom viver aqui."

A quarta parte, talvez, dos grandes homens do calendário eram suíços. Da maioria deles jamais ouvira falar. Não tentei obter informações acerca deles, aceitei-os com uma curiosa neutralidade. Pestalozzi, que dava seu nome ao calendário, valia por muitos. Com os outros talvez acontecesse o mesmo. Mas podia bem ser que estavam lá porque se tratava de um calendário suíço. Eu tinha veneração pela história suíça; por serem republicanos, eles me eram tão caros quanto os antigos gregos. Assim eu me guardava de duvidar de qualquer um deles e sustentava a esperança de que o mérito de cada um ainda me seria revelado.

Não é exagero dizer que eu vivia com esses nomes. Não passava um dia sem que eu folheasse as figuras, e as frases que havia debaixo delas eu conhecia de cor. Quanto mais categórico era o seu tom, tanto mais me agradavam. Os superlativos fervilhavam, inúmeros "o maior isto" "o maior aquilo" ficaram-me na memória. Havia ainda um crescendo, que era o maior isto ou aquilo "de todos os tempos". Böcklin era um dos maiores pintores de todos os tempos, Holbein o maior retratista de todos os tempos. Eu era versado em viagens de exploração, e não achei certo que Stanley figurasse como o maior explorador da África, pois eu gostava muito mais de Livingstone, porque além de ser médico, havia se sublevado contra a escravatura. Em todos os demais campos eu engolia tudo quanto lia. Chamou--me a atenção que, em dois casos, "grande" fora substituído por "magnífico"; Michelangelo e Beethoven tiveram essa distinção.

É difícil decidir se esse estímulo me foi favorável, mas não há dúvida de que despertou em mim esperanças desmesuradas. Nunca me perguntei se eu tinha o direito de me imiscuir com esses senhores. Eu folheava o calendário até encontrá-los, eles me pertenciam, eram minhas imagens sagradas. Essa frequentação, contudo, aumentou minha vaidade, a qual, aliás, em sua maior parte eu devia à minha mãe. Era pura veneração o que eu sentia; levava muito a sério esses personagens, dos quais me separava uma distância que me parecia incomensurável. A vida difícil que levaram era tão admirada quanto as suas realizações. E, embora eu me permitisse, estranhamente, a veleidade de querer me igualar a um ou outro, restavam todos aqueles que atuaram em campos dos quais eu não tinha o mínimo conhecimento, cujas realizações só me causavam espanto, que eu jamais poderia imitar e que, justamente por tal motivo, constituíam o verdadeiro milagre. A riqueza dessas mentes, a variedade de suas realizações, uma espécie de igualdade de mérito com que aqueles homens ali figuravam, a diversidade de suas origens, de suas línguas, das épocas em que viveram, e também a duração desigual de suas vidas — alguns deles haviam morrido bem jovens —, não sei que outra coisa me teria produzido um sentimento mais intenso da amplitude, da riqueza e das esperanças na humanidade, do que essa coleção de 182 de suas melhores mentes.

## O OGRO AGRILHOADO

Em 23 de dezembro *Junius Brutus* seguiu para Arosa, com uma extensa carta que continha instruções para a sua leitura: minha mãe deveria primeiro lê-lo de um só fôlego, para obter uma impressão geral, e depois pela segunda vez, aos poucos, com um lápis na mão, para formar um parecer crítico dos diferentes detalhes, que ela me transmitiria. Foi um grande momento de tensão entre minhas pretensões e minhas esperanças, e quando hoje me dou conta do quanto aquela "obra" era deplorável, de que ela não justificava a mais leve esperança e, especialmente, com quanta rapidez eu próprio me dei conta disso, então atribuo àquela época a origem da desconfiança com que depois encarei tudo aquilo que eu escrevi com segurança e orgulho.

A desilusão já veio no dia seguinte, antes que minha mãe tivesse o drama em suas mãos. Eu tinha um compromisso com minha avó e tia Ernestina, que ainda moravam em Zurique e a quem eu visitava todas as semanas. Após aquela tempestuosa cena noturna na casa de *Fräulein* Vogler, quando eu, por assim dizer, lutei pela mão de minha mãe e a obtive, a minha relação com as duas havia mudado. Sabiam que era inútil tentar convencer minha mãe a um novo casamento, já que ela se recusava terminantemente a fazer aquilo que me teria destruído. Surgiu até mesmo uma certa simpatia entre aquela irmã de minha mãe, um pouco mais velha que ela, e mim, pois ela começou a compreender que eu não seguiria o rumo dos Arditti, e estava decidido a não me dedicar a juntar dinheiro, mas a seguir uma profissão "ideal".

Encontrei minha avó sozinha, que me recebeu com uma grande notícia: tio Salomon havia chegado de Manchester, e minha tia logo voltaria com ele. Portanto ele tinha vindo a Zurique, o ogro de minha infância na Inglaterra, a quem eu não via havia seis anos e meio, desde que saíramos de Manchester. Entrementes houvera Viena, a Guerra Mundial que terminara com a esperança em Wilson e seus catorze pontos, e agora, havia pouco, a grande desilusão: Versalhes. Muitas vezes faláramos no meu tio, pois a admiração que minha mãe tinha por ele não diminuíra. Mas essa admiração se fundava exclusivamente em seu sucesso comercial, e desde então tantas coisas importantes se desenrolaram entre nós, haviam surgido tantos grandes personagens em nossos serões de leitura, e havia também os acontecimentos do mundo real, por mim acompanhados com afinco, que meu tio e seu poder se encolheram ante meus olhos. Embora eu continuasse a considerá-lo um monstro, a personificação de tudo quanto eu detestava, e embora sua imagem para mim tivesse adquirido feições brutais e abomináveis, que a isso se ajustavam, eu já não o considerava perigoso. Se preciso, eu o enfrentaria. Quando minha tia chegou dizendo que ele nos esperava lá embaixo para nos levar a passear, senti uma espécie de júbilo; eu, um dramaturgo de catorze anos — o drama já estava no correio — queria enfrentá-lo e com ele medir forças.

Sequer o reconheci; tinha melhor aspecto do que eu supunha; seu semblante à primeira vista não desagradava, em todo caso não era o de um ogro. Admirei-me que ele ainda falasse fluentemente o alemão, após todos aqueles anos na Inglaterra; entre nós se estabelecia uma língua nova. Achei quase elegante a sua atitude de não me obrigar a falar inglês, pois eu me desacostumara um pouco da língua inglesa e, para a conversa a sério que era de esperar, eu me sentia mais seguro em alemão.

"Qual é a melhor confeitaria de Zurique?", perguntou de imediato, "é onde quero levá-los." Tia Ernestina mencionou Sprüngli; era econômica por natureza e teve constrangimento em mencionar Huguenin, considerada a mais elegante. Fomos a pé ao longo da Bahnhofstrasse em direção à Sprüngli; minha tia tinha algo a fazer e atrasou-se um pouco. Nós, como convinha aos homens, abordamos logo a política. Ataquei violentamente os aliados, especialmente a Inglaterra, já que ele vinha de lá; Versalhes era uma injustiça e se contrapunha a tudo o que Wilson havia prometido. Ele ponderou uma coisa ou outra, bastante calmo, e senti que a minha veemência o divertia, pois queria saber que tipo de pessoa eu era e me deixou falar. Mas, embora ele pouco dissesse, notei que não queria manifestar-se a respeito de Wilson. Quanto a Versalhes, disse: "Estão em jogo interesses comerciais. Disso você ainda não entende" e "um país não se empenha numa guerra de quatro anos por nada." Mas o que realmente me atingiu foi sua pergunta: "O que você acha de Brest-Litovsk? Você acha que os alemães teriam agido de forma diferente se tivessem vencido? Vencedor é vencedor." E então, pela primeira vez, ele me encarou em cheio: seus olhos eram glaciais e azuis; eu o reconheci.

Na Sprüngli, tia Ernestina nos alcançou. Ele, à sua maneira arrogante, pediu chocolate e docinhos para nós, mas ele próprio em nada tocou, deixando tudo à sua frente como se não existisse. Disse-nos que sua viagem era importante e que tinha pouco tempo, mas mesmo assim visitaria minha mãe em Arosa nos próximos dias. "Que doença é essa?", perguntou, logo acrescentando: "Eu nunca adoeço, não tenho tempo." Mas não nos via havia muito tempo e agora tinha que compensá-lo. "O problema é que vocês não têm um homem na família." O tom não era inamistoso, embora um pouco insistente. "E você, o que *faz*?", disse-me ele de repente, como se ainda não nos tivéssemos falado. A ênfase estava em "*faz*", o que importava era "*fazer*", tudo o mais para ele era mero palavrório. Senti que a coisa estava ficando séria e hesitei um pouco. Minha tia veio em meu auxílio, ela tinha olhos de veludo e, quando era necessário, podia falar com voz de veludo. "Você sabe", ela disse, "ele quer estudar." "Nada disso, ele vai ser *comerciante*." Mesclando o alemão e o inglês, e contraindo a palavra "comércio", ele se achava mais firme em sua esfera. Seguiu-se um longo sermão sobre a vocação da família para o comércio. Todos haviam sido comerciantes, o que poderia significar um futuro brilhante, do que ele era exemplo vivo. O único que havia tentado outra coisa foi seu primo, o dr. Arditti, que logo se arrependera. Um médico ganhava pouco e era mandalete de gente rica. Por qualquer ninharia tinha que ir de um lado para o outro e as pessoas nunca tinham nada. "Como seu pai", disse ele, "e agora sua mãe." Por isso o dr. Arditti logo desistira da profissão e voltara a ser comerciante, como todos eles.

Aquele imbecil perdera quinze anos de sua vida em estudos e doenças de pessoas que não lhe importavam. Mas agora ele finalmente se arranjara. Talvez ainda ficasse rico, apesar dos quinze anos perdidos. "Pergunte a ele, lhe dirá a mesma coisa!" Esse dr. Arditti, a ovelha negra da família, sempre cruzava o meu caminho. Eu o detestava intensamente, esse traidor de uma profissão genuína, e não lhe perguntaria coisa alguma, embora ele naquela época vivesse em Zurique.

Minha tia sentiu o que estava acontecendo comigo, talvez também se assustasse com a menção cruel que ele fizera a meu pai. "Você sabe", disse ela, "ele tem tanta vontade de aprender." "Está bem! Uma formação geral, uma escola de comércio, depois algum tempo de aprendizado no negócio, e então ele pode ingressar!" Ele olhava para a frente, para aquilo que ele queria, eu não lhe merecia sequer um olhar, mas depois se virou para a irmã, chegou mesmo a sorrir, e lhe disse, como se falasse só com ela: "Você sabe, eu quero reunir todos os meus sobrinhos no meu negócio. Nissim será comerciante, Georg também, e quando meu Frank crescer, eles poderão negociar tendo a ele na chefia!"

Frank na chefia! Eu, um comerciante! Tive vontade de me jogar contra ele e lhe bater. Dominei-me e me despedi, embora ainda tivesse tempo. Saí à rua com a cabeça ardendo e, atordoado pela fúria, corri todo o caminho de volta a Tiefenbrunnen, como se os malditos negócios me pisassem os calcanhares. O sentimento que primeiro tomou forma em mim foi o orgulho. "Frank na chefia, eu um empregado, eu, eu", e seguia-se o meu nome. Nesse momento me refugiei no meu nome, como sempre quando me sentia em perigo. Eu o usava raramente, e não gostava que me chamassem por ele. Era o reservatório de minhas forças, talvez qualquer outro nome que pertencesse só a mim tivesse funcionado, mas esse funcionava mais. Continuei repetindo para mim mesmo as palavras de indignação. Finalmente ficou só o nome. Quando cheguei a Yalta, eu o havia pronunciado para mim mesmo centenas de vezes e extraíra tanta força que ninguém notou nada raro em mim.

Era a noite do dia 24, e na Yalta se festejava o Natal. Havia semanas não se falava em outra coisa. Os preparativos eram feitos em segredo; era, como me disse Trudi, o maior acontecimento do ano. Ela, que combatia a hipocrisia com tanta veemência, me garantiu que seria maravilhoso. Em casa sempre havíamos trocado presentes, mas era só. Minha mãe não era religiosa, e não estabelecia diferenças entre as religiões. Uma representação de *Nathan, o Sábio*, de Lessing, no Burgtheater, havia determinado para sempre a sua atitude ante esses assuntos. Mas a lembrança dos costumes de sua casa, talvez também a sua dignidade natural, a impediam de aceitar totalmente a festa de Natal. Assim ela se restringia ao pequeno compromisso da troca de presentes.

A Yalta agora estava toda enfeitada; o salão, onde passávamos a maior parte do tempo, e que costumava ser um tanto frio e sombrio, agora luzia em cores vivas e recendia o perfume do pinho. A festa começou numa sala bem menor logo atrás do salão, a "sala de recepção". Lá estava o piano para os concertos da casa. Acima dele, pendia da parede um quadro que, devido às pequenas dimensões da sala, sempre me pareceu enorme: "O Horto Sagrado", de Böcklin. De início pensei que fosse um original e o contemplava com respeito, como o primeiro quadro "genuíno" que me fora dado ver numa casa particular. Mas um dia *Fräulein* Mina me revelou que o quadro fora pintado por *ela*, uma cópia feita com suas próprias mãos. Era de sua primeira fase, quando ela ainda não se dedicava exclusivamente às suas flores, "os seus filhos"; era tão fiel que, quem não soubesse do fato, o tomava como um original. Pois lá estava *Fräulein* Mina diante de sua obra, nos acompanhando ao piano nas canções de Natal. Ela certamente não era a melhor pianista que havia na casa, mas o sentimento com que tocava era contagiante. Estávamos todos apinhados na sala, que não era muito espaçosa, e cantávamos a plenos pulmões. Após "Noite feliz" e "Jubilosa, venturosa...", cada um podia propor uma canção que lhe parecesse adequada e da qual gostasse. Levava bastante tempo até que todos os pedidos fossem atendidos e eu gostava especialmente da demora, sem que ninguém se apressasse. Ninguém denotou impaciência pelos presentes que receberia ou pelas surpresas que preparara para os demais. Mas então, já com um pouco mais de pressa, formava-se o cortejo até uma sala no fundo da casa. Na frente ia o menor, um menino de Viena em férias; depois eu, que naquelas semanas era o segundo; e assim, por ordem de idade, até o último. Finalmente nos colocávamos diante da grande mesa, cada presente belamente empacotado e, em complementação, cada um recebeu alguns versos satíricos meus; eu nunca perdia uma oportunidade de me pôr a rimar. Então encontrei a estatueta de um tuaregue no alto de seu camelo, num movimento ousado, e abaixo a dedicatória: "Ao explorador da África", acompanhada de todos os nomes. Também os livros com que me presentearam vieram ao encontro do meu ideal de um futuro melhor: *A vida dos esquimós*, de Nansen, *Zurique antiga*, com imagens de outros tempos, *Sisto e Sesto*, esboços de uma viagem à Úmbria. Assim ficaram reunidas muitas coisas que naquele tempo me atraíam e me ocupavam, e meu tio, que não suspeitava de nada disso e, cujas palavras frias e desagradáveis eu ainda ouvira durante as canções de Natal, finalmente foi banido e se calou.

Após a ceia ainda houve música até altas horas da noite. Uma cantora, antiga hóspede, era uma das convidadas; *Herr* Gampfer, violoncelista da orquestra municipal, que morava com sua mulher no pequeno prédio ao lado; como acompanhantes nossas pianistas, Trudi e uma holandesa. Foi tão bonito, que sonhei que me vingava. Amarrava meu tio numa cadeira e o obrigava a assistir a tudo. Já em Manchester ele não suportava a música. Não ficava quieto por muito tempo e tentava levantar-se. Mas eu o tinha amarrado tão bem à cadeira que ele não conseguia soltar-se. Finalmente ele se esquecia de que era um cavalheiro e pulava, com a cadeira amarrada às costas, para fora da casa, um quadro ridículo — diante de todas as meninas, de *Herr* Gampfer e das damas. Desejei que minha mãe também o tivesse visto, e decidi que lhe escreveria de manhã, contando tudo.

## COMO TORNAR-SE ODIADO

Durante esse primeiro inverno longe de minha mãe e meus irmãos, houve uma crise na escola. Nos últimos meses eu sentira, de parte de alguns colegas, uma inusitada reserva, mas que só em um ou dois casos se traduziu em comentários irônicos. Eu não tinha ideia do que se tratava; não me ocorreu que minha própria conduta pudesse irritar alguém, pois era a mesma de sempre, e os colegas, com poucas exceções, eram os mesmos que eu já conhecia havia mais de dois anos. Na primavera de 1919 a classe se tornara muito menor e os poucos que queriam aprender grego foram para o *Literagymnasium*, o ginásio literário. Os outros, que se decidiram pelo latim e outras línguas, foram distribuídos em quatro classes paralelas do *Realgymnasium*.

Com esse remanejamento vieram à nossa classe alguns novos. Um destes, Hans Wehrli, morava em Tiefenbrunnen; fazíamos o mesmo trajeto e nos aproximamos. Seu rosto dava a impressão de que a pele estava esticada diretamente sobre os ossos; era um tanto macilenta e enrugada, e por isso ele parecia mais velho que os demais: era reflexivo e crítico, e nunca fazia observações sobre as meninas, o que muitos dos outros já costumavam fazer. No caminho de volta à casa sempre conversávamos sobre coisas "reais", o que para mim significava tudo o que tinha a ver com o saber, as ciências, as artes e o mundo em geral. Ele sabia escutar calmamente, reagindo, de repente, com muita vivacidade, com suas próprias opiniões, que ele fundamentava com inteligência. Eu gostava dessa alternância entre calma e vivacidade, pois a calma não era o meu forte; eu sempre estava animado diante das pessoas. Eu considerava a rapidez como sua qualidade pessoal; instantaneamente compreendia o que se queria dizer, sem necessidade de muitas explicações, e sua resposta sempre era imediata, podendo ser de consentimento ou de recusa. O fato de suas reações não poderem ser previstas animava nossas conversações. Mas, tanto quanto o transcurso exterior de nossas conversas, impressionava-me a sua altivez, cuja origem eu desconhecia. Sobre sua família eu só sabia que possuía o grande moinho de Tiefenbrunnen, que fornecia a farinha para o pão que se consumia em Zurique. Isso me parecia algo muito útil, uma atividade bem diferente daquilo que eu entendia como "negócio", que eu odiava e que me ameaçava da parte do meu tio. Nem bem eu conhecia alguém, não escondia a minha aversão por tudo aquilo que se relacionasse com negócios e o mero benefício pessoal. Hans Wehrli parecia entendê-lo, pois o aceitava com calma e nunca me criticava por causa disso; ao mesmo tempo me surpreendia que nunca falasse nada contra a sua família. Um ano depois, fez uma palestra, na escola, sobre a atuação da Suíça no Congresso de Viena. Foi quando fiquei sabendo que um de seus antepassados representara a Suíça naquele Congresso, e me dei conta de que ele era uma pessoa "histórica". Naquele tempo, não poderia tê-lo definido com clareza, mas sentia que ele vivia em paz com suas origens.

Comigo tudo era mais complicado. Meu pai representava o espírito bom, no início de minha vida, e meu sentimento pela minha mãe, a quem eu devia praticamente tudo, parecia ainda inflexível. Mas logo depois vinha o círculo daqueles, principalmente do lado de minha mãe, contra os quais eu alimentava a mais profunda desconfiança. Começava com seu próspero irmão de Manchester, mas não ficava só nele. No verão de 1915, durante uma visita que fizemos a Ruschuk, juntou-se o terrível primo louco de minha mãe, convencido de que cada um dos membros da família o roubava, e que, desde então, e até o fim de seus dias, só conseguira respirar movendo processos. Depois havia o dr. Arditti, o único da parentela que havia escolhido, em minha opinião, uma profissão "nobre", uma em que se vivia para as outras pessoas: mas havia traído a medicina e agora só negociava, como os outros. Do lado paterno não havia tanta sordidez, e mesmo meu avô, que havia demonstrado amplamente a sua competência e, em certas situações, a sua dureza, tinha tantas e tão diversas qualidades que, em conjunto, sua imagem era mais complexa e fascinante. Tampouco tive a impressão de que ele quisesse me forçar para o mundo dos negócios. A desgraça que ele provocara já havia acontecido, a morte de meu pai o atingira até o âmago, e o mal que ele havia causado agora me beneficiava. Mas, por mais que ele me impressionasse, não podia admirá-lo; e, assim, se estendia para trás, a começar por ele, uma história de antepassados que nos Bálcãs levavam um estilo de vida oriental, diferentes de *seus* antepassados espanhóis, quatrocentos ou quinhentos anos antes. Destes eu poderia ter me orgulhado: médicos, escritores e filósofos, ainda que sobre isso só circulassem dados muito gerais, que nada tinham a ver especificamente com a família.

Naquela época, em que a relação com minhas origens era um assunto delicado, precário e incerto, houve um acontecimento que, visto de longe, poderá parecer insignificante, mas que teve uma influência marcante em meu futuro desenvolvimento. Não posso omiti-lo, por mais que deteste mencioná-lo, pois foi o único acontecimento penoso naqueles cinco anos em Zurique, os quais eu, quanto a tudo o mais, recordo com um sentimento de efusiva gratidão; e se ele não submergiu inteiramente em meio àquela plenitude de felicidade, isso se deve a acontecimentos posteriores que ocorreram em âmbito mundial.

Durante meus anos de infância, jamais senti pessoalmente qualquer animosidade por ser judeu. Tanto na Bulgária quanto na Inglaterra, segundo me consta, tais atitudes eram então desconhecidas. Nesse sentido, o que eu notara em Viena nunca era dirigido contra mim, e quando eu relatava a minha mãe o que eu tinha visto ou ouvido, ela, com a impassibilidade de seu orgulho de estirpe, explicava tudo como tendo por alvo os outros, jamais os sefardins. Isso era tanto mais estranho quando toda a nossa história se baseava na expulsão da Espanha; mas se ela, com tanta ênfase, fazia retroceder a perseguição a um passado tão remoto, talvez esperasse mantê-la longe do tempo presente.

Em Zurique, Billeter, o professor de latim, me criticou certa vez que levantei o dedo com demasiada rapidez para responder a uma pergunta; quando me antecipei à resposta de um menino de Lucerna, Erni, um pouco lerdo, ele insistiu em que Erni se lembraria da resposta, e para animá-lo disse: "Pense, Erni, você vai se lembrar. Não vamos permitir que um judeu de Viena passe à nossa frente". Foi um pouco forte e no momento deve ter me ofendido. Mas eu sabia que Billeter era um homem bom, que ele queria proteger um menino lerdo de outro mais rápido e, embora fosse contra mim, no fundo o apreciei por causa disso e procurei refrear um pouco o meu entusiasmo.

Mas o que devemos pensar dessa minha vontade de sobressair? Certamente uma maior vivacidade tem a ver com isso, à rapidez do idioma ladino que eu aprendera em criança e que me deixou um ritmo particular ao falar línguas mais lentas, como a alemã ou mesmo a inglesa. Mas não pode ter sido só isso: creio que o mais importante foi a vontade de afirmação perante minha mãe. Ela exigia respostas imediatas, aquilo que não fosse imediato, para ela não valia. A rapidez com que, aquela vez em Lausanne, ela me ensinou o alemão em poucas semanas lhe parecia justificada em vista do sucesso do método. Assim, mais tarde, tudo se desenrolava no mesmo ritmo. No fundo, tudo se passava entre nós como num cenário de teatro: um falava, outro respondia; os longos intervalos eram uma exceção e tinham então um significado especial. Entre nós quase não havia tais exceções; durante as nossas cenas tudo funcionava como um relógio, um não tinha terminado de falar e o outro já vinha com a resposta. Com essa agilidade mental eu me afirmava perante minha mãe.

Assim, havia a necessidade de incrementar minha vivacidade natural para fazer-me valer ante minha mãe. Na situação diferente da sala de aula, eu me comportava como em casa. Eu me portava perante o professor como se ele fosse minha mãe. A única diferença era que eu tinha de levantar o dedo antes de responder. Mas então a resposta vinha logo e os outros perdiam a ocasião. Nunca me ocorreu que essa conduta pudesse enervá-los ou até mesmo ofendê-los. A atitude dos professores, diante dessa agilidade, era variada. Uns sentiam que as aulas lhes eram facilitadas quando alguns de seus alunos reagiam a todo momento. Isso favorecia seu próprio trabalho, pois sempre havia fluência, sempre acontecia algo, e eles talvez sentissem que sua exposição era boa, já que provocava reações certas e imediatas.

Outros sentiam que havia injustiça e temiam que alguns alunos de natureza lenta, tendo sempre diante de si aqueles que reagiam com rapidez, perdessem a esperança do sucesso. Estes, que não deixavam de ter certa razão, mantinham uma atitude fria para comigo e me consideravam como uma espécie de mal. Mas havia também os que se alegravam porque o *saber* merecia a devida honra, e foram estes os que primeiro vislumbraram o motivo de minha flagrante vivacidade.

Porque acredito que faz parte do saber o querer mostrar-se, e o não se contentar com uma mera existência oculta. Parece-me perigoso o conhecimento mudo, pois ele se torna cada vez mais mudo e acaba sendo secreto, e então tem que se vingar do fato de ser secreto. O saber que aparece, que se transmite aos outros, é o saber no bom sentido, que certamente procura o reconhecimento, mas não se volta contra ninguém. O contágio que provém dos professores e dos livros procura se expandir. Nessa fase inocente ele não duvida de si mesmo, toma pé e se expande ao mesmo tempo, brilha e consigo quer dilatar tudo o mais. Atribui-se-lhe as propriedades da luz, a velocidade com que quer se expandir é a mais alta, e faz-se-lhe honra designando-o como iluminação. Nessa forma os gregos o conheceram, antes que Aristóteles o arrumasse em compartimentos. Não se pense que fosse perigoso, antes de ser separado e armazenado. A expressão mais pura de um saber inocente porque tinha de se irradiar parece-me Heródoto. Suas divisões são os povos, que falam e vivem de modo diferente. Não realça as divisões quando fala nelas, mas cria dentro de si lugar para a diversidade, e por sua vez cria lugar nos outros, que por ele são informados. Em cada jovem que ouve falar em centenas de coisas há um pequeno Heródoto, e é importante que não se procure afastá-lo, esperando que esse jovem se limite a uma profissão.

Pois bem, a parte essencial da vida de um ser que começa a tomar conhecimento passa-se na escola, a primeira experiência pública de um jovem. Este poderá procurar distinguir-se, porém, muito mais do que isso, procurará irradiar o saber tão logo o conquiste, para que não seja uma mera posse. Os colegas mais lentos pensarão que tal jovem quer insinuar-se junto aos professores e o considerarão ambicioso. Mas ele não tem em vista um alvo a alcançar, pois quer ultrapassar tais alvos e envolver seus professores em sua ânsia de liberdade. Ele não se mede pelos colegas, mas pelos professores. Sonha em expulsar deles todo o utilitarismo, quer sobrepujá-los. Só ama, com um amor efusivo, aqueles professores que não se renderam a fins práticos, que querem irradiar seu saber pelo próprio saber — a estes presta homenagem com suas reações rápidas, a estes é constantemente grato pela inesgotável transmissão de seu saber.

Mas, com essa homenagem, ele se isola dos demais colegas, sob cujos olhos a homenagem é prestada. Não os percebe enquanto se destaca. Não sente qualquer malquerença pelos outros, mas os deixa fora do jogo, onde eles não desempenham qualquer papel e só existem como espectadores. Não estando arrebatados, como esse jovem, pela essência do professor, não conseguem perceber que é dele que tudo provém e pensarão que ele os quer prejudicar com fins menos nobres. Eles lhe guardam rancor por um espetáculo em que não lhes cabe qualquer papel, e talvez o invejem um pouco por sua perseverança. Mas, principalmente, o têm por desmancha-prazeres, que vem confundir a relação natural de animosidade pelo professor, transformando-a, para si, numa homenagem, ante os próprios olhos daqueles.

## A PETIÇÃO

No outono de 1919, quando me instalei em Tiefenbrunnen, a classe havia sido novamente dividida. Éramos dezesseis; Färber e eu, os únicos judeus da classe. As aulas de desenho geométrico eram dadas numa sala especial, onde cada um tinha sua própria gaveta, chaveada e etiquetada com o nome. Certo dia em outubro, justamente no tempo da escrevinhação do drama, quando eu estava imbuído de altos propósitos de toda a espécie, encontrei a etiqueta com meu nome riscada de insultos. "Abraãozinho, Isaaquinho, judeuzinho, tratem de cair fora de nosso ginasinho, não precisamos de vocês." A etiqueta de Fär-ber continha coisas semelhantes; as injúrias não eram idênticas, e é possível que na memória eu misture alguns dos insultos dele com os meus. Fiquei tão surpreso que de início não quis acre-ditar. Até então ninguém me havia insultado ou atacado, e eu já estava junto à maioria de meus colegas havia mais de dois anos e meio. Minha surpresa logo se transformou em raiva; senti-me duramente atingido pela ofensa. Desde a mais tenra infância haviam me enchido os ouvidos com o conceito de "honor"; principalmente minha mãe nunca parava de bater nesta tecla de "honra", quer se tratasse dos sefardins, da família ou de cada um de nós.

Obviamente não havia sido ninguém; também outras clas-ses tinham aulas de desenho geométrico na mesma sala, mas senti uma espécie de satisfação maligna de parte de um ou dois de meus colegas, quando notaram que o golpe atingira em cheio.

A partir desse momento tudo mudou. É possível que antes disso tivesse havido chacotas, às quais eu não dera atenção, mas a partir daquele momento elas me encontravam com a aten-ção desperta; não me escapava a menor observação contra os judeus. As zombarias aumentaram e, enquanto antes partiam de um só, agora parecia que vinham de vários lados. Os meni-nos de mentes mais cultivadas, que nos apoiavam nos primei-ros tempos, já não estavam conosco. Ganzhorn, que rivalizava comigo e que em muitos aspectos me era superior, havia optado pelo ginásio literário, para onde eu, pelas minhas inclinações, também deveria ter ido. Ellenbogen, intelectualmente o mais adulto, fora transferido para outra classe. Hans Wehrli, com quem compartilhei a mesma classe durante meio ano, agora estava numa classe paralela; ainda fazíamos o mesmo trajeto para casa, mas naquele tempo ele já não tomava parte nas ativi-dades internas da classe. Richard Bleuler, um menino sonhador e cheio de fantasias que eu sempre quis ter como amigo, se mantinha afastado de mim. A agressão, segundo me parecia, partia de outro, uma espécie de contrainteligência que havia na classe. Ele talvez sentisse uma aversão particularmente forte à minha "exibição", como depois a designaram. Ele tinha a sua própria esperteza, que então não coincidia com a inteligência do colégio; também era mais maduro, e já começava a se interessar por coisas das quais eu ainda não tinha ideia, coisas da vida prática, por assim dizer, que com o correr do tempo, segundo sua opinião, seriam mais importantes. Eu era o único que restava, segundo me parecia, do grupo de certa forma homogêneo, preocupado com as questões do conhecimento, e não me dava conta do quanto este "monopólio" deveria irritar os demais.

Assim, por causa dos ataques, vi-me unido a Färber, com o qual, aliás, eu nada tinha em comum. Ele conhecia judeus em outras classes e me contou o que lá acontecia. As notícias de todas elas eram semelhantes, em todas parecia que a aversão contra os judeus aumentava e se manifestava cada vez mais abertamente. Talvez Färber exagerasse naquilo que me transmitia; era uma pessoa irrefletida e emocional. Além disso, ele se sentia ameaçado de outras maneiras: era preguiçoso e mau aluno. Era alto e bastante robusto, o único da classe que tinha cabelos vermelhos. Não passava despercebido, e nas fotografias em grupo, da classe, ele encobria os que estavam atrás. Numa dessas fotografias seu rosto havia sido apagado pelos colegas. Parecia que não gostavam de vê-lo parado à frente, como um sinal de que gostariam de tê-lo fora da classe. Mas ele era suíço, seu pai era suíço, sua língua materna era o dialeto suíço, e era-lhe estranha a ideia de que algum dia viveria noutro lugar. Ele receava não ser promovido e sentia a insatisfação dos professores, ante os quais quase sempre fracassava, como parte da mesma animosidade que lhe tinham os colegas. Assim não admira que ele exagerasse as notícias que me trazia dos judeus das classes paralelas, por causa de sua própria insegurança. Eu não conhecia os demais alunos judeus e não pretendia conversar com cada um deles em particular. Essa ligação era tarefa dele, desde o início, e ele a executava com afinco e com pânico crescente. Só quando ele me disse: "O Dreyfus me disse que está tão desesperado que não quer continuar a viver", também eu fui tomado pelo pânico. Perguntei horrorizado: "Você acha que ele quer se matar?". "Ele não suporta mais, ele vai se matar."

Não acreditei de todo, pois a coisa não era tão grave assim, como eu sabia de experiência própria; tratava-se de chacotas, que aumentavam a cada semana. Mas a ideia de que Dreyfus pudesse se matar, a própria palavra "matar-se", acabou com o resto de minha calma. "Matar" era uma palavra horrível, que durante a guerra adquirira uma conotação de profunda abominação; mas fazia um ano que a guerra terminara e eu vivia na esperança da Paz Eterna. Aquelas histórias da eliminação das guerras que eu costumava urdir para mim e meus irmãozinhos, e que sempre terminavam com a ressurreição de todos os caídos, já não me pareciam simples histórias. A Paz Eterna havia encontrado um paladino em Wilson, o presidente americano, e a maioria das pessoas acreditava nele. Hoje não se tem noção da força da esperança que naquela época se espalhou pelo mundo. Eu sou testemunha viva de que também as crianças foram tomadas por essa esperança; de modo algum eu fui o único; as conversas com Hans Wehrli, a caminho de casa, estavam impregnadas dela, tínhamos o mesmo modo de pensar, e a seriedade e a dignidade dessas conversas eram em boa parte determinadas por ela.

Mas havia algo que me horrorizava ainda mais do que o fato de "matar", e era que alguém o fizesse consigo mesmo. Eu jamais pude compreender que Sócrates aceitasse o cálice de cicuta *com calma*. Não sei o que me fazia pensar que todo suicídio podia ser evitado, mas sei que já naquela época estava convencido disso. Precisava-se ser informado a tempo da intenção, para então intervir imediatamente. Imaginei o que se deveria dizer ao candidato: que ele se arrependeria se pudesse saber disso mais tarde, mas então seria tarde demais. Que seria melhor se ele esperasse, e então poderia sabê-lo. Achei que esse argumento era irresistível, ensaiei-o em solilóquios para quando surgisse uma oportunidade de aplicá-lo; mas ainda não surgira uma. O problema de Dreyfus era diferente, talvez outros alimentassem ideias semelhantes. Eu sabia de suicídios coletivos na história grega e na judaica, e embora em geral tivessem a ver com a causa da liberdade, os relatos sobre os mesmos me provocaram sentimentos ambíguos. Veio-me a ideia de um "ato público", o primeiro e único daqueles anos de minha juventude. Nas cinco classes paralelas de nosso curso, havia dezessete judeus. Propus que nos reuníssemos todos — em geral sequer nos conhecíamos —, para deliberar sobre as medidas a tomar, pensando em redigir uma petição à diretoria, que talvez nem sequer soubesse da pressão sob a qual vivíamos.

Reunimo-nos no restaurante Rigiblick, no alto do monte Zurique, no lugar onde havia seis anos eu tivera a primeira visão panorâmica de Zurique. Vieram todos os dezessete; decidiu-se fazer uma petição, que foi esboçada na mesma hora. Em poucas frases objetivas, nós, os alunos judeus das classes do terceiro ano, reunidos, advertíamos a diretoria sobre o crescente antissemitismo que reinava em nossas classes, e pedíamos que fossem tomadas medidas contra o mesmo. Todos assinaram, e se notou um grande alívio. Confiávamos no diretor, respeitado por sua severidade, mas que também era considerado muito justo. Eu entregaria a petição à direção. Esperávamos que ela operasse milagres, e Dreyfus declarou que queria continuar vivendo.

Seguiram-se, então, semanas de espera. Eu pensava que fôssemos convidados a comparecer todos juntos à diretoria e meditava sobre aquilo que diria. Seriam palavras dignas, nada omitiríamos, tudo claro e conciso, sem quaisquer queixumes. Mas tínhamos que falar da honra, pois era disso que se tratava. Nada aconteceu, e temi que a petição tivesse ido para o cesto. Eu teria preferido qualquer reação, mesmo uma censura pelo nosso ato. As chacotas cessaram por algum tempo, o que me surpreendeu ainda mais, pois se os colegas tivessem recebido uma reprimenda atrás de nossas costas, algum dos mais próximos a mim me teria informado.

Após cinco ou seis semanas, talvez um pouco mais, fui chamado sozinho à direção. Não fui recebido pelo severo diretor Amberg. O vice-diretor Usteri estava parado com a petição na mão, como se acabasse de tê-la recebido e a lesse pela primeira vez. Era um homem pequeno que, com suas sobrancelhas arqueadas, dava a impressão de estar sempre rindo. Mas ele agora não estava rindo e só perguntou: "Foi você quem escreveu isto?". Eu disse que sim, a letra era minha; eu na realidade não só o escrevera, mas também o redigira. "Você levanta o dedo demais", disse ele então, como se aquilo só interessasse a mim. Rasgou o papel com as assinaturas diante dos meus olhos e jogou os pedaços no cesto. Com isso eu estava dispensado. Aquilo foi tão rápido que não pude dizer coisa alguma. "Sim", em resposta à sua pergunta, foi a única palavra que pronunciei. Vi-me do lado de fora da porta da diretoria como se eu ainda não tivesse batido e, se os pedaços da petição que foram para o cesto de papéis não me tivessem impressionado, pensaria que estava sonhando.

Esse foi o fim da trégua na sala de aula, e as chacotas recomeçaram, com a diferença de que agora eram mais decididas e ininterruptas. Todos os dias vinha uma observação com alvo certo, e o que me confundia é que tais observações eram dirigidas aos judeus em geral, ou pessoalmente a Färber, mas nunca a mim, como se eu não fizesse parte dos judeus. Achei que era uma tática intencional para nos separar, mas meditei muito sobre o que o vice-diretor quis dizer com levantar o dedo. Até o momento em que ele pronunciou suas cinco palavras, nunca me ocorreu que eu fazia algo de errado ao levantar o braço com frequência. Na realidade, eu em geral tinha a resposta pronta antes que o professor terminasse a pergunta. Hunziker se opunha a essa pressa, não me prestando atenção até que eu abaixasse a mão. Talvez fosse essa a tática mais inteligente, embora também ela pouco alterasse o ímpeto de minhas reações. Quer fosse permitida uma resposta quer não, o braço subia incessantemente. Nem sequer *uma vez*, durante anos, tive qualquer noção de que isso pudesse irritar os colegas. Em vez de dizerem, eles já muito antes, no segundo ano, haviam me posto o apelido de Sócrates, e com essa honraria, pois assim o recebi, ainda mais me encorajaram. Apenas as palavras secas de Usteri:

"Você levanta o dedo demais" paralisaram meu braço — já não era sem tempo —, e agora eu o conservava o mais abaixado que podia. Também perdi a alegria, e a escola já não me dava prazer. Em vez de esperar pelas perguntas durante as aulas, eu agora esperava pela próxima chacota durante o recreio. Toda observação de desprezo pelos judeus provocava em mim ideias contrárias. Eu tinha vontade de retrucar a tudo aquilo, mas para isso não havia oportunidade, pois não se tratava de uma discussão política, mas sim, como eu diria hoje, da formação de uma matilha. Formaram-se, em minha cabeça, os elementos de uma nova ideologia; Wilson se encarregara de salvar a humanidade das guerras. Deixei a tarefa para ele, sem que eu perdesse o interesse, pois em todas as conversas esse continuava sendo o tema preferido. Mas meus pensamentos secretos, que guardava para mim porque não tinha com quem falar a respeito, concerniam ao destino dos judeus.

Färber enfrentava dificuldades bem maiores do que eu, pois ele fracassava diante dos professores. Era indolente por natureza, mas agora desistira completamente de trabalhar. Esperava impassível pela próxima humilhação, e de repente se enfurecia. Era tomado pela raiva e retrucava, e talvez nem sequer notasse o quanto ele alegrava o coração de seus inimigos com essa reação furiosa. Mas era uma contenda interna, pois ele retribuía as ofensas com insultos em bom dialeto suíço; nisso ele não perdia para ninguém. Após algumas semanas ele resolveu tomar medidas sérias. Durante o recreio procurou Hunziker e queixou-se da atitude inamistosa da classe. Seu pai pedia encarecidamente a Hunziker que transmitisse essa queixa à diretoria. Se não fossem tomadas providências, ele compareceria pessoalmente ante a direção.

Novamente aguardamos uma resposta, e novamente ela não veio. Combinamos entre nós o que Färber deveria dizer, se fosse chamado à diretoria para prestar declarações. Tentei convencê-lo a não perder a paciência. Ele deveria manter-se calmo e fazer um relato objetivo. Pediu-me para ensaiar com ele, e o fizemos mais de uma vez. Mesmo comigo ele ficava de rosto vermelho quando começava a falar, ficava confuso e xingava seus adversários. Às vezes eu ia a sua casa para ajudá-lo com seus deveres. Após cada uma de minhas lições, vinha o discurso que ele faria na diretoria. Isso levou muito tempo, mas ele conseguiu aprendê-lo, e quando finalmente pude lhe dizer: agora está bom, lembrei-me de Demóstenes, e consolei-o contando-lhe as dificuldades que esse grego enfrentara. Agora estávamos armados e continuamos esperando. A reação nunca vinha; a diretoria permanecia em silêncio, e também Hunziker, a quem durante as aulas observávamos quanto ao mínimo sinal de mudança em sua atitude, continuou sempre o mesmo. Tornou-se ainda mais seco, ultrapassou a si próprio em sua sobriedade e deu-nos um tema de redação pelo qual jamais lhe perdoei: uma carta a um amigo, na qual lhe pedíamos que nos arranjasse um quarto, uma bicicleta ou um aparelho fotográfico.

Em compensação, a atmosfera na classe mudou. Em fevereiro, quatro meses após o início da campanha, as zombarias pararam de súbito. Não confiei naquilo e tinha certeza de que em breve tudo recomeçaria; mas dessa vez me enganei. Os colegas voltaram a ser como antes, como nos velhos tempos. Eles já não atacavam, não zombavam, e pareceu-me que eles tinham o cuidado de evitar aquela palavra em que se concentrava toda a humilhação. O que mais me surpreendeu foram os verdadeiros adversários, que haviam dado início a toda aquela ação. Sua voz tinha um tom de cordialidade quando falavam comigo, e eu ficava sumamente feliz quando me perguntavam alguma coisa que não sabiam. Continuei a levantar o dedo o mínimo de vezes possível e, o que era o cúmulo da autorrenúncia, às vezes guardava para mim as coisas que sabia e ficava sentado em silêncio enquanto aquilo me ardia no corpo todo.

Na Páscoa o ano escolar terminou; vieram algumas mudanças marcantes e a mais importante foi que os professores agora nos davam o tratamento de *Sie*, senhoria. A classe foi transferida, do prédio principal do ginásio, retangular e coberto de zinco, construído enviesado e um pouco sóbrio numa curva em aclive da Rämigerstrasse e dominando a paisagem mais próxima, para o Schanzenberg. Esse prédio ficava logo ao lado, em uma colina, e como originalmente não fora planejado para ser um edifício escolar, parecia-se mais com uma propriedade particular. A sala de aula tinha uma varanda que se abria para o jardim; durante as aulas as janelas ficavam abertas e havia um aroma de árvores e flores; as frases em latim eram acompanhadas pelo canto dos pássaros. Era quase como em Tiefenbrunnen, no jardim da Yalta. Färber fora reprovado, o que, pelo seu aproveitamento, não constituía uma injustiça, e ele não foi o único. A classe ficou mais compacta e a atmosfera mudou. Todos participavam das aulas a sua maneira, e eu me guardava de ficar levantando o dedo; a aversão dos outros aparentemente se desvanecera. Se pudermos imaginar algo como uma comunidade numa sala de aula, ela aqui se tornara realidade. Cada um tinha suas próprias qualidades e cada um contava. Ao não me sentir mais ameaçado, me dei conta de que meus colegas não eram desinteressantes, inclusive aqueles que não se distinguiam particularmente por seus conhecimentos escolares. Eu escutava suas conversas, reconhecia a minha ignorância em muitos terrenos que estavam fora das matérias de estudo e perdia um pouco daquele orgulho que certamente contribuíra para a infelicidade do último inverno. Tornou-se evidente que vários daqueles que tiveram um desenvolvimento lento, agora o recuperavam. Numa espécie de clube de xadrez que se formou, muitas vezes fui miseravelmente derrotado. Coube-me então o papel que antigamente outros desempenhavam com relação a mim; eu admirava os melhores jogadores e comecei a meditar sobre eles. Fiquei encantado com uma redação de Richard Bleuler, tão boa que mereceu ser lida em público; estava livre de todo o ar escolar, era inventiva, leve, cheia de ideias fantásticas, assim como se não existissem livros. Fiquei orgulhoso de Bleuler, durante o recreio me dirigi a ele e lhe disse: "Você é um verdadeiro escritor", com o que quis dizer, ele não podia sabê-lo, que eu não o era, pois então já havia aberto os olhos sobre minha "obra". Ele certamente tivera ótima educação em casa, pois reagiu com humildade, e disse: "Não é nada de especial". Era o que ele de fato pensava, sua humildade era genuína. Pois, antes dele, eu tive que ler a minha redação, cheia daquela inexplicável autoconfiança de que eu estava imbuído, e quando eu voltava para o meu lugar e ele se dirigia para a frente da classe com a sua, ele, ao passar por mim, sussurrou rapidamente: "A minha está melhor". Portanto ele o sabia, e agora eu o percebia o quanto ele tinha razão, e ao lhe prestar a minha honesta homenagem, ele disse com a mesma honestidade: "Não é nada de especial". Entendi que ele, em casa, vivia entre literatos: sua mãe, e a amiga desta, Ricarda Huch, e imaginei se ele estaria presente quando elas liam, uma para a outra, as suas novas obras, e se elas também diriam: "Não é nada de especial". Foi uma lição: podia-se fazer algo de especial, sem quaisquer pretensões. Algo dessa humildade recém-adquirida se manifestou nas cartas a minha mãe; não durou muito tempo, mas minha bazófia agora estava corroída, o que me impediu de realizar outras obras da mesma espécie. Bleuler era a mesma pessoa que, com sua recusa, me havia mortificado no último inverno, pois eu sempre gostara dele, e então entendi que ele tinha boas razões para não gostar de muitas coisas em mim.

Fora, em resumo, um inverno que deixou marcas profundas: tive que me acostumar a Yalta, onde eu era o único varão, e fazia o que bem entendia, cuidado com uma espécie de afeição cega, até mesmo de adoração, por seres femininos de todas as idades; a forte agressão de meu tio, que queria sufocar-me em seu negócio; a campanha na classe, diariamente continuada. Quando ela terminou, em março, escrevi a minha mãe dizendo que, por algum tempo, eu havia odiado as pessoas e perdido a alegria de viver. Mas que agora tudo seria diferente, eu seria condescendente e não voltaria a ser vingativo. Nesse período feliz que agora se seguia, no Schanzenberg, de conciliação e de amor à humanidade, recém-reencontrado, persistiam ainda muitas dúvidas, mas essas dúvidas — e isto era algo novo — diziam respeito à minha própria pessoa.

As agressões, aliás, haviam sido eliminadas de maneira inteligente por ação superior, como eu soube depois, sem rumor e sem alarde. Embora a petição, da qual eu tanto me orgulhara, fosse parar no cesto de papéis, alguns colegas haviam sido interrogados individualmente pela direção. A observação que Usteri fez de passagem: "Você levanta o dedo demais", foi um dos resultados. Ela me atingiu fundo, justamente por ser tão enigmaticamente inesperada, e graças a ela alterei meu comportamento. Também os adversários devem ter ouvido observações úteis, do contrário não suspenderiam sua campanha tão repentinamente. Como tudo isso ocorreu em meio a tanto silêncio, a minha impressão, durante a época das humilhações, foi de que ninguém se importava com isso, quando acontecia justamente o contrário.

## AS PROIBIÇÕES

A primeira proibição de que me lembro, desde minha infância, foi espacial, e se referia ao nosso jardim, no qual eu brincava e do qual eu não podia me afastar. Não me era permitido sair à rua, fora do portão. Mas não consigo determinar quem pronunciou essa proibição, talvez tivesse sido meu avô, armado de sua bengala, cuja casa ficava mais próxima ao portão. Sobre a sua observância, vigiavam as menininhas búlgaras e os criados; e a ideia de ciganos que passavam pela rua e simplesmente metiam no saco as crianças sem dono e as levavam consigo, como frequentemente me contavam, deverá ter contribuído para a sua observância. Com certeza houve outras proibições da mesma espécie, mas caíram no esquecimento, foram eclipsadas por uma que irrompeu sobre mim a ferro e fogo, num momento terrível, quando eu, aos cinco anos, estive prestes a me tornar um assassino. Então, quando eu, de machado erguido e com o grito de guerra "Agora vou matar a Laurica!", investi contra a minha companheira de brinquedos, a qual me provocara os maiores tormentos recusando mostrar-me suas escrituras escolares; nesse momento em que, com toda certeza, eu a teria golpeado se conseguisse chegar perto, surgiu à minha frente, com a bengala erguida ao alto, meu avô, colérico como o próprio Deus Padre, e me arrebatou o machado das mãos. O horror com que então fui olhado por todos; a gravidade das deliberações familiares sobre a criança de instinto assassino; a ausência de meu pai, que nada podia atenuar, de modo que minha mãe, um fato inusitado, teve de substituí-lo em segredo, procurando consolar-me apesar do mais severo castigo, o susto que passei; tudo isso, mas muito especialmente a atitude de meu avô, que depois ainda me surrou com sua bengala sob as mais terríveis ameaças, teve sobre mim um efeito tão duradouro que devo designá-la como a verdadeira proibição primigênia de minha existência: a proibição de matar.

Proibiram-me não só que eu jamais tornasse a tocar no machado, mas também que eu jamais tornasse a pisar no quintal da cozinha, onde eu o havia apanhado. O criado armênio, meu amigo, já não cantava para mim, pois fui enxotado até mesmo do lugar à janela da sala de estar, de onde costumava observá-lo; para que eu jamais tornasse a ver o machado, proibiram-me de lançar sequer um olhar ao quintal; e quando uma vez, movido pela saudade do armênio, consegui me esgueirar despercebido até a janela, o machado tinha desaparecido, a lenha estava sem cortar, e o armênio, ali parado, ocioso, lançou-me um olhar repreensivo e me fez um sinal para que eu desaparecesse o mais rápido possível.

Foi um constante alívio, para mim, que eu não tivesse desferido aquele golpe, pois meu avô, durante semanas, objurgou como Laurita estaria morta, se eu tivesse conseguido meu intento; como ela estaria banhada em seu próprio sangue, seu cérebro brotando pela fenda em seu crânio; como ela nunca mais se teria levantado, nunca mais teria falado; como eu, de castigo, passaria a vida preso na casinha do cachorro, completamente só, desprezado por todos, sem jamais ir à escola, sem jamais aprender a ler e a escrever; como eu teria chorado e implorado debalde que Laurica retornasse à vida e me perdoasse; como não havia perdão para um assassinato, pois o morto jamais teria condições de perdoar.

Esse, portanto, foi o meu monte Sinai, a minha proibição; e assim a minha verdadeira religião surgiu de um acontecimento bem determinado, pessoal, que eu jamais poderia reparar, que, embora tivesse falhado, me perseguia sempre que eu encontrava meu avô no pátio. Toda vez que eu o via, durante meses, ele ameaçava com sua bengala e me lembrava a maldade de que eu teria sido capaz, se ele não tivesse intervindo no último momento. Também estou convencido, sem poder prová-lo, de que a maldição que ele, poucos meses depois, jogou contra meu pai, antes da mudança para a Inglaterra, teve relação com o comportamento feroz do neto, como se eu o tivesse induzido às penas e ameaças que acabaram rompendo seu domínio sobre nós.

Cresci sob o império dessa proibição de matar, e, se nenhuma proibição posterior teve o impacto e a significação daquela, todas hauriram dela a sua força. Bastava que algo fosse claramente designado como proibição, não eram necessárias novas ameaças, as antigas prevaleciam; a mais eficaz eram as imagens horríveis que me haviam sido pintadas como sendo a consequência de um assassinato perpetrado: a cabeça rachada, o cérebro brotando; quando mais tarde, após a morte de meu pai, meu avô se transformou para mim no mais suave dos tiranos, isso em nada alterou os horrores que ele havia conjurado. Só hoje, quando medito sobre essas coisas, consigo compreender por que nunca pude tocar nos miolos e outros despojos de um animal, proibições alimentares que se me impuseram espontaneamente.

Outra proibição alimentar, proveniente da primeira instrução religiosa na Inglaterra, foi cortada pela raiz por um ato cruel de minha mãe. Reuniam-se na casa dos Florentin, em Barlowmore Road, os filhos de alguns de nossos amigos mais próximos, para as aulas de religião. Eram ministradas por mr. Duke, um jovem de barba em ponta, vindo da Holanda. Não éramos mais do que seis ou sete. Entre eles estava Arthur, filho da casa e meu melhor amigo. Só meninos assistiam às aulas, e quando Mirry, a irmã mais velha de Arthur, entrava na sala em que estávamos reunidos, talvez por curiosidade ou para procurar alguma coisa, mr. Duke se calava e esperava em silêncio até que ela saísse. Devia ser muito secreto aquilo que ele tinha a nos dizer. A história de Noé e da arca, que ele nos contou, não me era nova. Mas ele me surpreendeu com Sodoma e Gomorra, e talvez fosse esse o segredo, pois justamente quando a mulher de Lot estava prestes a se transformar numa estátua de sal, entrou na sala a criada inglesa e procurou algo na gaveta do aparador. Dessa vez mr. Duke se calou no meio da frase. A mulher de Lot havia olhado para trás, levianamente, e esperávamos com muito interesse pelo seu castigo. Mr. Duke ficou carrancudo, enrugou a testa e seguiu com inequívoco desdém os movimentos da criada. A sentença da mulher de Lot foi adiada, e quando a criada saiu ele se aproximou mais de nós e disse, quase sussurrando: "Elas não gostam de nós, meninos. É melhor que não ouçam o que eu vos digo". Esperou um pouco, e depois anunciou com voz solene: "Nós, os judeus, não comemos carne de porco. Isto não agrada a elas, pois gostam de comer seu toicinho no desjejum. Vocês não devem comer carne de porco". Era como uma conspiração, e, embora a mulher de Lot ainda não estivesse paralisada, a proibição ficou profundamente gravada em mim, e decidi que por nada no mundo haveria de comer carne de porco. Só então mr. Duke pigarreou, voltou à mulher de Lot e nos anunciou, enquanto escutávamos sem respirar, o seu salgado castigo.

Imbuído da nova proibição, voltei a Burton Road, onde já não podia me aconselhar com meu pai. Mas contei à minha mãe o que havia acontecido; eu associava a destruição de Sodoma com a carne de porco; ela sorriu quando lhe declarei que o toicinho que a governanta comia no desjejum nos era proibido; apenas anuiu com a cabeça sem me contradizer, e assim supus que ela, embora estivesse entre as mulheres de quem mr. Duke havia falado, era "dos nossos".

Pouco depois almoçamos juntos os três, minha mãe, a governanta e eu. Havia um tipo de carne avermelhada que eu não conhecia; era muito salgada e tinha bom sabor. Animaram-me a que comesse mais uma fatia, e o fiz com prazer. Então minha mãe disse num tom inocente: "Você gostou, não foi?". "Oh, sim, estava muito bom, espero que a tenhamos mais." "Era carne de porco", disse ela. Pensei que estivesse caçoando, mas ela falava sério. Comecei a sentir náuseas, saí e vomitei. Ela nem deu importância. Aquelas coisas de mr. Duke não lhe agradavam, ela decidira quebrar o tabu, e o conseguira; eu já não ousava encará-lo após o que acontecera, e foi o fim deste tipo de ensino religioso.

Talvez minha mãe fizesse questão de ser a única instância da qual emanavam as proibições e os mandamentos. Tendo resolvido dedicar sua vida inteiramente a nós, assumindo plena responsabilidade por nós, não tolerava influências externas que fossem relevantes. Adquirira a certeza, através dos escritores que ela lia, como outros leem a Bíblia, de que não importava a forma em si das diferentes religiões. Em sua opinião, deveríamos encontrar aquilo que todas elas têm em comum, o que nos serviria de diretriz. Desconfiava de tudo o que conduzira às lutas acirradas e sangrentas entre as religiões, achando que isso desviava o homem de coisas mais importantes que ele ainda precisava aprender a dominar. Estava convencida de que os homens eram capazes do pior, pois ainda se guerreavam uns aos outros, o que era uma prova irrefutável do malogro de todas as religiões. Quando, pouco tempo depois, sacerdotes de todas as religiões se prestaram a abençoar as armas com que homens, que jamais se haviam visto antes, investiriam uns contra os outros, sua aversão se tornou tão forte — já no tempo de Viena — que ela não conseguiu ocultá-la inteiramente de mim.

Ela queria poupar-me, a qualquer preço, da influência de tais instâncias, e não notou que com isso ela própria se tornou a fonte suprema de todas as anunciações. A força das máximas proibições agora estava radicada nela. Mas, não tendo caído no desvario de ver em si algo de divino, ela teria ficado muito surpresa se alguém lhe declarasse o quanto era monstruoso o papel que ela tinha assumido. Acabou em seguida com a mesquinha mania de segredos de mr. Duke. Muito mais difícil foi, para ela, afirmar-se contra meu avô. A autoridade dele ficara abalada pela maldição, e como esta, segundo ele foi levado a crer, fora eficaz, ele perdera toda a segurança com relação a nós. Ele se sentia realmente culpado, quando me beijava e me lastimava por ser órfão. Essa palavra, quando ele a usava, me dava uma impressão penosa, pois soava como se minha mãe já não fosse deste mundo; mas ele a usava contra si, o que eu não sabia, pois era a sua maneira de admitir a própria culpa. Assim ele conduzia, sem muito entusiasmo, sua luta por nós contra minha mãe, e se ela não sentisse o peso de sua própria culpa, ter-lhe-ia sido fácil afirmar-se. Ambos estavam debilitados, mas como a culpa dele era infinitamente maior, ele acabava perdendo.

Toda a autoridade se concentrava nela. Eu acreditava nela cegamente, sentia-me feliz nessa crença, e quando se tratava de algo decisivo ou crucial, aguardava seu pronunciamento, assim como outros aguardam o de um deus ou de seu profeta. Eu tinha dez anos quando ela me impôs o segundo grande tabu, após aquele muito mais antigo, de não matar, que partira de meu avô. Este era dirigido contra tudo o que se relacionasse com o amor sexual: quis mantê-lo oculto de mim quanto tempo fosse possível, e me convenceu de que, a mim, aquilo não interessava. Naquela época realmente não me interessava, mas seu tabu conservou a eficácia durante todo o tempo em que moramos em Zurique; eu tinha quase dezesseis anos e ainda desviava a atenção quando os colegas falavam das coisas que mais os preocupavam. Não que eu sentisse aversão — a não ser em uma ou outra ocasião particularmente chocante —, mas "tédio". Eu, que jamais conhecera o tédio, decidi que era enfadonho ouvir falar de coisas que nem sequer existiam; e aos dezessete anos, em Frankfurt, provoquei o espanto de um amigo, quando afirmei que o amor era invenção dos poetas, que isso não existia, que na realidade tudo era muito diferente. Naquele tempo eu desconfiava dos poetas de iâmbicos, que por muito tempo haviam dominado minhas ideias e, por assim dizer, ampliei o tabu de minha mãe, incluindo nele também o amor "elevado".

Enquanto esse tabu logo se desfaria de maneira natural, o de não matar permaneceu inabalável. Tanto se nutriu com as experiências de toda uma vida consciente, que eu não poderia duvidar de sua legitimidade, ainda que eu não o tivesse adquirido através de minha tentativa de assassinato aos cinco anos de idade.

## A CURA DA FOBIA AOS CAMUNDONGOS

Diante de um camundongo, minha mãe perdia toda força e autodomínio. Apenas percebia algo se esgueirando, dava um grito, interrompia o que quer que estivesse fazendo — podia acontecer que deixasse cair o objeto que segurava na mão —, e saía correndo aos guinchos, descrevendo o mais estranho zigue--zague, talvez para se desviar. Eu estava acostumado a isso; vinha acontecendo desde as minhas primeiras lembranças, mas enquanto meu pai fora vivo eu não ficara muito impressionado, ele gostava de protegê-la e sabia acalmá-la. Num instante ele espantava o camundongo, levantava-a do chão e a carregava pela sala como a uma criança, encontrando palavras tranquilizantes. Enquanto isso, ele tinha, eu diria, duas caras diferentes: uma era séria, com a qual ele reconhecia e compartilhava o seu susto; a outra era divertida, como que prometendo uma solução, e talvez destinada, também, a nós, as crianças. Armava-se então, com precisão e cuidados, uma nova ratoeira; primeiro ele mostrava a ela, louvando a sua eficiência, elogiando o irresistível pedaço de queijo que ela continha e fazendo algumas demonstrações da segurança com que ela se fechava. Então, com a mesma rapidez com que surgira, tudo havia passado. Minha mãe, novamente sobre seus próprios pés, ria e dizia: "Jacques, o que eu faria sem você!". Ainda vinha um suspiro: "Ora! Que tolice!". Pronunciado este "Ora!" nós a reconhecíamos, voltava a ser como antes.

Em Viena, quando meu pai já não vivia conosco, tentei desempenhar o seu papel, mas foi difícil. Eu não podia carregá-la nos braços, era pequeno demais, eu não tinha as suas palavras, o camundongo não fugia de mim como fugia dele, mas ficava bastante tempo cruzando a sala de um lado para outro, até que eu conseguisse espantá-lo. Assim o meu primeiro intento era o de fazer minha mãe correr para a outra peça, o que eu conseguia ou não, dependendo do grau de seu pânico, que não era sempre igual. Às vezes ela perdia a cabeça a ponto de permanecer justamente na peça onde o camundongo havia aparecido, e então meu trabalho era bem maior, pois os movimentos em zigue-zague dela se cruzavam com os do camundongo, ambos correndo de um lado para o outro, ou ao encontro um do outro, como se não pudessem evitar de se pregarem sustos mutuamente; fugiam, perseguiam-se, uma confusão maluca. Fanny, que já conhecia aquela gritaria, vinha automaticamente da cozinha com uma nova ratoeira — esta era a *sua* função —, e era ela quem sempre encontrava as palavras mais eficazes, sempre dirigidas ao camundongo: "Aqui há toicinho para você, animal estúpido! Agora eu o pego!".

Em vez de explicações, que eu depois exigia de minha mãe, vinham histórias de seu tempo de menina: como subia nas mesas, de onde ninguém a tirava; como contagiara com seu terror a suas duas irmãs mais velhas, que também se punham a correr pela sala; como certa vez as três se refugiaram em cima da mesma mesa, onde ficaram lado a lado, e um irmão dizendo: "Vocês querem que eu também suba?". Explicações ela não dava, nem sequer tentava encontrar alguma; ela queria voltar a ser aquela menina que havia sido, e a única oportunidade para isso era o aparecimento de um camundongo.

Mais tarde, na Suíça, cada vez que nos hospedávamos num hotel, sua primeira pergunta à camareira — que ela chamava especialmente para este fim — era se lá havia camundongos. Não se contentava com respostas simples, formulava perguntas capciosas para descobrir alguma contradição. Tinha que saber quando fora visto o último camundongo no hotel, em que andar e em que quarto, a que distância do nosso, pois era inadmissível que neste tivesse aparecido alguma vez um camundongo. Era curioso como esse interrogatório a acalmava: apenas concluído, ela se instalava e desfazia as malas. Andava algumas vezes de um lado ao outro do quarto, com um olhar crítico, comentava a decoração, saía para a varanda e admirava a paisagem. Voltava a ser tão soberana e segura como eu gostava de vê-la.

À medida que eu crescia, mais sentia vergonha da sua transformação quando era tomada pelo medo dos camundongos. Durante o tempo da Yalta fiz uma tentativa minuciosamente planejada de curá-la da fobia. Ela vinha me visitar duas vezes por ano e então ficava por alguns dias na pensão. Recebia um quarto belo e grande no primeiro andar e nunca deixava de fazer suas perguntas às *Fräulein* Herder, que a esse respeito não tinham a consciência de todo tranquila; elas, aliás, não se prestavam a um interrogatório, desviavam o assunto, riam e tomavam aquilo tão pouco a sério que minha mãe, para poder dormir tranquila, recomeçava comigo e me fazia perguntas durante talvez uma hora. Esse era um começo indigno para uma visita que eu aguardara com tanto prazer e durante a qual pretendia conversar sobre uma infinidade de coisas. Também não era do meu gosto dar-lhe respostas mentirosas que deviam acalmá-la. Eu, como velho admirador de Ulisses, certamente gostava de histórias inventadas, em que a gente se transformava em outro e se ocultava, mas não me agradavam as mentiras de pernas curtas, que não exigiam criatividade literária. Por isso, certa vez em que ela havia acabado de chegar, resolvi tratar do assunto à maneira de Ulisses e lhe disse, decidido, que eu tivera uma experiência maravilhosa que tinha de lhe contar. Em meu quartinho de mansarda houvera uma reunião de camundongos. Haviam comparecido à luz da lua, muitos, talvez uma dúzia, e se moviam em círculo, dançando. Eu pudera observá-los de minha cama, em todos os detalhes — pois havia claridade — e era realmente uma dança em círculo, sempre no mesmo sentido, não com a rapidez com que costumam se mover, nem tão precipitado; era antes um deslizar, e entre eles havia uma mãe camundongo que segurava seu filhote na boca enquanto dançava. Não se podia descrever como era mimoso esse pequenino, que estava dentro da boca pela metade, mas eu tivera a impressão que não lhe agradava o movimento giratório que a mãe executava com os outros, pois começara a dar guinchos plangentes, e, como a mãe estava entretida na dança e não queria interrompê-la, guinchava cada vez mais alto, até que a mãe, hesitante e até mesmo um pouco contrariada, saíra da roda, se afastara um pouco, mas ainda ficando dentro do círculo de luar, e lhe dera de mamar. Era uma lástima que ela própria não o tivesse visto; pareciam seres humanos; a mãe dava o seio ao seu bebê, eu me esquecera que eram camundongos tanto se pareciam com as pessoas, e só ao tornar a observar os dançarinos me dera conta de que eram ratos; mas tampouco o bailado em nada lembrava camundongos, pois era regular demais, disciplinado demais.

Minha mãe me interrompeu e perguntou precipitada se eu falara a alguém acerca disso. Não, claro que não; uma coisa dessas não se podia contar, ninguém acreditaria, os moradores da Yalta pensariam que estava louco; eu me acautelara e não lhes dissera uma palavra. "Então você se dá conta do quanto a sua história é estranha. Você a sonhou." Mas notei que, apesar das dúvidas que externou, ela teria preferido acreditar nela. A mãe camundongo amamentando a tocou fundo; me pediu mais e mais detalhes, e quanto mais meticulosas eram as minhas respostas, tanto mais eu tinha a sensação de que tudo era verdade, embora soubesse muito bem que eu inventara a história. Com ela se passava mais ou menos o mesmo; advertiu-me para que não a contasse aos outros moradores; quanto mais eu insistia em que não a havia sonhado, quanto mais provas eu aduzia, tanto mais importante lhe parecia que eu nada contasse; seria melhor que aguardasse a próxima lua cheia para ver o que aconteceria. Ainda lhe contei que a dança durou até que a lua se afastou e não mais havia luar em meu quarto. Mas a mãe camundongo não voltara ao círculo dos bailarinos, esteve ocupada por muito tempo com seu filhote, limpando-o não com as patinhas, mas com sua língua. Assim que o luar desaparecera de meu quarto, todos se retiraram de uma vez. Então, imediatamente acendi a luz para examinar aquela parte do assoalho, e encontrara fezes dos camundongos. Isso me decepcionara, pois o bailado fora muito solene e os seres humanos não teriam deixado sujeira no local. "Você é injusto", disse ela, "isto se parece com você. Sempre espera demais. Pois eles não são pessoas, mesmo que tenham uma espécie de dança." "Mas quando ela deu de mamar ao filhote, foi como se fosse uma pessoa." "Isso é verdade", disse ela, "isso é verdade. Mas eu tenho certeza de que não foi a mãe que deu de mamar quem fez a sujeira." "Não, não foi ela, as fezes estavam noutros lugares." Com esses detalhes, e outros semelhantes, reforcei a sua crença. Combinamos que não falaríamos com ninguém sobre aquilo. Que eu não deixasse de lhe mandar notícias a Arosa após a próxima lua cheia.

Com isso acabou a fobia que minha mãe tinha dos camundongos. Mesmo após anos, eu me guardei de lhe confessar que inventara tudo aquilo. Ela tentou, de diversas maneiras, abalar a veracidade da história, quer zombando da força de minha imaginação — que enganaria a mim mesmo —, quer mostrando preocupação pela falsidade de meu caráter. Mas mantive com firmeza a afirmação de que vira tudo exatamente assim; aliás, só aquela única vez. Nenhuma lua cheia trouxe de volta os camundongos; talvez se sentissem observados em meu quartinho e transferissem seu baile para outro local, menos perigoso.

O HOMEM MARCADO

Após o jantar, para o qual nos reuníamos numa mesa comprida do andar térreo, eu me esgueirava para o pomar. Este não ficava no próprio terreno da Yalta, mas ao lado, separado por uma cerca, e só costumávamos ir lá em grupo, por ocasião da colheita, ficando abandonado em outras épocas. Uma elevação do terreno o escondia dos olhares dos hóspedes; ninguém suspeitaria que alguém estivesse lá, onde ninguém nos procuraria, e onde mesmo os chamados que vinham da casa eram tão abafados que podiam passar despercebidos. Logo que se passava por uma pequena abertura na cerca, ficava-se só, no crepúsculo, receptivo a todo acontecimento silencioso. Era confortável sentar-se numa leve elevação do gramado, ao lado da cerejeira. De lá se tinha uma vista esplêndida do lago, e podia-se acompanhar a constante mutação da água.

Num entardecer de verão apareceu um barco iluminado; movia-se tão devagar que pensei que estivesse parado. Eu o vi como se nunca tivesse visto um barco, era só ele, fora ele nada havia. A seu lado, a penumbra ia dando lugar às trevas. Estava brilhantemente iluminado, e suas luzes formavam sua própria constelação; só se percebia que ele estava sobre as águas pela suave calma de seu deslizamento. Seu silêncio profundo se expandia em esperança. Brilhou por muito tempo, sem tremular, e tomou posse de mim, como se eu tivesse vindo ao pomar para vê-lo. Eu nunca o vira antes, mas o reconheci. Em pleno esplendor de suas luzes, ele desapareceu. Voltei à casa e não falei com ninguém; sobre o que poderia eu falar?

Noite após noite voltei ao mesmo lugar, com a esperança de que ele viesse. Não ousei confiá-lo ao tempo; não pude sujeitá-lo aos ponteiros de um relógio. Eu tinha certeza de que ele tornaria a aparecer. Mas seu horário mudara e não tornei a vê-lo; jamais reapareceu e ficou sendo um verdadeiro milagre.

Uma figura sinistra, entre nossos professores, foi Jules Vodier, que por algum tempo nos lecionou francês. Chamou minha atenção já antes de vir a nossa classe: usava chapéu onde quer que estivesse, até nos corredores da escola, e tinha um sorriso soturno, congelado. Eu me perguntava quem seria ele, mas tinha constrangimento de perguntar aos outros. Seu rosto não tinha cor, parecia envelhecido antes do tempo, nunca o vi conversar com outro professor. Parecia estar sempre só, não por orgulho nem por desprezo, mas por um terrível alheamento, como se nada visse ou ouvisse ao seu redor, como se estivesse noutro lugar. Eu o chamava de "a máscara", mas guardei o apelido para mim, até que um dia ele apareceu em nossa sala de aula, de chapéu na cabeça, como nosso professor de francês. Falava — sempre sorrindo — em voz baixa, rápido e com sotaque francês; não encarou nenhum de nós, como se escutasse, atento, uma voz ao longe. Andava, inquieto, de um lado para o outro e, de chapéu, parecia que se retiraria a qualquer momento. Foi para trás da cátedra, tirou o chapéu, adiantou-se, ficou parado ante a classe. Ele tinha um buraco fundo no alto da testa, que o chapéu encobrira. Agora sabíamos por que ele sempre o usava e não gostava de se separar dele.

O interesse da classe foi despertado por esse buraco, e em pouco tempo se descobriu quem era Vodier, e do que se tratava. Ele nada sabia de nossas investigações, mas estava marcado, e como já não ocultava a depressão que tinha na cabeça, devia supor que estávamos informados a seu respeito. Havia muitos anos ele acompanhara, junto com outro professor, uma classe em uma excursão à montanha. Uma avalancha os soterrou. Nove alunos e o outro professor pereceram; os demais foram desenterrados com vida. Vodier tinha um grave ferimento na cabeça; havia dúvidas de que sobreviveria. Minha memória talvez tenha confundido os números, mas é certo que foi o pior desastre que jamais atingiu a escola.

Vodier continuou vivendo, lecionando na mesma escola, com esse signo de Caim na testa. Como poderia ele jamais abstrair a questão da responsabilidade? O chapéu, que podia guardá-lo dos olhares curiosos, não o protegia de si próprio. Nunca o dispensava por muito tempo; logo o apanhava da cátedra, punha-o na cabeça e prosseguia em seu caminho de execrado. As frases que ele usava para a aula eram como que alheias a ele; quem falava era outro, seu sorriso era o seu terror, era ele. Eu pensava nele, sonhava com ele, escutava o ruído do alude que se aproximava. Não ficou como nosso professor por muito tempo; fiquei aliviado quando nos deixou. Creio que mudava frequentemente de classe. Talvez não suportasse ficar por muito tempo com os mesmos alunos; talvez eles logo se transformassem, para ele, em vítimas. Ainda o vi algumas vezes no corredor; eu o cumprimentava discretamente, ele nem notava, não notava ninguém. Na classe não se falava dele; foi o único professor que ninguém procurou imitar. Eu o havia esquecido e nunca mais me lembrara dele; só o barco iluminado trouxe a sua imagem novamente a minha frente.

## A CHEGADA DOS ANIMAIS

Karl Beck era um professor como todos o desejam, enérgico e brilhante. Entrava na sala de aula com a rapidez do vento, se colocava a nossa frente, não perdia tempo e entrava em cheio no tema. Era empertigado e magro, mantendo-se ereto sem qualquer sinal de rigidez. Seria pela índole da matéria que suas aulas transcorriam sem quaisquer complicações pessoais? Sua matemática era clara e se dirigia a cada um de nós. Ele não fazia distinção entre os alunos, cada um existia por direito próprio. Mas se alegrava abertamente quando havia bom aproveitamento; tinha uma maneira de demonstrá-lo que não era tomada como favoritismo, assim como suas decepções não denotavam preterição. Para sua idade, ele não tinha muitos cabelos, mas os poucos que tinha eram sedosos e amarelos; quando eu os via, davam-me a agradável impressão de raios de luz. Não era daqueles que nos conquistam por sua calidez, mas antes por uma espécie de destemor. Ele não procurava nos agradar, tampouco nos oprimia. Havia em seu rosto um leve deboche, mas nenhum traço de ironia; não que ele quisesse assumir ares de superioridade, era antes como se a zombaria lhe tivesse ficado de seus tempos de aluno, e agora, como professor, ele tinha de esforçar-se um pouco para não mostrá-la. Deve ter sido um homem de espírito crítico, o que reconheço agora, quando me lembro dele: a distância que mantinha era intelectual. Não procurava se impor por sua importância, como os professores tendem a fazer, mas por sua constante vitalidade e clareza. A classe tampouco o temia e, de início, tentou meter-se com ele. Certa vez o recebeu com gritaria. Ele já estava junto à porta aberta e a classe continuava a berrar. Ele olhou para aquilo por alguns momentos, zangado: "Não vou dar aula!", bateu a porta atrás de si e desapareceu. Não houve castigo, nem julgamento, nem investigação; ele simplesmente não estava lá. A classe ficou sozinha com sua gritaria, e o que a princípio pareceu uma vitória acabou ficando ridículo e se apagou.

Nosso livro de geografia era de autoria de Emil Letsch, a

quem também tínhamos como professor. Eu conhecia o livro antes que ele viesse a nossa classe; quase o sabia de cor, pois continha muitos números. A altura das montanhas, o comprimento dos rios, a população dos países, cantões e cidades — tudo o que se podia expressar em algarismos eu tinha gravado, e ainda hoje sofro com esses números, quase todos defasados. Eu levava muita fé no autor de tal plenitude; quem havia escrito um livro era para mim uma espécie de Deus. Ficou evidente, porém, que esse autor, de Deus, só tinha a ira e nada mais. Letsch comandava mais do que ensinava, e para cada objeto que mencionava ele acrescentava o preço. Era tão severo que não riu, ou sequer sorriu, uma única vez. Fiquei logo enfadado dele, porque nada dizia que já não estivesse escrito em seu livro. Era exageradamente sucinto, e esperava de nós a mesma concisão. As más notas choviam sobre a classe como bordoadas. Ele era odiado, mas tanto, que esse ódio, para muitos de seus alunos, ficou sendo a única lembrança dele. Eu jamais havia visto uma pessoa carregada de tanta ira concentrada, pois outras pessoas, igualmente coléricas, ao menos a expressavam. Talvez estivesse acostumado a comandar, talvez se tratasse mais de laconismo do que de raiva. Mas a sobriedade que se espalhava dele tinha um efeito paralisador. Usava uma barba em ponta; era um homem de pequena estatura, o que pode ter contribuído para a sua determinação.

Eu não perdia a esperança de descobrir algo acerca dele que justificaria a sua dedicação à geografia, pois até mesmo participara de expedições. Mas a transformação que presenciei nele foi de outra natureza. Numa conferência sobre as ilhas Carolinas e Marianas, na sede de uma agremiação, à qual *Fräulein* Herder me levara, ele estava presente. O conferencista era o general Haushofer, de Munique, um geopolítico erudito, superior ao nosso Letsch não só por seu posto. Foi uma palestra substancial, objetiva e clara, que me deu o primeiro impulso para a minha posterior dedicação às ilhas dos mares do Sul. Não gostei de sua inclinação política, pensei que fosse a formação militar do orador que me desagradasse, e só mais tarde tive maiores informações a seu respeito. Mas aprendi muito durante essa hora, que passou rápido, e estava com aquela disposição alegre e expansiva que se sente em tais ocasiões quando o professor Letsch, de repente, cumprimentou *Fräulein* Herder. Eram velhos conhecidos, desde uma viagem em comum a Creta, e como ele morava em Zollikon, voltamos juntos para casa. Não quis acreditar quando o ouvi conversando com *Fräulein* Mina. Ele pronunciava três, quatro, cinco frases seguidas, sorria, ria. Manifestou sua surpresa por eu morar na Vila Yalta, da qual ele se lembrava quando ainda era instituição de ensino para meninas. Ele disse: "Daí os conhecimentos de geografia de nosso jovem. Aprendeu--os com a senhorita, *Fräulein* Herder!". Mas não foi só isso: pediu notícias das outras damas, que mencionou pelo nome. Perguntou a *Fräulein* Herder se ela viajava à Itália com frequência. Ele encontrara a condessa Rasponi havia um ano, na ilha Djerba. E isso continuou durante todo o caminho de casa; era um homem sociável, quase amigável, que por fim se despediu de nós com cortesia, até mesmo com cordialidade, embora estivesse um pouco rouco.

Durante a viagem, disse *Fräulein* Mina, ele sabia todos os preços e nunca se deixava enganar. Ela não entendia até hoje como podia alguém guardar na cabeça tantos preços.

As aulas de Letsch não tiveram qualquer significado para mim e seu livro poderia muito bem ter sido escrito por outro. No entanto, sou grato a ele pela experiência de sua súbita transformação, o que certamente era a última coisa que teria esperado dele.

Tenho melhores notícias a dar sobre Karl Fenner, o professor de história natural. Aqui perco de vista o homem, dentro da imensidão da paisagem que ele me desvendou. Não deu continuidade a fundamentos que eu trouxera de casa, mas começou com coisas inteiramente novas. Os conceitos sobre a natureza de minha mãe eram convencionais. Seu entusiasmo pelo pôr do sol não era muito convincente, e ela escolhia, para morarmos, residências em que as peças que mais usávamos abrissem para oeste. Amava os pomares de sua infância, porque gostava de frutas e do odor de rosas. A Bulgária para ela era o país das melancias, dos pêssegos e das uvas, consequência de seu aguçado sentido do paladar e do olfato. Mas não tínhamos animais domésticos e nunca me falava seriamente acerca de animais, a não ser para considerá-los como iguarias. Contava-me como cevavam gansos em sua infância, e, enquanto eu me desmanchava de indignação e piedade, ela observava como eram gostosos os gansos engordados. Ela sabia perfeitamente o quanto era cruel o processo de engorda, e o implacável polegar da criada, que metia mais e mais mingau de milho no bico da ave, coisa que eu só conhecia por seus relatos, mas que se tornou um de meus pesadelos, no qual, eu próprio transformado em ganso era cevado mais e mais, até que acordava aos gritos. Ela era capaz de sorrir quando falava dessas coisas, e eu sabia que então ela se lembrava do gosto dos gansos. Ela só me familiarizara com uma única espécie de animais, os lobos do Danúbio congelado; estes ela respeitava porque lhe haviam dado um tremendo susto. Em Manchester, meu pai me levava ao zoológico. Isso não acontecia com muita frequência; ele tinha pouco tempo. Ela nunca nos acompanhava, nunca estava presente, talvez porque isso a enfadava; ela se dedicava inteiramente às pessoas. Graças a meu pai, tive aquelas primeiras impressões de animais, sem as quais uma infância não vale a pena ser vivida. Ele os imitava, para meu encanto; era capaz até mesmo de se transformar naquela pequena tartaruga que nós, como todas as crianças da Inglaterra, tínhamos no jardim. Então, subitamente, tudo terminou, e passei a viver, durante os seis ou sete anos seguintes, no mundo sem animais de minha mãe. Nossa casa fervilhava de grandes figuras, mas nenhuma delas tinha o aspecto de um animal. Ela conhecia os heróis e os deuses dos gregos, embora também a estes ela preferisse as pessoas, mas só tomei conhecimento dos deuses egípcios, metade homem metade animal, depois de adulto.

Do balcão da cozinha de nossa residência em Scheuchzerstrasse, via-se um terreno baldio. Lá os moradores da vizinhança haviam plantado pequenas hortas. Uma delas pertencia a um policial, que também criava um leitão; engordava-o com dedicação e por meio de diversos truques. No verão, a aula começava às sete; por isso eu me levantava às seis e observava o policial quando ele saltava as cercas dos vizinhos e apressadamente colhia forragem para seu leitão. Primeiro ele examinava as janelas das casas, se alguém o estaria observando; todos ainda dormiam — a mim ele não percebia, talvez porque eu fosse muito pequeno —; então ele rapidamente arrancava tudo o que podia e saltava de volta junto a Sugie, que era como chamávamos o seu leitão. Ele usava suas calças de policial e as compridas tiras ao longo delas pareciam não incomodá-lo em sua atividade; saltava de um canteirinho de verduras ao outro, como um bom saltador, servia-se e, assim, poupava sua própria plantação. Sugie era insaciável, gostávamos de ouvir seu grunhido. Quando Georg, meu irmãozinho, que era muito guloso, mais uma vez havia roubado chocolate, zombávamos dele chamando-o de Sugie e grunhindo incansavelmente. Então ele chorava e prometia que nunca mais o faria, mas o exemplo do policial tinha sobre ele um efeito irresistível, e já no dia seguinte tornavam a desaparecer chocolates.

De manhã cedo eu acordava meus irmãozinhos, escondíamo-nos os três no balcão e esperávamos, tensos, que o policial aparecesse; então acompanhávamos os seus pulos, sem dar um pio, e só quando ele desaparecia começávamos a grunhir ruidosamente. Sugie havia se tornado o nosso animal doméstico. Infelizmente não viveu por muito tempo, e quando sumiu, ficamos novamente sós, loucos por animais, mas sem o sabermos. Durante todo esse tempo minha mãe não demonstrou o menor interesse por Sugie; o que a preocupava era a desonestidade do policial, e sobre isso tivemos que ouvir inúmeras lições. Ela tinha prazer em se estender sobre a dissimulação, se exaltava e falava dos tartufos, e nos jurava que nenhum hipócrita escaparia ao seu castigo.

Tão mísera era, naquela época, a nossa relação com os animais. Isso só mudou na escola, com Fenner e seu curso de história natural, e mudou profundamente. Ele nos explicava, com infinita paciência, a estrutura das plantas e dos animais. Incumbia-nos de fazer desenhos coloridos, os quais executávamos em casa com todo o esmero. Ele não se satisfazia facilmente com esses desenhos, mencionando cada um de nossos erros, insistindo com suavidade, mas obstinado, em que os melhorássemos; a mim ele aconselhou várias vezes que jogasse fora tudo e tentasse novamente. Eu usava quase todo o tempo de que dispunha para os deveres de casa, com os cadernos de história natural. Por causa do trabalho que me davam, eu era apegado a eles. Eu admirava os desenhos dos colegas, que me pareciam esplêndidos. Como eram belos e bem desenhados alguns dos cadernos! Eu não sentia inveja, sentia admiração quando me mostravam um caderno daqueles; não há nada mais saudável para uma criança que tem facilidade de aprender do que o fracasso completo em uma ou outra matéria. Sempre fui o pior aluno em desenho; fui tão mau que senti a compaixão de Fenner, uma pessoa terna e afetuosa. Era pequeno e um pouco gordo, falava com voz baixa e suave, mas suas aulas eram objetivas e bem planejadas, e de uma profundeza que dava gosto; nós progredíamos devagar, mas o que ele nos ensinava não se esquecia, ficava gravado para sempre.

Ele fazia excursões conosco, e todos gostávamos disso. O ambiente, então, era alegre e descontraído; nada era omitido. No lago Rumen recolhíamos toda a espécie de pequenas criaturas aquáticas, que levávamos para a escola. Ele nos mostrava, no microscópio, essa vida fantástica que havia em minúsculo espaço, e tudo o que víamos era depois desenhado. Preciso conter-me para não entrar em detalhes e passar a ministrar um curso de história natural, o que não posso impor aos leitores que, por suposto, já conhecem a matéria. Mas devo mencionar que ele não partilhava a minha sensibilidade nascente por tudo o que fosse comer e ser comido. Ele aceitava tudo assim como era, e o que acontecia na natureza não estava sujeito ao nosso julgamento moral. Ele era despretensioso demais, talvez humilde demais, para se imiscuir, com sua opinião, nesses processos inesgotavelmente cruéis. Durante as excursões, em que tínhamos tempo para conversar, quando eu deixava escapar alguma observação sentimental nesse sentido ele se calava e não respondia, o que em outras ocasiões não era de seu feitio. Ele queria acostumar-nos a uma atitude viril e estoica nessas questões, mas sem palavrório nem baboseira, apenas pela sua atitude. Assim, tive que interpretar seu silêncio como desaprovação e passei a me conter mais.

Ele nos preparou para uma visita programada ao matadouro. Durante algumas aulas prévias ele nos repetiu que os animais não sofriam, à diferença de antigamente, pois agora eram tomadas todas as providências para que eles tivessem uma morte rápida e indolor. Chegou ao ponto de usar a palavra "humanitário" a esse respeito e nos recomendou como, cada um em sua esfera, devíamos tratar os animais. Eu o respeitava tanto e lhe era tão dedicado, que aceitei esses preparativos cautelosos demais para a visita ao matadouro, sem ser tomado de aversão por ele. Eu sentia que ele queria nos acostumar a uma coisa inevitável e apreciei que ele se esforçasse tanto, já bastante tempo antes da visita. Imaginei como Letsch, em seu lugar, nos comandaria para o matadouro e procuraria solucionar aquele problema delicado da forma mais rude, sem contemplação por quem quer que fosse. Mas o dia da visita se aproximava, e eu o aguardava com grande receio. Fenner, que era bom observador, e dificilmente deixava passar despercebidos também os problemas humanos, certamente o notou, embora, com obstinação, eu procurasse encerrá-lo dentro de mim e jamais dissesse uma palavra aos colegas, cuja zombaria temia.

Quando chegou a hora e andamos através do matadouro, ele não se afastou de mim. Explicou-me cada uma das instalações, como se tivessem sido concebidas em benefício dos animais. Suas palavras formaram como que uma camada protetora entre mim e tudo aquilo que eu via, de forma que eu nem sequer saberia fazer uma descrição nítida daquilo. Hoje, quando penso em tudo, tenho a impressão de que ele agiu como um sacerdote que afasta de nós o pensamento da morte. Foi a única vez em que suas palavras me pareceram oleosas, embora servissem para me proteger de meu horror. Ele conseguiu seu intento, aceitei tudo calmamente, sem acessos sentimentais; ele podia estar satisfeito consigo próprio, até que sua ciência levou a melhor e ele nos mostrou algo que estragou tudo. Passávamos por uma ovelha recém-abatida, as entranhas à mostra. Em sua bolsa fetal flutuava um minúsculo cordeirinho, talvez não tivesse meia polegada; a cabeça e as patas estavam nitidamente visíveis, mas tudo nele parecia transparente. Talvez não o tivéssemos percebido, mas ele nos deteve e nos explicou, com sua voz suave, porém insensível, o que estávamos vendo. Estávamos todos reunidos ao seu redor, mas ele me perdera de vista. Então eu o encarei e disse em voz baixa: "Assassinato". A palavra, que me era familiar no tempo da guerra recém-terminada, escapou-me dos lábios, e creio que estava numa espécie de transe quando a pronunciei. Ele deve tê-la ouvido, pois interrompeu suas explicações e disse: "Já vimos tudo", e, sem se deter, nos conduziu para fora do matadouro. Talvez realmente tivéssemos visto tudo o que ele queria nos mostrar, mas ele andava mais ligeiro, como se quisesse nos ver fora de lá o quanto antes.

Minha confiança nele ficou abalada. Os cadernos com os desenhos permaneceram intocados. Não realizei neles novos trabalhos. Ele o sabia, nas aulas não os pedia. Quando passava por nós para criticar e corrigir os desenhos, o meu permanecia fechado. Eu não lhe merecia um olhar, durante suas aulas eu ficava calado; nas outras excursões me fiz de doente e pedi dispensa. Além de nós, ninguém notou o que acontecera; creio que ele me compreendeu.

Hoje entendo perfeitamente que ele quisesse ajudar a superar algo que não me era permitido superar. Também ele, à sua maneira, ofereceu-se ao matadouro. Se não fizesse caso, como para a maioria dos outros, não nos teria conduzido para fora do matadouro com tanta pressa. Se ainda estiver no mundo, com noventa ou cem anos, quero que saiba que me inclino diante dele.

# A LÍNGUA INCOMPREENSÍVEL. O CANÁRIO

Logo nos primeiros tempos, no segundo ano, tivemos, como matéria optativa, a estenografia. Eu quis aprendê-la, embora me fosse difícil, o que notei pelos progressos de Ganzhorn, que se sentava ao meu lado. Repugnava-me colocar novos sinais no lugar das letras, que eu conhecia tão bem e usava havia longo tempo. Além disso, as abreviações me privavam de alguma coisa. Eu gostaria de escrever com mais rapidez, mas desejava um método que mo permitisse sem fazer qualquer alteração nas letras, e isso era impossível. Esforcei-me por memorizar os signos, mas assim que os decorava já os esquecia, como se eu me apressasse em jogá-los fora. Ganzhorn ficava surpreso, pois para ele os sinais eram tão fáceis quanto o latim, o alemão ou as letras gregas, nas quais redigia suas poesias. Ele não tinha resistência contra *outros* sinais para as mesmas palavras. Eu percebia cada palavra como se fosse feita para a eternidade, e sua forma visível, na qual aparecia, para mim era intocável.

Desde pequeno eu estava acostumado à presença de diversas línguas, mas não de diversas escrituras. Era aborrecido que, além das letras latinas, ainda houvesse as góticas, mas eram letras com o mesmo significado e o mesmo uso e, além disso, parecidas umas com as outras. As sílabas da estenografia importavam num novo princípio e, ao encurtarem tanto a escrita, tornavam-se suspeitas. Eu não conseguia acompanhar os ditados e cometia erros grosseiros. Ganzhorn olhava para aquela mixórdia e corrigia meus erros com as sobrancelhas erguidas. Talvez isso continuasse assim e eu acabasse desistindo da estenografia por ser contra a minha natureza. Mas então Schoch, que também era nosso professor de caligrafia, trouxe-nos um livro escrito em estenografia: a *Caixinha do tesouro* [*Schatzkästlein*], de Habel. Li algumas das histórias, sem saber o quanto era especial e afamado aquele livro, e continuei a ler. Li-o num prazo curtíssimo, pois era apenas uma coletânea. Fiquei tão triste quando terminei, que logo recomecei do início. Isso aconteceu diversas vezes, e a estenografia, em que eu nem sequer pensava — teria lido aquelas histórias em qualquer escrita —, entrementes me ficou gravada sem que me desse conta. Li-o tantas vezes que o livro ficou em pedaços, e mais tarde, quando eu já o possuía em impressão normal, com todas as histórias, gostava de retomar aquelas folhas rasgadas, e o fiz tantas vezes que elas acabaram se desfazendo em minhas mãos.

A primeira história, "Memórias do Oriente", começava com as palavras: "Na Turquia, onde dizem que às vezes acontecem coisas insólitas...". Eu sempre me sentia como se viesse da Turquia; meu avô se criara lá e meu pai nascera lá. Em minha cidade natal havia muitos turcos, em minha casa todos entendiam e falavam a língua. Embora eu, em criança, não a aprendesse efetivamente, eu a *ouvira* muitas vezes e também conhecia muitas palavras turcas que haviam se incorporado ao nosso ladino, estando ciente, na maioria dos casos, de sua origem. Além disso, havia os relatos dos tempos primordiais: como o sultão nos acolhera na Turquia quanto tivemos de sair da Espanha, como os turcos desde então sempre nos trataram bem. As primeiras palavras que li na *Caixinha do tesouro* logo me deram uma sensação de intimidade; aquilo que, para outros leitores, seria uma notícia exótica, para mim era familiar, como se viesse de uma espécie de pátria minha. Talvez por isso, fui duplamente receptivo à moral da história: "Não devemos guardar, para nosso inimigo, nenhuma pedra no bolso e nenhum rancor no coração". Eu certamente não teria sido capaz, na época, de pô-la em prática. Continuava a perseguir com um ódio implacável aqueles dois que eu escolhera como os principais inimigos de meus primeiros anos, o docente barbudo em Viena e o tio ogro em Manchester. Mas uma "moral" deve se contrapor a nossa maneira de sentir e de agir, para que nos seja significativa, e deve ficar latente dentro de nós por muito tempo, até que encontre a sua oportunidade, e, de repente, se afirme e se manifeste.

Há lições que nunca esquecemos, e destas havia muitas em Hebel, cada uma delas ligada a uma história inesquecível. Minha vida havia começado com a experiência da língua incompreensível que meus pais usavam quando falavam entre si, o que em diversas ocasiões era exaltado por outras coisas incompreensíveis: a casa maravilhosa com as janelas cheias de tulipas, sécias e goivos; as riquezas dos navios que o mar jogava na praia; o grande cortejo fúnebre com os cavalos embuçados de negro; tudo isso para mim tinha o efeito de exaltação de um idioma inteiro. Não creio que exista outro livro que me ficasse gravado tão completa e detalhadamente; desejaria seguir todos os rastros que ele deixou em mim e manifestar-lhe a minha gratidão numa homenagem prestada só a ele. Quando a pomposa moral iâmbica, que naqueles anos dominava a minha superfície, finalmente desmoronou e se desfez no pó, conservei intacta cada uma das frases tiradas dele. Não houve um, de todos os livros que escrevi, que não comparasse secretamente com a linguagem daquele, e cada um deles foi primeiro escrito em estenografia, cujo conhecimento eu devo exclusivamente a ele.

Karl Schoch, que nos trouxe a *Caixinha do tesouro*, tinha dificuldades consigo próprio e com seus alunos. Sua cabeça era pequena e oval, sua cor era avermelhada e os cabelos amarelos, que se destacavam muito, principalmente em seu bigode — seria realmente tão amarelo ou apenas nos parecia? Talvez seus movimentos, um tanto abruptos ou saltitantes, contribuíssem para o seu apelido: tão logo o conhecemos, o chamamos de "o canário", nome que conservou até o fim da vida. Era ainda jovem e tinha problemas de locução; parecia que tinha dificuldade em mover a língua. Antes de articular as palavras ele tinha de tomar impulso. Então vinham as frases, mas só poucas de cada vez. Tinham um som seco e monótono, a voz oca, e logo ele tornava a se calar. Primeiro ele nos lecionou caligrafia, e talvez fosse por causa dessa matéria, da qual nunca aproveitei coisa alguma, que ele dava a impressão de ser pedante. Ele levava tão a sério a caligrafia, como se fosse um aluno que a tivesse acabado de aprender. Como falava pouco, cada uma de suas palavras adquiria uma importância exagerada. Ele se repetia, mesmo quando não era necessário; aquilo que ele queria inculcar em nós primeiro tinha de arrancar de si próprio. A quem quer que ele se dirigisse, seu tom era sempre o mesmo. Desconfiava-se que ele ensaiava antes aquilo que depois nos diria. Mas mesmo assim, com frequência e inexplicavelmente, se atrapalhava, e todos os ensaios se tornavam em vão. Não parecia fraco, antes parecia fora de lugar. Não era bem estruturado, sabia-o, e certamente sempre tinha isso presente.

Enquanto se tratou de caligrafia, conseguiu superar o cruel exame dos alunos. Havia alguns que se esforçavam em desenvolver uma bela escrita e que com ele aprenderam a escrever com boa letra. Tudo o que tinham a fazer era copiar com cuidado as letras que ele desenhava no quadro negro. Era a matéria que exigia menos esforço mental, dando oportunidade aos menos desenvolvidos de apresentar boas provas. E Schoch, enquanto escrevia no quadro negro, ganhava tempo para o seu silêncio. Assim, estava em contato com letras e não com alunos de carne e osso. Suas letras eram grandes e precisas, para todos e não para alunos individuais, e devia sentir alívio em poder dar as costas àqueles cujos olhares ele temia.

Mais tarde, substituiu Letsch no ensino de geografia, o que foi fatal. Ele não tinha segurança na matéria, e a classe aproveitou com gosto a oportunidade de se vingar, em Schoch, da opressão que sofrera sob Letsch. Junto ao coronel, Schoch parecia um pequeno recruta, e, além disso, agora ele tinha de falar constantemente. Foi recebido com um chilreio abafado, que se referia ao canário. Após uma hora ele saiu sob um alto gorjeio. Ainda não havia fechado a porta, quando o gorjeio começou. Ele não tomou conhecimento, pois não disse uma palavra; é duvidoso que soubesse o que significava.

Tínhamos chegado à América do Sul; o grande mapa estava na parede às suas costas. Um a um, ele nos mandou que mostrássemos os rios e disséssemos seus nomes. Quando chegou minha vez, havia, entre os rios que eu devia mostrar, um que se chamava Desaguadero. Pronunciei o nome corretamente, o que

não me era difícil, pois entre as palavras que eu, desde pequeno, mais ouvia e mais usava, estava a palavra "água". Ele me
corrigiu e disse que a pronúncia era rio Desag*a*dero, que o "u"
neste caso era mudo. Eu insisti que o correto era dizer "água", e
ele perguntou como eu sabia isso. Não me deixei confundir; eu
tinha que sabê-lo, disse eu, pois o espanhol era a minha língua
materna. Enfrentamo-nos perante toda a classe, nenhum de
nós querendo ceder; fiquei aborrecido porque ele não reconheceu o meu direito ao espanhol. Ele repetia, inexpressivo e
rígido, mas com uma decisão que jamais vira nele: "Diz-se rio
Desag*a*dero". Atiramos um ao outro, por diversas vezes, as duas
pronúncias, seu rosto ficando cada vez mais tenso; se estivesse
em sua mão a vara com que eu apontava no mapa, ele teria batido em mim. Então ele teve uma ideia salvadora e me dispensou,
dizendo: "Na América do Sul a pronúncia é diferente".

Não creio que com outro professor eu tivesse defendido
meu ponto de vista com tanta obstinação. Não sentia pena dele,
o que ele certamente teria merecido numa situação tão vexató-
ria. Tivemos ainda algumas aulas com ele, e certo dia, quando
o aguardávamos e o chilreio já havia começado, apareceu outro
professor e disse: "*Herr* Schoch não virá mais". Pensamos que
ele estivesse doente, mas logo soubemos a verdade. Estava morto. Cortara as veias do pulso e se deixara morrer de hemorragia.


O ENTUSIASTA

O ano escolar em Schanzenberg, o ano da reconciliação,
nos trouxe alguns professores novos. Davam-nos o tratamento
de "senhoria", regra geral, mas o cumprimento era mais fácil
para os "novos" do que para aqueles que já nos conheciam fazia
muito tempo. Entre os que tínhamos pela primeira vez, havia
um muito idoso e outro ainda muito jovem. Emil Walder, o
idoso, era o autor da gramática na qual estudávamos latim;
era o único autor de um livro didático, à parte Letsch, que
tive como professor na escola cantonal. Eu o aguardava com a

curiosidade e o respeito que dedicava a todo "autor". Ele tinha uma enorme verruga, que vejo à minha frente sempre que penso nele, mas que já não consigo localizar. Ficava à direita *ou* à esquerda de um dos olhos — creio que do olho esquerdo —, mas tem a característica fatal de mudar de lugar em minha memória, dependendo do lugar onde mantive conversa com ele. Seu alemão era muito gutural; o sotaque suíço era nele mais pronunciado do que em outros professores. Isso dava à sua fala, apesar da idade, uma certa ênfase. Ele era extremamente tolerante e permitia que eu lesse durante as aulas. Como eu tinha facilidade em aprender latim, acostumei-me a levar com ele uma espécie de vida dupla. Com os ouvidos seguia suas explicações, de modo que eu sempre sabia responder quando era chamado. Com os olhos lia um pequeno volume que mantinha aberto debaixo da carteira. Mas ele era curioso, tirava-o lá de baixo quando passava por mim, levava-o bem próximo aos olhos até ver do que se tratava, e o devolvia para mim, ainda aberto. Quando nada dizia, supunha que aprovava minha leitura. Deve ter sido um leitor assíduo; certa vez trocamos rápidas palavras sobre um autor que ele não apreciava. Eu estava absorto no *Passeio* [*Spaziersgang*] de Robert Walser, uma leitura estranha que não me largava, diferente de tudo o que conhecia. Parecia-me que não tinha conteúdo, consistindo em delicados floreios que me prendiam contra minha vontade e não me deixavam parar de ler. Walder aproximou-se pela esquerda; senti a presença da verruga, mas não levantei os olhos, tanto me atraíam os floreios que pensava detestar. Suas mãos pousaram sobre o livro, interrompendo minha leitura para meu desgosto, no meio de uma das orações mais longas. Então aproximou o livro de seus olhos e reconheceu o autor. A verruga, dessa vez à esquerda, intumesceu de ira como uma veia, e me perguntou como se fosse uma questão de prova, mas ao mesmo tempo com intimidade: "O que lhe parece?". Senti sua desaprovação, mas não queria admitir que tivesse razão, pois o livro me atraía muito. Assim eu disse, conciliando: "É sensível demais". "Sensível?", disse ele. "É ruim! Não vale nada! Não merece ser lido por ninguém!"

— uma sentença condenatória do fundo da garganta. Cedi e tristemente fechei o livro para continuar a lê-lo mais tarde com curiosidade ainda aumentada. Dessa forma vacilante, teve início a minha paixão por Robert Walser, a quem talvez tivesse esquecido, não fosse pelo professor Walder.

O oposto desse homem, de quem eu aliás gostava por causa de sua aspereza, era o jovem Friedrich Witz. Talvez tivesse vinte e três anos; éramos a sua primeira classe, pois acabava de sair da universidade, e ficou encarregado das aulas de história. Eu ainda não havia esquecido Eugen Müller, "Müller, o Grego", como eu intimamente o chamava. Fazia mais de um ano o havia perdido como professor, e nenhum de seus sucessores podia ser comparado a ele. Nem sequer saberia dizer quem, depois dele, nos lecionou história — um protesto da memória contra essa grande perda. E agora vinha Friedrich Witz, o segundo amor de meus anos escolares, um homem que jamais esqueci e que reencontrei muitos anos depois quase o mesmo.

Que escola era aquela, que diversidade de atmosfera! Havia professores para os quais a disciplina era espontânea, imperando, como com Karl Beck, sem qualquer oposição. Havia outros que procuravam nos educar para a futura vida prática, para a sobriedade, a prudência, a precaução. O protótipo desses professores foi Fritz Hunziker, e eu travava uma luta tenaz contra a sobriedade que ele queria infundir também em mim. E havia pessoas talentosas, imbuídas de rica fantasia, que nos estimulavam e nos tornavam felizes, como Eugen Müller e Friedrich Witz.

Witz não dava importância à posição elevada da cátedra de um professor. Às vezes falava lá de cima com tanto entusiasmo e força de imaginação que esquecíamos onde ele estava e nos sentíamos como se estivéssemos ao ar livre com ele. Então ele se sentava no meio de nós, num dos bancos, e era como se estivéssemos passeando juntos. Não fazia diferenciação entre nós, se dirigia a cada um, falava incessantemente, e tudo o que ele dizia me parecia uma novidade. Todas as separações do mundo foram abolidas; em vez de temor ele emanava puro amor, ninguém era superior a outro, ninguém era tolo, ele evitava exercer sua autoridade, renunciava a ela sem atacá-la; tinha oito anos mais do que nós, e nos tratava como se fôssemos da mesma idade. Não era um ensino rígido; ele nos dava aquilo de que ele próprio estava imbuído. Tínhamos chegado à história dos Hohenstaufen; em vez de datas nos oferecia imagens. Não era só por causa de sua juventude que o poder pouco significava para ele, mas ocupava-o o efeito íntimo que o poder tinha sobre aqueles que o possuíam. No fundo só lhe importavam os escritores, com os quais ele nos confrontava em todas as ocasiões. Falava muito bem, com vivacidade, com emoção, mas sem conotações proféticas. Eu sentia o processo da expansão que tinha lugar nele, sem que fosse capaz, na época, de defini-lo; mas era, numa fase precoce, inicial, o meu próprio processo. Não admira que Witz se tornasse, de imediato, o meu ideal, diferente do que havia sido Eugen Müller, de contornos nem tão nítidos, porém mais próximo, ao alcance, como um amigo.

Em vez de enfileirar os feitos de um imperador, prendendo-os às respectivas datas, ele representava-os para nós, de preferência, com as palavras de algum autor moderno. Foi ele quem me convenceu da existência de uma literatura viva. Eu me havia fechado a ela, ofuscado pela riqueza da literatura clássica, servo das antigas experiências teatrais de minha mãe. Como poderia eu jamais exaurir tudo o que ela me trouxe de todas as culturas literárias? Eu seguia as suas lembranças, dependia de seu juízo. Aquilo que eu descobria por mim mesmo se desintegrava quando não subsistia perante seus olhos; agora eu descobria que Wedekind não era meramente um escândalo para os cidadãos, tampouco o último grito da moda, como para Wreschner. Quando chegamos a Henrique VI, Witz desistiu de usar suas próprias palavras. Ele não se sentia à altura dessa *hubris*, completamente estranha a sua natureza. Abriu um volume de Liliencron e nos leu "Henrique em Trifels". Leu-o do começo ao fim, sentado entre nós, com o pé direito descansando em meu banco, os cotovelos apoiados no joelho, segurando o livro bem alto. Ao chegar no trecho do apaixonado pedido de casamento de Henrique: "Irene da Grécia, eu te amo!", sua melena caiu sobre o livro — o que sempre era sinal de sua emoção —, e eu, que ainda não sentia esse tipo de amor, senti calafrios nas costas. Ele lia de forma patética, hoje eu diria que com o ardor do expressionismo, diferente do ardor de Viena dos anos 1880 e 1890, sobre o qual eu estava acostumado a ouvir falar em casa; mesmo assim sua ênfase não me era estranha, era antes familiar. Ao ver como ele, com um movimento impaciente, sacudia para o lado a melena que o estorvava na leitura, então eu tinha a impressão de que eu, que sempre fora o primogênito, de repente tinha um irmão mais velho.

Pode-se imaginar que a situação de Witz não era inconteste. Muitos o consideravam mau professor, porque não se esforçava por manter a distância e não via a autoridade exterior como um valor absoluto. Comparada com as outras aulas, havia em sua classe uma espécie de desordem intencional. Em sua presença, vivíamos em meio a um campo de forças emocionais. Talvez aquilo que para mim era fonte de alento e impulso, para os demais era uma espécie de caos. Podia acontecer que tudo descambasse em desordem, como se ninguém se importasse com sua presença, e então Witz era incapaz de impor, com palavras de comando, o restabelecimento da costumeira ordem morta. Ele resistia a qualquer ideia de ser temido; talvez realmente existam pessoas abençoadas incapazes de inspirar temor. Em maus momentos chegou a haver inspeções por membros mais antigos do corpo docente. Não quero imaginar o conteúdo de seus relatórios à instância superior.

Aquela glória, pois para mim o era, não durou muito. Ele veio a nossa classe na primavera; no outono ele nos deixou. Dizia-se entre nós, também entre os que não o apreciavam, que ele havia sido demitido da escola, embora desconhecêssemos os fatos.

Witz era tão jovem que não podia agir de outra forma: ele procurava nos contagiar com sua juventude. Acontece que o caminho através dos anos nunca é igual para todos. Alguns já chegam velhos à escola, talvez já o fossem antes, talvez velhos de nascença, e seja lá o que lhes aconteça na escola, nunca se tornam mais jovens. Outros se livram, aos poucos, da velhice que trouxeram consigo e passam a recuperar os anos perdidos. Para estes, Witz teria sido o professor ideal, mas eles são, por natureza, uma minoria. Há alguns, ainda, para os quais a escola é tão difícil, que sob sua influência começam a envelhecer, e a pressão que os oprime é tanta, e eles progridem tão devagar, que se agarram com todas as suas forças à velhice recém-encontrada, para não abandoná-la jamais. Mas existem também aqueles que são velhos e jovens ao mesmo tempo; velhos, pela tenacidade com que seguram tudo aquilo que conseguiram entender; jovens, pela avidez de conhecer, indistintamente, tudo quanto é novo. Eu talvez pertencesse a estes últimos, e talvez por isso fosse receptivo a professores de natureza diametralmente oposta. Karl Beck, com sua maneira tenaz e disciplinada de ensinar, dava-me uma sensação de segurança. A matemática que com ele aprendi tornou-se, consequentemente, uma das partes mais profundas de meu ser, e uma espécie de coragem intelectual. Partindo-se de uma área talvez muito pequena, sobre a qual não se tem dúvidas, segue-se com determinação numa única e mesma direção, sem perguntar aonde se quer chegar, renunciando a olhar para a direita ou para a esquerda, avançando para um alvo sem conhecê-lo, e enquanto não se dá um passo em falso e se conserva a correlação entre os passos, nada nos acontece, e chegamos ao desconhecido — pois é a única maneira de conquistar *gradualmente* o desconhecido.

O que me acontecia com Witz era justamente o contrário. Tocava-se em muitos pontos, ainda obscuros para mim, ao mesmo tempo, e eles se iluminavam sem qualquer objetivo. Não se caminhava para a frente, mas estava-se ora aqui, ora acolá; não se tinha um alvo em mira, nem sequer uma meta desconhecida; é certo que se recebia muitas informações, mas, mais do que ser informado, adquiria-se uma sensibilidade para aquilo que fora descartado ou para o que ainda permanecia oculto. Ele fortalecia, sobretudo, o gosto pela transformação: quanta coisa existia de que não se tinha ideia, e bastava que a gente ouvisse falar naquilo, para que se *tornasse* aquilo. Era o mesmo que por mim, antigamente, haviam feito os contos de fadas, só que agora se tratava de outros objetos, menos simples — de figuras, por certo, mas agora essas figuras eram autores.

Já disse que Witz me abriu os olhos para a literatura moderna, viva. Quando ele mencionava um nome, eu jamais o esquecia; tornava-se parte de minha própria atmosfera, à qual ele me levava consigo, e as asas que me pôs para esses voos, sem que eu o notasse, ficaram comigo mesmo depois que ele me deixou, e agora eu empreendia meus próprios voos, olhando, surpreso, ao meu redor.

Resisto em mencionar individualmente todos os nomes que, através dele, me impressionaram. Alguns deles eu já ouvira antes, sem que me tocassem, como Spitteler; outros haviam despertado apenas uma curiosidade passiva, como se bastasse mantê-los de prontidão para mais tarde, como Wedekind. A maioria deles hoje faz parte, com tanta naturalidade, da literatura corrente, que parece ridículo fazer alarde em torno disso. Mas a maior parte, que aqui deixo de mencionar, formava um contraste muito forte com o que eu trouxera de casa, e, embora eu tivesse me apropriado de pouquíssimo daquilo, o preconceito contra os que tinham morrido havia pouco, ou que ainda estavam vivos, fora quebrado de uma vez por todas.

Witz empreendeu duas excursões conosco, durante os quatro ou cinco meses em que foi nosso professor. A primeira foi um piquenique ao moinho de Trichtenhaus; a outra foi um passeio histórico ao castelo de Kyburg. Havíamos discutido a primeira com muita antecipação, e ele elaborou um plano realmente revolucionário: nos prometeu que levaria uma prima, violinista, que tocaria para nós.

Isso aumentou, em muito, a sua popularidade na classe. Mesmo aqueles que eram insensíveis aos seus transes literários, mesmo os que o desprezavam pela falta de disciplina e porque ele não impunha castigos, ficaram cativados pela expectativa da presença de um ser do sexo feminino, de uma prima em pessoa. Agora, na classe, se falava cada vez mais de meninas, e haviam sido estabelecidas relações com a Escola Secundária para Moças, que não passavam de simples aspirações e fanfarronices. Alguns de meus companheiros já atuavam vivamente nesse sentido, rapazes grandes e fisicamente maduros que quase não falavam de outra coisa. Mas eram incapazes de fazê-lo sem risotas e insinuações eróticas; era difícil não ser envolvido por esse tipo de conversas. Eu me mantinha atrasado em todas essas coisas, o tabu de minha mãe, no balcão em Viena, continuava a produzir seus efeitos, e ainda muito tempo depois de ter sofrido a paixão do ciúme em toda a sua força, tendo até mesmo "vencido" a luta em que me envolvera, não tinha ideia daquilo que realmente se passava entre um homem e uma mulher. Nas aulas de história natural, de Fenner, aprendi muita coisa sobre os animais, desenhava seus órgãos genitais no caderno com minha própria mão, mas não me ocorria relacionar quaisquer dessas coisas com os seres humanos; entre estes o amor se desenrolava em altas esferas, só expressáveis através de cenas em versos brancos, todo o processo do amor era uma questão de iambos. Eu nada entendia das conversas picantes dos meus colegas, e, com todos os seus sorrisos animadores, eles nada arrancavam de mim. Eu ficava invariavelmente sério em meio às suas risotas e fanfarronices presunçosas, e assim podia parecer desaprovação o que em realidade era pura desinformação.

No fundo, a situação era grotesca, pois enquanto outros teriam vendido a alma por algumas palavras com uma menina em carne e osso, eu voltava todos os dias a Yalta, junto a uma dúzia de meninas, todas mais velhas do que eu, e que secretamente se ocupavam dos mesmos problemas de meus colegas, algumas delas mais bonitas do que qualquer das moças cortejadas da Escola Secundária. Entre aquelas duas suecas, Hetti e Gulli, que hoje me pareceriam irresistíveis, incessantemente falavam entre si em sueco e davam risadinhas, e até eu podia adivinhar que falavam de rapazes; outras, como Angèle, que vinha de Nyon junto ao lago Genebra, tão bonita quanto tímida, e que talvez estivesse na mesma situação que eu, embora fosse dois anos mais velha; Nita, de Genebra, intelectualmente a mais madura de todas, bailarina formada e aluna de Dalcroze, que realizava vesperais para nós na

Yalta; Pia, de Lugano, uma morena vistosa, que irradiava algo que, ao rememorar, reconheço como sensualidade; e todas aquelas criaturas, inclusive as menos atraentes, eram moças jovens com as quais eu passava horas no salão ou jogando na quadra de tênis, onde nos movimentávamos vigorosamente e onde também nos tocávamos fisicamente durante nossas acirradas disputas; todas competindo pela minha atenção, pois sempre tinham algo a me perguntar para as suas lições, e que eu sabia responder, já que em geral se tratava de regras da gramática alemã; algumas, mas não todas, se aconselhando comigo sobre assuntos pessoais, como as censuras contidas em cartas dos pais. Mas eu, no ápice de toda aquela estima geral, mimado por aquelas criaturas como nenhum outro menino de minha idade, receava que os colegas descobrissem que espécie de vida doméstica eu levava, pois estava convencido de que me desprezariam por aquela atmosfera tão exclusivamente feminina, quando, na realidade, só me teriam invejado intensamente. Eu os mantinha afastados de Yalta com toda a espécie de artimanhas, não lembro que tenha permitido a um só deles que me visitasse. Hans Wehrli, que também morava em Tiefenbrunnen, deve ter sido o único deles que tinha uma ideia do meu lar, mas era também o único que, em todas as nossas discussões, jamais falava de meninas; era sempre sério, e também nesse ponto mantinha o seu aprumo; talvez ele estivesse sob um tabu semelhante ao meu, não posso dizê-lo com segurança, talvez ele ainda não sofresse sob a premente necessidade dos outros.

E agora Witz introduzia sua prima violinista nas conversas da classe; desde então, falava-se mais dela do que dele; ele era inquirido sobre ela e respondia a tudo com paciência. Mas o piquenique era transferido de semana para semana, provavelmente por causa da prima, a quem Witz procurava convencer, pois talvez quisesse encorajá-la como violinista, e, em vez de flores, colocar a seus pés um público que a recebesse em triunfo. Primeiro ela tinha um compromisso, depois estava doente; a expectativa da classe tornou-se febril. "Irene da Grécia" perdeu o interesse; também fui contagiado pela disposição de espírito dos outros; em Yalta não havia violinista, e o violino, por ter sido o instrumento de meu pai, era por mim glorificado — assediei Witz com perguntas, como os outros e senti que ele se tornava cada vez mais reticente e, por fim, embaraçado. Ele já não tinha certeza se a prima viria, estava a prestar exames, e quando finalmente nos reunimos para o piquenique ele apareceu sozinho, ela havia declinado do convite e se desculpava ante nós. Com um incrível instinto para essas coisas, das quais eu aliás ainda nada entendia, senti que, para Witz, alguma coisa andava mal. Parecia-me decepcionado, estava acabrunhado, e não mostrou logo aquela alegria e loquacidade que tinha nas aulas. Mas então, talvez de saudade, começou a se estender sobre a música. A prima se animara a executar o concerto para violino de Beethoven, e eu fiquei contente porque desta vez seu entusiasmo, em vez de ser por um escritor, recaiu sobre Beethoven e, quando para este foi usada a palavra obrigatória "magnífico", várias vezes repetida, senti-me feliz.

Tenho-me perguntado o que teria acontecido se a prima aparecesse naquela ocasião. Nunca duvidei de sua capacidade de violinista. Mas ela realmente teria de tocar muito bem, escolhendo sempre as peças certas, para dominar o ardente interesse da classe. Talvez ela já não ousasse largar o violino e, tocando sempre, nos teria conduzido através do bosque de volta à cidade. Witz, emudecido, teria caminhado logo atrás dela como uma espécie de adorador-mor, para defendê-la da aglomeração. Mas por fim nós, em nosso entusiasmo, a teríamos erguido sobre os ombros, e assim ela, tocando sempre, faria sua entrada triunfal na cidade.

Sem ela, o piquenique acabou sendo uma decepção. Isso foi compensado pela excursão a Kyburg, quando já não se falava nela mas, em compensação, mais de história, que Witz nos ensinou a sua maneira colorida e vivaz, à vista do castelo bem conservado. O ponto alto foi a viagem de volta no trem, em que ocupei o mesmo compartimento dele, sentado bem a sua frente, lendo um guia que havia comprado no castelo. Ele tocou meu braço, levemente, com o dedo, e disse: "Parece que temos aqui um jovem historiador". Que ele notasse o que eu fazia e se dirigisse pessoalmente a mim, havia sido meu maior desejo; mas agora, quando isso acontecia, ele me ofendia amargamente, ao ver em mim um futuro historiador e não um escritor. Como poderia ele sabê-lo, se eu nunca dissera uma palavra acerca disso, e se ele suspeitava em mim um historiador, o que ele então certamente não tinha em alta conta, eu recebia o castigo justo pela minha mania de sabichão, com a qual afinal me destaquei também em sua classe. Fiquei muito embaraçado, e para desviar a conversa da história, perguntei-lhe acerca de um autor de quem então se falava muito e que eu ainda não havia lido: Franz Werfel.

Ele falou de seu lirismo, alimentado pelo amor à humanidade. Não havia ninguém com quem ele não simpatizasse. Nenhuma criada lhe era insignificante demais, nenhuma criança, mas também nenhum animal; era uma espécie de são Francisco, como se seu nome, Franz, lhe tivesse indicado o caminho. Não era um pregador, mas tinha a capacidade de se transformar em qualquer ser vivo, para nos ensinar, através de seu exemplo, a amar essa criatura.

Como tudo o que vinha dele, aceitei isso com credulidade (só mais tarde formei sobre esse assunto a minha própria opinião, completamente diferente). Mas não foi esse o verdadeiro acontecimento daquela viagem de trem. Movido por minhas perguntas tímidas, inseguras e respeitosas, começou a falar de si mesmo e se manifestou com tanto realismo, sem qualquer ideia de proteção perante a opinião dos outros que eu, um tanto confuso, conheci a imagem de um homem que ainda estava se *formando*, muito incerto sobre o seu caminho, ainda verdadeiramente franco, sem os menosprezos e as condenações que eu tão bem conhecia de casa. Conservei suas palavras, que talvez nem sequer compreendesse direito, como o enunciado de uma religião enigmática: ora ele estava cheio de vontade de agir, ora completamente desesperado. Ele sempre procurava e jamais encontrava. Ele não sabia o que fazer, como viver. Esse homem que estava sentado a minha frente, que me infundia tanto amor, ao qual teria seguido cegamente para qualquer lugar, nem sequer sabia para onde ia, voltava-se ora para este, ora para aquele; só tinha uma certeza, ele queria ser instável, e, por mais que isso me atraísse, pois era dito com suas próprias palavras, por sua boca, me deixava maravilhosamente confuso — mas para onde eu o seguiria?

## HISTÓRIA E MELANCOLIA

"Liberdade" naquela época se tornara uma palavra importante. A semeadura dos gregos estava germinando. Desde que eu perdera o professor que me tinha oferecido os gregos, fortalecia--se a imagem singular da Grécia e da Suíça que se formara em mim. Nela, cabia um papel especial às montanhas. Nunca pensava nos gregos sem ver montanhas e, curiosamente, eram as mesmas montanhas que todos os dias eu tinha diante dos olhos. Pareciam mais próximas ou mais distantes, segundo as condições atmosféricas. Ficava-se contente quando não estavam encobertas, falava-se delas e cantava-se sobre elas, eram objeto de um culto. O mais belo era o mar de névoa visto do vizinho monte Ütli; então os montes se transformavam em ilhas, resplandecentes, quase palpáveis, todos os cumes oferecendo-se individualmente à adoração. Tinham nomes e eram citados, alguns tinham um som lapidar e nada significavam, a não ser os próprios montes, como o Tödi; outros, como Jungfrau [Virgem] e Mönch [Monge], significavam demais; eu teria preferido para cada monte um nome novo, que não fosse usado para nada mais. Não havia dois que tivessem a mesma altura. Suas rochas eram rijas, era inconcebível que pudessem mudar. Dessa imutabilidade eu tinha uma noção poderosa. Eu as concebia intocáveis; quando se falava de sua conquista sentia um mal-estar, e quando eu próprio empreendia sua escalada, me invadia a sensação de que fazia algo ilícito.

Tanto mais intensa era a vida próxima aos lagos, onde aconteceram as coisas mais excitantes; eu imaginava esses lagos como o mar grego, e para mim eles se juntaram num só, quando morei bem próximo ao lago de Zurique. Não que tivesse havido qualquer alteração em seu formato, cada local tinha seu próprio significado, conservava suas particularidades, baías, escarpas, árvores, casas; mas no meu sonho era tudo "o lago", o que acontecia num deles pertencia também aos outros; a Confederação Helvética, pela qual fora feito o juramento da aliança, para mim era uma confederação dos lagos. Quando ouvi falar das palafitas que haviam sido descobertas num lugar ou noutro, preocupou-me a ideia de que seus moradores nada soubessem uns dos outros. A tal distância de seus semelhantes, sem contato entre si, não fazia muita diferença onde eles morassem, bastava-lhes uma área mínima de água, que podia estar em qualquer lugar; nunca se poderia saber quem eles eram, por muitos que fossem os fragmentos, pontas de lança e ossos que se encontrassem deles — suíços eles não eram.

*Isso*, portanto, era a história para mim: a confederação dos lagos; antes disso não houvera história, e também esta eu só alcançara porque conhecia sua verdadeira pré-história, a dos gregos. Entre uns e outros pouco havia que contasse; eu desconfiava dos romanos; os cavaleiros de Walter Scott, que me pareciam seus descendentes, bonecos articulados em armaduras, me aborreciam, só se tornavam interessantes quando eram derrotados pelos camponeses.

Naquela época de encantamento pelos lagos caiu-me nas mãos *Os últimos dias de Hutten* [*Huttens letzte Tage*], e não me admira que essa primeira obra de C. F. Meyer me atingisse com tanta precisão. Embora Hutten fosse um cavaleiro, era também poeta, representado como alguém que lutou contra os falsos poderes. Estava enfermo, desprezado, abandonado por todos, e vivia sozinho da caridade de Zwingli, em Ufenau. Os feitos através dos quais ele havia demonstrado a sua rebeldia ressurgiram em sua memória, e por mais que se sentisse o seu ardor, nunca se esquecia em que situação ele agora se encontrava em Ufenau. A história decorria de forma que ele sempre era visto em luta contra poderes superiores; desaparecia assim aquilo que tanto irritava nos cavalheiros, isto é, que por causa de sua armadura eles se sentissem mais fortes do que os outros, mesmo os mais valorosos.

Entusiasmei-me com a visita de Loyola à ilha; um Loyola

que ninguém ainda conhecia, nem mesmo Hutten: um peregrino que ele, durante uma tempestade, abriga em sua pequena moradia, a quem estende seu cobertor e abrigo, para que durma. Durante a noite Hutten acorda com o estrondo de um trovão e, à luz dos relâmpagos, vê o peregrino flagelando suas costas até sangrarem e ouve as palavras com que Loyola se dedica a serviço de Maria. Pela manhã, o lugar do peregrino está vazio, e Hutten compreende, agora que chegou a sua vez, que quem se mostrou foi o seu pior inimigo. Essa aproximação dos contrários, no fim de uma vida, essa inconsciência de ser espionado sem saber por quem, esse conhecimento da inutilidade da própria luta, pois só agora apareceu o verdadeiro inimigo, e a reação ulterior, quando é tarde demais — "Se eu tivesse matado este espanhol!" —, como poderia eu deixar de sentir que justamente ali, em plena fantasia poética, eu estava mais próximo da "realidade"?

O lago, em cuja margem ficava Ufenau, se estendia até a minha casa; Meyer havia vivido na margem oposta, em Kilchberg. Eu me sentia incluído no poema, ele me iluminara a paisagem, havia nele uma linha que designava da forma mais simples a medida de compreensão das coisas humanas, de que então me tornara capaz: "Não sou um livro de invenções, sou um homem com suas contradições". O contraste entre o livro e o homem, entre o que é preconcebido e o que é dado pela natureza, entre a tangibilidade do livro e a incompreensibilidade do ser humano, havia começado a me atormentar. Eu encontrara a hostilidade onde não a esperava, hostilidade imposta de fora, que não provinha dos próprios sentimentos, cujas raízes não entendia e sobre a qual meditei muito. Como eu não encontrava a solução, ofereceu-se-me, como solução provisória, a concepção do homem como uma contradição. Aferrei-me a essa ideia, e citei a frase de Meyer tantas vezes, até que minha mãe a destroçou com um ataque arrasador.

Mas antes disso restou-me mais de um ano, em que ela me deixou à vontade. Acompanhei Meyer na Noite de São Bartolomeu e na Guerra dos Trinta Anos. Com ele encontrei Dante em pessoa, e a imagem do poeta, falando de seu desterro, me ficou gravada. Durante minhas excursões eu havia conhecido os vales da Confederação; dois verões seguidos, meus primeiros na Suíça, estive no monte Heinzen em Domleschg, "a mais bela montanha da Europa", nas palavras do duque de Rohan. Em suas proximidades, no castelo de Rietberg, eu havia contemplado uma mancha de sangue atribuída a Jürg Jenatsch, o que pouco me impressionou. Mas agora, ao ler acerca dele, eu me sentia conhecedor de seus rastros. Como mulher de Pescara encontrei Vittoria Colonna, santificada por Michelangelo; cheguei a Ferrara, como era horrível, como era lúgubre aquela Itália, da qual eu só ouvira idílicos relatos verbais. Sempre se tratava de acontecimentos excitantes que, por seu "significado", se destacavam de meu ambiente cotidiano. Eu não via a roupagem, via a multiplicidade de épocas e cenários. Eu nada percebia do embelezamento pela roupagem, e como o fim era sempre triste, eu o tomava pela verdade.

Na firme e impetuosa ânsia de aprender daqueles anos, minha opinião era de que o que me prendia a Meyer era justamente esta tão variada animação da história. Pensava seriamente que, através dele, me vinha a revelação. Eu não tinha quaisquer dúvidas, entregava-me docilmente a sua representação, sem suspeitar que atrás dela algo se ocultava, tudo se estendia tão límpido à luz do dia, acontecia tanta coisa... — o que poderia estar por trás que, comparado a essa plenitude, fosse relevante e digno de menção?

Hoje, quando já não suporto a história forjada, quando só procuro as próprias fontes, relatos ingênuos ou ideias objetivas a seu respeito, creio que era algo diferente o que nele me impressionava mais profundamente: um sentimento de colheitas e árvores carregadas de frutos, de "o suficiente não é suficiente", e a melancolia de seus poemas lacustres. Um deles começa com as seguintes linhas:

> Trüb verglomm der schwüle Sommertag,
> Dumpf und traurig tönt mein Ruderschlag.
> ................................................................
> Fern der Himmel und die Tiefe nah —
> Sterne, warum seid ihr noch nicht da?

*Eine liebe, liebe Stimme ruft*
*Mich beständig aus der Wassergruft —** 

Eu não sabia de quem era aquela voz, mas sentia que tinha de ser de um morto que me era próximo, e o apelo do fundo da água me tocava como se fosse meu pai quem me chamava. Durante esses últimos anos em Zurique, eu não pensara muito nele, e tanto mais inesperada, mais misteriosa, foi sua volta através desse poema. Era como se ele tivesse se escondido nesse lago que eu tanto amava.

Naquele tempo ainda nada sabia sobre a vida do poeta, sobre o suicídio de sua mãe, que se lançara no lago. Se o soubesse, jamais me viria a ideia de que eu ouvia a voz de meu pai, quando eu próprio, ao entardecer, remava no lago. Raramente remava sozinho, e só quando o fazia recitava para mim esses versos, interrompia-os e escutava: por causa dessas linhas desejava estar só no lago; não falei a ninguém desse poema e do quanto ele significava para mim.

Sua melancolia me arrebatava, esse sentimento novo que me unia ao lago, melancolia que me invadia quando o tempo não estava quente e nublado, que emanava das palavras. Sentia que essa melancolia arrastara o poeta ao lago, e embora minha melancolia fosse apenas adotada, sentia a sedução e esperava, impaciente, pelas primeiras estrelas. Eu as saudava, de acordo com minha idade, não com alívio, mas com júbilo. Creio que começou naquele tempo o meu impulso de me vincular a elas, inalcançáveis e inatingíveis, desenvolvendo-se, durante os próximos anos, até se converter numa religião astral. Eram para mim demasiado excelsas para que lhes atribuísse uma influência sobre minha vida; voltava-me para elas meramente por seu aspecto, ficava amedrontado quando se ocultavam do meu olhar, sentia-

---

* Turvo se extingue o sufocante dia estival,/ Surdo e triste soa o golpe de meu remo. [...] Longe o céu, próximo o abismo —/ Estrelas, por que não aparecestes?/ Ouço me chamar uma voz tão querida,/ Vinda insistente do sepulcro das águas —.

-me forte quando reapareciam, lá onde eu podia vê-las. Delas nada esperava a não ser a regularidade de seu regresso, no mesmo lugar e em imutável relação com suas semelhantes, com as quais formavam constelações de nomes maravilhosos.

## A COLETA

Da cidade, naquele tempo, eu só conhecia as partes voltadas para o lago e o caminho de ida e volta da escola. Poucas vezes estivera em lugares públicos, na sala de concertos, no museu, no teatro, e pouquíssimas vezes na universidade, para assistir a conferências. As conferências sobre etnologia se realizavam numa das associações profissionais junto ao rio Limmat. Fora disso, a cidade velha consistia, para mim, nas livrarias, onde contemplava os próximos livros "científicos" que seriam do meu programa. Depois havia os hotéis na zona da estação ferroviária, onde se hospedavam os parentes quando visitavam Zurique. A Scheuchzerstrasse em Oberstrass, onde havíamos morado durante três anos, quase caiu no esquecimento; tinha pouco a oferecer, ficava retirada do lago, e quando chegava a pensar nela, era como se tivesse vivido noutra cidade.

De alguns bairros não conhecia mais do que o nome, e aceitava sem resistência os preconceitos que os envolvia; não tinha ideia de que aspecto tinham as pessoas que lá moravam, como agiam e como se davam uns com os outros. Tudo o que era distante me atraía, e aquilo que podia ser alcançado em apenas meia hora, mas ficava na direção oposta, era como o outro lado da Lua, invisível e inexistente. A gente pensa que se abre para o mundo, e paga por isso com cegueira para aquilo que fica próximo. É inconcebível a arrogância com que se decide o que nos importa e o que não. Todas as linhas da percepção estão predeterminadas sem que se saiba; aquilo que ainda não consta dos livros passa despercebido, e o apetite voraz que chamamos de curiosidade não sabe o que está perdendo.

Uma única vez fiquei sabendo quanta coisa me escapava;

fui parar em bairros da cidade que até então só conhecia de ouvido. Foi por ocasião de uma coleta para fins beneficentes, para a qual foram convocados voluntários. Cada um dos que se apresentaram foi acompanhado por uma aluna da escola secundária. Minha acompanhante era maior e mais velha do que eu, o que aparentemente não lhe importou. Ela carregava a caixinha do dinheiro, eu carregava a mercadoria a ser vendida, grandes barras de chocolate. Ela me contemplava de cima com um olhar tranquilo e tinha uma maneira inteligente de falar. Usava saia branca, plissada, que parecia muito elegante; eu nunca havia visto esse tipo de saia tão de perto, e notei que outros também lhe davam atenção.

A coleta começou mal; pululavam os pares que faziam coleta. Perguntavam-nos o preço e nos davam as costas indignados. As barras não eram baratas, e após uma hora havíamos vendido apenas uma. Minha acompanhante se sentiu ofendida, mas não se deu por vencida. Achou que deveríamos procurar as casas e as hospedarias; o melhor seria em Aussersihl. Era um bairro operário, onde eu nunca estivera, e pareceu-me absurdo que ela esperasse das pessoas mais pobres aquilo que os ricos até então nos haviam negado. Ela foi de outra opinião, e justificou-a sem usar de sentimentalismo: "Eles não poupam", disse ela, "eles gastam logo todo o dinheiro. O melhor lugar são as tabernas, onde eles gastam com bebida todo o dinheiro que têm no bolso".

Pusemo-nos a caminho para a zona indicada. De vez em quando entrávamos num prédio e batíamos em cada porta. Era ainda uma zona de classe média. Numa das moradias do segundo andar constava, debaixo do nome que havia na porta, "Diretor de Banco". Tocamos a campainha, apareceu um senhor de rosto cheio e vermelho, com um bigode expressivo. Mostrou-se desconfiado e jovial ao mesmo tempo; primeiro perguntou se éramos suíços. Eu me calei, mas tanto mais amável foi a resposta da menina, na qual ela me incluiu, sem dizer propriamente uma inverdade. Aquele senhor sentia prazer em examiná-la; perguntou-lhe qual era a profissão do seu pai; era médico, o que se coadunava com a finalidade de nossa coleta.

Não se interessou pela profissão de meu pai; concentrou sua atenção na menina, a qual era esperta e sabia fazer alusões sutis, segurando a caixinha, sem demasiada insistência, à altura certa, e tendo o cuidado de não sacudi-la, pois estava quase vazia. Passado algum tempo, o rosto do cidadão foi ficando cada vez mais sorridente; aceitou a barra, pesou-a na mão, para sentir se não era leve demais, e jogou a moeda na caixinha não sem acrescentar: "É para um fim meritório. Chocolate temos de sobra". Mas ficou com a barra e nos despediu com plena consciência de sua boa ação. Quando fechou a porta, ficamos parados, aturdidos com tanta bondade e, vacilantes, descemos para o primeiro andar, onde batemos sem atentar para o letreiro na porta. Ela se abriu e a nossa frente, vermelho e furioso, estava o mesmo homem lá de cima: "De novo! Que pouca vergonha!". Com seu dedo, da grossura de dois, ele indicou a plaqueta: "Parece que vocês não sabem ler! Tratem de dar o fora ou chamo a polícia. Será que eu devo confiscar esta caixinha?". Bateu a porta em nosso nariz e, acabrunhados, nós nos safamos. Devia haver uma escada interna entre as duas moradias. Não podíamos sabê-lo e, extasiados pela venda bem--sucedida, não lêramos o nome.

Minha companheira não quis mais saber de moradias e disse: "Agora vamos procurar as tabernas". Caminhamos, desanimados, mais um trecho, até que estávamos no meio de Aussersihl. Vimos, numa esquina, uma grande hospedaria; ela nem sequer me pediu para passar na frente e entrou calmamente. Sentimos o ar abafado pela fumaça; o local estava repleto, todas as mesas ocupadas por operários de todas as idades, reconhecíveis por seus bonés, diante de seus copos, muitos deles falando italiano. A menina, intrépida, se esgueirou por entre as mesas, não havia uma única mulher a quem ela pudesse se dirigir, mas parece que isso só aumentou sua segurança. Mantinha a caixinha bem próxima ao rosto dos homens, o que lhe era fácil, já que estavam sentados. Eu me esforçava por acompanhá-la, para estar presente com as barras de chocolate, mas logo notei o quanto careciam de importância. O importante era a menina, e o mais importante de tudo era sua saia plissada, que brilhava naquele ambiente sombrio. Todos olhavam para ela, todos a admiravam, e um rapaz, que parecia tímido, segurou uma das pregas da saia e, com admiração e vagar, a deixou deslizar entre os dedos. Parecia que ele queria tocar apenas aquela fazenda fina, não a moça. Ele não sorria e olhava para ela com ar grave; a moça ficou parada a sua frente; então ele disse: "Bellissima" e ela aceitou o elogio para a saia plissada. Ele já estava com a moeda na mão; jogou-a na caixinha como se não importasse e não perguntou pelo chocolate, que lhe estendi um pouco atrasado; ele o pôs a seu lado, sobre a mesa, desatento, como se tivesse vergonha de receber alguma coisa pelo seu donativo. A moça entrementes havia seguido adiante. Um homem de cabelos grisalhos foi o próximo. Ele lhe sorriu amavelmente, sem perguntar jogou sobre a mesa todas as moedas que tinha no bolso, escolheu uma de dois francos e, escondendo-a um pouco com o dedo, a jogou rápido dentro da caixinha. Depois me chamou com um aceno autoritário, tirou-me da mão uma das barras e, com um gesto encantador, ofereceu-a à moça. Pertencia a ela, era para ela, que ficasse com a barra, acrescentando, ainda, que não era para ser vendida.

Assim começou, assim continuou; quem quer que tivesse dinheiro contribuía, só que agora eles ficavam com suas barras de chocolate. Quem não tinha se desculpava, com uma delicadeza cordial. O alarido que havia nas mesas era interrompido quando a moça se aproximava; eu receara palavras atrevidas, em vez disso só havia olhares admiradores e, às vezes, uma exclamação de espanto. Eu me sentia completamente supérfluo, mas não me importava; contagiado pela disposição reverente daqueles homens, eu me dizia que era bela a minha acompanhante. Quando deixamos o local, sacudiu a caixinha e a sopesou: estava cheia mais da metade. Mais uma ou duas tabernas dessas, e nada mais caberia. Ela estava bem consciente da admiração de que fora alvo, mas tinha seu lado prático, e não esqueceu por um instante a sua missão.

# O BRUXO ENTRA EM CENA

Eu só percebia o quanto havia mudado pelas visitas que meu avô me fazia. Ele vinha a Zurique apenas quando sabia que eu estava só. A tensão entre ele e minha mãe devia ter aumentado; durante alguns anos ele a evitou, mas se escreviam regularmente. Durante a guerra, ele recebia cartões-postais comunicando-lhe nosso novo endereço; mais tarde, eles trocavam cartas corteses e impessoais.

Tão logo soube que eu estava em Yalta, apareceu em Zurique. Hospedou-se no Hotel Central e me mandou chamar. Seus quartos de hotel, tanto em Viena como em Zurique, se assemelhavam; neles havia o mesmo cheiro. Quando cheguei, ele estava em meio às suas orações vespertinas; continuou a orar enquanto me beijava e me banhava em suas lágrimas. Apontou para uma gaveta para que eu a abrisse; dentro dela havia um grosso envelope com selos de correio que ele havia colecionado para mim. Eu os espalhei sobre a cômoda baixa e os examinei; alguns eu já tinha, outros não; ele acompanhava com olhos de lince as minhas expressões faciais, ora de alegria, ora de desapontamento, em rápida alternância. Ele nada disse, pois não queria interromper sua oração; mas quando não mais se conteve, interrompeu suas solenes palavras hebraicas com um interrogativo: "E então?". Fiz alguns entusiásticos sons inarticulados, o que o satisfez, e ele continuou sua oração. Isso durou bastante tempo, tudo estava prescrito, ele não omitia nem resumia coisa alguma, e como, ademais, tudo já transcorria à velocidade máxima, não havia como se apressar. Quando terminou, me submeteu a uma prova para ver se eu sabia de que países provinham os selos e me cumulou de elogios pelas respostas certas. Era como se ainda estivéssemos em Viena e eu tivesse apenas dez anos; tudo me era tão maçante quanto suas lágrimas de alegria, que ele novamente começara a derramar. Ele chorava enquanto falava comigo, dominado pela emoção de me encontrar vivo, o neto que levava o seu nome, mais crescido, e talvez também por ele próprio ainda estar entre os vivos, podendo experimentar essa alegria.

Terminado o seu exame, e tendo acabado de chorar, ele me levou a um café onde não serviam bebidas alcoólicas, atendido por "garçonetes". Para estas ele lançava um olhar vivo e era-lhe impossível encomendar alguma coisa sem antes entabular uma longa conversa. Começou apontando para mim e dizendo: "Meu netinho!". Depois enumerou todas as línguas que dizia conhecer, que continuavam sendo dezessete. A garçonete, que tinha muito o que fazer, escutava impaciente o rol de línguas, do qual não constava o alemão falado na Suíça; assim que ela fazia menção de se afastar, ele lhe punha a mão na cintura, como para acalmá-la, e lá a deixava estar. Eu me envergonhava por ele, mas a moça permanecia quieta; quando tornei a levantar a cabeça, que havia abaixado, ele terminara de enumerar as línguas, mas sua mão ainda estava no mesmo lugar. Ele só a retirou quando fez o pedido, pois teve de se aconselhar com a garçonete, o que lhe ocupou ambas as mãos. Após um diálogo prolongado, acabou pedindo a mesma coisa de sempre, iogurte para ele, café para mim. Quando a garçonete se afastou, tentei persuadi-lo: aqui não era Viena, na Suíça era diferente, a gente não podia comportar-se assim, podia acontecer de a garçonete lhe dar uma bofetada. Ele não respondeu, como se entendesse mais dessas coisas. A garçonete voltou com o iogurte e o café e lhe sorriu com simpatia; ele lhe agradeceu efusivamente, de novo com a mão em sua cintura, e prometeu que, em sua próxima visita a Zurique, voltaria. Apressei-me em tomar meu café para sair de lá o mais rápido possível, convencido, contra todas as aparências, de que ele a havia ofendido.

Fui bastante imprudente em lhe falar de Yalta; ele insistiu em me visitar e fez-se anunciar. Como *Fräulein* Mina não estava em casa, *Fräulein* Rosy o recebeu. Ela lhe mostrou a casa e o jardim; ele se interessou por tudo e fez inúmeras perguntas. Quis saber quanto cada árvore do pomar produzia. Informou-se sobre as meninas que lá moravam, seus nomes, sua origem e sua idade. Fez a conta de quantas eram — naquele tempo eram nove —, e opinou que a casa poderia acomodar mais. *Fräulein* Rosy disse que quase todas tinham seu próprio quarto, então ele quis ver os quartos. Ela, arrebatada por sua jovialidade e suas perguntas, lhe mostrou, despreocupada, todos os quartos. As meninas estavam na cidade ou no salão, e *Fräulein* Rosy não viu objeção em lhe mostrar os quartos vazios, que eu próprio jamais havia visto. Ele admirou o panorama e apalpou as camas. Avaliou cada um dos quartos pelo seu tamanho, e foi de opinião que facilmente caberia mais uma cama. Ele se lembrou dos países de origem das moças, e quis saber onde dormia a francesa, onde a holandesa, onde a brasileira e, especialmente, onde dormiam as duas suecas. Finalmente perguntou pelo "ninho de pardal", o estúdio de *Fräulein* Mina. Eu o havia prevenido para que examinasse bem os quadros e elogiasse alguns deles. Foi o que ele fez, a sua maneira: como um perito, ele primeiro ficava parado a alguma distância, depois se aproximava e examinava, com meticulosidade, o processo de pintura. Ele sacudia a cabeça, pasmo diante de tanta competência e depois, entusiasmado, se expandia em superlativos, tendo a esperteza de usar termos italianos, que *Fräulein* Rosy entendia, e não os ladinos. Algumas das flores ele conhecia de seu jardim, tulipas, cravos e rosas, e pediu que fossem transmitidos à pintora os seus cumprimentos pela sua competência: que ele jamais havia visto algo assim, o que aliás era verdade, e se ela também pintava árvores frutíferas carregadas de frutos? Lamentou que não houvesse nenhum quadro assim, e aconselhou com insistência que ela ampliasse seu repertório. Com isso ele nos deixou pasmos, pois nem *Fräulein* Rosy, nem eu, jamais tivéramos essa ideia. Quando começou a perguntar pelo valor dos quadros, olhei para ele com severidade, mas foi em vão. Ele não se deixou demover, e *Fräulein* Rosy trouxe a lista da última exposição, e deu-lhe informações sobre os preços. Alguns haviam sido vendidos por várias centenas de francos, os menores eram mais baratos, mas ele quis saber os preços de um a um, somou-os de cabeça na hora, e nos surpreendeu com um resultado bastante apreciável, que ambos desconhecíamos. Acrescentou, ainda, magnânimo, que não era o preço que importava, o que importava era a beleza, "la hermosura" dos quadros, e quando do *Fräulein* Rosy sacudiu a cabeça, porque não havia entendido o termo ladino, ele me cortou a palavra com a rapidez do raio, antes que eu pudesse traduzir, e disse em italiano: "la bellezza, la bellezza, la bellezza!".

Depois quis tornar a ver o jardim, dessa vez com mais vagar. Na quadra de tênis, quis saber qual era o tamanho do terreno que pertencia à casa. *Fräulein* Rosy ficou confusa, pois não sabia: rapidamente ele mediu a quadra com suas passadas, a largura e o comprimento; depois de calculado o número de metros quadrados, disse-nos quantos eram, e pensou mais um pouco. Comparou o tamanho da quadra com o do jardim, também com o do terreno ao lado, e, com uma expressão de esperteza, disse: ao todo são tantos metros quadrados. *Fräulein* Rosy estava arrebatada; a visita, que eu tanto temera, foi um sucesso. Ao anoitecer ele me levou a uma representação no Waldtheater, do outro lado do Dolder. Quando voltei para casa, as damas esperavam por mim em sua sala. *Fräulein* Mina não se perdoava por ter saído; durante uma hora ouvi cantos de louvor a meu avô. Até mesmo o cálculo do tamanho do terreno estava certo, um verdadeiro bruxo.


## *A ARANHA NEGRA*

O vale dos vales para mim era o Valais, o que tinha um pouco a ver com seu nome, pois provinha da palavra latina "valle", que passara a designar o cantão, o qual consistia do vale do Ródano e dos vales laterais. No mapa, nenhum cantão era tão compacto quanto este, tudo ali fazia parte dele de modo natural. Eu estava impressionado por tudo o que lia sobre o Valais: era bilíngue — havia partes alemãs e partes francesas —, e ambas as línguas eram lá faladas como antigamente; ambas sobreviviam em suas formas mais arcaicas, um francês muito antigo em Val d'Anniviers e um alemão muito antigo no Vale do Lötsch.

Passamos novamente o verão de 1920 em Kandersteg, minha mãe e nós três. Lá eu ficava muitas vezes debruçado sobre o mapa: todos os meus desejos se concentravam agora no Vale do Lötsch, o que havia de mais interessante para se ver e de fácil acesso. Viajava-se através do túnel do monte Lötsch — o terceiro em extensão de todo o mundo — até Goppenstein, a primeira estação após o túnel. De lá atravessava-se a pé o Vale do Lötsch, até o último povoado, Blatten. Arquitetei o plano com entusiasmo, reuni o grupo com o qual eu faria a excursão e insisti para que meus irmãos pequenos dessa vez ficassem em casa. "Você sabe o que quer", disse minha mãe, sem estranhar a falta de consideração pelos meus irmãos; pelo contrário, lhe agradou: vivia sob o temor de que eu, entretido com livros e conversas, me tornara um ser indeciso e pouco viril. A consideração pelos menores e mais fracos, que ela aprovava em teoria, enervava-a na prática, especialmente quando era um empecilho na perseguição de um alvo. Ela me apoiou, inventando outra diversão para os meus irmãos; foi fixada a data para a excursão; atravessaríamos o túnel de manhã, no primeiro trem.

Goppenstein era ainda mais inóspita e abandonada do que eu esperava. Subimos pela estrada do Saumpfad, a única ligação com o mundo, até o Vale do Lötsch. Fui informado de que, até havia pouco tempo, aquela estrada fora tão estreita que só era transitável para animais com suas cargas. Há menos de cem anos ainda havia ursos na região; era uma lástima que agora já não podiam ser encontrados. Deplorava os ursos desaparecidos quando, de repente, o vale se abriu, banhado pelo sol, luminoso e límpido, no alto das brancas montanhas, e terminando numa geleira. Não se levava muito tempo para chegar ao outro lado, mas antes o caminho serpenteava por quatro localidades, de Ferden a Blatten. Tudo era antiquado e diferente. Todas as mulheres tinham a cabeça coberta com chapéus de palha pretos, mas não só as adultas, também as meninas bem pequenas. Até mesmo as crianças de três ou quatro anos tinham um ar solene, como se desde o nascimento estivessem conscientes da peculiaridade de seu vale e quisessem demonstrar aos intrusos que não faziam parte de nosso grupo. Mantinham-se próximas às mulheres de rostos encarquilhados que as acompanhavam. A primeira frase que ouvi soava como há mil anos. Um menino muito pequeno e atrevido, deu alguns passos em nossa direção, mas uma anciã o chamou mantendo-o afastado de nós, e as duas palavras que usou me pareceram tão bonitas que não acreditei no que ouvia. "Chuom, Buobilu!", disse ela, e que vogais eram estas! Em vez da expressão suíça "Büebli", que eu estava acostumado a ouvir em lugar do alemão "Büblein" [menino], ela disse "Buobilu", uma rica e obscura combinação de *u*, *o* e *i*, que me fez lembrar os versos em alto-alemão antigo que líamos na escola. Eu sabia o quanto os dialetos alemães da Suíça se aproximavam do alto-alemão médio, mas não esperava que ainda se falasse algo parecido com o alto-alemão antigo, e o considerei como uma descoberta minha. Ficou tão fortemente gravado em minha memória por ter sido a única coisa que ouvi. Aquela gente era calada e parecia que nos evitava. Durante toda a excursão não chegou a haver uma conversa sequer. Vimos as velhas casas de madeira, as mulheres vestidas de preto, os vasos de flores nas janelas, as campinas. Tentei ouvir outras frases, tudo permaneceu mudo; talvez fosse apenas um acaso, mas "Chuom, Buobilu" ficou-me como o único som daquele idioma.

Éramos um grupo bastante diversificado; havia entre nós ingleses, holandeses, franceses, alemães; ouviam-se exclamações de entusiasmo em todas as línguas, e até mesmo os ingleses pareciam loquazes diante do silêncio do vale; todos estavam perplexos, todos ficaram admirados, não senti vergonha pelos hóspedes presunçosos de nosso hotel, acerca dos quais eu costumava fazer observações sarcásticas. Aqui, a unidade da vida — na qual tudo se encaixava, o silêncio, o vagar, a contenção — sobrepujava a sua presunção, e eles reagiam ao inconcebível, ao qual não se sentiam superiores, com admiração e inveja. Atravessamos as quatro aldeias como se viéssemos de outro planeta, sem a possibilidade de contato com os moradores, sem que eles esperassem o mínimo de nós, sem que eles deixassem perceber sequer um gesto de curiosidade, e tudo o que aconteceu durante aquela excursão foi que uma velha chamou um menininho, que nem mesmo tinha se aproximado, para que se afastasse de nós.

Jamais voltei àquele vale; deve ter sofrido profundas alterações em meio século, principalmente neste último. Tenho-me guardado de tocar na imagem que conservo dele. Devo a ele, justamente por sua estranheza, o sentimento de intimidade com formas arcaicas de vida. Não sei dizer quantos habitantes viviam no vale naquele tempo, talvez quinhentos. Eu só os vi como indivíduos isolados, nunca mais de dois ou três reunidos. Que a vida lhes era dura, estava evidente. Não ponderei se alguns deles procurariam seu pão fora do vale; parecia-me que a ideia de abandoná-lo, mesmo por pouco tempo, estava longe deles. Se eu tivesse obtido mais informações sobre eles, o quadro ter-se-ia dissolvido, e para mim eles seriam pessoas do nosso tempo, como as conheci em toda a parte. Existem, por sorte, experiências que adquirem sua força do fato de terem sido únicas e isoladas. Mais tarde, quando eu lia sobre tribos e povos que, em pequeno número, viviam isolados de todos os demais, voltava-me a lembrança do Vale do Lötsch e, por extraordinário que fosse o que lia, eu o considerava possível e o aceitava.

Mas a minha admiração pelo monossílabo, ou aliás tetrassílabo, como o experimentei naquele vale, então era bastante rara. Quase na mesma época sucumbi à eloquência de Gotthelf. Li *A aranha negra* [*Die schwarze Spinne*] e me senti perseguido por ela, como se estivesse cravada em meu próprio rosto. Eu não tolerava espelho em meu quarto; agora, envergonhado, o pedi emprestado a Trudi; retirei-me com ele ao meu quarto, tranquei a porta (o que não era costume naquela casa) e procurei em ambas as faces os sinais da aranha negra. Não encontrei sinal algum — como poderia encontrá-lo se não fui beijado pelo diabo? —, mas apesar disso eu sentia uma comichão, como que provocada por suas pernas, e lavava o rosto várias vezes por dia para ter a certeza de que, mesmo assim, ela não se tinha grudado em mim. Eu a via onde menos era de esperar. Uma vez, quando eu estava no alto da passarela, ela brilhou em lugar do sol nascente. Precipitei-me para dentro do trem, e ela havia se acomodado a minha frente, ao lado de uma velha senhora que não a notou. "Está cega, preciso preveni-la", pensei, mas ficou só na intenção; quando em

Stadthofen me levantei para desembarcar, a aranha havia sumido e a velha senhora estava só; foi bom que não a tivesse prevenido, pois ela teria morrido de susto.

A aranha podia desaparecer durante dias; alguns lugares ela evitava, jamais aparecia na escola, tampouco importunava as meninas no salão. Quanto às *Fräulein* Herder, em sua simplória ingenuidade, não eram nem mesmo dignas da aranha. Ela seguia a mim e se punha em meu caminho quando estava só, embora eu não tivesse consciência de ter cometido nenhuma má ação.

Havia resolvido que nada diria a minha mãe sobre a aranha negra, pois temia o efeito que isso teria sobre ela, como se fosse particularmente perigosa para pessoas doentes, e talvez muita coisa teria sido diferente se eu tivesse a força de me ater a esta resolução. Mas já em sua primeira visita eu me abri com ela; contei-lhe a história, com todos os seus horripilantes detalhes. Omiti o alegre batizado e todas as passagens confortantes e moralizadoras, com que Gotthelf procura atenuar seu efeito. Ela escutou sem me interromper uma única vez; nunca antes conseguira fasciná-la tão profundamente. Como se nossos papéis estivessem invertidos, ela me inquiriu acerca de Gotthelf e por que ela jamais ouvira falar nessa história tão fantástica. Eu fora tomado pelo medo ao contar a história e para ocultá-lo desviei a conversa para uma antiga disputa entre nós, sobre o valor ou o desvalor do dialeto. Ele era um autor de Berna, sua língua era a do Emmental; havia passagens que mal se entendia, mas Gotthelf seria inconcebível sem o dialeto, pois era deste que provinha toda a sua força. Deixei transparecer que *A aranha negra* teria me passado despercebida, que nunca teria tido acesso a ela se não tivesse sido receptivo ao dialeto.

Estávamos ambos numa excitação que provinha do próprio tema, assim como a hostilidade que sentíamos mutuamente tinha a ver com a história; tudo o que *dizíamos* se movia na esfera superficial da teimosia. Ela nada queria saber de Emmental, essa história era bíblica e fora tirada diretamente da Bíblia. A aranha negra era a décima primeira praga dos egípcios, e por causa do dialeto a história era tão pouco conhecida. Seria bom que alguém a traduzisse para o alemão literário, para que ficasse acessível ao público em geral.

Logo que voltou ao sanatório, se informou com seus companheiros de conversa, quase todos da Alemanha setentrional, sobre Gotthelf, e ficou sabendo que dele nada havia senão intragáveis e longos romances de camponeses, consistindo principalmente em sermões. *A aranha negra* era a única exceção, também esta mal escrita, cheia de dilatações desnecessárias; nenhuma pessoa sensata levaria Gotthelf a sério. Acrescentou, à carta em que me deu essa notícia, a pergunta irônica: se eu, agora, queria me tornar um pregador ou um camponês, que eu me decidisse, nunca ambas as coisas.

Fiquei com minha opinião e, em sua próxima visita, arremeti contra aquele grupo de estetas por quem ela se deixara influenciar. "Esteta" em sua boca sempre fora um termo afrontoso, o pior que havia neste mundo de Deus eram os "estetas vienenses". A palavra a atingiu num ponto sensível, fora bem escolhida; ela se defendeu e, com isso, traiu sua preocupação pela vida de seus amigos, com tanta seriedade que me pareceu que suas palavras vinham diretamente de *A aranha negra*. Pessoas que estavam ameaçadas de morte não podiam ser xingadas de estetas. Elas não sabiam quanto tempo ainda tinham de vida. Então eu pensava que pessoas nessas condições não escolheriam com muito cuidado o que haveriam de ler? Havia histórias que escorriam da gente como água, e havia histórias das quais a gente se lembrava melhor a cada dia que passava. Que isso dependia de *nossa* disposição, não do autor. Que ela tinha certeza de que, apesar de *A aranha negra*, jamais leria uma linha de Gotthelf. Estava decidida a defender sua opinião contra aquele delinquente que usava o dialeto e recorreu a fontes autorizadas. Referiu-se a Theodor Däubler, que dera um recital no sanatório; vários autores costumavam ler suas obras ali, e na ocasião ela travara uma ligeira amizade com Däubler, embora ele tivesse recitado versos, que não eram o que lhe interessava. Chegou a afirmar que ele não tinha boa opinião de Gotthelf. "Isto não é possível!", disse eu; fiquei tão indignado que duvidei da veracidade de suas palavras. Ela ficou insegura e se retraiu: pelo menos outros haviam feito comentários nesse sentido em sua presença, e ele não os contradissera, portanto concordara. Nossa conversa degenerou em puro bate-boca; cada um manteve, quase hostil, o seu ponto de vista. Percebi que ela começava a pressentir um perigo em minha paixão pelas coisas da Suíça. "Você está ficando muito limitado", disse ela, "isso não me admira, nos vemos tão pouco. Você está ficando presunçoso. Vive entre solteironas e meninas, e permite que elas queimem incenso a seus pés. Limitado e presunçoso. Não foi para isto que sacrifiquei minha vida."

## MICHELANGELO

Em setembro de 1920, ano e meio depois que deixou de ser nosso professor de história, Eugen Müller anunciou uma série de conferências sobre arte florentina. Realizaram-se no auditório da universidade e eu não perdi nenhuma. A distinção do local — eu ainda estava longe de ser universitário — importava num certo distanciamento do conferencista. Eu me sentava na frente e ele notara minha presença, mas havia muito mais ouvintes do que na escola, de todas as idades, assim como adultos, o que tomei como sinal de apreço por aquele homem, que para mim significara mais do que todos os outros professores. Era aquele mesmo entusiasmo rumorejante e sussurrante de que havia tanto tempo eu sentia falta, interrompido apenas pelos diapositivos, para os quais ele apontava. Seu respeito pelas obras de arte era tão grande que, ante elas, ele se calava. Assim que era projetado um quadro, ele pronunciava duas ou três frases, ditas com a maior modéstia, e depois silenciava para não perturbar a reverência que ele esperava de nós. Eu não gostava disso, lamentava qualquer interrupção em seu fluxo de palavras, pois só destas dependia o que me impressionava, o que me agradava.

Já na primeira preleção ele nos apresentou as portas do Batistério, e o fato de que Ghiberti trabalhou nelas vinte e um e vinte e oito anos tocou-me mais fundo do que a visão mesmo das portas. Agora eu sabia que se podia dedicar a vida inteira a apenas uma ou duas obras, e a paciência, que sempre admirara, se converteu para mim em algo monumental. Depois disso, nem bem transcorreram cinco anos, e eu havia encontrado a obra à qual queria dedicar a *minha* vida. Se pude anunciá-la logo, não apenas para mim, mas sem sentir vergonha, aos homens cuja estima me importava muito, eu o devo à informação sobre Ghiberti, que ouvi da boca de Eugen Müller.

Na terceira conferência chegamos à capela dos Medici; a ela foi dedicada uma hora inteira. Comoveu-me a melancolia das figuras femininas, reclinadas, o sono triste de uma, o doloroso esforço de despertar da outra. A beleza, quando nada mais que beleza, me parecia vazia, Rafael pouco significava para mim; mas a beleza vergada sob um peso, oprimida pela paixão, pela desgraça ou por obscuros pressentimentos, me subjugava. Era como se ela não pudesse subsistir por si, dependendo do gosto das épocas, mas, ao contrário, tivesse que se afirmar na desgraça, como se precisasse sofrer grande opressão, só merecendo o nome de beleza se não se desfizesse, mas permanecesse forte e indelével.

Mas não foram só aquelas duas figuras femininas que me impressionaram, foi também o que Eugen Müller disse sobre o próprio Michelangelo. Pouco antes de sua preleção, ele deve ter se ocupado das biografias escritas por Condivi e Vasari; mencionou diversos traços individuais concretos, que alguns anos depois reencontrei e reconheci nessas biografias. Estavam tão vivos e espontâneos em sua memória que se podia pensar que lhe tivessem sido relatados recentemente. Nada parecia diminuído pelo tempo que desde então transcorrera ou pela fria pesquisa histórica. Gostei do golpe que Michelangelo recebeu no nariz, quando ainda menino, como se aquele golpe tivesse feito dele um escultor. Depois, seu amor por Savonarola, cujos sermões continuou lendo mesmo depois de velho, embora aquele tivesse atacado tão violentamente a arte a serviço dos ídolos, embora se tratasse de um inimigo de Lorenzo de Me-

dici. Lorenzo havia descoberto o menino Michelangelo, abrira-
-lhe a sua casa e o sentara à sua mesa; sua morte abalou o jovem
que ainda não tinha vinte anos. Mas isso não impediu que ele
reconhecesse a infâmia do sucessor; e o sonho de seu amigo,
que o induziu a abandonar Florença, foi o primeiro de uma
longa série de sonhos que colecionei e sobre os quais meditei.
Durante a conferência, tomei nota desse sonho; dez anos depois, quando eu estava escrevendo *Auto de fé* voltei a encontrá-
-lo, lendo Condivi.

Gostava do orgulho de Michelangelo, da luta que ousou
travar contra Júlio II, quando, ofendido, abandonou Roma. Verdadeiro republicano, defendeu-se também do papa, e houve
momentos em que ele o enfrentou como um igual. Jamais esqueci os oito meses de solidão que passou próximo a Carrara,
quando mandou cortar os blocos para o mausoléu do papa, e a
súbita tentação, que lá lhe sobreveio, de fazer enormes escultu-
ras diretamente na paisagem, que seriam visíveis até mesmo de
navios em alto-mar. Depois a abóbada da Sistina, através da
qual seus inimigos, que não o consideravam um pintor, queriam
destruí-lo: trabalhou nela durante quatro anos, e que obra surgiu! A ameaça do papa, impaciente, de mandar jogá-lo de cima
do andaime. Sua recusa de adornar os afrescos com ouro. Também fiquei impressionado com o número de anos, mas dessa vez
a própria obra me empolgou, e nada houve que fosse tão deter-
minante para mim quanto a abóbada da Sistina. Dela aprendi o
quanto a obstinação pode ser criativa, quando unida à paciência.
O trabalho no "Juízo Final" durou oito anos, e embora só mais
tarde eu viesse a entender toda a magnitude dessa obra, mar-
cou-me a ignomínia da repintura de suas figuras por causa da
nudez, o que ele teve de suportar aos oitenta anos.

Assim se formou em mim a lenda do homem que, por aquilo
que cria de mais elevado, suporta a dor e a supera. Prometeu, a
quem eu amava, transferiu-se, para mim, ao mundo dos homens.
Aquilo que o semideus fizera, ele o fizera *sem medo*: só depois
que tudo havia passado, ele se tornou o campeão do sofrimento.
Michelangelo, porém, havia trabalhado sob o medo, as figuras

na capela dos Medici foram criadas quando ele era considerado inimigo do Medici que então governava em Florença. Seu medo diante dele era bem fundamentado; estava exposto ao perigo e a opressão que pesava sobre as figuras pesava sobre ele próprio. Mas eu estaria errado se dissesse que esse sentimento foi decisivo para a impressão que me causaram aquelas outras figuras que, a partir de então, me acompanharam durante anos: as figuras da capela Sistina.

Não foi só a imagem de Michelangelo que então se tornou viva em mim. Eu o admirava como não havia admirado a ninguém, desde os exploradores. Ele foi o primeiro que me fez perceber o sentido da dor, que não se esgota em si, e se transforma em algo que passa a existir para os outros e permanece. É uma espécie diferente de dor, não a dor física que todos reconhecem. Quando, ao trabalhar no "Juízo Final", caiu do andaime e sofreu graves ferimentos, Michelangelo encerrou-se em sua casa, não admitiu qualquer enfermeiro ou qualquer médico, e ficou só. Ele não reconhecia essa dor, excluiu-a de todos e teria sucumbido nela. Um amigo, que era médico, a muito custo, através das escadas dos fundos, conseguiu chegar a seu quarto, onde o encontrou em estado deplorável, e ficou a seu lado dia e noite, até que o perigo foi afastado. A dor que penetrou em sua obra e determinou o prodígio de suas figuras era uma dor de espécie muito diferente. Sua sensibilidade para a humilhação o levou a empreender somente as tarefas mais difíceis. Ele não podia ser um modelo para mim, pois era mais do que isso: o deus do Orgulho.

Foi ele também quem me conduziu aos profetas: Ezequiel, Jeremias e Isaías. Como eu ansiava por tudo o que não estava próximo de mim, o único livro que eu não lia naquele tempo, que eu evitava, era a Bíblia. As orações de meu avô, ligadas a períodos de tempo certos, me enchiam de repulsa. Era uma ladainha em uma língua que eu não entendia, e nem sequer queria entender. Qual o significado que poderiam ter, se ele as interrompia para me indicar, com gestos ridículos, os selos que me trouxera? Encontrei os profetas não como judeu, não por suas palavras. Encontrei-os nas figuras de Michelangelo. Poucos meses após as conferências que citei, recebi o presente que mais desejava: uma pasta com grandes reproduções de quadros da Sistina, justamente os profetas e as sibilas.

Convivi e me familiarizei com eles durante dez anos, sabe-se o quanto são longos os anos da juventude. Cheguei a conhecê-los melhor do que aos homens. Pendurei-os na parede, para tê-los sempre na minha frente, mas não foi o costume o que me ligou a eles; eu ficava imóvel diante da boca semiaberta de Isaías, procurando adivinhar as palavras amargas com que ele se dirigia a Deus, e sentia a censura de seu dedo erguido. Procurei imaginar suas palavras antes que eu as conhecesse; seu novo criador me preparara para elas.

Talvez fosse arrogância querer imaginar suas palavras, eu as deduzia de seu gesto, eu não sentia a curiosidade de conhecer seu teor exato, não procurava suas verdadeiras palavras lá onde eu facilmente as encontraria: a imagem, o gesto, as continha com tanta força, que não podia deixar de contemplá-los de novo; essa era a compulsão, a essência e o inexaurível da Sistina. Também me atraíam a aflição de Jeremias, e a veemência e o ardor de Ezequiel; nunca contemplei Isaías, sem procurar também a eles. Eram os profetas *idosos* os que não me largavam; entre eles eu incluía Isaías, ainda que, no quadro, não aparecesse representado como um velho. Os profetas jovens significavam para mim tão pouco quanto as sibilas. Ouvira falar das ousadas reduções tão admiradas em algumas dessas figuras, da beleza das sibilas de Delfos e de Líbia, mas isso eu só assimilava como algo que foi lido, eu o sabia através das palavras com que me foi descrito; porém não passavam de quadros, não existiam à minha frente como a superação de seres humanos, eu não pretendia ouvi-los, como aos velhos profetas; estes tinham para mim uma vida que eu nunca percebera antes, só posso descrevê-la — muito imperfeitamente — como a vida da obsessão, ao lado da qual nada mais existia. É importante observar que, para mim, eles não se tornaram deuses. Eu não os percebia como um poder que estava acima de mim; quando eles falavam comigo, e quando eu até mesmo tentava falar com eles, quando eu os enfrentava, não os temia, eu os admirava, ousava fazer-lhes perguntas. Talvez eu estivesse preparado para eles, por estar acostumado às figuras dramáticas desde o tempo de Viena. Aquilo que eu então sentia como uma torrente impetuosa, na qual eu flutuava entre muitas coisas que ainda não sabia diferenciar, numa espécie de atordoamento confuso, agora se articulava para mim em personagens rigorosamente distintos, dominadores, mas lúcidos.


## O PARAÍSO PERDIDO

Em maio de 1921 recebi a visita de minha mãe. Levei-a ao jardim e lhe mostrei tudo o que estava florido. Senti que ela estava de mau humor e tentei animá-la com o aroma das flores. Mas ela não o aspirou, continuou silenciosa e muda; era inquietante que as asas de seu nariz não se movessem. Ao final da quadra de tênis, onde ninguém podia nos ouvir, ela disse: "Sente-se!", e ela própria se sentou. "Isto agora chegou ao fim!", disse ela sem rodeios, e eu soube que havia chegado a hora. "Você tem que sair daqui. Você está ficando imbecil!"

"Não quero sair de Zurique. Vamos ficar aqui; aqui eu sei para que estou no mundo."

"Para o que você está no mundo! Masaccio e Michelangelo! Você acredita que isto é o mundo! Florzinhas para pintar, o 'ninho de pardal' de *Fräulein* Mina. Todas essas meninas, as coisas que fazem com você. Uma mais respeitosa e dedicada do que a outra. Seus cadernos escolares atulhados com a filogenia do espinafre. O calendário Pestalozzi, este é o seu mundo! As pessoas famosas que você vive folheando. Você alguma vez se perguntou se tem o direito de fazer isso? Só conhece as coisas agradáveis, sua fama; você alguma vez se perguntou como eles viveram? Você acredita que ficavam sentados no jardim, entre flores e árvores, como você está agora? Acredita que sua vida foi um mar de rosas? Os livros que você lê! Esse Conrad Ferdinand Meyer! Esses contos históricos! O que têm eles a ver com a vida de hoje? Você pensa que, quando lê alguma coisa sobre a Noite de São Bartolomeu ou sobre a Guerra dos Trinta Anos, então você sabe tudo! Você não sabe coisa alguma! Coisa alguma! É tudo diferente. É horrível!"

Agora ela desabafava sua antipatia pelas ciências naturais: eu havia me entusiasmado pela organização do mundo, como ela aparece na estrutura dos animais e das plantas, e escrevera a ela reconhecendo a minha concepção de que é bom que se admita atrás de tudo um desígnio, e naquele tempo eu tinha a convicção inabalável de que esse desígnio era bom.

Mas ela não acreditava nisso, que o mundo fosse bem estruturado. Ela nunca havia sido religiosa, e nunca se resignara a aceitar as coisas como elas são. O choque que sofrera com a guerra nunca se desfez. Alastrou-se a sua experiência no sanatório, onde conheceu pessoas que, por assim dizer, morriam aos poucos diante de seus olhos. Ela não falava comigo sobre isso, era uma parte de sua experiência que me ficava oculta, mas existia dentro dela e produzia seus efeitos.

Menos ainda gostava ela de minha simpatia pelos animais. Sua aversão a eles era tão grande que ela fazia comigo as mais cruéis brincadeiras. Em Kandersteg, na rua diante de nosso hotel, vi um terneiro sendo arrastado à força. Ele empacava a cada passo, e o açougueiro, que eu conhecia de vista, estava tendo muito trabalho com ele. Eu não entendia o que estava acontecendo; ela estava parada a meu lado e me explicou com a maior calma que ele estava sendo levado para o abate. Pouco depois foi a hora do almoço; sentamo-nos à mesa e eu me recusei a comer carne. Durante alguns dias mantive meu propósito, e ela se aborreceu; coloquei mostarda na verdura, e então ela disse, sorrindo: "Você sabe como é feita? Para fazer mostarda, precisa-se de sangue de galinha". Com isso ela me perturbou e eu não percebi sua ironia; quando entendi, ela tinha quebrado minha resistência, e disse: "É assim. Você é como o terneiro; finalmente também ele acaba se entregando!". Ela não escolhia os meios. Isso era reforçado pela sua convicção de que os sentimentos humanos só devem valer para os homens; se os estendêssemos a todos os seres vivos, perderiam sua força e se tornariam vagos e ineficazes.

Outra de suas idiossincrasias era contra o lirismo. O único interesse poético que ela jamais revelou coube às *Fleurs du mal*, de Baudelaire, o que provinha da constelação especial de suas relações com *Herr* Professor. Molestava-a, nas poesias, a pequenez da forma, o terminarem com demasiada rapidez. Disse, certa vez, que as poesias nos acalentam, que no fundo são canções de berço. Os adultos deviam se precaver das canções de berço, seria desdenhoso que continuassem dedicados a elas. Creio que, para ela, o grau de paixão das poesias era demasiado baixo. A paixão lhe significava muito, achava que só nos dramas ela era autêntica. Shakespeare, para ela, era a verdadeira expressão da natureza humana, pois nele nada era diminuído ou atenuado.

Não se pode esquecer que a comoção da morte a atingiu com tanta força quanto a mim. Ela tinha vinte e sete anos quando meu pai morreu repentinamente. Este acontecimento a marcou pelo resto da vida, isto é, durante mais vinte e cinco anos, de muitas maneiras, mas a raiz era sempre a mesma. Assim, sem que eu o soubesse, ela foi para mim um modelo emocional. A guerra foi a multiplicação daquela morte, o absurdo elevado a proporções enormes.

Além disso, nos últimos tempos começara a recear a influência preponderantemente feminina em minha vida. Como poderia eu tornar-me um homem apenas através do conhecimento, que me atraía cada vez com mais força? Ela desprezava seu próprio sexo. Seu herói não era uma mulher, mas Coriolano.

"Foi um erro termos saído de Viena", disse ela. "Tornei a vida fácil demais para você. Estive em Viena após a guerra; *eu* sei como era aquilo então."

Foi uma daquelas cenas em que ela procurava demolir tudo o que ela havia estruturado em mim num esforço paciente, durante anos. Ela era, a sua maneira, uma revolucionária. Acreditava em mudanças súbitas, que irrompem e impiedosamente alteram todas as constelações, inclusive as dos homens.

Comentou, particularmente zangada, o meu relatório sobre os dois hidroplanos que se haviam precipitado no lago Zurique, bem próximo de nossa casa. Os acidentes aconteceram com um intervalo de uma semana, no outono de 1920, e eu lhe escrevera, assustado e abalado. A ligação com o lago, de tão alto significado para mim, a revoltava. Disse-lhe que aquelas mortes tinham, para mim, algo de lírico. Perguntou, irônica, se eu havia feito algum poema sobre aquilo. "Então os teria mostrado a você", disse eu, a repreensão era injusta, eu lhe contava tudo. "Pensei", disse ela, "que esse seu Mörike o tivesse induzido a isso", e lembrou-me o poema "Denk es, o Seele!" [Medita, ó minh'alma] que eu havia lido para ela. "Você está metido no idílio do lago Zurique. Vou tirar você daqui. Tudo o agrada demais. Você ficou tão meigo e emotivo quanto suas solteironas. Será que não vai acabar querendo ser um pintor de florezinhas?"

"Não, só gosto dos profetas de Michelangelo."

"Isaías, eu sei. Você já me contou. E você sabe como foi esse Isaías?"

"Ele se zangou com Deus", disse eu.

"E você também sabe o que isto quer dizer? Você tem ideia do que isto significa?"

Não, eu não sabia. Fiquei calado. De repente me senti muito envergonhado.

"Você pensa que tudo consiste em ficar com a boca entreaberta e assumir uma expressão carrancuda. É este o perigo dos quadros. Convertem-se em poses solidificadas de alguma coisa que se desenrola continuamente, por longo tempo, sem cessar."

"E Jeremias também é uma pose?"

"Não, nem um dos dois, nem Isaías nem Jeremias. Mas, para você, se converteram em poses. Você se satisfaz com contemplá-los. Com isto você se poupa de tudo aquilo por que você próprio teria que passar. É este o perigo da arte. Tolstói sabia disso. Você ainda não é coisa alguma e imagina que já é tudo aquilo que conhece dos livros ou dos quadros. Eu jamais deveria ter-lhe dado livros. Agora, em Yalta, você, além deles, ainda tem os quadros. Era só o que faltava. Você se tornou um leitor indiscriminado e, para você, tudo é igualmente importante. A filogenia do espinafre e Michelangelo. Você ainda não ganhou um dia sequer, de sua vida, por esforço próprio. Tudo o que se relaciona com isto para você só tem um nome: negócios. Você despreza o dinheiro. Você despreza o trabalho, através do qual se ganha dinheiro. Você sabia que o parasita é você, e não aqueles que você despreza?"

Essa conversa terrível talvez tenha sido o começo de nosso desentendimento. Não foi essa a impressão que eu tive quando se desenrolou. Eu só tinha um pensamento, o de me justificar perante ela. Eu não queria sair de Zurique. Eu sentia que, durante a conversa, ela havia tomado a decisão de me afastar de Zurique e me colocar num ambiente mais duro, onde ela própria pudesse me controlar.

"Você vai ver que não sou nenhum parasita. Para isso tenho meu orgulho. Eu quero ser um homem."

"Um homem com suas contradições! Que bela escolha você fez! Você deveria ouvir de que jeito você diz isso. Como se tivesse descoberto a pólvora. Como se você tivesse feito sabe Deus o quê, e agora tivesse que se arrepender. Você não fez absolutamente *nada*. Você não mereceu, por seu próprio esforço, uma noite sequer em seu quartinho de mansarda. Os livros que você lê foram escritos por outros para você. Você escolhe o que lhe agrada e despreza tudo o mais. Você acredita, mesmo, que é um homem? Homem é alguém que lutou pela vida. Você alguma vez já esteve em perigo? Alguém já o ameaçou? Nunca alguém lhe quebrou o nariz. Você ouve alguma coisa que lhe agrada, e simplesmente o toma, mas não faz por merecê-lo. Um homem com suas contradições! Você ainda não é homem. Você não é nada. Um tagarela não é um homem."

"Mas eu não sou nenhum tagarela. O que eu digo, digo a sério."

"Como pode você dizer uma coisa a sério? Você não conhece coisa alguma. Você só leu sobre as coisas. Você fala dos negócios, mas nem sequer sabe de que se trata. Você pensa que os negócios consistem em juntar dinheiro. Mas, até chegar a este ponto, é preciso ter ideias. É preciso de ideias das quais você nem sequer suspeita. É preciso conhecer as pessoas, e saber convencê-las. Ninguém nos dá nada de graça. Você acha que se trata de lograr os outros? Assim não iríamos longe!"

"Você nunca me disse que admira essas coisas."

"Talvez eu não as admire, talvez existam outras coisas que eu admire mais. Mas agora estamos falando de você. Você nem sequer tem o direito de desprezar ou de admirar coisa alguma. Primeiro você deve saber como as coisas realmente acontecem. Você terá de aprendê-lo na própria carne. Você deve sofrer nas mãos dos outros, e deve mostrar que sabe se defender."

"Mas é o que eu faço. Faço-o com você."

"Que coisa mais fácil. Eu sou mulher. Entre os homens tudo é diferente. Eles nada lhe darão de graça."

"E os professores? Não são homens?"

"Sim, sim, mas esta é uma situação artificial. Na escola você está sob proteção. Eles não o consideram como homem. Para eles você é um menino que ainda precisa de ajuda. Isto não conta."

"Eu me defendi contra o tio. Ele não conseguiu me convencer."

"Foi apenas uma breve conversa. Quanto tempo vocês estiveram juntos? Se você estivesse com ele, em seu negócio, dia após dia, hora após hora, então veríamos se você sabe se defender. Você foi ao Sprüngli, tomou o chocolate que ele lhe pagou, e saiu correndo: esta foi toda a sua façanha."

"Em seu negócio ele seria o mais forte. Lá ele poderia mandar em mim e me empurrar dum lado para o outro. Eu teria sua infâmia diante dos olhos a todo instante. Mas lá suas chances de me dominar seriam muito menores. Isto eu lhe garanto."

"É possível. Mas isto faz parte de sua tagarelice. Você ainda não o demonstrou."

"Quanto a isto, não tenho culpa de ainda não o ter demonstrado. O que poderia eu ter demonstrado com dezesseis anos?"

"Não muito, isto é verdade. Mas outros já se dedicam ao trabalho com esta idade. Você já poderia ser aprendiz há dois anos, se tudo tivesse corrido de forma normal. Eu o livrei disso. Mas não noto que você me é grato por isso. Você é apenas arrogante, e de mês a mês fica mais arrogante. Preciso dizer-lhe a verdade: sua arrogância me irrita. Sua arrogância me ataca os nervos."

"Você sempre quis que eu levasse tudo a sério. Isto é arrogância?"

"Sim, porque você não se digna a olhar para aqueles que não pensam como você. E, como é esperto, sabe levar uma vida cômoda e confortável. A única preocupação séria que você tem é que lhe sobrem livros suficientes para ler!"

"Isto foi antigamente, em Scheuchzerstrasse. Hoje nem sequer penso nisso. Hoje quero aprender tudo."

"Aprender tudo! Aprender tudo! Ninguém consegue isso. Deve-se parar de aprender e fazer alguma coisa. É por isso que você tem que sair daqui."

"Mas o que posso fazer antes de concluir a escola?"

"Você jamais fará coisa alguma! Você terminará a escola e depois quererá entrar na universidade. Você sabe por que quer estudar? Só para poder continuar estudando. Assim a gente se transforma num monstro, não numa pessoa. O aprendizado não é um fim em si próprio. Aprendemos para que possamos nos afirmar entre os outros."

"Eu estudarei sempre. Quer me acredite, quer não, estudarei sempre. Eu quero aprender."

"Mas como? Como? Quem lhe dará dinheiro para isso?"

"Eu ganharei dinheiro."

"E o que você vai fazer com aquilo que aprender? Aquilo vai sufocá-lo. Não há coisa mais horrível do que o saber morto."

"Os meus conhecimentos não serão mortos. Tampouco estão mortos agora."

"Porque você ainda não os adquiriu. Só depois de adquiridos eles se tornam mortos."

"Mas eu farei alguma coisa com eles, e não para mim."

"Sim, sim, já sei. Você fará presente deles, porque ainda não possui coisa alguma. Enquanto você nada possuir, é fácil falar assim. Só quando você realmente possuir alguma coisa, veremos se você dará alguma coisa de presente. Todo o resto é conversa. Você agora faria presente de seus livros?"

"Não. Ainda preciso deles. Eu não falo em 'dar presentes', mas sim que farei alguma coisa que não seja para mim."

"Mas você ainda não sabe o que fará. São sonhos, frases vazias, que fazem com que você se sinta bem, porque têm um tom nobre. Mas tudo depende daquilo que *realmente* se faz, todo o resto não conta. Aliás, pouco restará que você possa fazer, tão satisfeito você está com tudo o que o cerca. Um homem satisfeito nada faz, um homem satisfeito é preguiçoso, um homem satisfeito é um aposentado antes de ter começado a fazer alguma coisa. Um homem satisfeito sempre torna a fazer a mesma coisa, como um funcionário público. Você está tão satisfeito que gostaria de ficar sempre na Suíça. Você nada ainda conhece do mundo e quer se aposentar aqui, aos dezesseis anos. É por isso que você tem que sair daqui."

Senti que ela deveria ter um motivo especial para estar amargurada. Seria, ainda, *A aranha negra*? Ela me destratava com tanta impiedade que não ousei abordar o assunto de imediato. Eu lhe havia descrito a generosidade dos operários italianos, por ocasião da coleta que fizera com a menina, e isso lhe agradara. "O trabalho deles é duro", dissera ela, "e mesmo assim não ficam empedernidos."

"Por que não viajamos à Itália?" Eu realmente não o pretendia, era apenas uma tentativa de distraí-la.

"Não, você quer passear pelos museus e ler histórias antigas sobre cada uma das cidades. Isto não tem pressa. Você poderá fazê-lo mais tarde. Agora não estou falando de viagens de recreio. Você deve ir para algum lugar que não lhe seja um recreio. Quero levar você à Alemanha. Lá as pessoas estão enfrentando grandes dificuldades. Quero que você veja o que acontece quando se perde uma guerra."

"Mas você queria que eles perdessem a guerra. Você disse que eles começaram a guerra. Quem começa uma guerra deve perdê-la, foi o que aprendi de você."

"Você não aprendeu coisa alguma! Do contrário você saberia que não se pensa mais nisso depois que as pessoas caíram na desgraça. Eu vi isso em Viena e não consigo esquecê-lo; tenho-o sempre diante dos olhos."

"Por que você quer que eu o veja? Posso imaginar tudo."

"Como se você o lesse num livro, não é verdade? Você pensa que é suficiente que se *leia* alguma coisa para saber como é. Mas não é suficiente. A realidade é outra coisa. A realidade é tudo. Quem se recusa a enfrentar a realidade não merece viver."

"Mas eu não me recuso, falei a você acerca de *A aranha negra*."

"Pois você escolheu o pior exemplo possível. Foi isto que me abriu os olhos a seu respeito. Você se ocupou dessa história, porque ela pertence ao Emmental. Você agora só pensa nos vales. Desde que esteve no Vale do Lötsch, você está ficando estúpido. Lá você ouviu duas palavras, e quais foram essas palavras? 'Venha menino', ou seja lá como o dizem por aqueles lados. As pessoas lá perderam a boca e não falam. Aliás, de que elas falariam, segregadas do mundo e sem saberem de coisa alguma? Jamais falarão: em compensação você falou demais delas. Como ficariam admirados, se ouvissem você falar! Aquela vez você, ao voltar da excursão, passou dias falando do alto-alemão antigo. Alto-alemão antigo! Hoje em dia! Eles talvez não tenham sequer o suficiente para comer, mas isto a você não interessa. Você ouve duas palavras, pensa que é alto-alemão antigo, porque lhe lembram alguma coisa que você leu. Isso o excita mais do que aquilo que você vê com os próprios olhos. A velha devia ter bons motivos para estar desconfiada, deve ter sua experiência com gente como vocês. Mas vocês atravessaram o vale tagarelando, alegres e exaltados com a pobreza *deles*, deixando-os para trás para que cuidassem de sua própria vida. E aparecem no hotel como conquistadores. À noite há o baile, o que não é de seu feitio, você trouxe coisa melhor, você aprendeu alguma coisa. O quê? Duas palavras de alto-alemão antigo, supostamente, pois você nem sequer tem certeza disto. E eu devo ficar olhando como você se esconde atrás de ninharias?

Vou levar você à inflação da Alemanha, onde você esquecerá seu garotinho em alto-alemão antigo."

Ela nada esquecera de quanto eu lhe havia contado. Tudo voltou à baila. Ela me enrolava com cada uma de minhas palavras, e eu não encontrava outras que a fizessem vacilar. Jamais ela havia investido assim contra mim. Era um caso de vida ou morte, e no entanto eu a admirava muito; se ela soubesse quanto eu a levava a sério ela teria parado com aquilo; cada palavra me atingia como uma chicotada, eu sentia que ela era injusta comigo, e sentia o quanto ela tinha razão.

Ela sempre tornava a falar na *Aranha negra*, que a atingira de forma muito diferente do que a mim; nossa conversa anterior acerca dela fora *inverídica*, ela não quisera negá-la, ela quisera afastar *a mim* de sua influência. O que ela dissera sobre Gotthelf fora conversa mole, pois não tinha o menor interesse por ele. Ela quisera negar-lhe aquilo que percebia como sendo sua própria verdade; era sua história, não a dele; o lugar da aranha não era o Emmental, mas sim o sanatório florestal. Das pessoas com quem ela falara sobre isso, duas entrementes haviam falecido. Antes ela sempre me poupara dos casos de morte, que lá não eram raros; quando nos reencontrávamos, nem sequer permitia que eu adivinhasse o que havia acontecido. Quando ela não mais citava algum nome, eu sabia o que isso significava, mas não ousava fazer-lhe perguntas. Sua aversão pelos "vales" apenas aparentemente era devida à sua reclusão. A censura que ela me fazia, de propender para o idílio, a despreocupação e a vaidade, era alimentada pelo *seu* próprio temor; o perigo, do qual ela queria me salvar, era maior, era o perigo que sempre marcara a nossa vida, e a palavra "inflação", que ela usara em relação à Alemanha, uma palavra que me era estranha em seus lábios, tinha o som de uma penitência. Eu então não teria condições de dizê-lo com tanta clareza, mas ela jamais falara tanto sobre a pobreza, o que me causou forte impressão, e, embora eu tivesse de usar todas as minhas forças para salvar minha pele, gostei que ela justificasse sua agressão, mencionando como outras pessoas estavam passando mal.

Mas esta era apenas parte da história, e a ameaça de me tirar de Zurique me atingiu mais. Na escola havia paz fazia mais de um ano. Eu tinha começado a entender os colegas, e meditava sobre eles. Eu me sentia como um deles, incluindo alguns dos professores. Agora tinha consciência de que minha situação em Tiefenbrunnen era uma usurpação. Era um pouco ridículo que eu lá dominasse como único ser masculino, mas era agradável sentir-se seguro e não ser constantemente questionado. Também o processo do aprendizado, sob condições tão favoráveis, se tornara cada dia mais rico, pois não passava um dia sem que algo se lhe acrescentasse, como se não fosse ter fim; imaginei que a vida toda continuaria assim, e não havia agressão que me fizesse mudar de ideia. Era um período *sem medo*, devido à expansão; eu crescia em todas as direções, mas não tinha consciência de cometer qualquer injustiça, pois as mesmas experiências eram acessíveis a todos; e agora ela me deixava perplexo e confuso, ao imputar-me injustiça por causa de minha exaltação pelos moradores do Vale do Lötsch.

Dessa vez o seu escárnio não cessou de súbito, mas aumentava com cada frase que dizia. Jamais ela me tratara de parasita, jamais se falara que eu deveria tratar de ganhar a vida. Associei a palavra "aprendiz", que ela me jogou na cara, com alguma atividade prática ou mecânica, a última coisa que eu pretendia fazer. Eu estava empolgado pelas letras e pelas palavras, e se isso era arrogância, ela havia obstinadamente me educado assim. Agora ela, de repente, invocava a "realidade", com o que ela abrangia tudo o que eu ainda não havia experimentado e de que eu nada podia saber. Era como se ela quisesse pôr sobre os meus ombros uma carga imensa, que me esmagaria. Quando me disse: "Você não é coisa alguma", foi como se eu realmente me tivesse tornado coisa alguma.

Esses saltos, essas violentas contradições em seu caráter, não me eram estranhos; eu os experimentara muitas vezes, com perplexidade e admiração. Para mim, eram justamente eles que representavam a realidade, cujo conhecimento ela me contestava. Talvez eu tivesse confiado demais neles. Inclusive durante a nossa separação, sempre me referia a minha mãe, em tudo. Nunca tinha certeza de como ela reagiria aos meus relatos, a iniciativa era toda dela, eu desejava a sua contestação, de preferência violenta; apenas quando se tratava de fraquezas óbvias dela, conseguia iludi-la com invencionices, como o baile dos camundongos ao luar. Mas também nesses casos sempre tinha a impressão de que dependia dela deixar-se iludir ou não. Ela era uma última instância maravilhosamente viva, seus veredictos eram tão inesperados, tão fantásticos e ao mesmo tempo tão minuciosos, que inevitavelmente provocavam reações que me davam força suficiente para apelar. Ela foi uma última instância cada vez mais alta mas, embora parecesse reivindicá-la, nunca chegou a ser a autoridade final.

Dessa vez, no entanto, eu tive a sensação de que ela queria me destruir. Dizia coisas que dificilmente podiam ser contestadas. Algumas delas eram evidentes e tolhiam minha defesa. Quando eu, mesmo assim, encontrava algum argumento, ela passava a tratar de outro assunto, bem diferente. Ela revolveu nossa vida dos últimos dois anos, como se acabasse de tornar conhecimento dos fatos, e aquilo que ela antes recebera com aparente aprovação ou com silencioso enfado, de repente passou a ser um delito. Ela nada havia esquecido, tinha uma maneira especial de recordar, como se tivesse ocultado dela e de mim os atos pelos quais agora me condenava.

Isso durou muito tempo. Eu estava apavorado. Comecei a sentir medo dela. Eu já não me perguntava por que ela dizia tudo aquilo. Enquanto procurava seus prováveis motivos e lhe respondia, eu me sentia menos tolhido, como se nos enfrentássemos de igual para igual, cada um de nós apoiado em suas razões, dois seres livres. Mas minha segurança aos poucos se desmanchou, eu já nada encontrava em mim que pudesse opor com suficiente convicção; me senti reduzido a destroços e me dei por vencido.

Essa conversa não a esgotou de forma alguma, como acontecia quando conversávamos sobre suas doenças, sua debilidade física, seu desespero material. Ela, pelo contrário, parecia forte e selvagem, e tão inflexível como mais gostava dela em outras ocasiões. A partir desse momento ela não recuou. Providenciou minha mudança para a Alemanha, um país que, como ela dizia, estava marcado pela guerra. Imaginava que lá eu frequentaria uma escola mais severa, entre homens que haviam estado na guerra e conheciam o lado mais duro da vida.

Eu me opus com todos os meios contra essa mudança, mas ela não me deu ouvidos e me levou da Suíça. Os únicos anos completamente felizes, o paraíso em Zurique, chegaram ao fim. Talvez eu tivesse permanecido feliz, se ela não me tivesse arrancado de lá. Mas também é verdade que vim a experimentar coisas diferentes das que eu conhecia no paraíso. A verdade é que eu, assim como o primeiro homem, só vim ao mundo pela expulsão do Paraíso.

ELIAS CANETTI nasceu em 1905 em Ruschuk, na Bulgária, filho de judeus sefardins. Sua família estabeleceu-se na Inglaterra em 1911 e em Viena em 1913. Aí ele obteve, em 1929, um doutorado em química. Em 1938, fugindo do nazismo, trocou Viena por Londres e Zurique. Recebeu em 1972 o Prêmio Büchner, em 1975 o Prêmio Nelly-Sachs, em 1977 o Prêmio Gottfried-Keller e, em 1981, o prêmio Nobel de literatura.

Além da trilogia autobiográfica composta por *A língua absolvida*, *Uma luz em meu ouvido* e *O jogo dos olhos*, já foram publicados no Brasil, de sua autoria, os romances *Auto de fé*, *As vozes de Marrakech* e o ensaio *Massa e poder*, este último pela Companhia das Letras.

# COMPANHIA DE BOLSO

Amós OZ
*A caixa-preta*

José Paulo PAES (Org.)
*Poesia erótica em tradução*

Georges PEREC
*A vida: modo de usar*

Michelle PERROT (Org.)
*História da vida privada 4 — Da Revolução Francesa à Primeira Guerra*

Fernando PESSOA
*Livro do desassossego*
*Poesia completa de Alberto Caeiro*
*Poesia completa de Álvaro de Campos*
*Poesia completa de Ricardo Reis*

Ricardo PIGLIA
*Respiração artificial*

Décio PIGNATARI (Org.)
*Retrato do amor quando jovem*

Edgar Allan POE
*Histórias extraordinárias*

Antoine PROST, Gérard VINCENT (Orgs.)
*História da vida privada 5 — Da Primeira Guerra a nossos dias*

Darcy RIBEIRO
*O povo brasileiro*

Edward RICE
*Sir Richard Francis Burton*

João do RIO
*A alma encantadora das ruas*

Philip ROTH
*Adeus, Columbus*
*O avesso da vida*

Elizabeth ROUDINESCO
*Jacques Lacan*

Arundhati ROY
*O deus das pequenas coisas*

Murilo RUBIÃO
*Murilo Rubião — Obra completa*

Salman RUSHDIE
*Haroun e o Mar de Histórias*
*Os versos satânicos*

Oliver SACKS
*Um antropólogo em Marte*
*Vendo vozes*

Carl SAGAN
*Bilhões e bilhões*
*Contato*
*O mundo assombrado pelos demônios*

Edward W. SAID
*Orientalismo*

José SARAMAGO
*O Evangelho segundo Jesus Cristo*
*O homem duplicado*
*A jangada de pedra*

Arthur SCHNITZLER
*Breve romance de sonho*

Moacyr SCLIAR
*A majestade do Xingu*
*A mulher que escreveu a Bíblia*

Amartya SEN
*Desenvolvimento como liberdade*

Dava SOBEL
*Longitude*

Susan SONTAG
*Doença como metáfora / AIDS e suas metáforas*

I. F. STONE
*O julgamento de Sócrates*

Keith THOMAS
*O homem e o mundo natural*

Drauzio VARELLA
*Estação Carandiru*

John UPDIKE
*As bruxas de Eastwick*

Caetano VELOSO
*Verdade tropical*

Erico VERISSIMO
*Clarissa*
*Incidente em Antares*

Paul VEYNE (Org.)
*História da vida privada 1 — Do Império Romano ao ano mil*

XINRAN
*As boas mulheres da China*

Ian WATT
*A ascensão do romance*

Edmund WILSON
*Os manuscritos do mar Morto*
*Rumo à estação Finlândia*

Simon WINCHESTER
*O professor e o louco*

1ª edição Companhia das Letras [1987]
1ª edição Companhia de Bolso [2010]

Esta obra foi composta pela Verba Editorial
em Janson Text e impressa pela Prol Editora Gráfica em ofsete
sobre papel Pólen Soft da Suzano Papel e Celulose